John Bradshaw, geboren in Houston, Texas, erlebte eine schwierige Kindheit, weil sein Vater Alkoholiker war. Er studierte Theologie und arbeitete als Psychotherapeut und Managementberater. Heute ist John Bradshaw eine der bekanntesten Persönlichkeiten auf dem Gebiet der Familientherapie.

Von John Bradshaw ist außerdem erschienen:
Wenn Scham krank macht (Band 84003)

Dieses Buch wurde auf chlor- und säurefreiem Papier gedruckt.

Vollständige Taschenbuchausgabe April 1994
Droemersche Verlagsanstalt Th. Knaur Nachf., München

Titel der Originalausgabe »Homecoming«
Originalverlag Bantam Books, New York
Umschlaggestaltung: Graupner & Partner, München
Umschlagfoto: Mauritius/U. Kerth
Druck und Bindung: Elsnerdruck, Berlin
Printed in Germany
ISBN 3-426-84040-5

5 4 3 2 1

John Bradshaw
Das Kind in uns

Wie finde ich zu mir selbst

Aus dem Amerikanischen
von Bringfried Schröder

Knaur

Danksagung

Meiner Höheren Macht gewidmet, die mich mit ihrem Segen und ihrer Gnade geradezu überschüttet.

Eric Berne, Robert und Mary Goulding, Alice Miller, Erik Erikson, Lawrence Kohlberg, David Elkind, Rudolf Dreikurs, Fritz Perls und Jean Piaget gewidmet, von denen ich gelernt habe, wie sich das Kind in uns entwickelt und wie es verletzt wird.

C. G. Jung, Robert Bly und Edith Sullwold gewidmet, von denen ich etwas über das »göttliche Kind« gelernt habe.

Wayne Kritsberg, Claudia Black, Sharon Wegscheider-Cruse, Jane Middelton-Moz, Rene Fredrickson, Jean Illsley Clarke, Jon und Laurie Weiss, Bob Subby, Barry und Janae Weinhold, Susan Forward, Roxy Lerner und vor allem Pamela Levin gewidmet, die mein Verständnis für das Kind in uns vertieften.

Pater David Belyea gewidmet, der mich liebte, als es mir schlecht ging.

Dank an Fran Y., Mike S., Harry Mac, Bob McW., Bob P., Tommy B., Warner B. und den liebenswerten »Red«. Sie waren die ersten, die das verletzte Kind in mir akzeptiert haben.

Dank an Rev. Michael Falls, der mir dadurch, daß ich das Kind in ihm erleben durfte, geholfen hat, die Wunder des Kindes in mir selbst zu entdecken. Die Kinder in uns beiden sind gute Freunde geworden.

Johnny Daugherty, George Pletcher, Kip Flock und Patrick Carnes, meinen liebsten Freunden gewidmet, die oft die Vaterrolle bei dem verletzten Kind in mir übernommen haben.

Der heiligen Mutter Maria, Schwester Mary Huberta, Virginia Satir, meiner Tante Millie, Mary Bell und Nancy gewidmet, die häufig den verletzten kleinen Jungen in mir bemuttert haben.

Dank an Sissy Davis, die ihn jetzt liebt.

Toni Burbank gewidmet, die dieses Buch auf eine so kluge und verständnisvolle Weise durchgesehen hat. Ich hätte auf ihre Hilfe nicht verzichten können.

Dank an alle Mitarbeiter des Bantam-Verlages, die für mich die Größten sind.

Winston Laszlo und allen Mitarbeitern der Bradshaw Events in Denver gewidmet, vor allem Mary Lawrence. Ohne sie gäbe es keine »Inner Child Workshops«.

Dank an Karen Fertitta, meine persönliche Assistentin und Freundin, die sich um die Ängste des verletzten Kindes in mir kümmert.

Ich danke Marc Baker, Barbara Westerman und den Mitarbeitern von »Life Plus« für ihr Engagement.

Und ich danke, last not least, meiner Schwester Barbara Bradshaw, die dieses Manuskript unter großen persönlichen Opfern und mit größter Sorgfalt zu den unmöglichsten Zeiten mehrmals neu getippt hat. Sie war mir eine große Hilfe und eine selbstlose Freundin.

Inhalt

3. Teil
Wie man das verletzte Kind in sich beschützt

4. Teil
Erneuerung

Prolog

> Ich weiß, was ich mir wirklich zu Weihnachten wünsche. Ich möchte meine Kindheit wiederhaben. Niemand schenkt sie mir... Ich weiß, daß es unvernünftig klingt, aber was hat Weihnachten mit Vernunft zu tun? Weihnachten hat etwas mit einem Kind von ganz früher und ganz weit weg zu tun, und es hat etwas mit einem Kind von jetzt zu tun. In dir und in mir. Es wartet hinter der Tür unseres Herzens darauf, daß etwas Wunderbares geschieht.
>
> Robert Fulghum

Als ich die Teilnehmer meines Workshops betrachtete, war ich von der Intensität ihres Engagements beeindruckt. Hundert Leute in Gruppen von sechs bis acht füllten den Raum. Jede Gruppe war selbständig, die Leute saßen dicht beieinander und flüsterten miteinander. Es war der zweite Tag des Workshops, und ein großer Teil der Interaktionen und des Miteinanders hatte bereits stattgefunden. Trotzdem waren sich diese Leute zu Anfang völlig fremd gewesen.

Ich näherte mich einer bestimmten Gruppe, die einem grauhaarigen Mann aufmerksam zuhörte. Er las ihnen einen Brief vor, den das Kind in ihm an seinen Vater geschrieben hatte.

> Lieber Dad,
>
> Du sollst wissen, wie sehr du mich verletzt hast. Als wir noch zusammen waren, hast du mich oft bestraft. Die Striemen und Schrammen hätte ich ja noch ertragen können, wenn du bloß mehr Zeit für mich gehabt hättest.
>
> Ich habe dir nie sagen können, wie sehr ich mich nach deiner Liebe gesehnt habe. Wenn du doch nur mit mir gespielt oder mich zu einem Fußballspiel mitgenommen hättest. Wenn du doch nur ein einziges Mal gesagt hättest, daß du mich lieb hast. Ich wünschte, du hättest dich um mich gekümmert ...

Er bedeckte seine Augen mit den Händen. Eine Frau in mittleren Jahren, die neben ihm saß, streichelte ihm zärtlich über das Haar;

ein jüngerer Mann ergriff seine Hand. Ein anderer Mann fragte ihn, ob er in den Arm genommen werden wolle; der grauhaarige Mann nickte.
Eine andere Gruppe saß auf dem Boden, und alle hatten die Arme auf die Schultern ihres Nachbarn gelegt. Eine elegante Frau in den Siebzigern las ihren Brief vor:

> Mutter, du warst immer zu sehr mit deinen Wohltätigkeitsveranstaltungen beschäftigt. Du hattest nie Zeit, mir zu sagen, daß du mich lieb hast. Du hast dich nur um mich gekümmert, wenn ich krank war oder wenn ich Klavier spielte und *du* stolz auf mich warst. Du hast mir nur die Gefühle gestattet, die dir paßten. Ich war nur dann wichtig, wenn ich dir Freude machte. Du hast mich nie um meiner *selbst* willen geliebt. Ich war so allein...

Ihre Stimme brach, und sie fing an zu weinen. Und mit ihren Tränen begann die Mauer, die sie siebzig Jahre lang aufrechterhalten hatte, einzustürzen. Ein junges Mädchen umarmte sie. Ein junger Mann sagte ihr, sie solle ruhig weinen und er bewundere ihren Mut.
Ich ging zu einer anderen Gruppe. Ein Blinder in den Dreißigern las einen Brief, den er in Blindenschrift abgefaßt hatte:

> Ich habe dich gehaßt, weil du dich meinetwegen geschämt hast. Wenn deine Freunde zu Besuch kamen, hast du mich in das Zimmer hinter der Garage gesperrt. Ich habe nie genügend zu essen bekommen. Ich hatte immer solchen Hunger. Ich wußte, daß du mich haßt, weil ich dir lästig war. Du hast mich ausgelacht, wenn ich hinfiel...

Jetzt *mußte* ich mich einmischen. Ich konnte spüren, wie mich der immer noch vorhandene Zorn des eigenen verletzten Kindes in mir erfaßte, und ich hätte am liebsten vor Wut und Entrüstung geschrien. Das Gefühl der Traurigkeit und Einsamkeit der Kindheit war überwältigend. Wie konnte man sich überhaupt jemals von einem solchen Kummer erholen?
Aber am Ende des Tages hatte sich die Stimmung verändert und war friedlich und fröhlich geworden. Die Leute saßen beieinander; manche hielten sich bei der Hand, und bei den abschließenden

Übungen lächelten die meisten. Einer nach dem anderen dankte mir, weil ich ihm geholfen hatte, das verletzte Kind in seinem Inneren zu finden. Ein Bankdirektor, der zu Beginn des Workshops offen Widerstand geleistet hatte, sagte mir, er habe seit vierzig Jahren zum erstenmal wieder geweint. Als Kind war er von seinem Vater in grausamer Weise verprügelt worden und hatte sich geschworen, im Leben nie verletzbar zu sein oder Gefühle zu zeigen. Jetzt sagte er, er wolle lernen, sich um den einsamen Jungen in seinem Inneren zu kümmern. Sein Gesicht hatte einen weichen Ausdruck bekommen, und er sah jünger aus.

Zu Beginn des Workshops hatte ich die Teilnehmer aufgefordert, ihre Masken abzulegen und aus ihren Verstecken herauszukommen. Ich hatte ihnen erklärt, daß sie das verletzte Kind in ihrem Inneren nicht verstecken dürften, weil es sonst ihr Leben vergiften würde. Wutanfälle, unangemessene Reaktionen, Eheprobleme und Suchtkrankheiten seien die Folge. Darüber hinaus könnten sie ihren eigenen Kindern keine guten Eltern sein und würden in ihren Beziehungen Schwierigkeiten haben und bittere Erfahrungen machen müssen.

Ich muß bei ihnen einen Nerv getroffen haben, denn sie reagierten tatsächlich. Ich war begeistert und dankbar, als ich in ihre offenen, lächelnden Gesichter blickte. Dieser Workshop fand 1983 statt. Seitdem ist meine Faszination für die heilende Kraft des Kindes in uns immer größer geworden.

Drei Dinge fallen bei der Arbeit mit dem inneren Kind besonders auf: die Schnelligkeit, mit der die Leute sich verändern, wenn sie diese Arbeit tun; wie tiefgreifend diese Veränderung ist; und welche Kraft und Kreativität freigesetzt werden, wenn die Wunden der Vergangenheit geheilt sind.

Ich habe die Arbeit an dem Kind in unserem Inneren vor zwölf Jahren begonnen und bei einigen Therapiepatienten mit einer selbstausgearbeiteten Meditationstechnik gearbeitet. Aber die Meditation führte zu dramatischen Ergebnissen. Wenn die Menschen zum erstenmal Kontakt mit dem Kind in sich aufnahmen, war das Erlebnis oft überwältigend. Mitunter mußten sie schrecklich weinen. Anschließend sagten sie mir dann zum Beispiel: »Ich habe mein ganzes Leben lang darauf gewartet, daß jemand mich findet.« oder: »Es ist, als käme ich nach Hause.« oder: »Seit ich mein Kind gefunden habe, hat sich mein Leben völlig verändert.«

Diese Reaktionen veranlaßten mich dazu, einen Workshop zu entwickeln, der nur dazu dienen sollte, den Menschen dabei zu helfen, das Kind in sich zu finden und anzunehmen. Dieser Workshop hat sich im Laufe der Jahre weiterentwickelt, was vor allem dem ständigen Dialog mit den Teilnehmern zu verdanken ist. Es ist die erfolgreichste Arbeit, die ich je geleistet habe.

Der Workshop konzentriert sich darauf, den Leuten dabei zu helfen, über negative Kindheitserlebnisse zu trauern – Erlebnisse, die mit Verlassenheit, Mißbrauch in jeder Form und mit ungestillten Bedürfnissen zusammenhängen, die auf die entwicklungsbedingte kindliche Abhängigkeit zurückzuführen sind. Außerdem spielt es eine große Rolle, daß die Kinder in familiäre Probleme verstrickt werden, die nicht ursprünglich ihre eigenen sind. (Ich werde die einzelnen Punkte später noch ausführlich behandeln.)

In einem solchen Workshop verbringen wir die meiste Zeit damit, über die Vernachlässigung unserer entwicklungsbedingten Abhängigkeitsbedürfnisse zu trauern. Das ist auch das Hauptanliegen dieses Buches. Nach meinen Erfahrungen stellt der entwicklungsorientierte Ansatz die umfassendste und wirkungsvollste Art dar, wie wir unsere seelischen Verletzungen heilen können. Ich glaube, daß die Konzentration auf die Heilung jeder einzelnen Entwicklungsstufe meine Workshops von anderen unterscheidet.

Im Verlauf eines solchen Kurses beschreibe ich die normalen Abhängigkeitsbedürfnisse des Kindes. Wenn diese Bedürfnisse nicht befriedigt werden, besteht die Gefahr, daß wir als Erwachsene ein verletztes Kind in uns tragen. Wenn die Bedürfnisse unserer Kindheit befriedigt worden wären, wären wir keine »erwachsenen Kinder« geworden.

Zuerst skizziere ich die Bedürfnisse einer bestimmten Entwicklungsstufe und teile dann die Teilnehmer in Gruppen auf. Nacheinander steht jeder von ihnen einmal im Mittelpunkt und hört den anderen zu, die ihm in verbaler Form die Bestätigung geben, die er oder sie in der frühen Kindheit, als Kleinkind, in den Vorschuljahren und so weiter gerne gehört hätte.

Je nachdem, wo der Betroffene seine persönlichen Grenzen zieht, wird er von den Teilnehmern gestreichelt und moralisch unterstützt. Die Schmerzen, die ihm in seiner Kindheit zugefügt worden sind, werden von der Gruppe ernst genommen. Wenn der Betroffene eine Bestätigung bekommt, die er* als Kind so dringend gebraucht hätte, aber nicht bekommen hat, fängt er in der Regel an zu weinen, manchmal leise, manchmal sehr heftig. Ein Teil des eingefrorenen Kummers beginnt aufzutauen. Am Ende des Workshops hat jeder Teilnehmer zumindest einen Teil seiner Trauerarbeit geleistet. Das Ausmaß dieser Arbeit hängt von dem Stadium des Heilungsprozesses ab, in dem sich der Betroffene befindet. Manche Leute haben schon vor dem Workshop eine Menge Trauerarbeit geleistet, manche nicht.

Am Ende des Kurses gebe ich den Teilnehmern Anweisungen für eine Meditation, bei der sie das Kind in sich annehmen können. Wenn das geschieht, erleben viele Teilnehmer einen intensiven Gefühlsausbruch. Bevor sie dann den Workshop verlassen, ermuntere ich sie noch dazu, sich jeden Tag etwas Zeit zu nehmen, um einen Dialog mit dem Kind in sich zu führen.

Wenn die Menschen erst einmal den Anspruch auf das verletzte Kind in ihrem Inneren erhoben haben und es liebevoll umsorgen, wird die schöpferische Kraft dieses wunderbaren, natürlichen Kindes erkennbar. Wenn das Kind erst einmal integriert worden ist, wird es zu einem Quell der Erneuerung und neuer Lebenskraft. C. G. Jung nannte dieses natürliche Kind das »göttliche Kind« – unser natürliches Potential, das uns in die Lage versetzt, die Welt zu erforschen, zu staunen und schöpferisch zu sein.

Der Workshop hat mich davon überzeugt, daß die Arbeit mit dem Kind in uns die schnellste und wirksamste Methode darstellt, wie man eine therapeutische Veränderung herbeiführen kann. Ich bin immer wieder erstaunt, wie unmittelbar die Wirkung einsetzt.

Normalerweise betrachte ich derartige »Blitzheilungen« mit ziemlicher Skepsis, aber diese Arbeit scheint tatsächlich einen dauerhaften Veränderungsprozeß einzuleiten. Viele Teilnehmer schrieben mir ein, zwei Jahre danach, daß der Workshop ihr Leben verändert habe. Ich habe mich darüber gefreut, war aber auch etwas verwirrt. Ich wußte tatsächlich nicht, warum die Arbeit bei manchen Leuten

* In diesem Buch beziehen sich die Wörter »er« und »sein« auf Personen beiderlei Geschlechts. Ich habe mich aus grammatikalischen Gründen für diese Lösung entschieden – nicht aus mangelnder Sensibilität. Immer wenn ich ein Beispiel schildere, das sich auf eine bestimmte Person bezieht, stammt es aus Erfahrungen, die ich mit mir selbst oder mit einem Klienten gemacht hatte. Einzelheiten dieser Fälle sind verändert worden, um die Privatsphäre der Betroffenen zu schützen und eine Identifikation unmöglich zu machen.

eine so einschneidende Veränderung bewirkt hat, während sie bei anderen nur minimale Erfolge brachte. Als ich versuchte, eine Erklärung dafür zu finden, begann sich nach und nach ein bestimmtes Bild abzuzeichnen.

Ich beschäftigte mich zuerst mit den Arbeiten von Eric Berne, dem schöpferischen Genius der Transaktionsanalyse. Die Theorien der T. A. betonen den »Zustand des kindlichen Ichs«, der sich auf das spontane, natürliche Kind bezieht, das wir alle einmal waren. Die Transaktionsanalyse beschreibt außerdem die Art und Weise, wie sich das natürliche Kind an den Druck und den Streß der ersten Jahre in der Familie *angepaßt* hat.

Das natürliche oder göttliche Kind kommt zum Vorschein, wenn Sie einen alten Freund treffen, wenn Sie von Herzen lachen, wenn Sie kreativ und spontan sind, oder wenn Sie staunend vor etwas Wunderbarem stehen.

Das angepaßte oder verletzte Kind zeigt sich, wenn Sie sich entweder weigern, eine rote Ampel zu beachten, obwohl sie offensichtlich kaputt ist, oder über eine rote Ampel fahren, weil niemand Sie sehen kann und Sie glauben, daß Sie damit durchkommen. Zu weiteren Verhaltensweisen des verletzten Kindes zählen Wutanfälle, übertriebene Höflichkeit und übermäßiger Gehorsam, die Verwendung von Kindersprache, das Manipulieren und Schmollen. Im ersten Kapitel werde ich darstellen, in welch mannigfacher Weise das verletzte Kind unser erwachsenes Leben belasten kann.

Obwohl ich die Transaktionsanalyse viele Jahre lang als wichtigstes therapeutisches Modell benützt habe, habe ich mich in meiner Arbeit vorher nie auf die verschiedenen Entwicklungsstufen konzentriert, die das Kind in uns durchläuft, um sich anzupassen und überleben zu können. Ich bin inzwischen der Meinung, daß das Fehlen entwicklungsspezifischer Details ein Mangel ist, der den größten Teil der Arbeit mit der Transaktionsanalyse betrifft. Die frühe Entwicklung unseres göttlichen Kindes kann auf jeder Stufe fixiert werden. Wir können als Erwachsene infantil sein, wir können auf die Stufe des Kleinkindes regredieren, wir können wundergläubig sein wie ein Vorschulkind, und wir können schmollen und uns zurückziehen wie ein Erstkläßler, der ein Spiel verloren hat. All das sind kindliche Verhaltensweisen und Zeichen für Entwicklungsstörungen auf verschiedenen Ebenen. Hauptanliegen dieses Buches ist es, Ihnen zu helfen, Ihre Ansprüche auf das verletzte Kind in sich auf *jeder Entwicklungsstufe* geltend zu machen.

Später wurde meine Arbeit durch den Hypnotherapeuten Milton Erickson beeinflußt. Erickson geht davon aus, daß jeder Mensch eine eigene einzigartige Karte der Welt besitzt, ein System von Überzeugungen, das unbewußt ist und wie eine Art von hypnotischer Trance wirkt. Mit Hilfe der Ericksonschen Hypnose lernte ich, mich in die Trance, in der sich meine Klienten *bereits befanden*, einzuschalten und sie im Sinne einer Erweiterung und Veränderung auszunützen. Was ich damals, als ich meine Arbeit mit dem Kind in uns noch nicht begonnen hatte, noch nicht erkannt hatte, war, daß das verletzte Kind in uns für die Bildung des Wesenskerns dieses Überzeugungssystems verantwortlich ist. Wenn man mit Hilfe der Methode der Altersregression Zugang zu der Trance des Kindes in uns findet, ist es möglich, diese Grundüberzeugung *direkt und schnell* zu verändern.

Dem Psychotherapeuten Ron Kurtz verdanke ich ein tieferes Verständnis für die Dynamik der Arbeit mit dem Kind in uns. Kurtz' System, das sich Haikomi-Therapie nennt, konzentriert sich direkt auf dieses Kernmaterial, das sich auf die Art, *wie unser inneres Erleben organisiert ist*, bezieht. Es setzt sich aus unseren frühesten Gefühlen zusammen und wird als Reaktion auf den Umweltstreß unserer Kindheit gebildet. Dieses Kernmaterial ist unlogisch und primitiv, aber es war die einzige Möglichkeit, wie ein magisches, verletzliches und bedürftiges Kind, das noch keine Grenzen kannte, überleben konnte.

Wenn sich dieses Kernmaterial erst einmal herausgebildet hat, wird es zu einem Filter, den alle neuen Erlebnisse passieren müssen. Das erklärt, warum manche Leute immer wieder die gleichen destruktiven Liebesbeziehungen haben, warum manche ihr Leben als eine Serie von Verletzungen erleben, die gewissermaßen immer wieder »recycled« werden, und warum so viele von uns nicht aus ihren Fehlern lernen.

Freud nannte diesen Drang, die Vergangenheit zu wiederholen, »Wiederholungszwang«. Die berühmte Therapeutin Alice Miller spricht von der »Logik des Absurden«. Es ist logisch, wenn man begreift, wie das Kernmaterial unsere Erfahrung prägt. Es ist, als würde man eine Sonnenbrille tragen: Ganz egal, wie stark die Sonne scheint, immer wird das Licht auf die gleiche Weise gefiltert. Wenn die Gläser grün getönt sind, sieht die Welt grün aus. Wenn die Gläser braun sind, kann man helle Farben nicht sehr gut unterscheiden.

Wenn wir uns also verändern wollen, müssen wir unser Kernmaterial verändern. Da das Kind in unserem Inneren unsere Erfahrungen ganz zu Anfang organisiert hat, müssen wir Kontakt mit ihm aufnehmen, um unser Kernmaterial unmittelbar verändern zu können.

Die Arbeit mit dem Kind in unserm Inneren ist ein wichtiges neues Werkzeug der Psychotherapie und unterscheidet sich völlig von den therapeutischen Ansätzen der Vergangenheit. Freud hat als erster erkannt, in welchem Maße Konflikte in der Kindheit, die wir im späteren Leben immer wieder durchleben, für Neurosen und Persönlichkeitsstörungen verantwortlich sind. Er versuchte, das verletzte Kind zu heilen, indem er in der Therapiesituation eine abgeschirmte, sichere Umwelt schuf, in der das verletzte Kind sich zeigen und seine ungestillten Bedürfnisse auf den Therapeuten übertragen konnte. Der Therapeut ersetzte dem verletzten Kind dann die Eltern, so daß es seine unerledigten Aufgaben zu Ende bringen und auf diese Weise geheilt werden konnte.

Freuds Methode erfordert ungeheuer viel Zeit und Geld und führt häufig bei den Patienten zu einer unguten Abhängigkeit vom Therapeuten. Eine meiner Klientinnen kam zu mir, nachdem sie zehn Jahre lang in psychoanalytischer Behandlung gewesen war. Und auch als sie bereits mit mir arbeitete, rief sie ihren Analytiker zwei bis dreimal pro Woche an, um sich von ihm Rat für die alltäglichsten Dinge zu holen. Der Analytiker war tatsächlich zum lieben Vater des Kindes in ihr geworden. Aber er half ihr damit kaum. Sie lebte in einer schrecklichen Abhängigkeit von ihm. Wahre Hilfe hätte dazu geführt, daß sie sich auf ihre eigene Kraft als erwachsene Frau besonnen hätte, um selbst dem Kind in ihrem Inneren zu helfen.

Ich möchte Ihnen in diesem Buch einen neuen Weg zeigen, wie Sie die Ansprüche auf das Kind in Ihrem Inneren geltend machen, Kontakt mit ihm aufnehmen und ihm helfen können. *Sie müssen die vorgeschlagenen Übungen wirklich durchführen*, wenn Sie eine Veränderung erreichen wollen. *Es ist Aufgabe des erwachsenen Teils Ihrer Persönlichkeit, sich zu entscheiden, diese Arbeit zu tun.* Selbst wenn Sie sich in Ihrem kindlichen Stadium befinden, weiß Ihr erwachsenes Ich immer noch genau, wo Sie sind und was Sie tun. Das Kind in Ihnen wird die Dinge so erleben, wie Sie sie in der Kindheit erlebt haben, aber diesmal ist Ihr erwachsenes Ich da, um das Kind zu beschützen, während es seine wichtigen unerledigten Angelegenheiten zu Ende bringt.

Das Buch besteht aus vier Teilen. Im ersten Teil wird beschrieben, wie Ihr göttliches Kind seine Göttlichkeit verloren hat, und wie die Verletzungen, die ihm in der Kindheit zugefügt worden sind, Ihr Leben beeinflussen.

Im zweiten Teil lernen Sie die verschiedenen kindlichen Entwicklungsstufen kennen und erfahren, was Sie gebraucht hätten, um auf eine gesunde Weise großwerden zu können. Jedes Kapitel enthält einen Fragenbogen, der Ihnen helfen soll, festzustellen, ob die Bedürfnisse des Kindes in Ihnen in einer bestimmten Phase Ihrer Entwicklung befriedigt worden sind. Anschließend werde ich Ihnen dann mit den Methoden, die ich auch in meinem Workshop anwende, dabei helfen, die Ansprüche auf das Kind in Ihnen in jeder Entwicklungsphase geltend zu machen.

Der dritte Teil bietet spezielle korrektive Übungen an, die das Kind in Ihnen blühen und gedeihen lassen. Sie lernen, wie Sie andere Erwachsene dazu bringen können, Bedürfnisse des Kindes in Ihrem Inneren zu befriedigen, und wie Sie einen Schutzwall um das Kind errichten können, während Sie das Problem der Intimität in Ihren Beziehungen bearbeiten. In diesem Teil werden Sie lernen, wie Sie selbst der hilfreiche Elternteil sein können, der Ihnen in der Kindheit so sehr gefehlt hat. Wenn Sie lernen, sich selbst »Wiederzubeeltern« (re-parent), werden Sie nicht immer wieder versuchen, andere Menschen zu Ihren Eltern zu machen, um mit Ihrer Vergangenheit fertigwerden zu können.

Im vierten Teil werden Sie sehen, wie Ihr göttliches Kind zum Vorschein kommt und das verletzte Kind geheilt wird. Sie werden lernen, einen Zugang zu Ihrem göttlichen Kind zu finden, und erkennen, daß es die schöpferische Energie verkörpert, die Ihnen für eine Umgestaltung zur Verfügung steht. Das göttliche Kind stellt den Teil von Ihnen dar, der Ihrem Schöpfer am meisten ähnelt. Es stellt eine direkte, persönliche Beziehung zwischen Ihnen und Ihrem einzigartigen Ich und zu Gott, wie Sie ihn begreifen, her. Das ist die umfassendste Heilung, die es gibt, eine Heilung, wie sie in den Verheißungen der größten Lehrer aller Glaubensrichtungen enthalten ist.

Außerdem erzähle ich Ihnen auch meine eigene Geschichte. Als ich vor zwölf Jahren mit dieser Arbeit begonnen habe, hätte ich nie gedacht, daß mein Denken und Verhalten sich durch meine Entdekkung des Kindes in mir so stark verändern würde. Ich hatte die Auswirkungen meiner Kindheit vorher als minimal betrachtet und hatte die Zwangsvorstellung, meine Eltern idealisieren und beschützen zu müssen, vor allem meine Mutter. Als Kind sagte ich mir oft: »Wenn ich groß bin und hier weggehe, wird alles gut werden.« Im Lauf der Jahre wurde mir klar, daß es keineswegs besser wurde, sondern eher schlimmer. Bei den anderen Familienmitgliedern konnte ich das noch besser erkennen als bei mir selbst. Zehn Jahre, nachdem ich meinen Alkoholismus besiegt hatte, stellte ich fest, daß ich immer noch getrieben war und unter vielen Zwängen litt.

An einem verregneten Donnerstag nachmittag erlebte ich das, was Alice Miller über ihr inneres Kind geschrieben hat: »... und ich brachte es nicht fertig... das Kind... dort wieder allein zu lassen. Hier faßte ich einen Entschluß, der mein Leben grundlegend verändern sollte: mich von dem Kind führen zu lassen...« An diesem Tag entschloß ich mich, das Kind in mir zurückzufordern und es unter meine Fittiche zu nehmen. Ich fand es im Zustand panischer Angst vor. Zunächst hatte es kein Vertrauen zu mir und wollte nicht mit mir gehen. Aber ich ließ nicht locker, sondern redete ihm gut zu und versprach ihm, es nicht im Stich zu lassen. Erst dann begann ich, sein Vertrauen zu gewinnen. In diesem Buch beschreibe ich die einzelnen Phasen dieser Reise, die es mir möglich machte, Fürsprecher und Schutzengel des Kindes in meinem Inneren zu werden, eine Reise, die mein Leben verändert hat.

Eine Parabel

Die doppelte Tragödie
des Rudy Revolvin
(frei nach
The Strange Life of Ivan Osokin
von P.D. Ouspensky)

Es war einmal ein Mann, der hieß Rudy Revolvin und führte ein qualvolles, tragisches Leben. Er starb unerfüllt und begab sich zum Ort der Finsternis.

Der Herr der Finsternis erkannte, daß Rudy ein erwachsenes Kind war, und meinte, daß er die Finsternis noch weiter vergrößern könne, wenn er Rudy die Möglichkeit böte, sein Leben noch einmal erleben zu können. Ihr müßt wissen, daß der Herr der Finsternis dafür zu sorgen hatte, daß die Finsternis nie aufhört – er sollte sie möglichst noch dunkler werden lassen. Er erklärte Rudy, er sei sicher, daß Rudy *genau die gleichen Fehler wieder machen und die gleiche Tragödie erleben würde wie in seinem vorigen Leben.*

Dann gab er Rudy eine Woche Bedenkzeit.

Rudy dachte angestrengt nach. Es wurde ihm klar, daß der Herr der Finsternis ihn hereinlegen wollte. Natürlich würde er die gleichen Fehler machen, denn er würde sich ja nicht mehr an das erinnern können, was er in seinem vorigen Leben durchgemacht hatte. Und ohne diese Erinnerungen hatte er keine Möglichkeit, die gleichen Fehler zu vermeiden.

Als er schließlich wieder vor den Herrscher trat, lehnte er das Angebot ab.

Rudys Ablehnung konnte den Herrn der Finsternis, der das »Geheimnis« des verletzten Kindes im Inneren des Menschen kannte, nicht beeindrucken. Er erklärte ihm, daß Rudy sich – im Gegensatz zu der üblichen Verfahrensweise – an alles aus seinem vorigen Leben erinnern dürfe. Der Herr der Finsternis wußte genau, daß Rudy *trotz* dieser Erinnerungen genau die gleichen Fehler machen und sein qualvolles Leben noch einmal durchleben würde.

Rudy lachte leise. »Endlich bekomme ich eine wirkliche Chance«, dachte er. Rudy wußte nichts von dem »Geheimnis« des verletzten Kindes in seinem Inneren.
Und so kam es dann, daß er sein qualvolles, tragisches Leben noch einmal durchlebte, obwohl er jede Einzelheit der Katastrophen voraussehen konnte, die er bereits in seinem früheren Leben angerichtet hatte. Und der Herr der Finsternis war zufrieden!

1. Teil
Das Problem des verletzten Kindes in uns

Das Wissen erleuchtete vergessene Gemächer in dem dunklen Haus der frühen Kindheit. Ich wußte jetzt, warum ich *zu Hause Heimweh* haben konnte.

G. K. Chesterton

Einleitung

Buckminster Fuller, einer der schöpferischsten Menschen unserer Zeit, zitierte gern Christopher Morleys Gedicht über die Kindheit:

Das schönste Gedicht, das je geschrieben wurde,
ist eines, dem alle Dichter entwachsen sind:
Es ist die angeborene, unausgesprochene Poesie,
wenn man erst vier Jahre alt ist.

Wenn man noch jung genug ist, um Teil zu sein
des großen, impulsiven Herzens der Natur,
wenn man als Gefährte der Vögel, der anderen Tiere
und der Bäume geboren ist
und noch so unbewußt lebt wie eine Biene –

Und trotzdem mit einem wunderbaren Verstand
jeden Tag ein neues Paradies schafft,
begeistert alle Sinne erforscht,
ohne Bestürzung und ohne sich etwas vorzumachen!

In deinen klaren, durchsichtigen Augen
liegt kein Gewissen, keine Überraschung:
Du nimmst die Rätsel der Natur hin,
bewahrst dir deine seltsame Göttlichkeit...

Und das Leben, das alle Dinge in Reime setzt,
macht auch aus dir schließlich einen Dichter –
aber es hat Tage gegeben, o du zarte Elfe,
da warst du selbst Poesie!

Was wird aus diesem wunderschönen Anfang, als wir alle noch »selbst Poesie« waren? Wie ist es möglich, daß aus all diesen zarten Elfen Mörder, Drogenabhängige, Kriminelle, Sexualverbrecher, grausame Diktatoren und moralisch degenerierte Politiker werden? Wie ist es möglich, daß aus ihnen die »wandelnden Verletzten«

werden? Wir sehen sie alle um uns herum die Traurigen, Furchtsamen, Zweifelnden und Deprimierten, die von einer unsagbaren Sehnsucht erfüllt sind. Der Verlust unseres natürlichen menschlichen Potentials ist mit Sicherheit die größte aller Tragödien.

Je mehr wir darüber wissen, auf welche Weise wir unsere Spontaneität und Kreativität verloren haben, um so eher können wir eine Möglichkeit finden, sie zurückzugewinnen. Wir können möglicherweise sogar dafür sorgen, daß unseren eigenen Kindern so etwas nicht widerfährt.

1. Kapitel
Wie das verletzte Kind in uns unser Leben bestimmt

> Der Mensch ... der unter einem alten Kummer leidet, sagt Dinge, die keinen Bezug zur Gegenwart haben, tut Dinge, die zu nichts führen, wird mit seiner Lebenssituation nicht fertig und leidet unter schrecklichen Gefühlen, die nichts mit der Gegenwart zu tun haben.
>
> Harvey Jackins

Ich wollte nicht glauben, daß ich so kindisch sein konnte. Ich war vierzig Jahre alt und hatte getobt und herumgeschrien, bis alle – meine Frau, meine Stiefkinder und mein Sohn – in panische Angst geraten waren. Dann stieg ich in mein Auto, fuhr weg und saß schließlich mitten in unserem Urlaub auf Padre Island ganz allein in einem Motel. Ich fühlte mich sehr allein und schämte mich.

Als ich den Versuch machte, die Ereignisse, die dazu geführt hatten, daß ich weggefahren war, zurückzuverfolgen, begriff ich nichts. Ich war völlig verwirrt. Es war, als wäre ich aus einem bösen Traum erwacht. Mehr als alles andere wünschte ich mir ein herzliches, liebevolles, intimes Familienleben. Aber das war jetzt das dritte Jahr, in dem ich in unserem gemeinsamen Urlaub einen solchen Wutanfall bekam. Seelisch hatte ich mich schon vorher von der Familie entfernt – aber ich war nie tatsächlich weggegangen.

Es war, als hätte ich eine Bewußtseinsveränderung durchgemacht. Mein Gott, wie ich mich selbst haßte. Was war bloß los mit mir?

Der Vorfall auf Padre Island ereignete sich 1976, ein Jahr nach dem Tod meines Vaters. Inzwischen bin ich dahintergekommen, warum ich immer wieder solche Wutanfälle bekommen hatte und mich anschließend zurückzog. Die entscheidende Spur fand ich auf Padre Island. Als ich in dem miesen Motelzimmer saß und mich schämte, tauchten plötzlich lebhaft Kindheitserinnerungen auf. Ich konnte mich an einen Weihnachtsabend erinnern, als ich etwa elf Jahre alt war. Ich lag in meinem dunklen Zimmer, hatte mir die Decke über den Kopf gezogen und weigerte mich, mit meinem Vater zu sprechen. Er war spät abends nach Hause gekommen und etwas betrunken. Ich wollte ihn dafür bestrafen, daß er uns das Weihnachtsfest verdorben hatte. Ich konnte meinen Ärger nicht in Worte fassen, weil man mir beigebracht hatte, daß das vor allem den Eltern gegenüber eine Todsünde sei. Über die Jahre hinweg trug ich diesen Zorn wie ein eiterndes Geschwür in meiner Seele. Und wie ein hungriger Hund, den man in den Keller gesperrt hat, wurde er immer heftiger und verwandelte sich schließlich in reine Wut. Die meiste Zeit bewachte ich diese Wut sorgfältig. Schließlich war ich ein netter Mensch, der netteste Vater, den Sie sich vorstellen können – bis ich es dann letzten Endes nicht mehr aushalten konnte. Dann verwandelte ich mich in Iwan den Schrecklichen.

Ich begriff langsam, daß es sich bei diesem Verhalten im Urlaub um eine *spontane Altersregression* handelte. Wenn ich herumtobte und meine Familie damit bestrafte, daß ich mich zurückzog, regredierte ich in meine Kindheit, in der ich meinen Ärger immer hinunterschlucken mußte und nur eine Möglichkeit hatte, wie ich ihn ausdrücken konnte: Ich bestrafte meinen Vater dadurch, daß ich mich zurückzog. Jetzt, als Erwachsener, fühlte ich mich nach einem solchen Anfall, bei dem ich mich entweder seelisch oder auch körperlich zurückgezogen hatte, wieder wie der Junge, der ich einmal gewesen war, ich war dann plötzlich wieder ein kleiner, einsamer Junge, der sich schämte.

Wenn die Entwicklung eines Kindes gehemmt wird – das habe ich inzwischen begriffen –, wenn Gefühle unterdrückt werden, vor allem Zorn oder Schmerz, trägt der Erwachsene später ein zorniges, verletztes Kind in sich. Und dieses Kind bestimmt unvorhersehbar das Verhalten des Erwachsenen.

Es erscheint zunächst grotesk, daß ein kleines Kind im Körper eines Erwachsenen weiterleben kann. Aber genau das meine ich. Ich glaube, daß dieses vernachlässigte, verletzte Kind im Inneren des Menschen, das aus der Vergangenheit stammt, die Hauptursache für das menschliche Elend ist. Solange wir nicht unseren Anspruch auf dieses Kind geltend machen und es unter unsere Fittiche nehmen, wird es sich immer wieder melden und unser Leben als Erwachsene bestimmen.

Ich habe eine Schwäche für mnemotechnische Formeln, deshalb beschreibe ich die Art und Weise, in der das Kind in unserem Inneren unser Leben bestimmt, mit den Anfangsbuchstaben des

Wortes »contaminate« (vergiften). Jeder Buchstabe steht für einen wichtigen Aspekt, der sich auf die Art und Weise bezieht, wie das Kind in uns unser Leben als Erwachsener sabotiert. (Am Ende dieses Kapitels finden Sie einen Fragebogen, der Ihnen helfen soll, festzustellen, wie schwer das Kind in Ihnen verletzt worden ist.)

Co-Abhängigkeit	(Co-Dependence)
Gewalt	(Offender Behaviors)
Narzißtische Störungen	(Narcissistic Disorders)
Vertrauensprobleme	(Trust Issues)
Agieren/Selbstbestrafung	(Acting Out/Acting In Behaviors)
Wunderglaube	(Magical Beliefs)
Störungen der Intimität	(Intimacy Dysfunctions)
Undiszipliniertes Verhalten	(Nondisciplined Behaviors)
Sucht oder Zwänge	(Addictive/Compulsive Beh.)
Denkstörungen	(Thought Distortions)
Innere Leere (Apathie, Depression)	(Emptiness [Apathie, Depression])

Co-Abhängigkeit

Ich definiere Co-Abhängigkeit als eine Krankheit (engl. disease = dis-ease, soviel wie »gestörtes Wohlbefinden«), deren Hauptmerkmal der Verlust der Identität ist. Wenn man co-abhängig ist, verliert man den Kontakt zu den eigenen Gefühlen, Bedürfnissen und Wünschen. Hier ein Beispiel: Pervilia hört ihrem Freund zu, der ihr etwas von seinen Schwierigkeiten im Beruf erzählt. Nachts kann sie dann nicht schlafen, weil sie sich mit *seinem Problem* herumschlägt. Sie hat *seine Gefühle* und nicht ihre eigenen.

Als Maximilians Freundin nach sechs Monaten mit ihm Schluß macht, will er sich das Leben nehmen. Er glaubt, daß sein Wert als Mensch davon abhängt, daß sie ihn liebt. Maximilian hat kein wirkliches Selbstwertgefühl, das von innen kommt. Sein Selbstwertgefühl hängt von anderen Menschen ab.

Jolisha wird von ihrem Mann gefragt, ob sie am Abend ausgehen möchte. Sie weiß nicht so recht, was sie will, sagt aber schließlich ja. Er fragt sie, wohin sie gehen sollen. Sie sagt, *das sei ihr egal*. Er geht mit ihr zu einer Imbißstube und anschließend ins Kino, in dem die *Rückkehr des Mörders mit der Axt* gespielt wird. Sie findet den ganzen Abend entsetzlich, schmollt und spricht die ganze Woche kein Wort mit ihm. Als er sie fragt: »Was ist denn los mit dir?« antwortet sie: »Nichts.«

Jolisha ist ein »Schatz«. Jeder läßt sich darüber aus, wie nett sie ist. In Wirklichkeit tut sie nur so, als ob sie nett wäre. Sie spielt ständig Theater. Nettsein bedeutet für Jolisha, nicht sie selbst zu sein. Sie nimmt nicht einmal wahr, was *sie* eigentlich braucht oder gern haben möchte. Sie ist sich ihrer eigenen Identität nicht bewußt.

Jacobi ist zweiundfünfzig Jahre alt. Er kommt in die Beratungsstelle, weil er seit zwei Monaten eine Affäre mit seiner 26jährigen Sekretärin hat. Er erklärt mir, er wisse gar nicht, wie das passieren konnte. Jacobi ist im Kirchenvorstand seiner Pfarrkirche und hat eine Aktion gegen die Pornographie in dieser Stadt organisiert. In Wirklichkeit ist die Religiosität bei Jacobi nur gespielt. Er hat den Kontakt zu seinem Sexualtrieb völlig verloren. Nach Jahren der aktiven Verdrängung hat sein Sexualtrieb dann plötzlich selbst das Regiment übernommen.

Biscayne leidet unter dem Gewichtsproblem seiner Frau. Ihr gemeinsames gesellschaftliches Leben beschränkt sich auf ein Minimum, weil es ihm peinlich ist, wenn seine Freunde seine Frau sehen. Biscayne hat das Gefühl dafür verloren, wo er aufhört und seine Frau anfängt. Er glaubt, seine Männlichkeit würde nach dem Aussehen seiner Frau beurteilt. Sein Partner Bigello hat eine Geliebte. Er stellt sie von Zeit zu Zeit auf die Waage, um sicher zu sein, daß sie ihr Gewicht hält. Bigello ist ein weiteres Beispiel für einen Menschen, der kein Selbstwertgefühl hat. Er glaubt, seine Männlichkeit sei abhängig vom Gewicht seiner Geliebten.

Ophelia Oliphant verlangt von ihrem Mann, daß er sich einen Mercedes kauft. Sie besteht außerdem darauf, daß sie weiterhin Mitglied im »River Valley Country Club« bleiben. Die Oliphants sind hoch verschuldet; sie leben von einem Zahltag zum anderen und verschwenden enorme Energie damit, ihre Gläubiger immer wieder hinzuhalten und nach außen hin den Eindruck einer wohlhabenden Familie der Oberklasse zu machen. Ophelia glaubt, ihre Selbstachtung sei von dem Eindruck abhängig, den sie auf andere Menschen macht. Jedes echte Gefühl für ihren Wert fehlt ihr.

Bei all diesen Beispielen handelt es sich um Menschen, deren

Identität von Dingen abhängt, die außerhalb ihrer Person liegen. Das alles sind Beispiele für die Krankheit der Co-Abhängigkeit. Eine derartige Co-Abhängigkeit entwickelt sich in ungesunden Familiensystemen. So wird in einer Alkoholikerfamilie mit der Zeit jeder vom Trinken des Alkoholikers co-abhängig. Weil das Trinken für jedes Familienmitglied so lebensbedrohlich ist, passen sich die anderen an, indem sie in chronischer Weise übertrieben wachsam werden (hypervigilant). Die Anpassung an Streß war von der Natur als vorübergehendes Phänomen gedacht und sollte niemals ein Dauerzustand werden. Nach einer gewissen Zeit verliert der Mensch, der mit dem chronischen Streß leben muß, den das Verhalten des Alkoholikers mit sich bringt, den Kontakt zu seinen inneren Signalen – zu seinen Gefühlen, Bedürfnissen und Wünschen.
Kinder brauchen Geborgenheit und müssen die Möglichkeit haben, ihre Gefühle in einer gesunden Weise entwickeln zu können, sonst können sie ihre inneren Signale nicht verstehen. Sie brauchen außerdem Hilfe, um zu lernen, Gedanken von Gefühlen zu unterscheiden. Wenn in der Familie Gewalt herrscht (sei sie emotionaler, körperlicher, sexueller Art oder Gewalt, die durch Alkohol- und Drogenkonsum entsteht), kann das Kind sich nur noch auf die Außenwelt konzentrieren. Nach einer gewissen Zeit verliert es dann die Fähigkeit, aus sich selbst heraus ein Selbstwertgefühl zu entwickeln. Ohne ein gesundes Innenleben bleibt einem nur noch der Versuch, Erfüllung in der Außenwelt zu finden. Das ist Co-Abhängigkeit, und sie ist ein Symptom des verletzten Kindes in uns. Co-abhängiges Verhalten weist darauf hin, daß die kindlichen Bedürfnisse eines Menschen nicht befriedigt worden sind und er deshalb gar nicht wissen kann, wer er wirklich ist.

Gewalt

Wir neigen dazu zu glauben, alle Leute, deren inneres Kind verletzt worden ist, seien nette, ruhige Leute, die schon lange leiden. In Wirklichkeit ist das verletzte innere Kind für einen großen Teil der Gewalt und der Grausamkeit in der Welt verantwortlich.
Mein Klient Dawson fällt mir dabei ein. Als er mich wegen eines Eheproblems aufsuchte, war er Rausschmeißer in einem Nachtclub. Er erzählte mir, daß er Anfang der Woche einem Mann den Kiefer gebrochen habe. Er beschrieb begeistert, wie der Mann ihn

dazu gebracht habe, so etwas zu tun. Er hatte Dawson geärgert, weil er sich in seiner Gegenwart als starker Mann aufgespielt hatte. Dawson drückte sich in unseren Sitzungen häufig so aus. Gewalttäter fühlen sich meist für ihre Taten nicht verantwortlich.

Als wir länger zusammengearbeitet hatten, wurde klar, daß Dawson in Wirklichkeit oft Angst hatte. Wenn er sich fürchtete, wurde bei ihm die Erinnerung an den kleinen Jungen wach, der er einmal gewesen war. Sein Vater war ein brutaler Mann gewesen und hatte ihn körperlich mißhandelt. Wenn er der kleine Junge von früher war, der vor Angst zitterte, wenn sein Vater gewalttätig wurde, fühlte er sich nicht mehr sicher. Also identifizierte Dawson sich mit dem Ich seines Vaters. Er *wurde* dann sein Vater. Immer wenn ihn eine Situation an die brutalen Szenen seiner Kindheit erinnerte, wurden in ihm die alten Gefühle der Ohnmacht und der Angst geweckt. Dann verwandelte sich Dawson in seinen gewalttätigen Vater und verletzte andere in der gleichen Weise, wie sein Vater ihn verletzt hatte.

Gewalttätiges Verhalten, die Hauptursache menschlicher Destruktivität, ist das Ergebnis von Gewalt in der Kindheit und des daraus entstehenden Leidensdrucks und des unverarbeiteten Kummers. Um das verstehen zu können, müssen wir uns vor Augen führen, daß viele Arten von Kindesmißhandlungen das Kind zum Gewalttäter werden lassen. Das trifft besonders auf körperliche, sexuelle und seelische Mißhandlungen zu. Der Psychiater Bruno Bettelheim nannte es »Identifikation mit dem Aggressor«. Sexuelle, körperliche und seelische Gewalt versetzen ein Kind in eine derart panische Angst, daß es während der Mißhandlung nicht in seinem eigenen Ich bleiben kann. Um die Schmerzen aushalten zu können, verliert das Kind jegliches Gefühl für seine Identität und identifiziert sich statt dessen mit dem Aggressor. Bettelheim hat seine Untersuchungen im wesentlichen an Überlebenden der deutschen Konzentrationslager durchgeführt.

In einem meiner letzten Workshops hob eine Therapeutin aus New York die Hand. Sie war Jüdin und schilderte der Gruppe in allen Details, welche grauenhaften Erlebnisse ihre Mutter in einem Konzentrationslager gehabt hatte. Das Erstaunlichste an ihrer Geschichte war, daß ihre Mutter sie genauso behandelt hatte, wie die Nazis sie selbst behandelt hatten. Ihre Mutter hatte sie angespuckt und ein Judenschwein genannt, als sie drei Jahre alt gewesen war.

Noch beunruhigender sind die Sexualtäter. In den meisten Fällen sind sie selbst als Kinder sexuell mißbraucht worden. Wenn sie selbst später Kinder belästigen, spielen sie ihre eigenen Kindheitserlebnisse wieder durch. Manche Sexualtäter sind als Kind von ihren Eltern verwöhnt worden, man hat ihnen jeden Willen gelassen, so daß sie das Gefühl bekamen, anderen *überlegen* zu sein. Solche verwöhnten Kinder glauben schließlich, daß sie Anspruch auf eine Sonderbehandlung haben und daß sie nichts Unrechtes tun können. Sie verlieren jeden Sinn für Verantwortung und machen immer andere Leute für ihre Probleme verantwortlich.

Narzißtische Störungen

Jedes Kind braucht vorbehaltlose Liebe – zumindest zu Anfang. Das Kind muß sich in den Augen eines wohlwollenden Erwachsenen spiegeln können, sonst hat es keine Möglichkeit, zu erfahren, wer es ist. Jeder von uns war zuerst ein *Wir*, bevor er ein *Ich* wurde. Wir brauchten ein Gesicht, in dem wir alle Teile unseres Selbst wie in einem Spiegel erkennen können. Wir brauchten die Gewißheit, daß wir wichtig waren, daß man uns ernst nahm, daß wir rundherum liebenswert waren, daß wir angenommen wurden. Wir brauchten außerdem die Gewißheit, daß wir uns auf die Liebe der Bezugsperson, die sich um uns kümmerte, verlassen konnten. Das waren unsere gesunden narzißtischen Bedürfnisse. Wenn sie nicht befriedigt wurden, wurde unserem Gefühl für unsere Ichhaftigkeit Schaden zugefügt.

Das narzißtisch deprivierte Kind in uns bestimmt das Leben des Erwachsenen mit seinem unersättlichen Hunger nach Liebe, Beachtung und Zuneigung. Die Forderungen des Kindes sabotieren die Beziehungen des Erwachsenen, denn sein Hunger nach Liebe ist unersättlich. Das narzißtisch deprivierte, erwachsene Kind findet keine Befriedigung seiner Bedürfnisse, weil diese Bedürfnisse in Wirklichkeit die eines kleinen Kindes sind. Und Kinder *wollen die Eltern ständig um sich haben*. Sie sind von Natur aus bedürftig und nicht aus freien Stücken. Die Bedürfnisse eines Kindes sind die Bedürfnisse eines Abhängigen, das heißt, sie können nur durch einen anderen Menschen befriedigt werden. Nur wenn man den Verlust betrauert, kann eine Heilung stattfinden. Bis dahin wird das unersättliche Kind immer wieder gierig die Liebe und Wertschätzung suchen, die ihm in der Kindheit versagt geblieben ist.

Die Bedürfnisse narzißtisch deprivierter Kinder können sich auf unterschiedliche Weise ausdrücken:

- Sie erleben in ihren Beziehungen ständig Enttäuschungen.
- Sie suchen immer den vollkommenen Liebhaber, der alle ihre Bedürfnisse befriedigen wird.
- Sie werden süchtig. (Die Sucht stellt einen Versuch dar, die innere Leere auszufüllen. Sucht nach Sexualität und Liebe sind typische Beispiele.)
- Sie streben nach materiellen Gütern und nach Geld, um ihr Selbstwertgefühl zu steigern.
- Sie stellen sich dar (als Schauspieler oder Sportler), denn sie brauchen die ständige Bewunderung eines Publikums.
- Sie benützen *die eigenen Kinder*, um ihre narzißtischen Bedürfnisse zu befriedigen. (Sie stellen sich vor, daß ihre Kinder sie nie verlassen und sie immer lieben, respektieren und bewundern werden.) Sie versuchen, von ihren Kindern die Liebe und die Bewunderung zu bekommen, die sie von ihren Eltern nicht bekommen haben.

Vertrauensprobleme

Wenn die Bezugspersonen nicht vertrauenswürdig sind, entwickeln die Kinder mit der Zeit ein tiefes Gefühl des Mißtrauens. Die Welt erscheint ihnen als ein gefährlicher, feindseliger und unberechenbarer Ort. Das Kind muß dann lernen, immer auf der Hut zu sein und die Situation unter Kontrolle zu behalten. Es ist schließlich überzeugt, »wenn ich alles *unter Kontrolle habe*, kann mich niemand überraschen und verletzen«.
Dadurch entsteht eine Art von Kontrollzwang: Kontrolle wird zu einer Sucht. Ein Klient von mir hatte eine solche Angst davor, die Kontrolle zu verlieren, daß er bis zu hundert Stunden in der Woche arbeitete. Er konnte nichts delegieren, weil er den anderen Menschen nichts zutraute. Er kam zu mir, als seine Colitis ulcerosa (Entzündung des Dickdarms) so schlimm geworden war, daß er ins Krankenhaus mußte.
Eine andere Klientin war verzweifelt, weil ihr Mann gerade die Scheidung eingereicht hatte. Als sie das Telefon, das er in ihrem Auto installiert hatte, umtauschen wollte, war das für ihn der

Tropfen, der das Faß zum Überlaufen brachte. Er sagte, er könne tun, was er wolle, nichts wäre ihr recht. Sie müsse immer alles anders haben, als er es gemacht habe. Mit anderen Worten: Sie war erst dann zufrieden, wenn sie alles unter Kontrolle hatte.

Ein derartiger Wahn kann ernste Beziehungsprobleme verursachen. Es ist unmöglich, eine Intimbeziehung zu einem Partner zu haben, der einem mißtraut. Intimität ist nur möglich, wenn ein Partner den anderen *so nimmt, wie er ist*.

Störungen des Vertrauens können auch zu anderen Extremen führen. Entweder gibt man die Kontrolle völlig aus der Hand und wird auf eine naive Art vertrauensselig, klammert sich an die anderen Menschen und überschätzt sie, oder man zieht sich in die Isolation und Einsamkeit zurück und richtet eine schützende Wand auf, die niemand durchdringen kann.

Der Suchtspezialist Patrick Carnes hat gezeigt, daß ein Mensch, der nie gelernt hat, anderen Menschen zu vertrauen, Intensität mit Intimität, Besessenheit mit Liebe und Kontrolle mit Geborgenheit verwechselt.

Die erste Aufgabe, die einem Menschen während seiner Entwicklung gestellt wird, besteht darin, daß er lernen muß, anderen zu vertrauen. Wir müssen lernen, daß wir uns auf unseren Vater, unsere Mutter und die Außenwelt verlassen können und daß sie vertrauenswürdig sind. Dieses Urvertrauen ist ein tiefgreifendes, umfassendes Gefühl. Wenn wir der Welt vertrauen können, können wir auch lernen, uns selbst zu vertrauen. Selbstvertrauen bedeutet, daß man seinen Kräften, seinen Wahrnehmungen, seinen Deutungen, Gefühlen und Wünschen vertraut.

Kinder lernen Vertrauen von vertrauenswürdigen Bezugspersonen. Wenn Vater und Mutter zuverlässig und berechenbar sind, wenn sie Selbstvertrauen haben, dann wird das Kind ihnen vertrauen und lernen können, sich selbst zu vertrauen.

Agieren

Um verstehen zu können, wie das verletzte Kind in unserem Inneren agiert, um die unbefriedigten Kindheitsbedürfnisse und das unaufgelöste Trauma auszuleben, müssen wir wissen, daß die *primäre motivationale Kraft unseres Lebens unser Gefühl ist*. Gefühle stellen die Energie dar, die uns in die Lage versetzt, uns zu verteidigen und unsere Grundbedürfnisse zu befriedigen. (Ich schreibe das Wort gern *E-motion* also Energie in Bewegung.) Diese Energie ist elementar. Unser Zorn *bewegt* uns dazu, uns zu verteidigen. Wenn wir wütend sind, stellen wir uns der Herausforderung, dann werden wir »wild«. Wenn wir wütend sind, schützen wir uns und kämpfen um unser Recht.

Wenn Gefahr droht, veranlaßt uns die Furcht zur Flucht. Furcht steigert unser Wahrnehmungsvermögen. Sie schützt uns, indem sie uns erkennen läßt, daß Gefahr droht und daß diese Bedrohung zu groß ist, um etwas gegen sie ausrichten zu können; die Furcht veranlaßt uns, wegzulaufen und Schutz zu suchen.

Wenn wir traurig sind, weinen wir, und die Tränen haben eine reinigende Wirkung und machen es uns leichter, mit dem Kummer fertigzuwerden. Wir betrauern einen Verlust und setzen auf diese Weise die Lebensenergie frei, die in der Gegenwart benötigt wird. Wenn wir unfähig sind zu trauern, können wir unsere Vergangenheit nicht bewältigen. Die gesamte seelische Energie, die sich auf unseren Kummer oder auf unser Trauma bezieht, wird dann eingefroren. Und wenn diese Energie keine Möglichkeit der Freisetzung findet und sich nicht ausdrücken kann, versucht sie immer wieder, sich selbst zu befreien. Da sie sich nicht in gesunder Trauer ausdrücken kann, äußert sie sich in abnormem Verhalten. Das nennt man »Agieren« (acting out). Maggie, eine meiner früheren Klientinnen, ist dafür ein gutes Beispiel.

Maggie mußte zusehen, wie ihr Vater, ein jähzorniger und gewalttätiger Alkoholiker, ihre Mutter beschimpfte und mißhandelte. Szenen dieser Art wiederholten sich in ihrer Kindheit immer wieder. Schon als Maggie vier Jahre alt war, mußte sie ihre Mutter trösten, die zu ihr ins Bett kam, wenn ihr Mann sie wieder einmal verprügelt hatte. Zitternd und stöhnend klammerte sie sich dann an das Kind. Manchmal lief der Vater hinter der Mutter her und schrie sie an. Das versetzte Maggie in panische Angst. Jede Art von Gewalt, die sich gegen ein Familienmitglied richtet, versetzt den Rest der Familie in Angst und Schrecken. Auch der *Zeuge der Gewalttätigkeiten ist ein Opfer der Gewalt*.

Es wäre besser gewesen, wenn Maggie in ihrer Kindheit Gelegenheit gehabt hätte, ihrer Angst Ausdruck zu verleihen und ihre Traurigkeit auszuleben. Aber es gab niemanden, dem sie sich in ihrem Kummer hätte anvertrauen können. Als Erwachsene versuchte sie immer wieder, Männer und Frauen zu finden, die die Rolle tröstender, hilfreicher Eltern übernehmen würden. Als sie zu mir kam, hatte sie bereits zwei brutale Ehen und viele Beziehungen, in denen sie mißhandelt worden war, hinter sich. Und ihr Beruf? Sie war Frauenberaterin und hatte sich auf *mißhandelte Frauen* spezialisiert!

Maggie agierte ihr Kindheitstrauma. Sie kümmerte sich um mißhandelte Frauen und hatte Beziehungen zu Männern, von denen sie selbst mißhandelt wurde. Sie kümmerte sich um andere Menschen, aber niemand kümmerte sich um sie. Sie verlieh der aus der Vergangenheit aufgestauten seelischen Energie in der für sie einzig möglichen Weise Ausdruck – indem sie »agierte«.

Agieren oder Wiederdurchleben ist eine der katastrophalsten Arten, wie das verletzte Kind unser Leben sabotieren kann. Maggies Geschichte ist ein dramatisches Beispiel für den Zwang, die Vergangenheit wiederholen zu müssen. »Vielleicht schaffe ich es ja dieses Mal«, sagt das verletzte Kind in Maggies Seele. »Wenn ich ganz perfekt bin und Daddy alles gebe, was er braucht, bedeute ich ihm vielleicht doch etwas, und dann hat er mich vielleicht doch lieb.« Das ist das magische Denken des Kindes, nicht das rationale Denken eines Erwachsenen. Wenn wir das erst einmal begriffen haben, erkennen wir die Bedeutung, die sich dahinter verbirgt. Weitere Beispiele für agierendes Verhalten sind:

- Das Nachvollziehen von Gewalt gegen andere.
- Wir sagen etwas zu unseren Kindern oder tun etwas, von dem wir vorher behauptet haben, daß wir es nie sagen oder tun würden.
- Spontane Altersregression – Wutanfälle, Schmollen usw.
- Wenn man in unangemessener Weise rebellisch ist.
- Wenn man idealisierte elterliche Regeln aufrechterhält.

Selbstbestrafung

Wenn wir die Mißhandlungen, die wir in der Vergangenheit erleiden mußten, *an uns selbst auslassen*, nennt man das »acting in«, was einer Selbstbestrafung gleichkommt. Wir bestrafen uns auf die gleiche Weise, wie wir als Kinder bestraft worden sind. Ich kenne einen Mann, der beschimpft sich jedesmal, wenn er einen Fehler gemacht hat. Wenn er sich selbst kritisiert, sagt er: »Wie konntest du Idiot nur so dämlich sein?« Ich habe ein paarmal beobachten können, daß er sich dabei selbst mit der Faust ins Gesicht schlug (seine Mutter hatte ihn als Kind mit der Faust ins Gesicht geschlagen).

Gefühle aus der Vergangenheit, die nicht verarbeitet worden sind, richten sich häufig gegen die eigene Person. Joe, zum Beispiel, durfte als Kind nie zeigen, daß er zornig war. Er hatte große Wut auf seine Mutter, weil sie ihn praktisch nie etwas allein machen ließ. Immer wenn er gerade etwas begonnen hatte, kam sie dazu und sagte: »Laß dir von Mami helfen, bei dir dauert das ja sonst ewig«, oder »Das machst du wirklich gut, aber laß dir von Mami helfen.« Joe ließ es sogar als Erwachsener noch zu, daß sie gewisse Dinge für ihn erledigte, die er genausogut selbst hätte tun können. Er hatte gelernt, immer bedingungslos zu gehorchen, und hielt es für eine Sünde, die Wut, die er empfand, auszudrücken. Also wandte sich sein Zorn nach innen, gegen die eigene Person. Das Ergebnis war, daß er depressiv und apathisch wurde und nicht in der Lage war, sich im Leben durchzusetzen.

Seelische Energie, die sich nach innen wendet, kann schwere körperliche Störungen verursachen, zum Beispiel Magendarmstörungen, Kopfschmerzen, Rückenschmerzen, Schmerzen im Nacken, schlimme Muskelverspannungen, Arthritis, Asthma, Herzanfälle und Krebs. Sogenannte Unfäller leiden unter einer weiteren Form der Selbstbestrafung. Sie bestrafen sich, indem ihnen ständig etwas passiert.

Wunderglaube

Kinder sind von magischem Denken geprägt. »Wenn du auf die Ritze trittst, brichst du deiner Mutter den Rücken.« Magie bedeutet, daß man glaubt, bestimmte Worte und Gesten oder ein bestimmtes Verhalten könne die Wirklichkeit verändern. Seelisch gestörte Eltern verstärken das magische Denken ihrer Kinder. Wenn man Kindern zum Beispiel erklärt, daß ihr Verhalten direkt für die Gefühle eines anderen Menschen verantwortlich ist, bringt man ihnen magisches Denken bei. Typische Redensarten sind: »Du bringst deine Mutter noch ins Grab.«, »Siehst du, was du angerichtet hast – jetzt ist deine Mutter verletzt.«, »Bist du jetzt endlich zufrieden – jetzt hast du deinen Vater wütend gemacht.« Eine

andere Form der Verstärkung des magischen Denkens besteht darin, daß man sagt: »Ich weiß genau, was du denkst.«
Ich kann mich an eine Klientin erinnern, die im Alter von 32 Jahren schon fünfmal verheiratet gewesen war. Sie glaubte, die Ehe würde all ihre Probleme lösen, sie müsse nur endlich den »richtigen« Mann finden, dann wäre alles wunderbar. Das ist magisches Denken. Sie glaubt, ein Ereignis oder eine Person könne ihre Wirklichkeit verändern, ohne daß sie selbst irgend etwas an ihrem Verhalten ändern müsse.
Für ein Kind ist es völlig natürlich, magisch zu denken. Aber wenn ein Kind verletzt wird, weil die Bedürfnisse, die es aufgrund seiner Abhängigkeit hat, nicht befriedigt werden, kann es nicht wirklich erwachsen werden. Auch als Erwachsener ist es dann noch immer dem magischen Denken des Kindes verhaftet.
Weitere Beispiele für neurotisches, magisches Denken sind:

- Wenn ich Geld habe, ist alles okay.
- Wenn mein Liebhaber mich verläßt, werde ich sterben, dann weiß ich nicht, wie ich mit dem Leben fertigwerden soll.
- Ein Stück Papier (ein akademischer Grad) macht aus mir einen klugen Menschen.
- Wenn ich mich »wirklich anstrenge«, wird die Welt mich belohnen.
- Man muß nur »abwarten«, dann wird alles ganz wunderbar.

Kleinen Mädchen erzählt man Märchen, die voller Magie sind. Aschenputtel soll in der Küche auf einen Typ warten, der den richtigen Schuh hat! Schneewittchen sagt man, es müsse nur lange genug warten, dann würde der Prinz schon kommen. Vordergründig erzählen diese Geschichten den Frauen, daß ihr Schicksal davon abhängt, daß sie auf einen Nekrophilen warten (auf einen Mann, der gern tote Leute küßt), der im richtigen Moment durch den Wald gestolpert kommt. Keine besonders schöne Vorstellung.
Auch bei den Jungen wecken die Märchen magische Erwartungen. Viele dieser Geschichten enthalten die Botschaft, daß es die eine *richtige Frau* gibt, die sie suchen und finden müssen. Bei dieser Suche muß der Mann weit reisen, dunkle Wälder durchqueren und gefährliche und schreckliche Drachen im Kampf besiegen. Am Ende, wenn er sie gefunden hat, *weiß* er ganz genau, daß sie die Richtige ist.

Oft wird das Schicksal der Männer durch so obskure Dinge wie verzauberte Erbsen oder magische Schwerter beeinflußt. Er muß sich womöglich sogar mit einem Frosch herumschlagen. Wenn er den Mut hat, den Frosch zu küssen, verwandelt dieser sich in eine Prinzessin. (Die Frauen haben eine eigene Version dieser Froschgeschichte).

Für Frauen bedeutet die Magie das *Warten* auf den richtigen Mann, während die Männer ständig *auf der Suche* nach der richtigen Frau sind.

Mir ist klar, daß Märchen sich auf einer symbolischen und mythischen Ebene abspielen. Sie sind nicht logisch, sondern sprechen zu uns in Bildern, ähnlich wie die Träume. Viele Märchen beschreiben auf eine symbolische Weise, wie wir Menschen unsere Identität als Mann oder Frau finden. Wenn dieser Entwicklungsprozeß störungsfrei verläuft, lösen wir uns sehr bald von der vordergründigen, kindlichen Art des Verstehens und begreifen diese Geschichten in ihrer symbolischen Bedeutung.

Wenn aber das Kind in uns verletzt ist, wird es diese Geschichten auch weiterhin wörtlich nehmen. Als erwachsene Kinder warten wir auf das Happy-End oder suchen es... Und wenn sie nicht gestorben sind, dann leben sie noch heute.

Störungen der Intimität

Viele erwachsene Kinder sind ständig zwischen der Angst vor dem Alleingelassenwerden und der Angst vor dem Verschlungenwerden hin und her gerissen. Die einen leben in ständiger Isolation, weil sie Angst haben, von einem anderen Menschen erdrückt zu werden. Die anderen sind nicht in der Lage, eine zerstörerische Beziehung zu beenden, weil sie panische Angst vor dem Alleinsein haben. Die meisten Menschen bewegen sich zwischen diesen beiden Extremen.

Herkimer verliebt sich mit schöner Regelmäßigkeit ganz schrecklich. Wenn er intim wird und damit seiner Auserwählten näherkommt, zieht er sich zurück und distanziert sich von ihr. Er macht das, indem er nach und nach eine »Liste kritischer Punkte« aufstellt. Die einzelnen Punkte beziehen sich gewöhnlich auf kleine, unwesentliche Eigenheiten. Herkimer sorgt dafür, daß es wegen dieser Eigenheiten zu kleinen Streitereien kommt. In der Regel zieht sich seine Partnerin dann vorübergehend zurück und schmollt ein, zwei

Tage lang. Dann vertragen sie sich wieder, schlafen voller Leidenschaft miteinander und erleben eine innige Gemeinsamkeit. Das hält so lange an, bis Herkimer wieder das Gefühl hat, erdrückt zu werden und Distanz schafft, indem er einen neuen Streit vom Zaun bricht.

Die 46jährige Athena hat seit fünfzehn Jahren keine Verabredung mehr mit einem Mann gehabt. Ihre »große Liebe« kam bei einem Autounfall ums Leben. Sie sagt, als er gestorben sei, habe sie das Gelübde abgelegt, ihm treu zu bleiben und nie wieder etwas mit einem Mann anzufangen. Dabei war Athena nur drei Monate mit ihrem Geliebten zusammengewesen, bevor er starb. Sie hatte in ihrem ganzen erwachsenen Leben noch nie mit einem Mann geschlafen. Ihre sexuellen Erfahrungen beschränkten sich auf ihre Kindheit, während der sie fünf Jahre lang von ihrem Stiefvater sexuell mißbraucht worden war. Athena hat Stahlwände aufgebaut, um das verletzte Kind in ihrem Inneren zu schützen. Sie benützt die Erinnerung an ihren verstorbenen Freund als Abwehr, um nie wieder mit einem Mann intim werden zu müssen.

Eine andere Frau, die ich behandelt habe, hat es dreißig Jahre in einer Ehe ausgehalten, in der es keine Leidenschaft gab. Ihr Mann ist ein Schürzenjäger und süchtig nach Sex. Sie weiß von sechs verschiedenen Affären, die er gehabt hat (in einem Fall hat sie ihn mit der anderen Frau im Bett erwischt). Als ich sie fragte, warum sie sich denn nicht scheiden ließe, erwiderte sie, sie »liebe« ihren Mann. Diese Frau verwechselt Abhängigkeit mit Liebe. Als sie zwei Jahre alt gewesen war, hatte der Vater die Familie verlassen, und sie hat ihn nie wiedergesehen. Ihre Abhängigkeit, die sich als Liebe ausgibt, entspringt der tiefsitzenden Angst vor dem Verlassenwerden.

In all diesen Fällen ist das Kernproblem das verletzte Kind in der Seele dieser Menschen.

Es bestimmt die Intimität in den Beziehungen, weil es kein Gefühl für sein wahres Ich hat. Die größte Verletzung, die man einem Kind zufügen kann, ist die Zurückweisung seines wahren Selbst. Wenn die Eltern die Gefühle, Bedürfnisse und Wünsche ihres Kindes nicht respektieren, weisen sie das wahre Selbst des Kindes zurück und zwingen es dazu, ein unechtes Selbst zu entwickeln.

Um das Gefühl zu haben, geliebt zu werden, verhält sich das verletzte Kind so, wie es von ihm erwartet wird. Im Lauf der Jahre entwickelt sich so ein falsches Selbst, das von den Bedürfnissen der

Familie und den gesellschaftlich geprägten Geschlechterrollen verstärkt wird. Im Lauf der Zeit bekommt dieses falsche Selbst dann einen solchen Stellenwert, daß der Mensch glaubt, es sei sein wahres Selbst. Er vergißt, daß dieses falsche Selbst eine Anpassungsleistung ist und gewissermaßen ein Stück darstellt, für das ein anderer das Buch geschrieben hat.

Es ist unmöglich, Intimität zu realisieren, wenn man kein Selbstwertgefühl hat. Wie soll man sich einem anderen Menschen hingeben können, wenn man selbst nicht weiß, wer man ist? Wie soll man sich einem anderen mitteilen können, wenn man nicht weiß, wer man wirklich ist?

Eine Möglichkeit, ein starkes Gefühl für sich selbst zu entwickeln, besteht darin, feste Grenzen zu ziehen. Wie die Grenzen eines Landes beschützen uns auch die Grenzen unseres Körpers, indem sie uns signalisieren, wenn uns jemand zu nahe kommt oder versucht, uns in unangemessener Weise zu berühren. Unsere selbstbestimmten Grenzen in der Sexualität sorgen dafür, daß wir uns sexuell sicher und geborgen fühlen. (Menschen, die instabile sexuelle Grenzen haben, haben häufig Sex, obwohl sie es gar nicht wollen.) Unsere gefühlsmäßigen Grenzen sagen uns, wo unsere Gefühle aufhören und die Gefühle des anderen anfangen. Sie sagen uns, wann unsere Gefühle sich auf uns selbst und wann sie sich auf andere Menschen beziehen. Außerdem haben wir noch intellektuelle und spirituelle Grenzen, durch die unsere Überzeugungen und Wertvorstellungen bestimmt werden.

Wenn ein Kind vernachlässigt oder mißhandelt wird, werden auch seine Grenzen verletzt. Das führt dazu, daß das Kind Angst hat, entweder verlassen oder verschlungen zu werden. Wenn ein Mensch weiß, wer er ist, hat er keine Angst, verschlungen zu werden. Wenn er über Selbstvertrauen und Selbstwertgefühl verfügt, hat er keine Angst, verlassen zu werden. Ohne feste Grenzen wissen wir nicht, wo wir aufhören und die anderen beginnen. Es fällt uns dann schwer, nein zu sagen und zu wissen, was wir wollen, und wenn wir das nicht wissen, ist es unmöglich, Intimität zu erleben. Störungen der Intimität werden durch sexuelle Störungen enorm gesteigert. Kinder, die in gestörten Familien aufwachsen, tragen Schäden davon, die ihre sexuelle Entwicklung betreffen. Solche Schäden entstehen durch ein schlechtes sexuelles Vorbild in der Familie, wenn ein Elternteil über das Geschlecht des Kindes enttäuscht ist, wenn das Kind verachtet oder gedemütigt wird oder

wenn die Bedürfnisse des Kindes im Hinblick auf seine entwicklungsbedingte Abhängigkeit nicht befriedigt werden.
Gladys Vater war nie zu Hause gewesen. Er hatte sich wie ein Süchtiger in seiner Arbeit vergraben. In seiner Abwesenheit erfand Gladys einen Phantasievater. Sie ist inzwischen zum dritten Mal verheiratet. Da ihre Vorstellungen von Männern unrealistisch sind, konnte bisher kein Mann ihre Erwartungen erfüllen.
Jake mußte mitansehen, wie sein Vater seine Mutter beschimpfte. Sie verstand es aber, trotzdem das Beste daraus zu machen. Jake hat keine Ahnung, wie man mit Frauen intim ist. Er neigt dazu, sich passive, willfährige Frauen auszusuchen und verliert dann schnell das sexuelle Interesse an ihnen, weil er sie verachtet, so wie er auch seine Mutter verachtet hat. Die höchste sexuelle Befriedigung findet er, wenn er masturbiert und sich dabei Frauen in erniedrigenden sexuellen Situationen vorstellt.
Vielen Kindern ist bewußt, daß ihre Eltern enttäuscht waren, weil ihr Kind das falsche Geschlecht hatte – der Vater wollte einen Jungen und bekam ein Mädchen, die Mutter hatte sich ein Mädchen gewünscht und bekam einen Jungen. Das Kind schämt sich dann allmählich seines Geschlechts, was später zu mehr oder weniger ausgeprägtem unterwürfigem Sexualverhalten führen kann.
Ein Kind, das von seinen Eltern verachtet und gedemütigt worden ist, entwickelt häufig ein sadomasochistisches Sexualverhalten. Jules' Mutter, die Opfer eines Inzests war und nie behandelt worden ist, hat die sexualisierte Wut über diese Mißhandlung nie verarbeitet. Jules identifizierte sich mit ihr und verinnerlichte ihren Zorn auf die Männer. Später wurde er süchtig nach Sex. Er besitzt eine große Sammlung pornographischer Bücher und Videobänder. Er wird sexuell erregt, wenn er sich vorstellt, wie er von dominanten, mütterlichen Frauen erniedrigt und gedemütigt wird.
Kinder brauchen feste Leitlinien, um die Aufgaben jedes Entwicklungsstadiums bewältigen zu können. Wenn die altersspezifischen Bedürfnisse eines Kindes nicht befriedigt werden, bleibt es auf dieser spezifischen Entwicklungsstufe stehen. Bei Kindern, deren Bedürfnisse im Säuglingsalter nicht befriedigt wurden, entwickelt sich eine Fixierung auf orale Bedürfnisse. Das kann sich sexuell durch eine Fixierung auf orale Sexualpraktiken äußern.
Kinder, deren Entwicklung im Kleinkindalter fixiert wird, sind oft von den Gesäßbacken fasziniert. Wenn die Faszination durch die Geschlechtsteile ausgelöst wird, spricht man von einer Fixierung

auf das Sexualobjekt, was dazu führt, daß andere Menschen auf ihre Genitalien reduziert werden.
Die Erniedrigung eines anderen Menschen zum Sexualobjekt ist die Geißel der wahren Intimität. Intimität erfordert zwei vollständige Menschen, von denen jeder den anderen als Individuum achtet. Viele Paare, die in gegenseitiger Abhängigkeit voneinander leben, haben eine sexuelle Beziehung, die an Suchtverhalten erinnert und sehr stark von dem Gedanken des Sexualobjekts geprägt ist. Das verletzte Kind in der Seele dieser Menschen kennt keine andere Möglichkeit, Nähe zu finden.

Undiszipliniertes Verhalten

Disziplin ist ein Wort aus dem Lateinischen und bedeutet wörtlich »Lehre«. Wenn wir Kinder disziplinieren, bringen wir ihnen bei, produktiver und liebevoller zu leben. M. Scott Peck hat gesagt, daß Disziplin eine Art ist, das Leid des Lebens zu verringern. Wir lernen, die Wahrheit zu sagen, wir lernen, Triebaufschub zu leisten, ehrlich gegen uns selbst zu sein, und wir lernen, daß ein Leben, das von Verantwortungsbewußtsein geprägt ist, mehr Freude bereitet. Kinder brauchen Eltern, die im Hinblick auf Disziplin Vorbild sind und sie nicht nur predigen. Sie lernen durch das, was die Eltern *tatsächlich* tun, und nicht durch das, was sie *sagen*. Wenn es den Eltern nicht gelingt, den Kindern im Hinblick auf die Disziplin Vorbild zu sein, wird das Kind undiszipliniert werden. Wenn die Eltern das Kind in starker Weise disziplinieren, wird es überdiszipliniert werden.
Das undisziplinierte Kind trödelt, faulenzt, lehnt es ab, Triebaufschub zu leisten, ist rebellisch, eigensinnig, dickköpfig und handelt impulsiv, ohne nachzudenken. Das überdisziplinierte Kind ist unbeweglich, zwanghaft, übermäßig gesteuert, gehorsam, gefällig und wird von Scham und Schuldgefühlen zerfressen. Die meisten von uns, die in ihrem Inneren ein verletztes Kind beherbergen, schwanken allerdings zwischen undiszipliniertem und übertrieben diszipliniertem Verhalten.

Sucht- und zwanghaftes Verhalten

Das verletzte Kind ist die wichtigste Ursache für jede Art der Sucht. Ich wurde schon in jungen Jahren zum Alkoholiker. Mein Vater, der auch ein Alkoholiker war, ließ mich faktisch und seelisch im Stich, als ich noch klein war. Ich hatte das Gefühl, ihm weniger zu bedeuten als seine Zeit. Weil er nie da war, konnte ich mich nicht mit ihm identifizieren und habe nie erfahren, was es heißt, von einem Mann geliebt und geschätzt zu werden. Deshalb konnte ich mich nie wirklich als *Mann* lieben.

Als Teenager trieb ich mich mit anderen Jungen herum, die auch keinen Vater hatten. Wir tranken und gingen ins Bordell, um uns unsere Männlichkeit zu beweisen. Im Alter zwischen fünfzehn und dreißig Jahren war ich alkohol- und drogensüchtig. Am 11. Dezember 1965 steckte ich den Korken auf die Flasche. Meine Sucht nach chemischen Mitteln hörte auf, aber mein Suchtverhalten blieb. Ich rauchte, arbeitete und aß wie ein Süchtiger.

Ich zweifelte nicht daran, daß mein Alkoholismus genetisch bedingt war. Aber Erbfaktoren reichen nicht aus, um Alkoholismus zu erklären. Wenn das so wäre, müßten alle Kinder von Alkoholikern ebenfalls Alkoholiker werden. Und das ist eindeutig nicht der Fall. Weder mein Bruder noch meine Schwester sind Alkoholiker. Ich habe dreißig Jahre mit Alkoholikern und anderen Suchtkranken gearbeitet, davon fünfzehn Jahre mit drogenabhängigen Jugendlichen. Ich habe keinen Menschen angetroffen, bei dem das Suchtverhalten ausschließlich auf chemische Ursachen zurückzuführen gewesen wäre, obwohl es einige Drogen gibt, die sehr schnell süchtig machen – ich habe erlebt, daß Jugendliche in nur zwei Monaten kokainsüchtig geworden sind. In allen Fällen spielte das verletzte Kind in der Seele dieser Menschen eine entscheidende Rolle. Dieses Kind ist die Wurzel jeder Art von sucht- und sonstigem Zwangsverhalten. Ich fand den Beweis bei mir selbst, als ich aufhörte zu trinken. Sofort griff ich zu anderen Mitteln, um meine Stimmung zu verändern. Ich rauchte, arbeitete und aß zwanghaft, nur um den ständigen Hunger des verletzten Kindes in mir zu stillen.

Wie alle Kinder aus Alkoholikerfamilien war ich seelisch vernachlässigt worden. Für ein Kind ist das Alleingelassenwerden gleichbedeutend mit dem Tod. Um meine beiden elementarsten Bedürfnisse befriedigen zu können *(meine Eltern sind in Ordnung und ich bedeute ihnen etwas)*, wurde ich auf der psychischen Ebene der Mann meiner Mutter und der Vater meines jüngeren Bruders. Wenn ich ihr und anderen Menschen *half*, hatte ich das Gefühl, daß mit mir alles in Ordnung war. Mir wurde gesagt, daß mein Vater mich liebte, aber zu krank sei, um das zeigen zu können, und daß meine Mutter eine Heilige sei. All das verdeckte in mir das Gefühl, weniger wert zu sein als die Zeit meiner Eltern (krankhafte Scham). Mein innerstes Wesen setzte sich aus selektiven Wahrnehmungen, verdrängten Gefühlen und Pseudoüberzeugungen zusammen. Das war der Filter, den alle neuen Erfahrungen in meinem Leben durchlaufen mußten, bevor sie ausgewertet wurden. Diese primitive, kindliche Anpassung garantierte mir in meinen jungen Jahren das Überleben, aber für den Erwachsenen war der Filter kaum geeignet. Mit dreißig Jahren landete ich nach siebzehnjährigem Alkoholismus im Austin State Hospital.

Wenn wir uns bewußt machen, daß das verletzte Kind in uns der Kern unseres Sucht- und Zwangsverhaltens ist, fällt es uns leichter, das Phänomen der Sucht in einem größeren Zusammenhang zu sehen. Sucht ist eine pathologische Beziehung zu allen möglichen Formen der Stimmungsveränderung, die lebensbedrohliche Folgen hat. Die dramatischste Wirkung haben die *oralen* Stimmungsveränderer. Alkohol, Drogen und Lebensmittel können wegen ihres chemischen Potentials Stimmungen verändern. Aber es gibt noch viele andere Möglichkeiten, wie man Gefühle verändern kann. Man kann süchtig nach *Aktivität*, nach *Erkenntnis*, nach *Gefühlen* und nach Dingen sein.

Aktivitätssucht äußert sich in übermäßigem Arbeiten, Einkaufen, Spielen, Sex und religiösen Ritualen. Jede Aktivität kann im Grunde dazu benützt werden, Gefühle zu verändern. Aktivitäten verändern die Gefühle, weil sie *ablenken*.

Die Erkenntnissucht stellt eine sehr intensive Art dar, Gefühle zu vermeiden. Ich selbst habe jahrelang als Universitätsprofessor nur *in meinem Kopf* gelebt. Das *Denken* kann dazu mißbraucht werden, Gefühle zu vermeiden. Alle Formen der Sucht haben eine kognitive Komponente, die man Besessenheit nennt.

Gefühle selbst können süchtig machen. Einige Jahre lang war ich süchtig nach Wut. Wut war die einzige Grenze, die ich kannte, und mit ihr konnte ich meinen Schmerz und meine Scham verdecken. Wenn ich tobte, fühlte ich mich stark und mächtig.

Wahrscheinlich kennt jeder einen Menschen, der süchtig nach Angst ist. Solche Menschen neigen dazu, ständig Katastrophen vorauszusehen und finden alles ganz schrecklich. Sie machen sich ständig Sorgen und gehen allen Leuten auf die Nerven.
Manche Menschen werden süchtig nach Kummer und/oder Traurigkeit. Sie sind nicht nur traurig, sie sind die personifizierte Traurigkeit. Für den Menschen, der unter dieser Traurigkeitssucht leidet, ist Traurigsein ein Dauerzustand.
Am schwierigsten sind für mich Menschen, die süchtig nach Vergnügen sind. Das sind die lieben Jungen und Mädchen, die man gezwungen hat, immer zu lächeln und vergnügt zu sein. Das Lächeln in ihrem Gesicht wirkt wie eingefroren. Solche Vergnügungssüchtigen sehen nie etwas Schlechtes. Sie lächeln auch dann noch, wenn Sie einem erzählen, ihre Mutter sei gerade gestorben. So etwas ist unheimlich.
Dinge können auch süchtig machen. Geld ist dafür das beste Beispiel. Wie dem auch sei, alles kann einen intensiv beschäftigen und auf diese Weise zu einer Stimmungsveränderung führen.
Aber der Kern aller Suchtformen, ganz gleich, welche Erbfaktoren dabei eine Rolle spielen mögen, ist das verletzte Kind in unserem Inneren, das ausgehungert ist und sich ständig in einem Zustand unbefriedigter Bedürftigkeit befindet. Man braucht nicht lange in der Nähe eines Süchtigen zu sein, um diese Merkmale an ihm entdecken zu können.

Denkstörungen

Jean Piaget nannte Kinder »kognitive Fremdlinge«. Sie denken anders als Erwachsene und neigen zum Absoluten. Ihr Denken ist durch ein Alles-oder-Nichts-Prinzip gekennzeichnet. Wenn du mich nicht liebst, dann haßt du mich. Dazwischen gibt es nichts anderes. Wenn mein Vater mich verläßt, werden mich *alle Männer* verlassen. Kinder sind nicht logisch. Das läßt sich am besten an einem Phänomen zeigen, das man »emotionales Argumentieren« nennt. Ich habe ein bestimmtes Gefühl, also muß es so sein. Wenn ich mich schuldig fühle, muß ich eine verderbte Person sein.
Kinder brauchen eine ausgewogene Erziehung, damit sie lernen, wie man das Denken vom Fühlen unterscheidet – wie man über Gefühle nachdenkt und ein Gefühl für seine Gedanken entwickelt.

Kinder denken egozentrisch, was dadurch zum Ausdruck kommt, daß sie alles personalisieren. Wenn Dad keine Zeit für mich hat, bedeutet das, daß mit *mir* irgend etwas nicht stimmt. Kinder interpretieren die meisten Beschimpfungen so. Sie sind von Natur aus egozentrisch, ohne daß das ein Zeichen für Egoismus im moralischen Sinn sein muß. Kindern fällt es eben noch schwer, den Standpunkt eines anderen Menschen einzunehmen.

Wenn die Bedürfnisse eines Kindes, die mit seiner entwicklungsbedingten Abhängigkeit zusammenhängen, nicht befriedigt werden, dominiert das Kind im Erwachsenen später dessen Denkweise. Ich kenne viele Erwachsene, die in dieser kindlichen Weise denken. »Amerika hat recht oder unrecht« ist ein gutes Beispiel für dieses absolute Denken.

Ich kenne mehrere Leute, die finanzielle Probleme haben, weil sie *emotional* denken. Sie glauben, wenn man etwas haben *möchte*, sei das schon Grund genug, es zu kaufen. Wenn der Mensch als Kind nicht lernt, Gedanken von Gefühlen zu trennen, wird er als Erwachsener das Denken oft dazu benützen, schmerzhafte Gefühle zu vermeiden. Er trennt dann sozusagen den Kopf von seinem Herzen. Zwei Beispiele solcher Denkstörungen, die häufig zu beobachten sind, sind das *Generalisieren* und das *Differenzieren*.

Das Generalisieren ist an sich noch keine Denkstörung. Alle abstrakten Wissenschaften erfordern Generalisationen und abstraktes Denken. Generalisierungen stellen aber dann eine Störung dar, wenn sie dazu dienen, uns von unseren Gefühlen abzulenken. Es gibt viele Menschen, die akademische Genies sind, aber kaum mit ihrem Alltagsleben fertigwerden können.

Eine besonders verzerrte Form des Generalisierens ist die Schwarzseherei (awfulizing). Schwarzseherei ist, wenn wir abstrakte Hypothesen über die Zukunft aufstellen. »Was ist, wenn die Sozialversicherung kein Geld mehr hat, wenn ich pensioniert werde?« Das ist ein schrecklicher Gedanke. Er erzeugt automatisch Angst. Da dieser Gedanke aber eine reine Hypothese ist, macht der Schwarzseher sich damit selbst Angst. Das verletzte Kind in uns denkt häufig in diesen Bahnen.

Genau wie das Generalisieren stellt auch das Differenzieren eine wichtige intellektuelle Fähigkeit dar. Gegen eine detailorientierte und gründliche Denkweise ist nichts einzuwenden. Wenn aber dieses gründliche Denken nur den Zweck hat, uns von unseren schmerzhaften Gefühlen abzulenken, verzerrt es die Wirklichkeit

unseres Lebens. Zwanghaftes, perfektionistisches Verhalten ist ein gutes Beispiel dafür – wir konzentrieren uns auf das Detail, um unser Gefühl des Nichtgenügens zu überdecken.
Beispiele für egozentrisches Denken können Sie überall finden, wenn Sie einmal darauf achten. Neulich hörte ich im Flugzeug das Gespräch eines Ehepaares mit. Die Frau sah sich die Ferienprospekte der Fluglinie an. Ohne sich etwas dabei zu denken, sagte sie, daß sie schon immer einmal gern nach Australien geflogen wäre. Der Mann antwortete wütend: »Was, zum Teufel, erwartest du eigentlich noch von mir, ich arbeite mich ohnehin schon kaputt!« Das verletzte Kind in ihm glaubte, daß sie ihn für unfähig hielt, sie finanziell gut zu versorgen, nur weil sie gern einmal nach Australien geflogen wäre.

Innere Leere
(Apathie, Depression)

Das verletzte Kind in unserem Inneren bestimmt unser erwachsenes Leben auch noch durch eine nur schwach ausgeprägte Depression, die man als innere Leere empfindet. Diese Depression ist darauf zurückzuführen, daß das Kind ein falsches Selbst annehmen und sein wahres Selbst zurücklassen mußte. Dadurch entsteht das Gefühl einer inneren Leere. Ich habe dies Phänomen »Loch in der Seele« genannt. Mit dem Verlust seines wahren Selbst verliert der Mensch auch den Kontakt zu seinen wahren Gefühlen, Bedürfnissen und Wünschen. Statt dessen erlebt er die Gefühle des falschen Selbst. So ist zum Beispiel das »Nettsein« eine weit verbreitete Eigenschaft des falschen Selbst. Eine »nette Frau« zeigt nie ihre Wut oder Frustration.
Ein falsches Selbst führt dazu, daß man Theater spielt. Das wahre Selbst ist dabei nie anwesend. Ein Patient, der auf dem Weg der Besserung war, beschrieb das einmal so: »Es ist, als ob ich am Rand stünde und zusehen würde, wie das Leben an mir vorüberzieht.«
Das Gefühl der inneren Leere ist eine Form der chronischen Depression, so als trauere man ständig um den Verlust des eigenen, wahren Selbst. Alle erwachsenen Kinder leiden bis zu einem gewissen Grad unter dieser chronischen Depression.
Die innere Leere wird auch als Apathie erlebt. In meiner Praxis mußte ich oft die Klage dieser erwachsenen Kinder hören, denen

ihr Leben langweilig und sinnlos vorkam. Ihr Leben ist durch eine innere Leere gekennzeichnet, und sie können überhaupt nicht verstehen, warum andere Leute alles mögliche so aufregend und interessant finden.
Die berühmte Analytikerin und Jungianerin Marion Woodman erzählt die Geschichte einer Frau, die nach Toronto fuhr, um den Papst zu sehen, der dort auf einer Besuchsreise war. Sie schleppte eine komplizierte Fotoausrüstung mit, um den Papst fotografieren zu können. Sie war so auf ihre Ausrüstung fixiert, daß sie nur ein einziges Foto machen konnte, als der Papst an ihr vorbeifuhr. Sie selbst hat ihn überhaupt nicht gesehen. Als sie das Foto entwickelte, war zwar der Mann, den sie sehen wollte, auf dem Bild, aber sie selbst hatte das Ganze *nicht wirklich erlebt*.
Wenn das Kind in uns verletzt worden ist, fühlen wir uns innerlich leer und deprimiert. Das Leben vermittelt uns ein Gefühl der Irrealität. Wir sind zwar da, aber wir nehmen nicht wirklich daran teil. Diese innere Leere führt zu Einsamkeit. Da wir nie die sind, die wir wirklich sind, sind wir nie wirklich anwesend. Und selbst wenn Leute uns bewundern und unsere Gesellschaft suchen, fühlen wir uns einsam. Ich habe mich den größten Teil meines Lebens so gefühlt und es immer geschafft, Mittelpunkt der jeweiligen Gruppe zu sein, in der ich mich gerade befand. Ich hatte viele Menschen um mich, die mich bewunderten und mir Anerkennung zollten. Aber ich fühlte mich keinem von ihnen wirklich verbunden. Ich kann mich noch genau an einen Abend erinnern, als ich noch Dozent an der St.-Thomas-Universität war. Mein Thema war Jacques Maritains Verständnis der thomistischen Lehre vom Bösen. Ich war an diesem Abend besonders eloquent und scharfsinnig. Als ich den Hörsaal verließ, stand das Auditorium auf und applaudierte. Ich kann mich noch genau daran erinnern, wie ich mich gefühlt habe: Ich wollte meiner inneren Leere und meiner Einsamkeit ein Ende machen. Ich hatte Selbstmordgedanken.
Dieses Erlebnis erklärt auch, wie das verletzte Kind in unserem Inneren unser Leben durch seine egozentrische Einstellung bestimmt. Erwachsene Kinder sind völlig in sich selbst vertieft. Ihre innere Leere wirkt wie chronische Zahnschmerzen. Wenn man andauernd Schmerzen hat, denkt man nur noch an sich selbst. Es kann einen Therapeuten oft zur Verzweiflung bringen, wenn er mit derartig egozentrischen Menschen umgehen muß. Ich habe einmal zu meinen Kollegen gesagt, ich könnte lichterloh brennend aus

meiner Praxis herauskommen, dann würde mich ein solcher Mensch trotzdem fragen: »Hätten Sie vielleicht eine Minute Zeit für mich?«
Diese Kategorie der Einflußnahme deckt den größten Teil der menschlichen Verstrickungen ab. *Ich hoffe nur, daß Sie erkennen, welche großen Probleme Ihnen das verletzte Kind in Ihnen in Ihrem Leben als Erwachsener bereitet.* Damit Sie den Schaden, den das verletzte Kind womöglich in Ihnen anrichtet, besser beurteilen können, sollten Sie die folgenden Fragen mit ja oder nein beantworten.

Fragebogen zum verletzten Kind in uns

Die folgenden Fragen geben Ihnen einen Überblick darüber, wie stark das Kind in Ihrem Inneren verletzt worden ist. Im zweiten Teil wird eine Liste der Verdachtsmomente für jedes einzelne Entwicklungsstadium aufgestellt.

A. Identität

1. *Ich bekomme Angst und fürchte mich, wenn ich etwas Neues vorhabe. Ja* ☐ *Nein* ☐

2. *Ich bin ein Mensch, der allen Leuten gefallen will (ein netter Kerl/ein Schatz) und besitze keine eigene Identität.*
Ja ☐ *Nein* ☐

3. *Ich bin ein Rebell. Ich fühle mich nur dann lebendig, wenn ich Konflikte habe. Ja* ☐ *Nein* ☐

4. *Tief in meiner Seele spüre ich, daß mit mir etwas nicht stimmt.*
Ja ☐ *Nein* ☐

5. *Ich bin ein Sammler. Es fällt mir schwer, etwas loszulassen.*
Ja ☐ *Nein* ☐

6. *Ich fühle mich nicht als richtiger Mann/richtige Frau.*
Ja ☐ *Nein* ☐

7. *Ich habe Schwierigkeiten mit meiner sexuellen Identität. Ja ☐ Nein ☐*

8. *Wenn ich mich durchsetze, habe ich hinterher Schuldgefühle. Ich gebe lieber nach. Ja ☐ Nein ☐*

9. *Ich habe Startschwierigkeiten. Ja ☐ Nein ☐*

10. *Es fällt mir schwer, etwas zu Ende zu bringen. Ja ☐ Nein ☐*

11. *Ich denke selten über mich selbst nach. Ja ☐ Nein ☐*

12. *Ich kritisiere mich ständig, weil ich mir unzulänglich vorkomme. Ja ☐ Nein ☐*

13. *Ich halte mich für einen schlimmen Sünder und habe Angst, daß ich in die Hölle komme. Ja ☐ Nein ☐*

14. *Ich bin unbeweglich und ein Perfektionist. Ja ☐ Nein ☐*

15. *Ich habe das Gefühl, daß ich nie gut genug bin und nie irgend etwas richtig mache. Ja ☐ Nein ☐*

16. *Ich habe das Gefühl, daß ich nicht weiß, was ich will. Ja ☐ Nein ☐*

17. *Ich fühle mich dazu getrieben, Höchstleistungen zu vollbringen. Ja ☐ Nein ☐*

18. *Ich glaube, ich habe nur dann eine Bedeutung, wenn ich mich sexuell betätige. Ich habe Angst, zurückgewiesen und verlassen zu werden, wenn ich kein guter Liebhaber bin. Ja ☐ Nein ☐*

19. *In meinem Leben ist eine große Leere; ich bin häufig niedergeschlagen. Ja ☐ Nein ☐*

20. *Ich weiß nicht, wer ich wirklich bin. Ich kenne meine eigenen Wertvorstellungen nicht und weiß nicht, was ich von allem halten soll. Ja ☐ Nein ☐*

B. Grundbedürfnisse

1. *Ich habe den Kontakt zu meinen körperlichen Bedürfnissen verloren. Ich weiß nicht mehr, wann ich müde, hungrig oder geil bin. Ja* ☐ *Nein* ☐

2. *Ich habe es nicht gern, wenn man mich anfaßt. Ja* ☐ *Nein* ☐

3. *Ich habe oft sexuellen Verkehr, wenn ich eigentlich gar nicht möchte. Ja* ☐ *Nein* ☐

4. *Ich habe in der Vergangenheit unter einer Eßstörung gelitten oder leide zur Zeit darunter. Ja* ☐ *Nein* ☐

5. *Ich habe eine Schwäche für oralen Sex. Ja* ☐ *Nein* ☐

6. *Ich weiß selten, was ich fühle. Ja* ☐ *Nein* ☐

7. *Wenn ich wütend bin, schäme ich mich hinterher. Ja* ☐ *Nein* ☐

8. *Ich werde selten zornig, aber wenn es geschieht, bekomme ich Wutanfälle. Ja* ☐ *Nein* ☐

9. *Ich habe Angst vor dem Zorn anderer Leute und tue alles, um so etwas unter Kontrolle zu bringen. Ja* ☐ *Nein* ☐

10. *Ich schäme mich, wenn ich weine. Ja* ☐ *Nein* ☐

11. *Ich schäme mich, wenn ich Angst habe. Ja* ☐ *Nein* ☐

12. *Ich zeige fast nie negative Gefühle. Ja* ☐ *Nein* ☐

13. *Ich bin von analem Sex besessen. Ja* ☐ *Nein* ☐

14. *Ich bin von sadomasochistischem Sex besessen. Ja* ☐ *Nein* ☐

15. *Ich schäme mich meiner Körperfunktionen. Ja* ☐ *Nein* ☐

16. *Ich leide unter Schlafstörungen. Ja* ☐ *Nein* ☐

17. *Ich verbringe außergewöhnlich viel Zeit damit, mir Pornographie anzuschauen. Ja ☐ Nein ☐*

18. *Ich habe mich sexuell in einer Weise zur Schau gestellt, durch die die Gefühle anderer Menschen verletzt worden sind. Ja ☐ Nein ☐*

19. *Ich fühle mich von Kindern sexuell angezogen und habe Angst, daß ich diesem Drang aktiv nachgeben könnte. Ja ☐ Nein ☐*

20. *Ich glaube, daß Essen und/oder Sex meine größten Bedürfnisse sind. Ja ☐ Nein ☐*

C. Gesellschaftliche Aspekte

1. *Ich mißtraue grundsätzlich jedem, auch mir selbst. Ja ☐ Nein ☐*

2. *Ich bin zur Zeit oder war früher einmal mit einem Süchtigen verheiratet. Ja ☐ Nein ☐*

3. *Ich bin in meiner Beziehung zwanghaft und kontrollierend. Ja ☐ Nein ☐*

4. *Ich bin süchtig. Ja ☐ Nein ☐*

5. *Ich lebe in der Isolation und habe Angst vor Menschen, vor allem vor Autoritätspersonen. Ja ☐ Nein ☐*

6. *Ich bin nicht gern allein und tue fast alles, um das zu vermeiden. Ja ☐ Nein ☐*

7. *Ich beobachte mich selbst dabei, daß ich das tue, was andere von mir erwarten. Ja ☐ Nein ☐*

8. *Ich vermeide jeden Konflikt, koste es, was es wolle. Ja ☐ Nein ☐*

9. *Ich sage nie nein, wenn jemand anders einen Vorschlag macht, und erlebe den Vorschlag eines anderen Menschen fast wie einen Befehl. Ja ☐ Nein ☐*

10. *Ich habe ein übertriebenes Verantwortungsgefühl. Es fällt mir leichter, mir Sorgen um andere Menschen zu machen als um mich selbst. Ja* ☐ *Nein* ☐

11. *Ich sage häufig nicht direkt* nein, *wenn andere etwas von mir verlangen, sondern weiche aus, wobei ich mich manipulierend, indirekt und passiv verhalte. Ja* ☐ *Nein* ☐

12. *Ich weiß nicht, wie man Konflikte mit anderen Menschen lösen kann. Entweder ich besiege meine Widersacher oder ziehe mich völlig von ihnen zurück. Ja* ☐ *Nein* ☐

13. *Ich frage selten nach, wenn ich etwas nicht genau verstanden habe. Ja* ☐ *Nein* ☐

14. *Ich rate oft, was der andere gemeint haben könnte, und handele dann auf der Basis meiner Vermutung. Ja* ☐ *Nein* ☐

15. *Ich habe mich meinen Eltern oder wenigstens einem Elternteil nie nahe gefühlt. Ja* ☐ *Nein* ☐

16. *Ich verwechsle Liebe mit Mitleid und neige dazu, Menschen zu lieben, mit denen ich Mitleid habe. Ja* ☐ *Nein* ☐

17. *Ich mache mich selbst und andere lächerlich, wenn sie einen Fehler gemacht haben. Ja* ☐ *Nein* ☐

18. *Ich gebe leicht nach und passe mich an die Gruppe an. Ja* ☐ *Nein* ☐

19. *Ich bin schrecklich ehrgeizig und ein schlechter Verlierer. Ja* ☐ *Nein* ☐

20. *Meine größte Angst ist die, verlassen zu werden, und ich tue alles, um an einer Beziehung festzuhalten. Ja* ☐ *Nein* ☐

Wenn Sie zehn oder mehr dieser Fragen mit Ja beantwortet haben, müssen Sie sich ernsthaft an die Arbeit begeben. Dann ist dieses Buch für Sie geschrieben worden.

2. Kapitel
Wie das wunderbare Kind in Ihnen verletzt wurde

Es gab einmal eine Zeit, da schien die Wiese,
der Wald und der Bach,
die Erde und alles, was ich sah,
in himmlisches Licht getaucht zu sein,
in strahlende Pracht und Frische wie ein
Traum.
Jetzt ist es nicht mehr, wie es einmal war –
Wohin ich mich auch wende
bei Tag oder bei Nacht,
kann ich das nicht mehr sehen,
was ich einst gesehen habe.

William Wordsworth

Fast jeder lächelt, wenn er ein Baby sieht. Selbst der verdrießlichste Mensch läßt sich durch das Lachen eines Babys anrühren.
Kinder sind von Natur aus neugierig, spontan und leben im Jetzt. In gewissem Sinne sind sie im Jetzt gefangen. Ich benütze die Anfangsbuchstaben des Wortes »wonderful«, um ein Profil des göttlichen Kindes zu entwerfen. Jeder Buchstabe steht für eine natürliche Eigenschaft.

Neugier	(Wonder)
Optimismus	(Optimismus)
Naivität	(Naïveté)
Abhängigkeit	(Dependence)
Gefühle	(Emotions)
Beweglichkeit, Spannkraft	(Resilience)
Freies Spiel	(Free Play)
Einzigartigkeit	(Uniqueness)
Liebe	(Love)

Neugier

Das natürliche Kind findet alles interessant und aufregend. Seine Neugier betrifft alle seine Sinne. Jedes Kind hat von Natur aus das Bedürfnis, alles wissen und erforschen zu wollen, es möchte alles ausprobieren, alles sehen und fühlen. Seine Neugier veranlaßt das Baby, seine Hände, Nase, Lippen, Genitalien, Finger und Zehen zu entdecken; und letzten Endes führt sie zur Entdeckung des Selbst. Aber das Experimentieren und der Forscherdrang können das Kind auch in Schwierigkeiten bringen. Wenn die Eltern selbst als Kinder ihre natürliche Neugier unterdrücken mußten, werden sie ihre Kinder in der gleichen Weise behindern. Das führt dazu, daß das Kind sich verschließt und sich nicht mehr traut, etwas zu erforschen und ein Risiko einzugehen. Für ein solches Kind stellt das Leben ein Problem dar, das gelöst werden muß, und nicht ein Abenteuer, das erlebt werden will. Es stumpft ab und geht nur noch auf Nummer Sicher.

Staunen und Neugier sind entscheidend für eine normale Entwicklung und Anpassung. Sie bringen das Kind dazu, sich ein Grundwissen über die Welt anzueignen und das Einmaleins des Überlebens zu lernen.

Staunen und Neugier sind gleichzeitig die Lebensenergie, die uns veranlaßt, unseren Horizont immer mehr zu erweitern. Wir *brauchen* diesen Lebensfunken – er ist für unser kontinuierliches Wachstum unentbehrlich und von entscheidender Bedeutung für den Dichter, den Maler und den schöpferischen Denker. Unser Staunen und unsere Neugier sind die Ursache für ein intensives Interesse, das in uns die Erwartung auslöst, daß »da noch mehr sein muß«. Sowohl Albert Einstein als auch Charles Darwin konnten staunen wie die Kinder und waren neugierig, welche Geheimnisse sich wohl noch hinter den Geheimnissen der Welt verbargen.

Optimismus

Der natürliche Lebensfunke des Kindes drängt es dazu, die Welt auf eine *optimistische* Art zu erforschen. Wenn seine Bezugspersonen auch nur in etwa berechenbar sind, lernt das Kind, der Außenwelt zu vertrauen, um seine Bedürfnisse zu befriedigen. Kinder gehen natürlicherweise davon aus, daß die Welt ihnen freundlich gesinnt ist; sie sind voller Hoffnung, und es erscheint ihnen nichts unmöglich zu sein. Dieser natürliche Optimismus und dieses Vertrauen sind der Kern dessen, was uns die Natur mitgegeben hat, und die Säulen des sogenannten »kindlichen Glaubens«.

Dieser natürliche Optimismus und das Vertrauen der Kinder machen sie so verwundbar. Wenn ein Kind seinen Bezugspersonen völlig vertraut, ist es sehr *verletzlich*, wenn es beschimpft oder auf eine andere Weise angegriffen wird. Im Gegensatz zu den anderen Säugetieren hat das menschliche Kind kein instinktgesteuertes »Computersystem«, das ihm sagt, was es machen soll. Kinder müssen lernen, und dieses Lernen hängt von ihren Bezugspersonen ab. Kinder entwickeln ihre innere Kraft als Ergebnis der Interaktionen mit den erwachsenen Bezugspersonen. Die Natur sorgt dafür, daß Kinder in jeder Altersstufe über die entsprechende Bereitschaft verfügen, jede spezielle Art innerer Kraft zu entwickeln.

Wenn ein Kind mißhandelt oder gedemütigt wird, verliert es seine Offenheit und sein Vertrauen. Das Band, das ihm Vertrauen vermittelt und dazu geführt hat, daß es sich in lebensbejahender Weise weiterentwickelt hat, ist dann zerrissen. Es fühlt sich bei seiner erwachsenen Bezugsperson nicht mehr länger geborgen und wird deshalb immer mißtrauischer und ängstlicher. Wenn ein solcher Bruch immer wieder vorkommt, wird aus dem Kind ein *Pessimist*. Es verliert die Hoffnung und kommt mit der Zeit zu der Überzeugung, daß es seine Umwelt manipulieren muß, damit seine Bedürfnisse befriedigt werden. Statt seine Kräfte einzusetzen, um direkt mit der Umwelt in Kontakt zu treten, setzt das Kind sie ein, um die Bezugspersonen dazu zu bringen, das zu tun, was es eigentlich selbst tun könnte.

Optimismus und Vertrauen sind die Seele der Intimität. Wenn wir Intimität suchen, müssen wir es riskieren, verletzt zu werden. Da wir aber niemals genügend Erfahrungen machen können, um einer Person *absolut* vertrauen zu können, müssen wir es riskieren, ihr bis zu einem *gewissen Grad* zu vertrauen. Auch in unserem Leben brauchen wir Optimismus; nur so können wir die gesamte Wirklichkeit als etwas betrachten, das letzten Endes doch einen positiven Wert hat. Nur der Optimismus versetzt uns in die Lage, das Gute im Leben zu sehen – also den Schmalzkringel und nicht das Loch in seiner Mitte.

Naivität

Ihre Naivität macht die Kinder so charmant und attraktiv und stellt das Wesen ihrer Unschuld dar. Kinder leben im Jetzt und sind lustorientiert. Sie nehmen die »seltsamen Rätsel«, *queer conundrums*, wie Christopher Morley sie nennt, hin. Ihre »seltsame Göttlichkeit« hängt damit zusammen, daß sie kein Gefühl für das haben, was richtig oder falsch, gut oder böse ist.

Kinder sind lebensorientiert. Zu Anfang sind ihre Bewegungen ziellos, weil sie sich so sehr für alles interessieren, daß es ihnen schwerfällt, sich für eine bestimmte Sache zu entscheiden. Wegen dieser Ziellosigkeit gerät jedes Kind an verbotene Stellen, faßt etwas an, was gefährlich ist, und probiert Dinge, die giftig sind. Deshalb muß man ständig auf sie aufpassen und sich um sie kümmern. Die Erwachsenen sollten ihr Haus oder ihre Wohnung »kindersicher« machen. Das alles nimmt Zeit in Anspruch und bringt selbst die stabilsten Eltern gelegentlich zur Verzweiflung. Das Kind ist natürlich überrascht und verwirrt, wenn die erwachsene Bezugsperson plötzlich in helle Aufregung gerät. Es fand das, was es gerade angestellt hat, ungeheuer interessant.

Die Eltern oder die anderen erwachsenen Bezugspersonen müssen Geduld haben und verständnisvoll sein. Wenn ihnen diese Eigenschaften fehlen, erwarten sie viel zuviel von ihrem Kind. In den meisten Fällen von Kindesmißhandlungen, die mir bekannt sind, war der mißhandelnde Elternteil fest davon überzeugt, daß das Kind in böser Absicht gehandelt hatte. Alle diese Erwachsenen hatten von dem Kind einen Reifegrad erwartet, der seinem tatsächlichen Alter überhaupt nicht entsprach.

Die Neigung, sich auf verbotenes Territorium zu begeben, ist oft als Beweis für die naturgegebene Boshaftigkeit des Kindes mißverstanden worden. Es wurde behauptet, diese angeborene Boshaftigkeit sei das Ergebnis der Sünde, die Adam und Eva begangen hätten. Diese Lehre von der Erbsünde ist eine der Hauptursachen für viele repressive und grausame Praktiken in der Kindererziehung. Es gibt allerdings keinen einzigen klinischen Beweis dafür, daß Kinder von Natur aus böse sind.

Das Gegenstück dazu ist, wenn die Eltern das Kind in seiner Naivität und Unschuld in übertriebener Weise beschützen und gewissermaßen in Watte packen. Das leistet einer sehr problematischen Naivität im Erwachsenenalter Vorschub. Ich kann mich an einen Seminaristen erinnern, der ein Jahr vor seiner Ordination noch davon überzeugt war, daß das weibliche Genital drei Öffnungen habe. Ich kenne auch viele Frauen, die in der Pubertät nicht aufgeklärt worden sind, und in Panik gerieten, als sie zum erstenmal menstruierten.

Kinder können auch lernen, die Umwelt mit falscher Naivität und Unschuld zu manipulieren. Sich Dummstellen ist eine Form dieser Manipulation. Das »blonde Dummchen« ist das klassische Klischee der falschen Unschuld einer Erwachsenen. Das hysterische Weinen und Betteln von Kindern, die Angst haben, alleingelassen zu werden, ist eine Form, sich dumm zu stellen. Ein derartiges Verhalten ermöglicht es dem Kind, nicht erwachsen zu werden, damit es keine Verantwortung und kein Risiko übernehmen muß.

Die Naivität und Unschuld Ihres göttlichen Kindes kann Ihnen bei Ihrem Heilungsprozeß von großem Nutzen sein: Naivität bedeutet, daß man gelehrig und lernfähig ist. Wenn Sie das verletzte Kind in sich unter Ihre Fittiche nehmen, kommt das göttliche Kind zum Vorschein. Sie und Ihr göttliches Kind können zusammenarbeiten und gemeinsam Erlebnisse haben, aus denen Sie neue Kraft schöpfen können.

Abhängigkeit

Kinder sind nicht aus freien Stücken, sondern von Natur aus, abhängig und bedürftig. Im Gegensatz zum Erwachsenen kann das Kind seine Bedürfnisse nicht aus eigener Kraft befriedigen, sondern braucht dazu die anderen Menschen. Leider ist das Kind vor allem wegen dieser Abhängigkeit von anderen außerordentlich verwundbar. Es weiß nicht einmal, was es braucht oder was es empfindet. Sein Leben hängt von Anfang an auf Gedeih und Verderb davon ab, daß die erwachsenen Bezugspersonen in der Lage sind, seine Bedürfnisse in jeder Entwicklungsstufe zu erkennen und zu befriedigen.

Wenn unsere Bezugspersonen selbst ein verletztes Kind in ihrem Inneren haben, hindert ihre eigene Bedürftigkeit sie daran, die Bedürfnisse ihrer eigenen Kinder zu befriedigen. Sie ärgern sich über die Bedürftigkeit ihres Kindes oder versuchen, ihre eigenen Bedürfnisse zu befriedigen, indem sie das Kind zu einer Erweiterung ihrer eigenen Person machen.

Das göttliche Kind ist abhängig, weil es sich in einem Reifeprozeß befindet. Jede Entwicklungsstufe stellt einen Schritt auf dem Weg zur endgültigen Reife des Erwachsenenalters dar. Wenn die Bedürfnisse eines Kindes nicht im richtigen Augenblick und nicht in der richtigen Reihenfolge befriedigt werden, fehlen ihm die nötigen Voraussetzungen für die Aufgaben der nächsten Stufe. Ein kleiner Fehler, der am Anfang gemacht wird, kann später weitreichende Konsequenzen haben.

Gesundes menschliches Leben ist durch eine kontinuierliche Entwicklung gekennzeichnet. Vor allem die charakteristischen Merkmale der Kindheit, die ich hier beschreibe – Staunen, Abhängigkeit, Neugier, Optimismus –, sind entscheidend für das Wachsen und Gedeihen des Menschen.

In einer Hinsicht bleiben wir unser ganzes Leben lang abhängig: Ohne Liebe und ohne zwischenmenschliche Beziehungen können wir nicht leben. Niemand ist so autonom, daß er ohne andere Menschen auskommen kann. Die Abhängigkeit unseres göttlichen Kindes gestattet es uns, Bindungen einzugehen und uns für andere zu engagieren. Wenn wir älter werden, haben wir das Bedürfnis, gebraucht zu werden. An einem bestimmten Punkt unserer gesunden Entwicklung werden wir zeugungsfähig und sorgen dafür, daß das Leben selbst weiterbesteht. Wenn Sie so wollen, ist das unser Auftrag innerhalb der Evolution. Es ist in der Tat ein Balanceakt zwischen Abhängigkeit und Unabhängigkeit. Wenn ein Kind verletzt worden ist, indem man seine entwicklungsbedingten Bedürfnisse vernachlässigt hat, isoliert es sich entweder und zieht sich zurück, oder es klammert sich an andere Menschen an.

Gefühle

Zwei Arten des Gefühlsausdrucks sind charakteristisch für die frühe Kindheit – Lachen und Weinen. Der Anthropologe Ashley Montagu schreibt: »Für ein Kind ist das Lachen etwas Natürliches, und es findet an allen möglichen Dingen etwas Komisches; dabei spielt es keine Rolle, ob diese Dinge tatsächlich vorhanden sind, nur in seiner Phantasie existieren, oder ob es sie selbst verursacht. Alles Komische macht ihm einen Riesenspaß.« Humor ist eine der ältesten und stärksten natürlichen Kraftquellen, über die wir verfügen. Philosophen haben schon vor langer Zeit festgestellt, daß nur der Mensch die Fähigkeit besitzt zu lachen.

Humor hat einen Wert für das *Überleben*; das Leben wird erträglicher, wenn man es mit Humor nimmt. In meiner psychotherapeutischen Praxis habe ich immer genau gemerkt, wann es meinen Klienten besser ging. Die Wende kam, wenn sie sich selbst mit Humor betrachten konnten, wenn sie aufhörten, sich selbst so ernst zu nehmen.
Montagu behauptet, daß Kinder ungefähr von der zwölften Lebenswoche an so etwas wie Humor haben. Wenn man das Gesicht eines Säuglings betrachtet, den man im Arm hält und streichelt, dann kann man seine natürliche Heiterkeit entdecken. Beobachten Sie einmal eine Gruppe von kleinen Kindern, die herumtoben und miteinander spielen, dann werden Sie in ihrem Lachen schieres Entzücken erkennen können.
Das Glück eines Kindes und seine freudige Erregung können sehr schnell gedämpft werden. Wenn das Lachen des verletzten Kindes in unseren Eltern jäh unterdrückt worden ist, werden sie es auch bei den eigenen Kindern abwürgen. Solche Eltern weisen ihre Kinder mit Worten wie »Lach nicht so laut«, »Ruhe da drinnen!«, »Seid nicht so wild«, »Jetzt habt ihr aber genug Spaß gehabt« usw. zurecht. Ich habe mich oft gefragt, warum es mir so schwerfiel, aus vollem Herzen zu lachen, zu tanzen oder zu singen. Dazu war ich nur in der Lage, wenn ich etwas getrunken hatte. Wenn ich nüchtern war, schienen meine Muskeln wie eingefroren zu sein.
Kinder, die man am Lachen und Fröhlichsein hindert, lernen, ernst und stoisch zu sein. In der Regel werden aus ihnen verkrampfte Eltern, Lehrer oder Prediger, die das laute Lachen und die freudige Erregung eines Kindes nicht ertragen können.
Die Kehrseite des Lachens ist das Weinen. «Deine Freude ist dein demaskierter Kummer«, sagt uns der Dichter Kahlil Gibran. »Die gleiche Quelle, aus der dein Lachen aufsteigt, war oft mit Tränen angefüllt.«
Menschen sind die einzigen Säugetiere, die weinen können. (Andere Säugetiere können klagen, aber sie vergießen dabei keine Tränen.) Ashley Montagu zufolge hat das Weinen gesellschaftlich und psychologisch eine ähnliche Funktion wie das Lachen. So wie uns das Lachen anderen Menschen näherbringt, so löst das Weinen eines Menschen bei uns Mitleid aus, so daß wir ihn trösten wollen. Das hat für das Überleben des Säuglings eine große Bedeutung. Sein fröhliches Gurren und sein gurgelndes Lachen ziehen uns an und stellen die symbiotische Verbindung her, die jeder Säugling

braucht. Seine Tränen sind Notsignale, die uns zu Hilfe eilen lassen, um ihn zu trösten.

Als Ausdruck von Gefühlen, die bei anderen Menschen bestimmte Reaktionen auslösen, haben Lachen und Weinen im Lauf der Evolution wahrscheinlich einen großen Einfluß auf die Entwicklung der menschlichen Gemeinschaft gehabt. Vor allem das Weinen hat entscheidend dazu beigetragen, daß wir uns zu mitleidsfähigen Geschöpfen entwickelt haben. Die »Möglichkeit zu weinen«, schreibt Montagu, »fördert die Gesundheit des Menschen und veranlaßt ihn dazu, sich stärker für das Wohlergehen seines Nächsten einzusetzen.«

Kinder, denen man beigebracht hat, daß sie sich schämen müssen, wenn sie weinen, sind in ihrer Entwicklung schwer gestört. In den meisten Familien berührt das Weinen des Kindes die unverarbeitete Traurigkeit des Kindes in der Seele eines Elternteils. Die meisten erwachsenen Kinder hat man als Kind nicht ungehindert weinen lassen.

Die Eltern haben das Weinen der Kinder systematisch unterdrückt, weil sie glaubten, so würden sie die Kinder stark machen. Das ist völlig falsch. Für viele von uns wäre dieses Buch überflüssig, wenn man uns als Kind erlaubt hätte, unseren Tränen freien Lauf zu lassen. Das, was ich »Verarbeitung des Urschmerzes« nenne, ist im wesentlichen Trauerarbeit. Sie ist der Schlüssel, den wir brauchen, wenn wir das verletzte Kind in uns zurückgewinnen wollen.

Beweglichkeit, Spannkraft

Unter Spannkraft versteht man die Fähigkeit, äußeren Streß abfangen zu können. Kinder verfügen von Natur aus über diese seelische Spannkraft; je jünger sie sind, um so beweglicher sind sie. Beobachten Sie einmal ein Kind, das Essen oder Gehen lernt, dann merken Sie, wie groß diese Beweglichkeit ist. Ich habe einmal ein zwanzig Monate altes kleines Mädchen beobachtet, das auf eine Couch klettern wollte. Jedesmal, wenn es beinahe oben war, fiel es wieder herunter. Ein paar Mal weinte es ein bißchen, begab sich dann aber gleich wieder an die Arbeit, um endlich auf die Couch zu kommen. Nach etwa fünf Versuchen hatte das Kind es geschafft. Es blieb einige Zeit sitzen und genoß seinen Erfolg. Als mein großer Hund ins Zimmer kam, beobachtete das kleine Mädchen ihn vorsichtig und rutschte dann von der Couch herunter, um dieses seltsame Geschöpf aus der Nähe betrachten zu können. Als es sich ihm näherte, stieß er es spielerisch mit der Schnauze an. Das ärgerte das Kind, also gab es ihm einen Klaps auf die Nase. Das Tier war dreimal so groß wie das kleine Mädchen, trotzdem gab es ihm einen Klaps auf die Nase! Dazu gehört Mut, das müssen Sie zugeben. Kinder sind in der Tat mutig. Wir Erwachsenen sind Riesen im Vergleich zu ihnen. Wir sollten ihre Dickköpfigkeit nicht als Ungezogenheit und schlechtes Benehmen betrachten, sondern ihren Mut bewundern. Kinder sind elastisch und haben Courage. Das Wort kommt aus dem Lateinischen und enthält den Wortstamm *cor* (Herz). Kinder sind beherzt. Sie sind mutige Abenteurer. Der große Adlerianer Rudolf Dreikurs war der Meinung, daß alle ungezogenen Kinder ihre Courage, also ihr Herz, verloren hätten und aus diesem Grund gezwungen wären, die Befriedigung ihrer Bedürfnisse durch Manipulation zu erreichen.

Eng verwandt mit dieser Spannkraft ist die Flexibilität des Verhaltens, die es dem Kind gestattet, auf jedes Sozialisationsmuster, dem es ausgesetzt ist, mit einem entsprechenden Verhalten zu reagieren. Diese Flexibilität unterscheidet den Menschen vom Tier und ist gleichzeitig ein wichtiges Merkmal seelischer Gesundheit.

Die gleiche Spannkraft und Flexibilität macht es uns allerdings auch möglich, uns in ungesunder Weise anzupassen. Alle Verhaltensweisen, die ich dem verletzten Kind in uns zugeschrieben habe, wurden durch Anpassung erworben. Die seelische Elastizität und Flexibilität des Kindes in uns hat es ihm möglich gemacht, Krankheiten, Störungen und seelische Einsamkeit zu überleben. Aber es ist bedauerlich, daß wir unsere ganze Dynamik und Spannkraft nur eingesetzt haben, um unser nacktes Überleben zu gewährleisten, und diese Fähigkeiten nicht in den Dienst unserer Entwicklung und Selbstverwirklichung stellen konnten.

Da Beweglichkeit eine Grundeigenschaft unseres wahren Selbst ist, können wir sie wiedergewinnen, wenn wir das verletzte Kind in uns zurückgewonnen haben und uns seiner annehmen. Dazu brauchen wir Zeit, denn das verletzte Kind muß erst einmal lernen, dem Schutz des Erwachsenen zu vertrauen. Wenn es sich sicher und geborgen fühlt, wird die Beweglichkeit wieder zum Vorschein kommen.

Kinder haben einen natürlichen Sinn für Freiheit, und wenn sie sich sicher fühlen, bewegen sie sich mit großer Spontaneität. Diese Begriffe – Freiheit und Spontaneität – machen das Wesen des Spiels aus. Platon betrachtet die Tatsache, daß Kinder gerne springen, als ein Modell für das Spiel überhaupt. Sie erleben auf diese Weise die Grenzen, die ihnen durch die Schwerkraft gesetzt sind. Das freie Spiel versetzt das Kind in die Lage, die Wiederholung bloßer Angewohnheiten zu transzendieren. Wenn wir älter werden, neigen wir dazu, diese Qualität des Spiels zu übersehen, und betrachten es deshalb als sinnlos: Spielen ist etwas für kleine Kinder, aber nichts für erwachsene Menschen. Viele Erwachsene betrachten Spielen als Leerlauf, und »Müßiggang ist aller Laster Anfang«.

Leider haben wir in den Vereinigten Staaten das freie und spontane Spielen durch den aggressiven Trieb, unbedingt gewinnen zu müssen, verdorben. Wirkliches freies Spiel ist eine Tätigkeit, die ungeheuren Spaß macht. In späteren Phasen der Entwicklung kann die Freude auch mit der Geschicklichkeit und Sportlichkeit zusammenhängen, die ein bestimmtes Spiel erfordert.

Das freie Spiel ist Teil unseres natürlichen Wesens. Alle Tiere spielen, aber das Spiel der Kinder hat eine bedeutend größere Varianz. Ashley Montagu schreibt: »Das Spiel des Kindes ist ein Sprung der Phantasie, der die Fähigkeiten aller anderen Lebewesen weit überschreitet.« Die Phantasie spielt beim Spiel der Kinder eine entscheidende Rolle. Ich kann mich noch gut an die Phantasieprodukte meiner Kindheit erinnern: In den meisten Fällen hatten sie die Funktion, mich auf das Erwachsenenleben vorzubereiten – wir spielten »Erwachsene« und stellten uns vor, wie es wäre, wenn wir Mutter und Vater wären.

Freies Spiel ist für Kinder eine ernste Sache; es stellt einen Teil der Grundlage für das spätere Leben dar. Vielleicht würden wir uns als Erwachsene nicht solchen Spielen zuwenden, die überhaupt keine kreativen Komponenten enthalten, wenn wir als Kinder im Spiel Trost und Geborgenheit gefunden hätten. Die wenig kreativen Spiele der Erwachsenen sind in Wirklichkeit ein Ersatz für die unbefriedigten Bedürfnisse der Kindheit und führen zu einer Anhäufung von »Spielsachen für Erwachsene«. Sie haben vielleicht schon einmal den Aufkleber gesehen, auf dem steht: HE WHO HAS THE MOST TOYS WHEN HE DIES – WINS. (Derjenige, der bei seinem

Tod die meisten Spielsachen hat, gewinnt.) Eine solche Transformation des kindlichen Spiels hindert uns daran, das Leben als ein freies, spontanes Abenteuer zu betrachten.
Wenn wir die Kindheit als eine Zeit des freien, schöpferischen Spiels betrachten, erkennen wir, daß spielerisches Verhalten menschliches Verhalten bedeutet. Unsere größten menschlichen Errungenschaften sind »Sprünge der Phantasie«, die zu den größten Erfindungen, Entdeckungen und Theorien geführt haben. Nietzsche hat einmal gesagt, um reif zu werden, müsse man den Ernst wiedergewinnen, den man als Kind beim Spielen gehabt habe.

Einzigartigkeit

Obwohl das Kind noch nicht reif ist, hat es doch schon ein Gefühl für die Ganzheit seines Organismus, ein Gefühl der Ichhaftigkeit. Mit anderen Worten, es fühlt sich in seinem Inneren mit sich selbst verbunden und in Harmonie. Das Gefühl dieser Ganzheit und Vollständigkeit bedeutet wirkliche Vollkommenheit, und in diesem Sinn ist jedes Kind vollkommen.
Diese Ganzheit macht das Kind auch zu etwas *Besonderem, Einzigartigem und Wunderbarem*. Niemand ist genauso wie dieses Kind. Seine Besonderheit macht aus jedem Kind etwas wirklich Kostbares. Kostbar (precious) bedeutet »selten und wertvoll«. Edelsteine und Gold sind kostbar, aber jedes Kind ist bedeutend kostbarer als diese Dinge. Und es spürt das bereits von seiner Geburt an tief in seiner Seele. Freud sprach von »Seiner Majestät, das Kind«.
Das natürliche Gefühl eines Kindes für Werte und Würde ist sehr anfällig, da es ständig von der unmittelbaren Rückmeldung und dem Echo der Bezugsperson abhängt, von der es versorgt wird. Wenn die Bezugsperson dem Kind kein wirklichkeitsgetreues und liebevolles Feedback gibt, verliert es das Gefühl dafür, daß es etwas Besonderes und Einzigartiges ist.
Kinder sind auch von Natur aus spirituell. Meiner Meinung nach haben die Begriffe Ganzheit und Spiritualität die gleiche Bedeutung. Kinder sind naive Mystiker. Christopher Morleys Gedicht beschreibt ihre »seltsame Göttlichkeit« (strange Divinity), die »immer noch erhalten ist«. Aber ihre Spiritualität ist naiv und unkritisch. Erst später wird daraus der Kern einer reifen, reflektierten Spiritualität.

Zur Spiritualität gehört etwas, das ganz tief in uns verborgen liegt und unser authentischster Teil ist – unser wahres Selbst. Wenn wir spirituell sind, stehen wir im Kontakt mit unserer Einzigartigkeit und Besonderheit. Das ist unser elementares Sein, unsere Ichhaftigkeit. Zur Spiritualität gehört außerdem ein Gefühl für die Verbindung mit etwas, was größer ist als wir selbst, und auf das wir uns gründen. Kinder sind von Natur aus gläubig – sie wissen, daß es etwas gibt, was größer ist als sie selbst.
Ich glaube, daß unsere Ichhaftigkeit der Wesenskern dessen ist, was unsere Ähnlichkeit mit Gott ausmacht. Wenn ein Mensch ein Gefühl für diese Qualität hat, ist er in Harmonie mit sich und kann sich selbst annehmen. Kinder können das von Natur aus. Schauen Sie sich irgendein gesundes Kind an, dann werden Sie bei ihm einen Ausdruck erkennen, der besagt: »Ich bin, wer ich bin.« Interessanterweise sagt Gott zu Moses in der Theophanie des brennenden Dornbuschs (Exodus 3, 14): »Ich bin der ›Ich-bin-da‹.« In diesem ICH BIN liegt der tiefste Sinn menschlicher Spiritualität, der alle Eigenschaften einschließt, die mit dem Wertvollen, Besonderen verbunden sind. Im Neuen Testament findet sich immer wieder eine Situation, in der Jesus dem »Einzelnen« die Hand reicht: dem verirrten Lamm, dem verlorenen Sohn, dem Menschen, der es verdient, daß man sich bis zum letzten Atemzug für ihn einsetzt. Der »Einzelne« ist der, der er ist; es hat ihn vorher nie gegeben und es wird ihn auch nicht noch einmal geben.
Die spirituelle Verletzung ist mehr als alles andere dafür verantwortlich zu machen, wenn aus uns unselbständige, schamerfüllte erwachsene Kinder werden. Die Geschichte des Niedergangs eines jeden Mannes und einer jeden Frau handelt davon, daß ein wunderbares, wertvolles, besonderes und kostbares Kind sein Gefühl für das »Ich bin, wer ich bin« verloren hat.

Liebe

Kinder sind von Natur aus prädestiniert, zu lieben und ihre Zuneigung auszudrücken. Trotzdem *muß jedes Kind erst geliebt werden, bevor es selbst lieben kann.* Es lernt lieben, indem es selbst geliebt wird. Montagu schreibt: »Von allen menschlichen Bedürfnissen ist das Bedürfnis, geliebt zu werden ... das elementarste ... Es ist ein Bedürfnis, das uns menschlich werden läßt.«

Kein Säugling besitzt die Fähigkeit zu einer reifen, altruistischen Liebe. Er liebt auf eine Art, die seinem Alter entspricht. Die gesunde Entwicklung des Kindes hängt davon ab, daß es von einem Menschen geliebt wird, der es vorbehaltlos akzeptiert. Wenn dieses Bedürfnis befriedigt wird, wird die Liebesenergie des Kindes freigesetzt, so daß es andere lieben kann.

Wenn ein Kind nicht um seiner selbst willen geliebt wird, wird das Gefühl für seine Ichhaftigkeit verletzt. Weil es in einem so starken Maße abhängig ist, setzt es seine Egozentrizität ein, so daß sein wahres Selbst nicht zum Vorschein kommen kann. Die kindlichen Störungen, unter denen das verletzte Kind in uns leidet, sind Folgen dieser egozentrischen Anpassung. Wenn das Kind nicht vorbehaltlos geliebt wird, erfährt es die schlimmste aller Deprivationen. Wenn das Kind in der Seele des Erwachsenen so schwer verletzt worden ist und unter solchen Entbehrungen leiden mußte, kann der Erwachsene später nur noch einen schwachen Widerhall aus der Welt der anderen Menschen wahrnehmen. Sein Hunger nach Liebe läßt ihn nie los. Das Bedürfnis bleibt bestehen, und das verletzte Kind in ihm füllt diese Leere auf die Weise aus, die ich beschrieben habe.

Wenn Sie Ihren Anspruch auf das verletzte Kind in sich geltend machen und es unter Ihre Fittiche nehmen wollen, dann müssen *Sie* es in der vorbehaltlosen Weise annehmen, nach der es sich so sehnt. Dadurch wird es frei und kann dann andere Menschen anerkennen und um ihrer selbst willen lieben.

Die spirituelle Wunde

Ich bin überzeugt davon, daß man alle Arten, in der das göttliche Kind verletzt wurde, unter dem Aspekt des Verlustes der Ichhaftigkeit zusammenfassen kann. Jedes Kind braucht dringend die Gewißheit, daß (a) seine Eltern gesund sind und für das Kind sorgen können und (b) daß es seinen Eltern etwas bedeutet.

Damit ist gemeint, daß die Besonderheit des Kindes von den Eltern und anderen wichtigen Bezugspersonen gewürdigt werden muß. Das zeigt sich zum Beispiel unter anderem auch an der Zeit, die man mit ihm verbringt. Kinder wissen intuitiv, daß Menschen mit demjenigen ihre Zeit verbringen, den sie lieben. Eltern beschämen ihre Kinder, indem sie ihnen nicht genügend Zeit widmen.

Jedes Kind, das aus einer gestörten Familie stammt, erleidet in gewissem Maße eine spirituelle Verletzung – den Verlust seiner Ichhaftigkeit. Eine Mutter, die Alkoholikerin ist, und ein von ihr abhängiger Vater, der ihr das Trinken ermöglicht, haben keine Zeit für ihre Kinder. Die Alkoholikerin ist mit dem Trinken beschäftigt und der von ihr abhängige Vater mit der Trinkerin. Sie können sich seelisch einfach nicht um ihre Kinder kümmern. Das gleiche gilt, wenn die Eltern ständig unter Streß stehen, der zum Beispiel auf Arbeitswut, religiöse Aktivitäten, Eßstörungen, Kontrollzwänge, Perfektionismus und seelische oder körperliche Krankheiten zurückzuführen sein kann. Ganz gleich, welcher Art die Störung ist, wenn die Eltern sich auf ihre eigenen seelischen Probleme konzentrieren, können sie sich nicht um ihre Kinder kümmern. Die Psychoanalytikerin Karen Horney schreibt:

> Aber es kann geschehen, daß ein Kind als Folge einer Vielzahl von widrigen Einflüssen nicht so heranwachsen kann, wie es seinen individuellen Bedürfnissen und Möglichkeiten entspricht ... Schließlich läuft alles darauf hinaus, daß die Menschen in seiner Umgebung *so mit ihren eigenen Neurosen beschäftigt sind, daß sie nicht in der Lage sind, das Kind zu lieben* oder es wenigstens als das besondere Individuum wahrzunehmen, das es ist. (Kursiv hinzugefügt.)

Die Frustration der Sehnsucht des Kindes, als Person geliebt zu werden und zu erleben, daß seine Liebe auch angenommen wird, stellt das größte Trauma dar, das ein Kind erleben kann.

Eltern, die in einer gestörten Familie leben, sind nicht in der Lage, dem Kind das zu geben, was es braucht, denn sie sind selbst zu bedürftig. Es ist in der Tat so, *daß die meisten Kinder aus gestörten Familien dann am schlimmsten verletzt worden sind, wenn sie am bedürftigsten waren*. Ich muß dabei an Joshua denken, dessen Vater Alkoholiker war. Als er sieben Jahre alt war, wußte er nie, wann sein Vater zu Hause sein würde. Als er elf Jahre alt war, hatte der Vater ihn seelisch und finanziell im Stich gelassen. Ein Junge braucht den Vater. Um sich selbst als Mann lieben zu können, braucht er die Liebe eines Mannes. Er muß eine Bindung an einen Mann haben. Aber Joshua hatte nie ein Bindung an seinen Vater gehabt. Meistens hatte er panische Angst empfunden und die tiefe Unsicherheit eines Kindes erleben müssen, das nicht beschützt worden ist. Der Vater ist der Beschützer. Dazu kam, daß seine Mutter Männer unbewußt haßte. Bei drei verschiedenen Gelegenheiten demütigte sie Joshua, indem sie sich bei Tisch über die Größe seines Penis lustig machte. Sie hielt das offenbar für einen Witz und schimpfte sogar noch mit ihm, weil er so empfindlich war. Sie hatte ihn am verletzlichsten Punkt seiner Männlichkeit getroffen. Es klingt zwar verrückt, aber in unserer Kultur ist die Größe des Penis tatsächlich ein Symbol der Männlichkeit. Und dieser arme Junge, der eine Bestätigung seiner Männlichkeit so bitter nötig gehabt hätte, wurde durch den einzigen wichtigen Elternteil verraten, den er noch hatte. Die Mutter, die Opfer eines Inzest geworden war und nie psychotherapeutisch behandelt wurde, ließ an ihrem Sohn ihre tiefe Verachtung und Wut gegen die Männer aus.

Sexueller Mißbrauch, körperliche und seelische Mißhandlungen

Sexueller Mißbrauch

Darunter versteht man, daß das Kind von einem Erwachsenen zur Befriedigung seiner sexuellen Lust mißbraucht wird. Das Kind lernt dadurch, daß es für den Erwachsenen nur dann eine Bedeutung hat, wenn es sich sexuell betätigt. Die Folge einer solchen Verletzung ist, daß der Mensch als Erwachsener glaubt, er könne die wahre Liebe eines anderen Menschen nur dann erringen, wenn er ein phantastischer Liebhaber oder ein sexuell ungewöhnlich attraktiver Mensch ist. Es gibt viele Formen des sexuellen Mißbrauchs. Die nichtkörperlichen sind die, die am häufigsten nicht erkannt werden und das Opfer auf die schlimmste Weise neurotisieren können.

Um nichtkörperlichen oder emotionalen sexuellen Mißbrauch richtig verstehen zu können, müssen wir begreifen, daß die Familie ein soziales System ist, das seine eigenen Gesetze hat. Die wichtigsten Gesetze eines Familiensystems lassen sich folgendermaßen zusammenfassen: (1) Das gesamte System spiegelt jede einzelne Person auf eine Weise wider, daß die Familie nur durch die Beziehungen definiert werden kann, die ihre Mitglieder miteinander verbinden, und nicht durch die Summe ihrer Teile. (2) Das ganze System basiert auf dem Prinzip des Gleichgewichts, das heißt, wenn ein Mitglied aus dem Gleichgewicht gerät, gleicht ein anderes das wieder aus. So kann, zum Beispiel, ein betrunkener, verantwortungsloser Vater durch eine fanatisch abstinente, übertrieben verantwortungsbewußte Mutter ausgeglichen werden, eine Ehefrau, die ständig hysterisch herumtobt, durch einen ausgeglichenen, sanften Mann, der nicht aggressiv ist. (3) Das ganze System unterliegt gewissen Regeln. In einem gesunden System sind diese Regeln offen zu erkennen und können Gegenstand von Verhandlungen sein, in einem ungesunden System sind sie starr und unflexibel. (4) Die Mitglieder des Systems spielen Rollen, um ihre Bedürfnisse im Gleichgewicht zu halten. In einem gesunden Familiensystem sind diese Rollen flexibel und kooperativ, in gestörten Familien sind sie starr und unveränderlich.

Das Familiensystem besteht außerdem aus Komponenten, von denen die wichtigste die Ehe ist. Wenn die Intimbeziehung der Ehe gestört ist, übernimmt das Familienprinzip des Gleichgewichts und des Ausgleichs das Regiment. Die Familie braucht eine gesunde Ehe, um im Gleichgewicht bleiben zu können. Wenn das Gleichgewicht gestört ist, drängt die Dynamik die Kinder dazu, es wiederherzustellen. Wenn der Vater mit der Mutter nicht zufrieden ist, kann er sich an seine Tochter wenden und bei ihr die Befriedigung seiner seelischen Bedürfnisse suchen. Die Tochter wird dann seine Puppe oder seine kleine Prinzessin. Der Junge kann Mutters kleiner Mann werden und die Stelle des Vaters einnehmen. Es gibt da viele Varianten, die nicht durch das Geschlecht eingeschränkt sind. Ein Mädchen kann Vaters Stelle einnehmen und Bezugsperson der Mutter werden. Ein Junge kann emotional die Frau des Vaters sein. In all diesen Fällen kommt es zu vertikalen, die Generationen überschreitenden Bindungen. Die Kinder müssen sich plötzlich um die Ehe der Eltern kümmern und werden dazu mißbraucht, etwas gegen deren Einsamkeit zu tun. Oft ist ein Elternteil sexuell ausgeschlossen, so daß seine sexuellen Bedürfnisse nicht befriedigt werden. Das Kind hat dann möglicherweise ein unangenehmes Gefühl, wenn es von der Mutter oder vom Vater angefaßt oder in einer bestimmten Weise geküßt wird. Die Faustregel lautet: *Wenn ein Kind für einen Elternteil wichtiger ist als der eigene Partner, entsteht die Gefahr sexuellen Mißbrauchs*, der darin besteht, daß der Vater oder die Mutter das Kind für seine eigenen Bedürfnisse benützen. Ein derartiges Verhalten kehrt die natürlichen Verhältnisse um. Die Eltern sind dazu da, den Kindern Zeit und Aufmerksamkeit zu schenken und ihnen Orientierungen zu vermitteln, nicht, um sie

zur Befriedigung ihrer eigenen Bedürfnisse zu *benützen*, denn benützen bedeutet soviel wie mißbrauchen.
Sexueller Mißbrauch fügt dem Kind seelische Verletzungen zu, die schlimmer sind als alle anderen. In jüngster Zeit haben wir neue Erkenntnisse über das Phänomen des sexuellen Mißbrauchs gewonnen. Die Horrorgeschichten über körperliche Penetration stellen nur die Spitze des Eisbergs dar. Wir wissen inzwischen bedeutend mehr darüber, welche Auswirkungen Exhibitionismus und Voyeurismus innerhalb der Familie haben. Der entscheidende Faktor bei einem derartigen Mißbrauch scheint der innere Zustand der Eltern zu sein. Das heißt, es hängt davon ab, ob sie durch ihre eigene Nacktheit oder durch den Anblick des Körpers ihres Kindes erregt werden.
Sexuelle Gewalt in Familien hängt mit beengten Wohnverhältnissen zusammen. Das Kind hat in solchen Fällen keinen Platz, an dem es allein sein und sich geborgen fühlen kann. Möglicherweise platzen die Eltern ins Badezimmer, während es auf der Toilette sitzt. Sie stellen womöglich ständig Fragen, die sich auf Einzelheiten seines Sexuallebens beziehen. Kleinere Kinder müssen es sich gefallen lassen, daß man ihnen unnötigerweise ein Klistier verabreicht.
Sexuelle Gewalt kann auch damit zusammenhängen, daß die Eltern den Kindern gegenüber im Hinblick auf sexuelle Dinge völlig distanzlos sind. Das läßt sich häufig an unpassenden Bemerkungen und Gesprächen feststellen. Meine Klientin Shirley fühlte sich in Gegenwart ihres Vaters oft sehr unwohl. Er klopfte ihr häufig auf den Hintern und sprach von ihrem »sexy Arsch« und davon, daß er wünschte, das richtige Alter zu haben, um etwas »von ihr zu haben«. Shirley waren solche Bemerkungen unangenehm. Später suchte sie sich ältere Männer, die ihren Hintern attraktiv fanden.
Lolitas Mutter sprach mit ihrer Tochter freimütig über ihr Sexualleben. Sie erzählte ihr, was für ein schlechter Liebhaber ihr Vater sei und was für einen kleinen Penis er habe. Indem sie ihre Tochter zur Vertrauten machte, verletzte sie deren Grenzen in empfindlicher Weise. Lolita war so in das Schicksal ihrer Mutter verstrickt, daß sie keine eigene sexuelle Identität entwickeln konnte. Sie hatte zahlreiche Affären mit verheirateten Männern, aber letzten Endes verweigerte sie sich ihnen sexuell und wies sie zurück. Ihren eigenen Angaben zufolge konnte sie nur dann einen Orgasmus haben, wenn sie sich vorstellte, sie wäre ihre Mutter.
Eine andere Art des sexuellen Mißbrauchs hängt mit der mangelhaf-

ten Aufklärung durch die Eltern zusammen. Junes Eltern klärten sie sexuell überhaupt nicht auf. Als sie zum erstenmal menstruierte, hatte sie eine derart panische Angst, daß sie ernstlich krank wurde. Sexueller Mißbrauch kann auch von einem Geschwister ausgehen. Nach einer Faustregel gehört dazu ein Altersunterschied von ungefähr zwei Jahren. Gleichaltrige Kinder beschäftigen sich häufig mit der Erforschung der Sexualität, was zur normalen sexuellen Entwicklung gehört. Wenn ein Kind allerdings einem anderen, gleichaltrigen Kind gegenüber ein Verhalten an den Tag legt, das für diese Altersstufe unangemessen ist, so kann man das oft als ein Symptom dafür betrachten, daß das Aggressor-Kind selbst Opfer sexuellen Mißbrauchs geworden ist und das andere Kind seinerseits sexuell mißbraucht.

Nehmen wir einmal Sammys Fall, der im Alter von sechseinhalb Jahren mehrfach von seinem gleichaltrigen besten Freund zum Analverkehr gezwungen worden war. Es stellte sich heraus, daß sein Freund selbst von einem Onkel in der gleichen Weise mißbraucht worden war. Der Freund agierte sein eigenes Erlebnis bei Sammy aus.

Kinder glauben an ihre Eltern und schaffen in ihrer Phantasie eine »Permanenz der Bindung«, um diesen Glauben aufrechterhalten zu können. Ich selbst machte mir im Hinblick auf meinen Vater bis zum bitteren Ende etwas vor – ich bildete mir ein, mein Alkoholikervater würde mich wirklich lieben. Ich stellte mir vor, daß er viel an mich dachte, aber so krank war, daß er keine Zeit hatte, sich um mich zu kümmern. Niemand läßt sich gern ausnutzen. Wenn wir als Erwachsene feststellen, daß man uns ausnutzt, werden wir wütend. Kinder können nicht wissen, wann sie ausgenutzt werden, aber dem Kind in uns wird dabei eine Verletzung zugefügt. Wenn wir sexuell mißbraucht werden, fühlen wir uns nicht so liebenswert, wie wir es tatsächlich sind, lehnen die Sexualität später völlig ab oder werden hypersexuell, um das Gefühl zu haben, etwas wert zu sein.

Körperliche Mißhandlungen

Körperliche Mißhandlungen verletzen auch die Seele. Wenn ein Kind geschlagen wird, wenn man es unsanft im Nacken packt, wenn man ihm den Auftrag gibt, selbst die Folterinstrumente zu holen, mit denen es gezüchtigt wird, kann ein solches Kind kaum glauben, daß es etwas Besonderes, Wunderbares und Einzigartiges ist. Wie soll es das auch, wenn ihm seine Bezugspersonen körperliche Schmerzen zufügen? Körperliche Züchtigungen zerreißen das seelische Band zwischen dem Kind und den Eltern. Stellen Sie sich vor, Ihr bester Freund käme plötzlich auf Sie zu und würde Sie ins Gesicht schlagen.

Keiner von uns weiß, wie viele gewalttätige Familien es gibt. Die Spuren werden nur in der Notaufnahme der Krankenhäuser sichtbar, werden von den Familien aus Scham verborgen, und die Kinder selbst haben eine panische Angst davor, etwas zu sagen, weil sie dann noch mehr verletzt werden.

Das Verprügeln von Frauen und Kindern hat eine lange Tradition. Wir glauben auch heute immer noch an den erzieherischen Wert der körperlichen Züchtigung. Ich selbst habe so etwas noch vor drei Jahren in abgewandelter Form stillschweigend geduldet. Es gibt *keinen* einzigen schlüssigen Beweis dafür, daß Prügeln und sonstige körperliche Züchtigung keine bleibenden Schäden verursachen. Das Kind kann nur in einem sehr pervertierten Sinn zu dem Schluß kommen, daß es etwas wert ist, wenn es verprügelt, geohrfeigt und bedroht wird. Außerdem sind Kinder, auch wenn sie nur Zeugen von Gewalttätigkeiten werden, Opfer eben jener Gewalt. Ich spüre noch heute eine Reaktion in meinem Körper, wenn ich an meinen Freund Marshall denke. Ich mußte zusehen, wie ihn eine Nonne in der Grundschule mindestens sechs Mal ins Gesicht schlug; sie hatte ganz offensichtlich die Beherrschung verloren. Marshall war ein problematisches Kind und brauchte eine starke Hand. Sein Vater war ein Alkoholiker, der zur Gewalt neigte und ihn verprügelte. Aber ich kann mich noch genau daran erinnern, wie mein Freund bei jedem Schlag dieser Nonne zusammenzuckte, und ich wußte genau, daß mir auf einer anderen Ebene das gleiche widerfahren könnte. Eine Schule, die körperliche Züchtigungen zuläßt, läuft Gefahr, daß ein Lehrer dabei die Kontrolle über sich verliert.

Ich werde nie die Nacht vergessen, in der Marshall mich dreißig Jahre später von der geschlossenen Abteilung eines Krankenhauses aus anrief und mich anflehte, ich möge ihm doch bei seinem Alkoholismus helfen. Was war aus dem wunderschönen Kind geworden, das mit dem Gefühl auf die Welt gekommen war, etwas Besonderes, Einzigartiges und Unersetzliches zu sein?

Seelische Mißhandlungen

Seelische Mißhandlungen führen ebenfalls zu spirituellen Verletzungen. Wenn man Kinder anschreit, verletzt man ihr Selbstwertgefühl. Eltern, die ihre Kinder »dumm«, »albern«, »verrückt«, »Arschloch« usw. nennen, verletzen sie mit jedem einzelnen Wort. Seelische Mißhandlungen können sich auch in Form von Starrheit, Perfektionismus und übermäßiger Kontrolle ausdrücken. Perfektionismus führt zu tiefer Scham. Man kann tun, was man will, man ist nie gut genug. In allen schamgeprägten Familien wird Perfektionismus, Kontrolle und Schuld dazu verwendet, die Kinder zu manipulieren. Sie können sagen, tun, fühlen oder denken, was sie wollen, es ist immer falsch. Sie dürfen nicht fühlen, was sie fühlen, ihre Ideen sind verrückt, ihre Wünsche dumm. Sie haben ständig ein Gefühl der Minderwertigkeit.

Mißhandlungen in der Schule

Diese Scham setzt sich in der Schule fort. Man wird sofort beurteilt und eingestuft. Man muß miteinander konkurrieren, wenn man akzeptiert werden will. Kinder stehen an der Tafel und werden vor der ganzen Klasse gedemütigt. Die Einstufung an sich kann schon demütigend sein. Vor kurzem mußte ich den kleinen Sohn eines Freundes trösten, der für ein Bild, das er *am ersten Schultag* gemalt hatte, die Note Sechs bekommen hatte.

Die Schule gestattet es auch der Gruppe der Gleichaltrigen, sich gegenseitig zu demütigen. Kinder sind grausam, wenn es darum geht, andere Kinder zu ärgern. Weinen ist besonders beschämend. Wegen der Konkurrenzsituation unter den Gleichaltrigen kann die Schule für viele Kinder zu einer regelrechten Doppelbindung (double-bind) führen. Von den Eltern und Lehrern werden sie dazu angehalten, hart zu arbeiten und gute Schulleistungen zu bringen, aber wenn sie es dann gut machen, werden sie von den anderen Kindern verspottet.

In der Schule wurden uns zum erstenmal Dinge bewußt, die etwas mit unserem ethnischen Hintergrund und unserem sozioökonomischen Status zu tun haben. Meine jüdischen Freunde haben mir Horrorgeschichten darüber erzählt, wie sehr sie darunter gelitten haben, daß sie Juden waren. In der Schule erfahren auch viele schwarze Kinder zum erstenmal, daß sie »nicht richtig sprechen«.

Als ich in Texas zur Schule ging, wurden mexikanische Kinder noch dafür bestraft, daß sie in der Schule ihre Muttersprache sprachen. Ich kann mich auch erinnern, wie ich mich geschämt habe, weil wir kein Auto besaßen, und ich zu Fuß gehen oder mit dem Bus in die Schule fahren mußte. Das Ganze wurde dadurch noch verschlimmert, daß ich in eine Schule ging, die sonst nur von Kindern reicher Leute besucht wurde. Schulkinder lernen schnell, wenn es darum geht, soziale Unterschiede zu erkennen.

Mißhandlungen in der Kirche

Ein Kind kann auch in der Sonntagsschule oder in der Kirche gedemütigt werden, wenn es sich eine Predigt anhören muß, in der vom Höllenfeuer oder ähnlichem die Rede ist. Ich sah kürzlich im Fernsehen einen dieser Priester, der sagte: »Du kannst nicht gut genug sein, um vor Gottes Angesicht bestehen zu können.« Was für ein schrecklicher Affront unserem Schöpfer gegenüber. Aber woher soll ein Kind wissen, daß dieser Mann nur versucht, seine eigenen Minderwertigkeitsgefühle hinter diesem neurotischen Gezeter zu verbergen? Ich kann mich erinnern, daß wir in der Schule das Gebet der heiligen Katharina von Genua lernen mußten. Wenn ich mich richtig erinnere, lautet das ungefähr so: »Unter heftigen Schmerzen bemühe ich mich, dieses Leben voller Leid verlassen zu können. Ich sterbe, weil ich nicht sterbe.« Mit diesem lustigen Liedchen auf den Lippen kann man wahrhaftig fröhlich den neuen Tag beginnen! Dieses Gebet einer Mystikerin ergibt nur auf der höchsten Abstraktionsebene der Spiritualität einen Sinn. Einen Fünftkläßler verletzt es tief in der Seele.

Kulturelle Scham

Unsere Kultur verfügt über ein eigenes Perfektionssystem, mit der sie uns seelische Verletzungen zufügt. Wir haben perfekte Traumfrauen. Wir haben Männer mit großen Penissen und Frauen mit großen Brüsten und festen Hinterbacken. Wenn deine Genitalien nicht groß sind, wirst du als minderwertig angesehen. Ich kann mich noch gut daran erinnern, wie peinlich es mir war, nach dem Football-Training zu duschen. Die großen Jungen hänselten die kleinen und machten sie lächerlich. Ich betete immer, daß sie mich nicht zur Zielscheibe ihres Spottes machten. Ich lachte nervös und schloß mich ihnen an, wenn sie sich einen anderen Jungen vorgenommen hatten.

Ich kann mich auch noch an die dicken, häßlichen Kinder erinnern; für sie war der tägliche Schulgang ein Alptraum. Und auch die ungeschickten, unsportlichen Kinder wurden in den Pausen oder beim Spielen gedemütigt.

Solche Zeiten hinterlassen lebenslange Narben. Da ich als Kind armer Leute großgeworden bin, bin ich heute noch verunsichert, wenn ich in einen Club oder in irgendein anderes vornehmes Lokal gehe. Oft ist mir klar, daß ich inzwischen finanziell besser gestellt bin als die meisten Leute in meiner Umgebung, aber ich spüre trotzdem noch immer das schmerzliche Gefühl kultureller Scham.

Kinder erkennen schon früh im Leben, daß es zwischen ihnen und ihren Freunden soziale und ökonomische Unterschiede gibt. Sie merken genau, daß sich die Leute in den wohlhabenden Vierteln anders kleiden. Der Druck, den die Gruppe der Gleichaltrigen auf den einzelnen ausübt, wird mit den Jahren immer stärker. Es gibt immer eine Norm, an der man gemessen wird – und in den meisten Fällen genügt man ihr nicht. Die Botschaft lautet: *So wie du bist, bist du nicht in Ordnung. Du mußt so sein, wie wir dich haben wollen.*

Krankhafte Scham

Alle diese Arten des Mißbrauchs erzeugen krankhafte Scham – das Gefühl, minderwertig zu sein, kleingemacht zu werden und nie zu genügen. Krankhafte Scham ist bedeutend schlimmer als Schuldgefühle. Wenn man schuldig geworden ist, hat man etwas Falsches getan – daran kann man etwas ändern. Im Fall der toxischen Scham aber ist etwas an *einem selbst* nicht in Ordnung, und man kann überhaupt nichts daran ändern; man *ist* unzulänglich und fehlerhaft. Krankhafte Scham ist der Wesenskern des verletzten Kindes.

Ich habe kürzlich einen sehr eindrucksvollen meditativen Text überarbeitet, der ursprünglich von Leo Booth stammt. Ich habe ihm einige Aspekte der toxischen Scham hinzugefügt, über die ich in meinem Buch *Bradshaw On: Healing the Shame That Binds You* geschrieben habe.

Ich war bei deiner Zeugung dabei
Im Adrenalin der Scham deiner Mutter
Du hast mich in der Flüssigkeit der Gebärmutter deiner Mutter gespürt
Ich bin über dich gekommen, noch bevor du sprechen konntest
Bevor du etwas verstehen konntest
Bevor du es wissen konntest
Ich bin über dich gekommen, als du laufen lerntest
Als du mir hilflos ausgeliefert warst
Als du verletzlich und bedürftig warst
Als du noch keine Grenzen kanntest
MEIN NAME IST KRANKHAFTE SCHAM.

Ich bin über dich gekommen, als du noch verzaubert warst
Als du noch gar nicht wissen konntest, daß ich da war
Ich habe deine Seele gespalten
Ich habe dich bis zum Kern durchbohrt
Ich habe dir das Gefühl vermittelt, unvollständig und minderwertig zu sein
Ich habe dir Gefühle des Mißtrauens und des Zweifels vermittelt, dir eingeredet, daß du häßlich, dumm und minderwertig bist
Ich habe dafür gesorgt, daß du dich anders fühlst als die anderen Menschen
Ich habe dir gesagt, daß mit dir etwas nicht stimmt
Ich habe deine Gottähnlichkeit besudelt
MEIN NAME IST KRANKHAFTE SCHAM.

Ich war schon da, bevor du ein Bewußtsein hattest
Bevor du Schuldgefühle hattest
Bevor du Moral kanntest
Ich bin das alles beherrschende Gefühl
Ich bin die innere Stimme, die dir Worte der Verdammnis ins Ohr flüstert
Ich bin das innere Schaudern, das dich unvermittelt überfällt,
ohne daß du seelisch darauf vorbereitet bist
MEIN NAME IST KRANKHAFTE SCHAM.

Ich lebe im Verborgenen
An den tiefen, feuchten Ufern der Finsternis, der Depression und der Verzweiflung
Ich schleiche mich an dich an, ich überfalle dich, wenn du am wenigstens darauf vorbereitet bist, ich komme
durch die Hintertür
Ohne Einladung, unerwünscht
Ich bin der erste, der ankommt
Ich war schon da, als die Zeit begann
Bei Vater Adam und Mutter Eva
Bei Kain, dem Bruder
Ich war beim Turmbau zu Babel dabei, und als die Unschuldigen hingemetzelt wurden
MEIN NAME IST KRANKHAFTE SCHAM.

Ich komme von den schamlosen Versorgern, vom Verlassenwerden, von der Lächerlichkeit, dem Mißbrauch, der Vernachlässigung – von perfektionistischen Systemen
Ich beziehe meine Kraft aus der schockierenden Intensität der Wut des Vaters oder der Mutter
Aus den grausamen Bemerkungen eines Geschwisters
Aus dem Hohn und den Demütigungen anderer Kinder
Aus dem ungelenken Bild, das dich aus den Spiegeln anschaut
Aus der Berührung, die unangenehm ist und Angst macht
Aus dem Klaps, dem Kneifen, dem Schütteln, das das Vertrauen erschüttert
Ich werde stärker durch einen Rassisten, durch eine sexistische Kultur
Wenn du von selbstgerechten, bigotten, religiösen Menschen verdammt wirst
Durch die Angst und den Druck in der Schule
Durch die Scheinheiligkeit der Politiker
Durch die Scham, die über viele Generationen hinweg gestörte Familiensysteme bestimmt hat.
MEIN NAME IST KRANKHAFTE SCHAM.

Ich kann eine Frau, einen Juden, einen Schwarzen, einen Homosexuellen, einen Orientalen, ein kostbares Kind in ein
Miststück, einen Itzig, einen Nigger, einen Schwulen, eine Tunte oder einen egozentrischen kleinen Scheißer verwandeln

Ich kann chronische Schmerzen verursachen
Schmerzen, die nie nachlassen
Ich bin der Jäger, der dich Tag und Nacht verfolgt
Tag für Tag und überall
Ich kenne keine Grenzen
Du versuchst, dich vor mir zu verstecken
Aber du schaffst es nicht
Denn ich lebe in dir
Ich sorge dafür, daß du jede Hoffnung verlierst
So als gäbe es keinen Ausweg mehr
MEIN NAME IST KRANKHAFTE SCHAM.

Die Schmerzen, die ich dir bereite, sind so unterträglich, daß du mich an andere weitergeben mußt
Du erreichst das durch Kontrolle, Perfektionismus, Verachtung, Kritik, Tadel, Neid, Verurteilung, Macht und Zorn
Die Schmerzen, die ich dir bereite, sind so intensiv, daß du mich mit Süchten, starren Rollen, Wiederholungszwängen und unbewußten Abwehrmechanismen zudecken mußt
Die Schmerzen, die ich dir bereite, sind so intensiv, daß du dich betäuben mußt, damit du mich nicht mehr spüren kannst
Ich habe dich davon überzeugt, daß ich weg bin – daß ich gar nicht existiere –, und du spürst eine innere Leere
MEIN NAME IST KRANKHAFTE SCHAM.

Ich bin der Wesenskern der Co-Abhängigkeit
Ich bin die seelische Bankrotterklärung
Die Logik des Absurden
Der Wiederholungszwang
Ich bin das Verbrechen, die Gewalttat, der Inzest, die Vergewaltigung
Ich bin der gefräßige Schlund aller Süchte
Ich bin die Instabilität und die Lust
Ich bin Ahasver, der ewige Jude,
Wagners Fliegender Holländer,
Dostojewskis Mann im Untergrund,
Kierkegaards Verführer,
Goethes Faust
Ich verwandle das, *was du bist*, in das, was du tust und was du hast

Ich morde deine Seele, und du gibst mich von einer Generation an die andere weiter
MEIN NAME IST KRANKHAFTE SCHAM.

Dieser meditative Text zählt die vielen Arten auf, wie das wunderbare Kind verletzt worden ist. Der Verlust der Ichhaftigkeit entspricht einer seelischen Bankrotterklärung. Das göttliche Kind wurde im Stich gelassen und ist ganz allein. Wie Alice Miller in *Am Anfang war Erziehung* schreibt, ist es schlimmer dran als jemand, der ein KZ überlebt hat.

> Der mißhandelte Häftling eines Konzentrationslagers ... ist innerlich frei, seinen Verfolger zu hassen. Diese Möglichkeit, seine Gefühle zu erleben – ja sie sogar mit den anderen Häftlingen zu teilen, gibt ihm die Chance, sein Selbst nicht aufgeben zu müssen. *Gerade diese Chance hat ein Kind nicht.* Es darf seinen Vater nicht hassen ... aber es kann ihn auch nicht hassen, wenn es Angst haben muß, seine Liebe zu verlieren ... Ein Kind steht also nicht wie ein Lagerinsasse vor dem gehaßten, sondern *vor dem geliebten Verfolger*. (Kursiv nachträglich hinzugefügt.)

Das Kind lebt weiter in der quälenden Situation, leidet entweder passiv oder ist selbst aggressiv, agiert, frißt alles in sich hinein, projiziert und drückt sich auf die einzige Art aus, die ihm möglich ist. Die erste Stufe unserer Heimreise besteht deshalb darin, daß wir dieses Kind in unsere Obhut nehmen.

Parabel

Die beinahe tragische Geschichte eines zarten Kobolds

Es war einmal ein zarter, kleiner Kobold. Er war ein sehr glücklicher Kobold, klug und neugierig, und er kannte die Geheimnisse des Lebens. Er wußte zum Beispiel, daß Liebe von entscheidender Bedeutung ist, daß Liebe harte Arbeit bedeutet, daß Liebe die einzig wahre Lebensmöglichkeit darstellt. Er wußte, daß er magische Dinge vollbringen konnte und daß diese einzigartige Art seiner Magie Kreativität genannt wurde. Der kleine Kobold wußte genau, daß es solange keine Gewalt geben würde, wie er wirklich kreativ war. Und er kannte das größte Geheimnis von allen – daß er etwas war und nicht ein Nichts. Er wußte, daß er *existierte* und daß das *Sein alles bedeutete*. Das war das Geheimnis des »ICH BIN«. Der Schöpfer aller Kobolde war der Große ICH BIN und wird es immer sein. Niemand wußte, wie oder warum das so war. Der Große ICH BIN war absolut liebevoll und schöpferisch.

Ein weiteres Geheimnis war das Geheimnis des Gleichgewichts. Es bedeutete, daß alles Leben aus einer Vereinigung der Gegensätze besteht. Es gibt kein Leben ohne den physischen Tod, keine Freude ohne Kummer, keine Lust ohne Schmerz, kein Licht ohne Finsternis, kein Geräusch ohne Stille, kein Gutes ohne das Böse. Wahre Gesundheit ist eine Form der Ganzheit. Und die Ganzheit ist heilig. Das große Geheimnis der Kreativität bestand darin, die wilde, ungezügelte schöpferische Energie in eine Form zu bringen, die dieser Energie eine Existenzberechtigung gibt.

Eines Tages wurde unserem zarten Kobold, der übrigens Joni hieß, noch ein weiteres Geheimnis anvertraut. Dieses Geheimnis machte ihm ein bißchen Angst. Das Geheimnis war, daß er einen Auftrag ausführen mußte, bevor er sich wieder für alle Zeiten seiner schöpferischen Arbeit widmen konnte. Er mußte seine Geheimnisse einem wilden Stamm von Nicht-Kobolden mitteilen. Das Leben der Kobolde war nämlich so gut und so wunderbar, daß das Geheimnis dieses Wunders unbedingt mit denen geteilt werden mußte, die nichts davon wußten. Das Gute will sich immer mitteilen. Jeder Kobold wurde einer Familie dieses wilden Stammes der Nicht-Kobolde zugeteilt, deren Mitglieder sich Snamuh (Humans –

Menschen) nannten. Die Snamuh wußten nichts über die Geheimnisse. Sie vergeudeten häufig ihr *Leben*. Sie arbeiteten ständig und schienen sich nur dann lebendig zu fühlen, wenn sie etwas taten. Einige Kobolde nannten sie TUER. Sie brachten sich auch gegenseitig um und führten Kriege. Manchmal trampelten sie sich sogar bei Sport- oder Musikveranstaltungen gegenseitig zu Tode.

Joni kam am 29. Juni 1933 um 3.05 Uhr in seine Snamuh-Familie. Er hatte nicht die geringste Ahnung, was ihn erwartete. Er wußte nicht, daß er seine ganze Kreativität würde einsetzen müssen, um seine Geheimnisse mitteilen zu können. Als er geboren wurde, gab man ihm den Snamuh-Namen Farquhar. Seine Mutter war eine wunderschöne neunzehnjährige Prinzessin, die immer das Bedürfnis hatte, etwas zu tun. Auf ihr lastete ein seltsamer Fluch. Mitten auf der Stirn hatte sie eine Leuchtröhre. Immer wenn sie versuchte zu spielen, sich zu amüsieren oder einfach nur zu entspannen, leuchtete die Lampe auf und eine Stimme sagte: »*Tu deine Pflicht!*« Es gab keinen Augenblick, in dem sie einmal nichts tat und einfach nur lebte. Farquhars Vater war ein kleiner, aber gutaussehender König. Auch auf ihm lastete ein Fluch. Er wurde von seiner bösen Hexenmutter Harriet heimgesucht. Sie lebte auf seiner rechten Schulter.

Immer wenn er einmal nur einfach *sein* wollte, schrie sie ihn an. Harriet befahl ihm immer, etwas zu *tun*.

Damit nun aber Farquhar seinen Eltern und den anderen sein Geheimnis mitteilen konnte, mußten sie ruhig sein und lange genug nichts *tun*, um ihn sehen und ihm zuhören zu können. Aber das konnten sie nicht; seine Mutter wegen der Neonleuchte und sein Vater wegen Harriet. Von dem Moment an, in dem er geboren worden war, war Farquhar ganz allein. Da er den Körper eines Snamuh besaß, hatte er auch dessen Gefühle. Und weil man ihn so alleingelassen hatte, war er wütend, zutiefst enttäuscht und verletzt. Da saß er nun, ein zarter Kobold, der die großen Geheimnisse des ICH BIN kannte, und keiner wollte ihm zuhören. Was er zu sagen hatte, war lebensspendend, aber seine Eltern waren so damit beschäftigt, ihre Pflicht zu tun, daß sie nichts von ihm lernen konnten. Sie waren so verwirrt, daß sie glaubten, sie müßten Farquhar auch beibringen, seine *Pflicht* zu tun. Jedesmal wenn er etwas nicht getan hatte, von dem sie glaubten, daß es seine Pflicht gewesen wäre, bestraften sie ihn. Manchmal ignorierten sie ihn einfach, indem sie ihn in sein Zimmer sperrten. Manchmal schlugen sie ihn oder schrien ihn an. Das Schreien haßte Farquhar am meisten. Die

Isolation konnte er aushalten, und die Prügel waren schnell vorüber, aber das Schreien und diese ständigen Vorhaltungen verletzten ihn so tief, daß sogar seine Koboldseele in Gefahr war. Nun kann man natürlich die Seele eines Kobolds nicht zerstören, denn sie ist ein Teil des Großen ICH BIN; sie kann aber so schlimm verletzt werden, daß es so aussieht, als wäre sie gar nicht mehr da. Und das geschah mit Farquhar. Um überleben zu können, gab er alle Versuche auf, seinem Vater und seiner Mutter seine Geheimnisse mitzuteilen, sondern tat ihnen zuliebe seine Pflicht.
Seine Mutter und sein Vater waren sehr unglückliche Snamuh. (Im Grunde waren die meisten Snamuh unglücklich, es sei denn, sie kannten die Geheimnisse der Kobolde.)
Farquhars Vater wurde von Harriet so gequält, daß er seine ganze Kraft dafür einsetzte, einen Zaubertrank zu finden, der ihm alle Gefühle nahm. Aber dieser Zauber hieß nicht Kreativität. Er nahm ihm sogar seine Kreativität weg. Farquhars Vater verwandelte sich in einen »wandelnden Toten«. Nach einer gewissen Zeit kam er nicht einmal mehr nach Hause. Farquhar Snamuhs Herz war gebrochen. Jeder Snamuh braucht nämlich sowohl die Liebe seines Vaters als auch die seiner Mutter, damit der Kobold in ihm seine Geheimnisse preisgeben kann.
Farquhar war wie erschlagen, weil sein Vater ihn verlassen hatte. Und da der Vater auch der Mutter nicht mehr helfen konnte, blinkte die Neonröhre immer heftiger. Das hatte zur Folge, daß Farquhar immer häufiger angeschrien wurde. Als er zwölf Jahre alt war, hatte er vergessen, daß er ein Kobold war. Ein paar Jahre später lernte er den Zaubertrank kennen, mit dem sein Vater versucht hatte, Harriets Stimme zu übertönen. Mit vierzehn benützte er ihn selbst häufig. Als er dreißig war, mußte man ihn in ein Snamuh-Krankenhaus einliefern. In diesem Krankenhaus hörte er eine innere Stimme, die ihn aufweckte. Und diese Stimme war die »Seins«-Stimme seiner Koboldseele. *Denn ganz gleich, wie schlimm es wird, immer ruft die Koboldstimme einen Snamuh dazu auf, sein Sein zu feiern.*
Joni gab nicht auf, sondern versuchte immer wieder, Farquhar zu retten. Wenn Sie ein Snamuh sind und dies lesen, dann denken Sie immer daran, daß Sie eine Koboldseele haben, die Sie immer an Ihr Sein erinnern will.
Als Farquhar im Krankenhaus lag, hörte er endlich Jonis Stimme. Und das war der Wendepunkt. Und der Anfang einer anderen, besseren Geschichte...

2. Teil
Wie man das verletzte Kind in sich zurückgewinnt

In der Phantasie und in den Mythen ist die Heimkehr ein dramatisches Ereignis: Die Musik spielt, ein Kalb wird geschlachtet, ein Bankett vorbereitet, und alle freuen sich, daß der verlorene Sohn heimgekehrt ist. In Wirklichkeit endet das Exil oft ganz allmählich, ohne dramatische äußere Ereignisse. Der Dunstschleier verschwindet, und die Welt wird wieder sichtbar. Aus dem Suchen wird ein Finden, aus der Unruhe Zufriedenheit. Nichts hat sich verändert, und doch ist alles anders.

Sam Keen

Einleitung

Sam Keen faßt die Arbeit zusammen, die Sie noch vor sich haben. Wenn Sie sie beendet haben, wird keine Kapelle aufspielen, um Sie zum Bankett zu bitten. Aber wenn Sie Ihre Arbeit gut gemacht haben, können Sie gemeinsam mit Ihrem inneren Kind essen gehen und sich eine gute Musik anhören. Sie werden heiterer und zufriedener sein.

Das Zurückgewinnen des verletzten Kindes in Ihnen erinnert an ein Zen-Erlebnis. Kinder sind von Natur aus Zen-Meister, ihre Welt entsteht in jedem Augenblick wieder völlig neu. Für das nicht verletzte Kind ist das Staunen natürlich. Das Leben ist ein Mysterium, das gelebt werden will. Die Heimkehr ist die Wiederherstellung des Natürlichen. Eine solche Wiederherstellung ist nicht grandios oder dramatisch, sondern zeigt einfach nur, wie das Leben sein sollte.

Wenn Sie das Kind in sich zurückgewinnen wollen, müssen Sie alle vergangenen Entwicklungsphasen noch einmal durchlaufen und die unerledigten Angelegenheiten zu Ende bringen. Stellen Sie sich vor, daß Sie auf dem besten Weg sind, wieder ein wunderbares kleines Kind zu sein, das gerade geboren wird. Und Sie selbst können als weiser und liebevoller Erwachsener dabeisein, um dieses Kind auf die Welt zu bringen. Sie können Zeuge Ihrer eigenen Geburt werden, Sie erleben, wie Sie krabbeln, laufen und schließlich sprechen lernen. Ihr Kind wird Ihre liebevolle Unterstützung aber auch dann brauchen, wenn es seine Verluste betrauert. Ron Kurtz sagt, daß Sie für das Kind der »magische Fremde« sein können – magisch, weil Sie beim ersten Mal, als das Kind in Ihnen diese Stadien durchlaufen hat, *nicht wirklich* dabei waren. Ich habe eine Schwäche für Zauberer, also nahm ich mich als ein lieber, weiser alter Zauberer des verletzten Kindes in mir an. Sie können das machen, wie es Ihnen gefällt, die Hauptsache ist, Sie sind liebevoll und vermitteln dem Kind keine Schamgefühle.

Jedes einzelne Stadium erfordert eine ganz besondere Art der Fürsorge. Sobald Sie begriffen haben, welche Bedürfnisse Sie in den einzelnen Entwicklungsphasen hatten, können Sie lernen, auf welche Weise Sie sich diese Art der Fürsorge angedeihen lassen können. Später, wenn Sie gelernt haben, das Kind unter Ihre Fittiche zu nehmen, werden Sie fürsorgliche Leute finden, die Ihnen das geben, was Sie damals gebraucht hätten, und was das Kind in Ihnen heute braucht, um wachsen und gedeihen zu können.

Der wichtigste Schritt besteht darin, daß Sie dem verletzten Kind Gelegenheit geben, die Bedürfnisse, die im Zusammenhang mit der entwicklungsbedingten Abhängigkeit stehen und nicht befriedigt wurden, zu betrauern. Der größte Teil der Störungen, die ich im ersten Teil des Buches beschrieben habe, ist das Ergebnis unbefriedigter Bedürfnisse, die nie betrauert worden sind. Die Gefühle, die man hätte ausdrücken müssen, sind nie ausgedrückt worden.

Wenn alles natürlich verläuft, werden diese Bedürfnisse zur passenden Zeit und in der richtigen Reihenfolge befriedigt. Wenn das nicht geschieht, werden Sie ein Erwachsener, der in seinem Inneren ein verletztes Kind hat, daß sich ständig lautstark zu Wort meldet und die Befriedigung seiner Bedürfnisse fordert. Und dieses Kind möchte die Bedürfnisse *als Kind* befriedigt wissen – eine andere Art kennt es nicht. Das führt schließlich dazu, daß Ihr Leben von einem unreifen, emotional ausgehungerten Kind bestimmt wird. Um die Auswirkungen erkennen zu können, sollten Sie einmal Ihren Tagesablauf unter die Lupe nehmen und sich vorstellen, wie dieser Tag aussähe, wenn ihn ein Dreijähriger bestimmen könnte. Ein solches Szenario kann Ihnen das Verständnis dafür erleichtern, wie sehr das verletzte Kind in Ihnen Ihr Leben komplizieren kann.

Die Kindheit besteht im wesentlichen aus vier Entwicklungsstufen. Ich beziehe mich bei der Darstellung dieser vier Stufen hauptsächlich auf Erik Eriksons Klassiker *Kindheit und Gesellschaft* (Childhood and Society). Ein paar Einzelheiten habe ich von Jean Piaget, Pam Levin und Barry und Janae Weinhold übernommen. Eriksons Theorie besagt, daß jede einzelne Entwicklungsstufe Folge einer interpersonellen Krise ist – vor allem mit den Eltern, aber auch mit Gleichaltrigen und Lehrern. Eine solche Krise ist kein katastrophales Ereignis, stellt aber eine Zeit dar, in der sowohl die Verletzlichkeit als auch das persönliche Entwicklungspotential erhöht sind. Die Beendigung jeder einzelnen Stufe löst eine neue Krise aus. Erikson geht davon aus, daß jede Krise zu innerer Stärke führt, die er Ichstärke (ego strength) nennt. Er beschreibt vier wesentliche Arten der Ichstärke, die die Komponenten einer gesunden Kindheit darstellen: Hoffnung, Willenskraft, Entschlossenheit und Kompetenz. Hoffnung entsteht dadurch, daß der Säugling seinen Bezugspersonen allmählich mit immer mehr *Vertrauen* und weniger *Mißtrauen* begegnet. Willenskraft entwickelt das Kleinkind, indem es sich bemüht, sich von den anderen abzugrenzen und psychologisch noch einmal geboren zu werden, wenn es ein Gefühl für *Selbständigkeit* entwickelt, das stärker ist als *Scham* und *Zweifel*. Entschlossenheit kommt hinzu, wenn das Gefühl des Vorschulkindes für *Initiative* stärker ist als seine *Schuldgefühle*. Und Kompetenz entsteht dadurch, daß das Gefühl des Schulkindes für *Fleiß* und *Strebsamkeit* größer wird als sein *Minderwertigkeitsgefühl*.

Die Therapeutin Pam Levin geht davon aus, daß uns – vorausgesetzt wir verfügen über diese verschiedenen Ichstärken – vier Kraftquellen zur Verfügung stehen: die Kraft des Seins, die Kraft des Tuns, die Kraft der Identität und die Kraft unserer elementaren Überlebenstechniken.

Genau die gleichen Kräfte und Ichstärken, die wir in der Kindheit entwickeln mußten, müssen in den späteren Lebensabschnitten weiter gestärkt werden. Und genau die gleichen Bedürfnisse treten im Lauf des gesamten Lebens auf. Pam Levin geht davon aus, daß die elementaren Kindheitsbedürfnisse alle dreizehn Jahre wiederkehren. Mir sind keine empirischen Daten bekannt, die diese Hypothese eines Dreizehnjahres-Zyklus stützen würden, aber ich möchte sie trotzdem als Orientierungshilfe verwenden.

Mit dreizehn Jahren weckt die Pubertät den Lebensfunken auf eine neue Weise. Während sich die biologischen Veränderungen der Geschlechtsreife vollziehen, entfaltet sich eine neue seelische Struktur. Wir fangen an, unsere Identität zu bilden und werden langsam »flügge«. Dazu müssen wir die Ansichten, die unsere Eltern von uns haben, in provokativer Weise in Frage stellen. In der Pubertät beginnt der Prozeß, in dessen Verlauf wir entscheiden, *wer wir unserer Meinung nach sind*. Um wir selbst *sein* zu können, müssen wir uns allmählich von unseren Eltern trennen. Und um das zu schaffen, benötigen wir die ganze Ichstärke, die wir entwickelt haben. Wir müssen uns dabei auf das Vertrauen stützen, das wir als Säuglinge entwickelt haben – das Vertrauen, daß die Welt sicher genug ist und uns die Möglichkeit bietet, unser Potential zu verwirklichen. Außerdem müssen wir selbständig genug sein, um uns *selbst* vertrauen zu können, sobald wir in die Welt gehen und die Sicherheit und Geborgenheit unseres Elternhauses verlassen haben. Ob wir dabei erfolgreich sind, hängt davon ab, wie gut wir uns im

Kleinkindalter trotz anderer Abhängigkeit durchsetzen konnten, und ob wir bereits in der Vorschulzeit damit begonnen haben, eine Identität aufzubauen, die Unabhängigkeit fordert. Wenn wir diese Entwicklungsaufgaben gelöst haben, wird uns der Übergang leichterfallen.

Unter der Voraussetzung, daß wir in der Schule gut gelernt haben, können wir unsere sozialen Fähigkeiten dazu benützen, Freunde zu gewinnen. Wir können uns auf diese Überlebensstrategien verlassen, weil wir in der Schule gelernt haben, fleißig und strebsam zu sein. Diese Ichstärke des Schulalters hilft uns dabei, eine erwachsene Identität aufzubauen, die auf den Säulen zwischenmenschlicher Liebe und erfolgreicher Arbeit ruht.

Mitte bis Ende Zwanzig beginnt ein neuer Zyklus. Viele sind mit sechsundzwanzig bereits verheiratet und haben eine eigene Familie gegründet. Wieder einmal müssen wir uns auf unser Vertrauen, auf unsere Selbständigkeit, Initiative und die Zusammenarbeit mit anderen Menschen verlassen, um lieben und intim sein zu können. Bei unserer Suche nach Intimität wird jede Entwicklungsstufe der Kindheit noch einmal durchlebt.

Wir bewegen uns von einer grenzenlosen Abhängigkeit (der Stufe der Verliebtheit) zur Gegen-Abhängigkeit (dem Machtkampf, der stattfindet, während wir unsere Unterschiede herausarbeiten), zur Unabhängigkeit (Stufe der Selbstverwirklichung), zur gegenseitigen Abhängigkeit (Stufe der Kooperation und Partnerschaft). Alle diese Stufen spiegeln Entwicklungphasen unserer Kindheit wider. Deshalb hängt unser Erfolg oder Mißerfolg in Liebesbeziehungen davon ab, wie erfolgreich wir diese Entwicklungsphasen in der Kindheit durchlebt haben.

Mit 39 beginnen wir einen neuen Zyklus, den der mittleren Jahre. Das ist eine sehr dramatische Lebensphase. Jemand hat den Ausdruck »Verrücktheit der mittleren Jahre« geprägt, um das Drama und die Schwierigkeiten dieses Übergangs zu charakterisieren. Wenn das Kind in Ihnen verletzt worden ist, kann diese Phase katastrophale Formen annehmen.

In den mittleren Jahren wird der Lebensbogen langsam flacher. Unser jugendlicher Idealismus ist durch Vertrauensbrüche, Desillusionierungen und den Tod eines Menschen, der uns nahestand, gedämpft worden. W.H. Auden drückt das so aus:

In der Zwischenzeit
Müssen Rechnungen bezahlt werden, Maschinen repariert werden,
Unregelmäßige Verben gelernt werden, das ist die Zeit, Sich vor der Bedeutungslosigkeit zu retten.

Das Leben selbst ähnelt immer mehr einem unregelmäßigen Verb. Sam Keen sagt: »Wir bewegen uns von der Illusion der Gewißheit zur Gewißheit der Illusion.« Und in dieser Phase der Desillusionierung müssen wir uns entschließen, zu hoffen und darauf zu vertrauen, daß alles einen Sinn hat. Wenn wir bereit sind zu vertrauen, müssen wir unsere ganze Willenskraft einsetzen, um neue Entscheidungen zu treffen, die sich auf alle Aspekte unseres Lebens beziehen – auf unsere Arbeit, unsere Beziehungen, unsere Spiritualität. Wir müssen erwachsen werden und lernen, auf eigenen Beinen zu stehen. Wir müssen alles, was wir an Selbständigkeit und Initiative erworben haben, einsetzen, um unsere neuen Ziele zu definieren. Und es kann sein, daß wir neue Techniken entwickeln müssen, um diese neuen Ziele erreichen zu können.

Die nächste Phase des fortgeschrittenen Erwachsenenalters ist die Zeit, in der unsere Hoffnung wächst und unser neues Engagement sich vertieft. Das ist häufig eine sehr friedliche und produktive Periode. Wir können nur hoffen, daß uns dann unser göttliches Kind zur Seite steht, denn wir brauchen seine Spontaneität und Flexibilität.

Wenn dann das eigentliche Alter beginnt, muß man alles noch einmal überdenken und sich mit dem Älterwerden und der Pensionierung abfinden. Im Alter müssen wir eine zweite Kindheit beginnen. Wir brauchen die kindliche Hoffnung, daß es noch etwas mehr gibt, wir brauchen den Glauben, daß es etwas gibt, was größer ist als wir, das uns hilft, die übergeordneten Zusammenhänge zu erkennen. Wir brauchen die ganze Kraft unseres Ichs, die wir im Lauf des Lebens gespeichert haben, um die Ganzheit des Lebens in ihren Teilen erkennen zu können. Wenn wir diese Vision erreicht haben, sind wir weise.

Jede Phase baut auf der vorangegangenen auf. *Und die Kindheit ist das Fundament, auf das sich alles gründet.*

Das, was am Anfang wie ein kleiner Fehler aussieht, kann sich am Ende als großer Fehler entpuppen. Auf den Anfang unseres Lebens hatten wir keinen Einfluß. Um überleben zu können, waren wir

voll und ganz von unseren Bezugspersonen abhängig. Unsere Bedürfnisse waren die Bedürfnisse eines *Abhängigen* – das heißt, sie konnten nur durch die Menschen befriedigt werden, die uns versorgt haben.
Die folgenden Tabellen stellen verschiedene Stadien der menschlichen Entwicklung einschließlich der Übergänge und Wiederholungen dar. Die erste Tabelle zeigt die verschiedenen Ichstärken und Kräfte, die wir gebraucht haben, um uns in jeder einzelnen Wachstumsphase persönlich weiterentwickeln zu können. Die zweite gibt einen Überblick über den Dreizehnjahreszyklus der Erneuerung. Die dritte illustriert, wie sich unser *Sein* im Verlauf des Lebenszyklus ausdehnt und entwickelt.

Abgesehen von der natürlichen Wiederholung der kindlichen Entwicklungsstufen in den späteren Lebensabschnitten, gibt es andere Möglichkeiten, wie die einzelnen Phasen noch einmal durchlebt werden können. Wenn wir selbst Eltern sind, tauchen auch die Probleme unserer eigenen frühen Kindheit und unsere ungestillten Kindheitsbedürfnisse wieder auf. Oft wird dadurch die Einstellung eines Elternteils dem Kind gegenüber belastet. Deshalb fällt es erwachsenen Kindern, die aus gestörten Familien stammen und nicht psychotherapeutisch behandelt worden sind, so schwer, konsequente und effiziente Eltern zu sein. Der Konflikt zwischen den Eltern und dem Kind erreicht seinen Höhepunkt häufig in dem problematischen Lebensabschnitt der Pubertät. Erschwerend kommt hinzu, daß die Eltern sich in dieser Zeit in den »verrückten mittleren Jahren« befinden. Das ist dann nicht besonders angenehm.
Kindliche Entwicklungsphasen können auch dann ausgelöst werden, wenn wir als Erwachsene mit großen Sorgen oder traumatischen Erlebnissen konfrontiert werden. Der Tod eines Elternteils führt mit Sicherheit dazu, daß ein Problem aus der Kindheit wieder auftaucht. Der Tod eines Freundes oder des Intimpartners wirft uns in der Regel auf unsere existentiellen Bedürfnisse zurück. Angesichts des Todes sind wir, wie Tennyson sagt, »ein Säugling, der in der Nacht weint... und haben keine andere Sprache als das Weinen«.
Jede neue Situation kann unsere frühkindlichen Bedürfnisse wieder zum Leben erwecken: ein neuer Job, ein neues Haus, eine Heirat, ein Kind. Die Art, wie wir mit einem neuen Anfang umgehen,

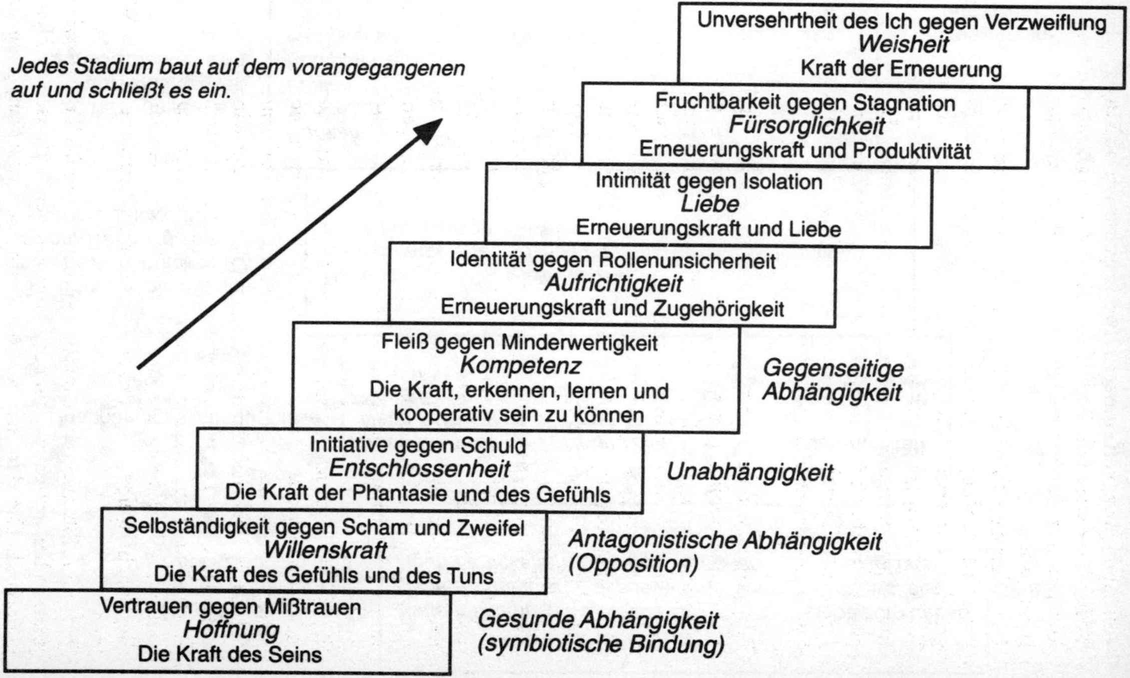
Jedes Stadium baut auf dem vorangegangenen auf und schließt es ein.
Unversehrtheit des Ich gegen Verzweiflung
Weisheit
Kraft der Erneuerung
Fruchtbarkeit gegen Stagnation
Fürsorglichkeit
Erneuerungskraft und Produktivität
Intimität gegen Isolation
Liebe
Erneuerungskraft und Liebe
Identität gegen Rollenunsicherheit
Aufrichtigkeit
Erneuerungskraft und Zugehörigkeit
Fleiß gegen Minderwertigkeit
Kompetenz
Die Kraft, erkennen, lernen und kooperativ sein zu können
Gegenseitige Abhängigkeit
Initiative gegen Schuld
Entschlossenheit
Die Kraft der Phantasie und des Gefühls
Unabhängigkeit
Selbständigkeit gegen Scham und Zweifel
Willenskraft
Die Kraft des Gefühls und des Tuns
Antagonistische Abhängigkeit (Opposition)
Vertrauen gegen Mißtrauen
Hoffnung
Die Kraft des Seins
Gesunde Abhängigkeit (symbiotische Bindung)

Regenerative Zyklen

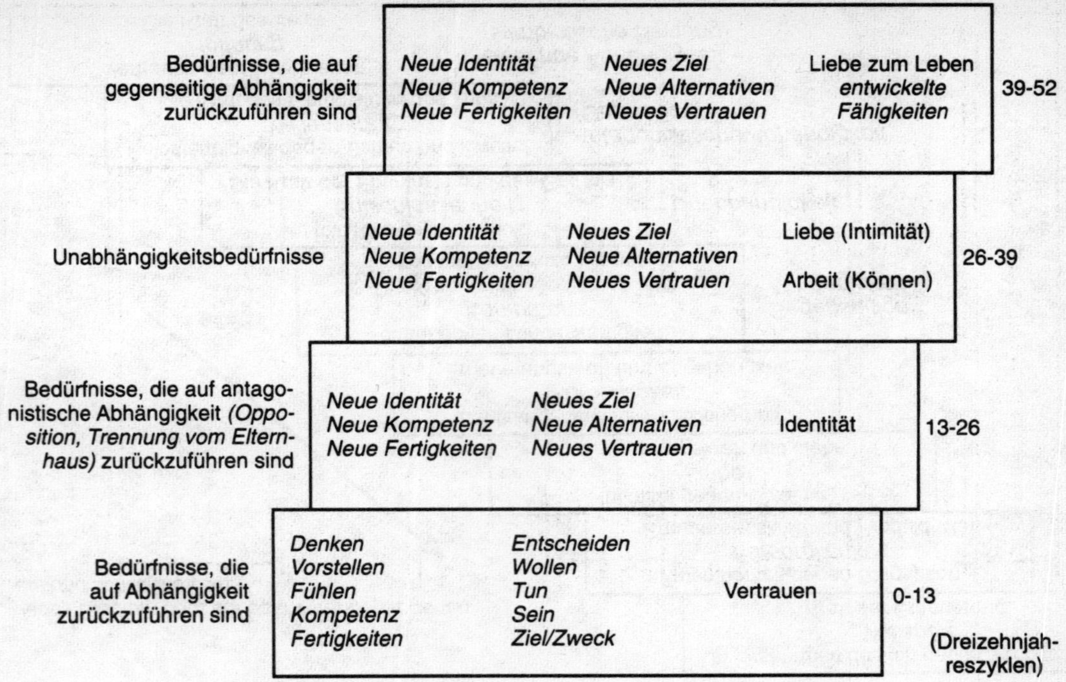

Die Entwicklung des Seins

Ich bin weise Ich kann mich selbst voll und ganz akzeptieren Ich bin eins mit allem
Ich habe eigene Kraft Ich kann etwas schaffen und produktiv sein Ich kann für die nächste Generation sorgen Ich fühle mich dem Leben verpflichtet
Ich habe einen anderen Menschen, der eine Bestätigung für die Gefühle liefert, die ich mir selbst gegenüber habe Ich kann lieben Ich kann einem Menschen absolut nah sein, und ich kann auch völlig allein sein Ich kann sowohl mit mir selbst als auch mit anderen Menschen intim sein
Ich habe ein Gefühl dafür, wer ich bin Ich kann mich innerlich erneuern Ich kann einem Menschen oder einer Sache treu sein Ich bin einzigartig
Ich bin kompetent Ich habe Grenzen Ich kann geschickt sein Ich kann denken und lernen Ich bin tüchtig
Ich habe ein Gewissen Ich habe ein Ziel und Werte Ich habe Vorstellungskraft und Gefühle Ich bin sexuell Ich bin jemand
Ich habe Grenzen Ich habe Willenskraft Ich kann allein sein Ich kann neugierig sein, Dinge untersuchen und etwas tun Ich bin ich
Ich habe Hoffnung Ich kann ganz einfach sein Ich kann dir vertrauen Ich bin du

hängt davon ab, wie man mit uns umgegangen ist, als wir unser Leben begonnen haben.
Zusammenfassend kann man sagen, daß die Entwicklungsstufen unserer frühen Kindheit die Grundlagen unseres Lebens als Erwachsene bilden. Denjenigen von uns, die aus gestörten Familien stammen und noch erwachsene Kinder sind, fehlt diese Grundlage. Im ersten Teil des Buches haben Sie gesehen, welche schwerwiegenden Folgen die Entwicklungsdefizite für Ihr Leben haben können. Wenn Sie diese schädlichen Strukturen verändern wollen, müssen Sie sich wieder mit Ihrer Kindheit befassen.
Die Rückkehr in die Kindheit ist schmerzhaft, denn sie verlangt von uns, daß wir unserer Trauer über die Verletzungen, die man uns zugefügt hat, Ausdruck verleihen. Das Gute daran ist, daß wir das auch *können*. In der Trauerarbeit erleben wir erneut das Leid, das wir durch unsere Neurosen vermeiden wollten. Jung hat das treffend ausgedrückt: »Alle unsere Neurosen sind ein Ersatz für das legitime Leiden.« Die Trauerarbeit, die auch Verarbeitung des Urschmerzes genannt wurde, verlangt von uns, daß wir das wiedererleben, was wir nicht erleben konnten, als wir unsere Eltern, unsere Kindheit und vor allem das Gefühl für unser Ich verloren haben. Die seelische Wunde *kann* geheilt werden. Aber das geschieht nur, wenn wir trauern, und das tut weh.
In den folgenden Kapiteln werde ich die Elemente der Verarbeitung des Urschmerzes und die Arten der Fürsorge beschreiben, die wir auf jeder einzelnen kindlichen Entwicklungsstufe nötig gehabt haben. Ich werde Ihnen für jede Entwicklungsstufe spezielle Übungen anbieten. Wenn Sie sich zur Zeit in Therapie befinden, holen Sie bitte erst die Zustimmung Ihres Therapeuten ein, bevor Sie mit der Arbeit beginnen. Sie *können* die Übungen allein durchführen, wenn Sie den Erwachsenen in sich als freundlichen, weisen alten Zauberer benutzen, aber Sie sollten trotzdem die Zustimmung Ihres Therapeuten einholen.
Es gibt außerdem für jede Entwicklungsstufe Meditationsübungen, in deren Verlauf sich *Ihr Erwachsener* um das verletzte Kind in Ihnen kümmert. Mehr kann ich Ihnen in Buchform nicht anbieten. Sie können die Übungen allein durchführen, aber es wäre besser, wenn Sie sie mit einem guten Freund machen würden, der Ihnen dabei hilft. Am besten ist allerdings die Unterstützung durch eine Gruppe.
Diese Übungen sollen weder die Einzeltherapie noch die Gruppen-

therapie, noch eine 12-Schritte-Gruppe ersetzen, an der Sie möglicherweise zur Zeit gerade teilnehmen. Sie dienen vielmehr dazu, Ihre Therapie oder die Arbeit in der 12-Schritte-Gruppe zu vertiefen. *Wenn Sie als Erwachsener Opfer einer sexuellen Mißhandlung geworden sind oder schwere seelische Verletzungen erlitten haben,* wenn man bei Ihnen eine *Geisteskrankheit* diagnostiziert hat oder es in Ihrer Familie *Fälle von Geisteskrankheiten gegeben hat, sollten Sie unbedingt professionelle Hilfe in Anspruch nehmen.* Wenn Sie diese Übungen durchführen und dabei *seltsame oder überwältigende Gefühle empfinden* sollten, *müssen Sie sofort aufhören.* Nehmen Sie die Hilfe eines professionellen Therapeuten in Anspruch, bevor Sie weitermachen.

Auch wenn diese Arbeit eine außerordentlich intensive Wirkung hat und für viele Menschen von großem therapeutischen Nutzen ist, darf sie trotzdem nicht als magische Zauberformel betrachtet werden.

Noch eine Warnung: *Wenn Sie unter einer Sucht leiden, haben Sie den Kontakt zu Ihren wahren Gefühlen verloren und können Sie nicht mehr steuern.* Sie müssen Ihr Verhalten erst ändern, bevor Sie einen Nutzen aus dieser Arbeit ziehen können. Die sogenannten 12-Schritte-Gruppen haben sich bei der Heilung von Suchtkrankheiten am besten bewährt. Treten Sie noch heute einer solchen Gruppe bei. Sie werden nichts Besseres finden. Die Arbeit, die ich hier anbiete, setzt voraus, daß Sie mindestens seit einem Jahr trocken sind. In der Anfangsphase der Heilung von einer Suchtkrankheit, vor allem wenn es sich um eine orale Sucht handelt, sind Ihre Gefühle noch roh und undifferenziert. Sie sind wie heiße Lava im Inneren eines Vulkans. Wenn Sie sich mit schmerzlichen Kindheitserlebnissen auseinandersetzen, laufen Sie Gefahr, von ihnen überwältigt zu werden. Das unersättliche, verletzte Kind in Ihnen, das seine Grenzen verloren hat, ist der Kern Ihrer Sucht, und Sie trinken, nehmen Drogen, haben Sex, arbeiten und spielen nur, um die seelische Verletzung des Kindes in Ihnen zu verdrängen. Beim zwölften Schritt des 12-Schritte-Programms spricht man von einem »spirituellen Erwachen«, das das Ziel des Programms ist. Das weist eindeutig darauf hin, daß die Sucht mit einer seelischen Bankrotterklärung einhergeht.

Wenn Sie sich also direkt auf die entscheidenden Gründe stürzen, die zu Ihrer Sucht geführt haben, laufen Sie große Gefahr, *rückfällig zu werden.*

Nachdem ich das alles gesagt habe, möchte ich noch einmal das wiederholen, was ich bereits im Vorwort geschrieben habe. Sie müssen die Übungen auch wirklich *durchführen*, wenn Sie das verletzte Kind in sich zurückgewinnen und sich seiner annehmen wollen.

Noch eine letzte Bemerkung: Erwachsene Kinder haben eine bestimmte Art, sich vor dem wahren Leiden zu drücken: *Sie bleiben in ihrem Kopf*, indem sie sich in einer besessenen Art auf Sachen konzentrieren, alles analysieren, ständig diskutieren und viel lesen, und sie vergeuden viel Energie damit, allem auf den Grund gehen zu wollen.

Es gibt eine schöne Geschichte von einem Zimmer mit zwei Türen. Über jeder hängt ein Schild. Auf dem einen steht HIMMEL, auf dem anderen VORTRAG ÜBER DEN HIMMEL. Und alle co-abhängigen erwachsenen Kinder drängen sich vor der Tür mit dem Schild VORTRAG ÜBER DEN HIMMEL.

Erwachsene Kinder haben ein großes Bedürfnis danach, für alles eine Erklärung zu finden, weil ihre Eltern selbst unberechenbare erwachsene Kinder waren. Manchmal spielten sie als Eltern die Rolle eines Erwachsenen, manchmal die eines verletzten, egoistischen Kindes. Manchmal waren sie Gefangene ihrer Sucht, manchmal nicht. Das führte bei dem Kind zur Verwirrung und ließ die Eltern unberechenbar erscheinen. Jemand hat mir einmal gesagt, wenn man in einer gestörten Familie aufwachse, habe man das Gefühl, als ob man mitten im Film in ein Kino käme und die Handlung deshalb nicht verstehen könnte. Ein anderer beschrieb es als »Aufwachsen in einem Konzentrationslager«. Die Unberechenbarkeit der Eltern führte dazu, daß man ständig Erklärungen suchte. Und solange man die Vergangenheit nicht heilen kann, sucht man weiter nach Erklärungen.

Eine derartig verkopfte Einstellung stellt auch eine Ich-Abwehr dar. Wenn man sich wie ein Besessener mit allen möglichen Dingen beschäftigt, braucht man nichts zu *fühlen*. Wenn man Gefühle hat, zapft man das riesige Reservoir an eingefrorenen Gefühlen an, die durch die krankhafte Scham des verletzten Kindes in uns gebunden sind.

Ich wiederhole es deshalb noch einmal: Sie müssen die Schmerzen *aktiv* verarbeiten, wenn Sie das verletzte Kind in sich heilen wollen; das ist die einzige Möglichkeit, Sie müssen sich durchkämpfen. »Ohne Schmerz kein Erfolg«, wie wir im 12-Schritte-Programm immer sagen.

Ich glaube, daß die Heilung der Wunden, die man uns in der Kindkeit zugefügt hat, indem man uns im Stich gelassen, vernachlässigt und mißbraucht hat, ein Prozeß ist und nicht von heute auf morgen beendet sein kann. Auch wenn Sie dieses Buch lesen und alle Übungen durchführen, werden Ihre Probleme nicht über Nacht verschwinden. Aber ich garantiere Ihnen, daß Sie feststellen werden, daß sich in Ihnen eine reizende, kleine Person verbirgt. Sie werden in der Lage sein, den Zorn und die Traurigkeit dieses Kindes mitzuerleben und gemeinsam mit ihm ein Leben zu führen, das freudvoller, kreativer und spielerischer ist.

3. Kapitel
Die Verarbeitung des Urschmerzes

> Die Neurose ist immer ein Ersatz für das eigentliche Leiden.
>
> C. G. Jung

> Deshalb lassen sie ... (die Probleme) sich nicht mit *Worten*, sondern lediglich durch *Erlebnisse* auflösen, und zwar nicht durch das korrigierende des Erwachsenen, sondern vor allem durch Erlebnisse der ganz frühen Angst vor der Verachtung der *heißgeliebten* Mutter.
>
> Alice Miller
> (Das Drama des begabten Kindes, S. 160)

Ich glaube, daß die Theorie, die der Verarbeitung des Urschmerzes zugrunde liegt, die Behandlung von Neurosen im allgemeinen und des Zwangs- und Suchtverhaltens im speziellen revolutionieren könnte, wenn das Konzept besser verstanden würde. Sehr oft werden Patienten, die verzweifelt versuchen, ihre Gefühlsarbeit zu leisten, mit Beruhigungsmitteln vollgestopft. In unserem »Life Plus«-Behandlungszentrum in Los Angeles sind wir mit dem Widerstand der Profis aus der Psychiatrie konfrontiert worden, die nicht verstehen konnten, warum wir uns weigern, unseren Patienten Medikamente zu geben. Wir vertreten die Auffassung, daß eine Heilung von Zwangsneurosen oder Suchtkrankheiten nur durch Gefühlsarbeit möglich ist.

Wir haben uns auf die Behandlung der Co-Abhängigkeit (Codependence) spezialisiert, die auf die krankhafte Scham des Kindes zurückzuführen ist – auf dieses verinnerlichte Gefühl, als Mensch fehlerhaft und minderwertig zu sein. Im Verlauf dieses Prozesses der Verinnerlichung wird die Scham, die ein gesundes Signal sein könnte, das uns zeigt, wo unsere Grenzen sind, zu einem alles erfassenden Seinszustand und bekommt, wenn Sie so wollen, eine eigene Identität. Wenn ein Mensch durch krankhafte Scham geschädigt worden ist, verliert er den Kontakt zu seinem wahren Selbst, und diesen Verlust wird er sein ganzes Leben lang betrauern müssen. Die klinische Bezeichnung dieses Zustands ist *Dysthymia*, womit eine *leichte Depression* gemeint ist. In meinem Buch *Bradshaw On: Healing the Shame That Binds You* habe ich gezeigt, wie diese Scham zu einem vorherrschenden Gefühl werden kann. Sie bindet alle anderen Gefühle, so daß wir immer, wenn wir Zorn, Kummer, Furcht oder sogar Freude erleben, gleichzeitig auch Scham empfinden. Die Eltern in gestörten Familien sind selbst erwachsene Kinder, deren verletztes inneres Kind auch seine Bedürfnisse anmeldet, was ja auch ganz natürlich ist. Aber die Eltern, die in Wirklichkeit erwachsene Kinder sind, werden wütend und beschämen so das Kind in sich. Das hat zur Folge, daß sich das Kind jedesmal schämt, wenn das verletzte Kind in ihm Bedürfnisse anmeldet. Den größten Teil meines erwachsenen Lebens habe ich mich geschämt, wenn ich Hilfe brauchte. Und ganz gleich, wie günstig die Situation ist, ein solcher Mensch schämt sich auch, wenn er sich sexuell verhält.

Wenn Gefühle durch Scham gebunden sind, wird man mit der Zeit völlig gefühllos. Dieser Vorgang ist die Voraussetzung für jede Form der Sucht, denn nur im Rauschzustand ist ein solcher Mensch in der Lage, überhaupt etwas zu empfinden. Ein chronisch depressiver Mann wird zum Beispiel zu einem Topmanager, weil er nur dann noch etwas empfinden kann, wenn er wie ein Verrückter arbeitet. Ein Alkoholiker oder Drogenabhängiger fühlt sich high, wenn er eine stimmungsverändernde Droge zu sich genommen hat. Ein Freßsüchtiger empfindet ein Gefühl der Fülle und des Wohlbefindens, wenn sein Magen voll ist. Jede Sucht bietet dem Menschen eine Gelegenheit, angenehme Gefühle zu haben oder unangenehme zu vermeiden. Die durch Drogen verursachte Stimmungsveränderung verändert den Schmerz des seelisch verletzten Kindes in seinem Inneren. Die seelische Verletzung, die durch die krankhafte Scham verursacht worden ist, spaltet das Selbst. Man wird *vor sich selbst* klein gemacht und in den eigenen Augen ein Gegenstand der Verachtung.

Wenn ein Mensch das Gefühl hat, nicht er selbst sein zu können, lebt er auch nicht mehr in Harmonie mit sich selbst. Die ekstatischen Stimmungsveränderungen der Sucht vermitteln ihm ein Gefühl des Wohlbefindens, der Harmonie mit sich selbst. Jedesmal

wenn ein schamgeprägter Mensch seine wahren Gefühle erlebt, schämt er sich. Und um diesen Schmerz zu vermeiden, betäubt er sich.
Wir betäuben unseren Schmerz, indem wir verschiedene Abwehrmechanismen bemühen, die wir immer dann einsetzen, wenn die Realität unerträglich wird. Einige der gebräuchlichsten Abwehrmechanismen sind: Verleugnung (»das alles passiert nicht wirklich«), Verdrängung (»das ist nie passiert«), Abspaltung (»Ich kann mich nicht erinnern, was geschehen ist«), Projektion (»Das passiert dir, nicht mir«), Konversion (»Wenn ich das Gefühl habe, daß so etwas passiert, esse ich oder habe Sex«), Verkleinerung (»Es ist zwar passiert, aber es war ja nur eine Lappalie«).
Im Grunde dienen diese Abwehrmechanismen des Ichs dazu, uns von den Schmerzen abzulenken, die wir empfinden.

Das Primat der Gefühle

Silvan Tomkins, ein Psychologe, der in der Forschung arbeitet, hat einen wichtigen Beitrag zum Verständnis menschlichen Verhaltens geleistet, indem er die These vom Primat der Gefühle aufgestellt hat. Unsere Gefühle sind Formen *unmittelbaren* Erlebens. Wenn wir etwas fühlen, stehen wir in direktem Kontakt mit der Realität unseres Körpers. Da unsere Gefühle Energieformen sind, sind sie körperlich; sie drücken sich bereits im Körperlichen aus, bevor wir sie bewußt wahrnehmen.
Tomkins unterscheidet neun *angeborene* Gefühle, die sich auf verschiedene Art im Gesicht ausdrücken. Jedes menschliche Kind kommt mit dieser »Vorprogrammierung« seiner Gesichtsmuskeln auf die Welt, und die Forschung hat gezeigt, daß die Menschen überall auf der Welt, in jeder Kultur, diese Gefühle in der gleichen Weise interpretieren. Sie sind die Grundlage für die Kommunikation, die wir brauchen, um biologisch überleben zu können.
Während unserer Entwicklung bilden die Gefühle sozusagen eine elementare Planskizze für unser Denken, Handeln und für unsere Entscheidungsprozesse. Tomkins betrachtet die Gefühle als unsere angeborenen biologischen Motivatoren. Sie sind die »Kraft, die uns bewegt« – so wie der Kraftstoff, der unsere Autos antreibt. Gefühle

intensivieren unser Leben. Ohne Gefühle ist alles bedeutungslos; mit Gefühlen kann alles eine Bedeutung haben.
Nach Tomkins' Theorie gibt es sechs primäre Motivatoren: Interesse, Freude, Überraschung, Kummer, Angst und Zorn. Die Scham betrachtet er als eine Art Hilfsgefühl, das auf der ursprünglichen Ebene als eine Unterbrechung erlebt wird. Das Gefühl der Scham ist durch eine plötzliche, unerwartete Bloßstellung charakterisiert und beendet das, was gerade vorgeht, oder *schränkt es zumindest ein*.
Die Reaktion auf üble Gerüche oder das Gefühl des Ekels sind angeborene Abwehrreaktionen. Wenn wir etwas Unangenehmes riechen, ziehen wir die Oberlippe und die Nase nach oben und legen den Kopf zurück. Wenn wir etwas Schlechtes schlucken oder kosten, veranlaßt uns der Ekel, es wieder auszuspucken oder uns zu übergeben. Ähnlich wie andere Reflexe hat sich der Ekel im Verlauf der Evolution entwickelt, um uns vor gefährlichen Substanzen zu schützen, aber wir benützen ihn auch, um Abneigungen auszudrücken, die nicht materieller Natur sind.
Einfacher gesagt: Unsere Gefühle sind unsere elementarsten *Kräfte*. Sie dienen dem Schutz unserer Grundbedürfnisse. Wenn eines dieser Bedürfnisse bedroht ist, gibt uns unsere emotionale Energie ein Signal.
Den meisten von uns ist es vergönnt, Freude, Interesse oder Überraschung zu erleben, also das, was Tomkins positive Gefühle nennt. Man sagt uns zumindest, daß es »gute« Gefühle seien. Tatsache ist aber, daß die Unterdrückung von Angst, Traurigkeit und Zorn dazu führt, daß wir auch Gefühle wie freudige Erregung, Interesse und Neugier nicht mehr empfinden können. Da genau das mit unseren Eltern geschehen ist, konnten sie es nicht zulassen, daß wir solche Gefühle hatten. Kindern wird häufig ein Vorwurf gemacht, wenn sie ausgelassen oder neugierig sind und alles wissen wollen.
Harvey Jackins' Therapiemodell, das sich »Reevaluation Counselling« nennt (etwa: Beratung mit dem Ziel einer neuerlichen Bewertung), ähnelt der Verarbeitung des Urschmerzes. Jackins sagt, daß die Blockierung des Gefühls, das ein traumatisches Erlebnis begleitet, dazu führt, daß die Seele dieses Erlebnis nicht bewerten oder integrieren kann. Wenn die Gefühlsenergie die Auflösung des Traumas blockiert, wird die Seele selbst in ihrer Funktion beeinträchtigt. Im Lauf der Jahre nimmt dann diese Beeinträchtigung der

Seele immer mehr zu, da sich die Blockade der Gefühlsenergie *jedesmal, wenn etwas Ähnliches erlebt wird*, verstärkt. Wenn wir etwas erleben, was auch nur annähernd an das ursprüngliche Trauma erinnert, empfinden wir das in einer Intensität, die angesichts des tatsächlichen Vorgangs völlig unangemessen erscheint. Ich habe dieses Phänomen weiter oben als spontane Altersregression bezeichnet. Das Ganze erinnert an Pawlows berühmte Hunde, die jedesmal, bevor sie gefüttert wurden, eine Klingel zu hören bekamen. Nach einer gewissen Zeit setzte bei ihnen bereits beim bloßen Hören der Klingel die Speichelsekretion ein, auch wenn gar kein Futter vorhanden war. Genauso kann es uns ergehen, wenn wir ein Weihnachtslied hören und traurig werden, weil das Lied Erinnerungen an ein Weihnachtsfest wachruft, an dem der Vater betrunken nach Hause gekommen ist und alles verdorben hat.

Das verletzte Kind in uns steckt voll aufgestauter Energie, die aus der Traurigkeit des Kindheitstraumas stammt. Einer der Gründe, warum wir trauern sollten, ist, daß wir dadurch einen Schlußstrich unter schmerzliche Ereignisse der Vergangenheit ziehen, damit uns unsere Kraft in der Gegenwart zur Verfügung steht. Wenn wir an der Trauer gehindert werden, bleibt diese Energie blockiert.

In jeder neurotischen Familie gilt ein Gebot: Du sollst nicht fühlen. Das verletzte Kind in Ihnen durfte nicht einmal wissen, was es empfand. Ein anderes Gebot der gestörten Familie lautet: Du sollst nicht darüber reden. Danach ist das Ausdrücken von Gefühlen verboten. In einigen Fällen bedeutet es, daß man nur *bestimmte* Gefühle ausdrücken durfte. Die Redeverbote variieren von Familie zu Familie.

In meiner Familie waren alle Gefühle außer den Schuldgefühlen verboten. Sie galten als ein Zeichen von Schwäche. Immer wieder wurde mir gesagt: »Sei doch nicht so emotional.« Meine Familie unterschied sich kaum von Millionen anderer Familien in der westlichen Welt, die die Bürde eines dreihundert Jahre alten »Rationalismus« mit sich herumschleppen. Rationalismus ist der Glaube an die überragende Macht der Vernunft. Menschsein heißt, vernünftig sein, wohingegen die Emotionalität *weniger* als menschlich ist. Die Unterdrückung und Abwertung der Gefühle war in den Familien der westlichen Welt die Regel.

Da Gefühle Energien sind, suchen sie Möglichkeiten, wie sie sich ausdrücken können. Kinder aus gestörten Familien haben oft keinen Verbündeten, also niemanden, bei dem sie ihren Gefühlen freien Lauf lassen könnten. Sie drücken sie in der einzigen Weise aus, die sie kennen – indem sie nach außen oder nach innen »agieren«. Je früher der Verdrängungsprozeß stattfindet, um so destruktiver sind die verdrängten Gefühle. Ich nenne diese unaufgelösten und nicht ausgedrückten Gefühle den »Urschmerz«. Zur Verarbeitung dieses Urschmerzes gehört ein Wiedererleben des frühkindlichen Traumas und das Ausdrücken der verdrängten Gefühle. Wenn das einmal gelungen ist, braucht der Betroffene diese Gefühle nicht mehr nach außen oder innen zu agieren.

Bis vor kurzem gab es kaum einen Beweis für die Theorie von der Verarbeitung des Urschmerzes. Freud hat die primären Abwehrmechanismen des Ichs – Verdrängung, Abspaltung und Verschiebung – ausführlich beschrieben. Er lehrt uns, daß diese Abwehrmechanismen nach ihrer Entstehung automatisch und unbewußt ablaufen. Er konnte allerdings nicht erklären, *wie* sie funktionieren. Was passiert zum Beispiel in unserem Gehirn, wenn wir unsere Schmerzgefühle blockieren?

Körpertherapeuten ist es gelungen, einige der Funktionsweisen der Abwehrmechanismen zu *beschreiben.* Wir wissen zum Beispiel, daß ein Gefühl durch Muskelanspannung betäubt werden kann. Viele Leute knirschen mit den Zähnen und spannen ihre Kiefermuskulatur an, wenn sie wütend sind. Gefühle können auch dadurch blockiert werden, daß man die Luft anhält. Eine flache Atmung ist eine gebräuchliche Form, seelischen Schmerz zu vermeiden.

Manche Menschen blockieren ihre Gefühle auch dadurch, daß sie phantasieren. Ich selbst habe zum Beispiel in meiner Jugend lange Zeit eine fast phobische Angst vor dem Gefühl des Zorns gehabt. Zorn war in meiner Vorstellung immer mit einer katastrophalen Zurückweisung und/oder Bestrafung verbunden. Und diese Vorstellung löste bei mir eine Anspannung der Muskeln aus und ließ meine Atmung flach werden.

Der Leidensdruck und das Gehirn

Heute beginnen wir, die Abwehrmechanismen des Ichs auf der Grundlage der Hirnphysiologie und Biochemie des Gehirns zu verstehen. Ein Verzicht auf die Abwehrmechanismen schafft uns einen Zugang zu den Gefühlen der frühesten Kindheit. Die Verarbeitung des Urschmerzes fördert die Heilung einfach dadurch, daß sie uns die Möglichkeit bietet, diese unverarbeiteten Gefühle aus der Vergangenheit zu erleben. Warum führt das zu einer Heilung?
Der Hirnforscher Paul D. MacLean hat ein Modell des menschlichen Gehirns entworfen, das uns die Auswirkungen eines Traumas leichter verstehen läßt. MacLean bezeichnet das Gehirn als »Dreieinheit«, also als aus drei Teilen bestehend. Diese drei Gehirnteile unseres Gesamtgehirns sind ein Erbe der Evolution. Das älteste oder primitivste Gehirn ist das Reptilienhirn oder *Eingeweide*hirn. Es enthält die primitivste Strategie, die sich auf unsere Sicherheit und unser Überleben bezieht: Das Prinzip der *Wiederholung*. Eine Eidechse hat zum Beispiel ein ziemlich einfaches Leben. Ihr Tag besteht daraus, daß sie sich jeden Morgen an die Arbeit begibt und hofft, ein paar Fliegen oder Mücken zu erwischen, ohne selbst gefressen zu werden. Wenn sie einen günstigen Weg durch das Gras und die Steine gefunden hat, wird sie den bis zu ihrem Lebensende benützen. Diese Wiederholung dient ihrem Überleben. Das Eingeweidehirn steuert auch die vegetativen Körperfunktionen wie zum Beispiel die Atmung. Ich erkläre den Leuten immer, daß die Eidechse in uns sich vor allem dann zu Wort meldet, wenn wir frisch verheiratet sind und dadurch mit den Lebensgewohnheiten unseres Partners in Konflikt geraten.
Der nächste Teil unseres Gehirns ist das Riech- oder *Fühl*hirn. In der Medizin wird es als limbisches System bezeichnet. Als die Evolution warmblütige Säugetiere hervorbrachte, wurde auch die Gefühlsenergie geboren. Das limbische System ist der Ort der Erregung, der Lust, des Zorns, der Angst, Traurigkeit, Freude, Scham und des Ekels.
Das komplizierteste System des Gehirns ist die Neocortex oder das *Denk*hirn. Es hat sich zuletzt entwickelt – etwa im Verlauf der letzten zwei Millionen Jahre. Es verleiht uns Menschen die Fähigkeiten, vernünftig zu denken, Sprache zu benützen, Pläne zu schmieden, komplexe Aufgaben zu lösen usw.
MacLean zufolge sind diese drei Hirnsysteme voneinander unab-

hängig, arbeiten aber zusammen, um das Gleichgewicht des gesamten Gehirns zu gewährleisten. Und dieses Gleichgewicht hängt davon ab, daß Schmerz und Kummer auf einem Minimum gehalten werden.
Mit gelegentlich auftretenden Schwierigkeiten wird das Gehirn leicht fertig. Es benützt die Gefühle, um einen Ausgleich zu schaffen. Wenn unsere Schwierigkeiten ein bestimmtes Maß erreicht haben, toben wir vor Wut, weinen, weil wir traurig sind, oder schwitzen und zittern vor Angst. Wissenschaftler haben bewiesen, daß Tränen streßerzeugende chemische Substanzen abtransportieren, die sich während der emotionalen Erregung ansammeln. Das Gehirn findet durch die Ableitung von Gefühlen auf natürliche Weise wieder zu seinem Gleichgewichtszustand zurück, es sei denn, man hat uns beigebracht, diese Gefühle zu unterdrücken.
Kinder aus gestörten Familien lernen auf drei verschiedene Arten, ihre Gefühle zu unterdrücken: Erstens dadurch, daß man nicht auf sie reagiert, sie also buchstäblich nicht zur Kenntnis nimmt; zweitens dadurch, daß ihnen jedes gesunde Vorbild fehlt, und sie deshalb gar nicht wissen können, wie sie ein Gefühl nennen sollen oder wie sie es ausdrücken können; und drittens, indem man sie beleidigt und/oder sie bestraft, wenn sie Gefühle zeigen. Kinder aus gestörten Familien hören in der Regel Sätze wie: »Gleich kriegst du eine, dann hast du Grund zu weinen.«, oder »Sprich nicht in dem Ton mit mir, oder ich hau' dir eine runter.« Und es kommt häufig genug vor, daß sie tatsächlich verprügelt werden, nur weil sie Angst haben oder wütend oder traurig sind.
Wenn Gefühle unterdrückt werden oder der Streß zu groß und chronisch wird, gerät das Gehirn in Schwierigkeiten. Wenn traumatischer Streß entsteht, muß das Hirnsystem außergewöhnliche Maßnahmen ergreifen, um das Gleichgewicht aufrechterhalten zu können. Diese außergewöhnlichen Maßnahmen sind die Abwehrmechanismen des Ichs.

Die Prägung des frühkindlichen Traumas

Je früher im Leben die Gefühle unterdrückt werden, um so größer ist der Schaden. Beweise häufen sich, die darauf hinweisen, daß es beim Reifeprozeß des Gehirns eine Abfolge gibt, die der evolutionären Hirnentwicklung entspricht. Neurologen haben nachgewiesen, daß das Eingeweidehirn in den letzten Monaten der Schwan-

gerschaft und in den ersten Monaten nach der Geburt der dominierende Teil ist.
Das limbische System nimmt seine Arbeit während der ersten sechs Lebensmonate auf. Dieses emotionale Gehirn ist für die wichtige erste gefühlsmäßige Bindung verantwortlich.
Die Neocortex – das Denkhirn – entwickelt sich im Lauf unserer Kindheit und braucht dafür eine angemessene Umgebung und geeignete Stimulation. In seinen Forschungsarbeiten über die kognitive Entwicklung des Kindes stellt Piaget fest, daß wirklich logisches Denken erst nach Vollendung des sechsten bis siebten Lebensjahres möglich ist. (Auch wenn Piagets Untersuchungsergebnisse von einigen Forschern in Frage gestellt wurden, scheint das Alter von sieben Jahren tatsächlich einen Wendepunkt darzustellen.)
Wenn wir uns klarmachen, daß das Eingeweidehirn für die Probleme des Überlebens zuständig ist und sich am Prinzip der Wiederholung orientiert, ist der Gedanke einer *permanenten Prägung* einleuchtend. Der Neurologe Robert Isaacson behauptet, daß traumatische Erinnerungen sehr schwer auszulöschen sind, weil es Erinnerungen an Reaktionen sind, die dem Überleben gedient haben. Da das Eingeweidehirn in der Lage ist, zu lernen und sich zu erinnern, aber so leicht nichts vergißt, ist es für eine dauerhafte Prägung des Traumas verantwortlich, die dann seine Zukunft beherrscht. Ganz gleich, was ein Kind in den ersten Jahren seines Lebens durchgemacht hat, immer wird bei ihm ein Gefühl der Verletzlichkeit zurückbleiben, das mit dem positiven Gedanken gekoppelt ist, überlebt zu haben.

Der Wiederholungszwang

Ein großer Teil der neurologischen Forschung bestätigt das, was seit Freud jeder Psychotherapeut aus erster Hand erlebt hat: Neurotiker leiden unter einem Wiederholungszwang.
Auch für diese kritische Überreaktion gibt es, wie schon erwähnt, eine neurologische Erklärung. Hirnphysiologen haben darauf hingewiesen, daß erweiterte neurale Eindrücke, die auf Streßerlebnisse zurückzuführen sind, im Erwachsenenalter zu einer gestörten Reaktion des Organismus auf entsprechende Reize führen. Andauernde schmerzhafte Erlebnisse prägen im Gehirn neue Bahnen, so daß mit der Zeit seine Bereitschaft immer mehr gesteigert wird, Reize

als schmerzhaft zu empfinden, die andere Menschen gar nicht bemerken.
Das stützt die Theorie, daß das in der frühen Kindheit geprägte Kernmaterial wie ein übertrieben sensibler Filter wirkt, der alle späteren Erlebnisse formt. Die Störung des verletzten Kindes fällt in diese Kategorie. Wenn ein Erwachsener, in dessen Seele sich ein verletztes Kind verbirgt, eine Situation erlebt, die einem schmerzhaften Schlüsselerlebnis ähnelt, wird auch die ursprüngliche Reaktion wieder ausgelöst. Harvey Jackins vergleicht das mit einem Tonbandgerät, bei dem der Knopf klemmt. Etwas, was im Grunde trivial oder unerheblich ist, führt zu einer intensiven Gefühlsreaktion. Der Betroffene reagiert auf etwas, was es in der Außenwelt gar nicht gibt, sondern was nur in seinem Inneren existiert.
Während ich diese Zeilen schreibe, bin ich auf einem Kreuzfahrtschiff, das sich auf einer Reise zu den Hauptstädten Europas befindet. Als wir vor zwei Tagen in Le Havre ankamen, schlug meine Tochter vor, doch mit dem Zug nach Paris zu fahren und nicht mit dem Bus der Reisegesellschaft, der zwei Stunden länger unterwegs war. Meine Tochter ist in ihrer Kindheit kaum traumatisiert worden. Sie ist spontan, neugierig und abenteuerlustig. Mir graute vor ihrem Vorschlag, und ich machte mir deshalb ziemliche Sorgen. In der Nacht wurde ich mehrmals wach und malte mir alle möglichen Katastrophen aus. »Und wenn der Zug entgleist?« »Was machen wir, wenn der Zug Verspätung hat und wir unser Schiff verpassen?« Der simple Vorschlag meiner Tochter löste bei mir eine schlimme Überreaktion aus. Mein Trauma besteht darin, daß ich als Kind von meinem Vater verlassen worden bin. Jetzt konnte ich zwanghaft an nichts anderes denken, als daß wir das Schiff versäumen würden – daß wir *zurückgelassen* werden würden.

Die Abwehrmechanismen des Ichs und die neuralen »Sperren« des Gehirns

Die Verarbeitung des Urschmerzes beruht auf der Hypothese, daß frühkindliche seelische Schmerzen betäubt oder blockiert sind. *Wir agieren, weil wir sie nie verarbeitet haben.* Und wir können sie nicht verarbeiten, weil die Mechanismen, die für die Blockierung verantwortlich sind (die Abwehrmechanismen) uns daran hindern, unsere Schmerzen überhaupt wahrzunehmen.

»Du kannst nicht wissen, was du nicht weißt« lautet einer der Sätze, die wir in der Therapie verwenden. Wir agieren nach außen oder nach innen oder projizieren unsere Gefühle auf andere. Da wir sie selbst nicht empfinden können und da sie eine unerledigte Arbeit darstellen, brauchen sie eine Ausdrucksmöglichkeit. Das Agieren nach außen und nach innen und die Projektion dieser Gefühle stellen die einzige Möglichkeit dar, wie das verletzte Kind in uns sie ausdrücken kann. Aber sowohl das Agieren als auch die Projektion sind keine Dauerlösung. Meine Zwanghaftigkeit (das Problem eines in der Tiefe seiner Seele verletzten Kindes) war nicht zu Ende, als ich aufgehört hatte zu trinken. Ich tauschte einen Zwang einfach gegen einen anderen aus: Ich begann zwanghaft zu arbeiten.

Bevor ich den Urschmerz des verletzten Kindes in mir verarbeitet hatte, agierte ich meinen Schmerz aus, indem ich eine unersättliche Gier nach Erregung und Stimmungsveränderungen bekam. Die Abwehrmechanismen meines Ichs sorgten dafür, daß meine Gefühle blockiert blieben. Erst vor zehn Jahren entdeckte ich die wichtigen Strukturen der Co-Abhängigkeit, des körperlichen und nichtkörperlichen Inzest und des Alkoholismus, Phänomene, die meine Familie über mehrere Generationen hinweg beherrscht haben. Erst als ich aufgehört hatte, mich selbst zu belügen, und meine Familie und meine Kindheit nicht mehr verleugnete, konnte ich mit der Verarbeitung meines Urschmerzes beginnen.

Die hirnphysiologischen Untersuchungen, die Ronald Melzack durchgeführt hat, können uns helfen, die Wirkungsweise der Abwehrmechanismen zu verstehen. Melzack entdeckte eine biologische Anpassungsreaktion, die als Schmerzhemmung wirkt, und nannte sie »neurale Sperre« (neuronal gating). Melzack zufolge sind die drei voneinander getrennten Hirnsysteme des dreigeteilten Gehirns durch Fasern verbunden, die sowohl eine hemmende als auch eine fördernde Funktion haben. Durch solche neuralen Sperren wird der Informationsfluß zwischen den drei Systemen kontrolliert. Das, was wir Verdrängung nennen, spielt sich wahrscheinlich vor allem an der Sperre zwischen dem Gehirnteil der Denk- und Empfindungsvorgänge ab. Wenn man es grob vereinfacht, kann man sagen, daß ein Mechanismus die Sperre zum Neocortex automatisch schließt, sobald der emotionale Schmerz im limbischen System zu groß wird. Das ist so, als würde Lärm aus dem Nebenzimmer ertönen und man schlösse einfach die Tür.

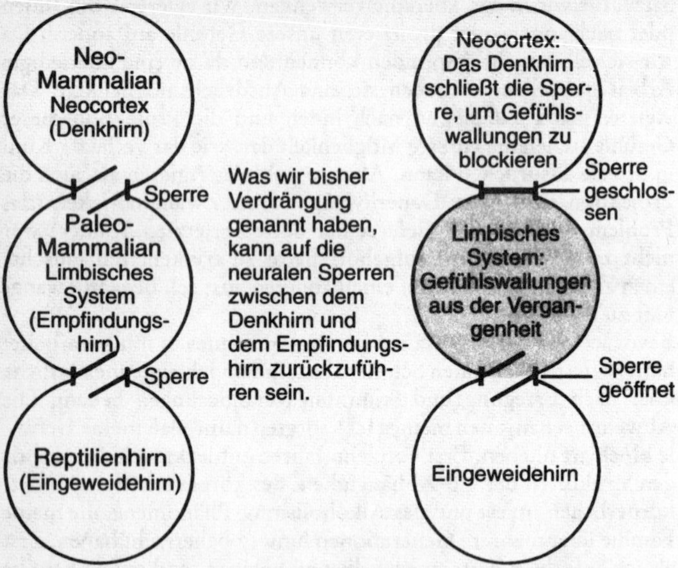

Freud war der Meinung, daß die primären Abwehrmechanismen des Ichs im Verlauf der Reifung des Menschen in komplexere sekundäre Abwehrmechanismen integriert werden. Diese sekundären Abwehrmechanismen übernehmen *Denk*eigenschaften, zum Beispiel Rationalisieren, Analysieren, Wegerklären und Herunterspielen.

Neuere Untersuchungen des limbischen Systems, die R. L. Isaacson durchführt hat, stützen diese Theorie. Isaacson berichtet, daß das System der Sperren im Neocortex (im Denkhirn) die Funktion hat, »die Gewohnheiten und Erinnerungen der Vergangenheit zu überwinden ... der Neocortex ist intensiv damit beschäftigt, die Vergangenheit zu verdrängen.« Zu den Gewohnheiten und Erinnerungen gehören auch die tiefen Prägungen (die neuralen Bahnungen), die durch extremen Streß und traumatische Erlebnisse entstanden sind. Auf diese Weise kann unser Denkhirn ungestört funktionieren, ohne durch die Geräusche und Signale aus unserer Innenwelt gestört zu werden.

Aber diese Signale *verschwinden deshalb nicht*, sondern bewegen sich ständig in den geschlossenen Kreisen der Nervenfasern des limbischen Systems.
Auf diese Weise umgehen die Abwehrmechanismen des Ichs Spannungen und Schmerz, beides bleibt aber erhalten. Subcortikal wird das als eine Störung des Gleichgewichts wahrgenommen, als abgebrochene Handlungsfolge, die darauf wartet, zu Ende geführt und integriert zu werden. Die Energie des ursprünglichen Traumas bleibt bestehen und sorgt wie ein Gewitter für Spannung im gesamten biologischen System. Menschen, die als Erwachsene ein scheinbar rationales Leben führen, haben möglicherweise ein *stürmisches Gefühlsleben*. Und dieser Gewittersturm dauert so lange, bis sie ihren Urschmerz verarbeitet haben.

Verarbeitung des Urschmerzes

Um den Urschmerz verarbeiten zu können, muß der Mensch die ursprünglich verdrängten Gefühle noch einmal durchleben. Ich nenne das den Aufdeckungsprozeß. Nur so kann man eine »Veränderung zweiten Grades« erreichen, diese tiefgreifende Veränderung, bei der echte Gefühle frei werden. Bei einer Veränderung ersten Grades tauscht man nur einen Zwang gegen den anderen ein. Eine Veränderung zweiten Grades befreit den Menschen von all seinen Zwängen. Das war die Veränderung, die ich gebraucht habe, um von meiner Zwanghaftigkeit geheilt zu werden. Ich verhielt mich zwanghaft, weil das einsame, verletzte Kind in mir nie Gelegenheit gehabt hatte, seinen ursprünglichen Kummer loszuwerden. Ich nahm an dem 12-Schritte-Programm teil und bekam meinen Alkoholismus in den Griff, aber ich agierte immer noch. Ich ließ alles über meinen Kopf laufen, wurde Professor, Theologe und Therapeut und hörte trotzdem nicht auf zu agieren. Ich las jedes neue Buch, das mir in die Hände fiel, diskutierte meine Probleme in der Therapie, aber ich agierte weiter. Ich strebte nach einer höheren Bewußtseinsebene, lernte die Methoden der alten Schamanen, befaßte mich mit Heilung durch Energie, meditierte, betete (manchmal stundenlang) und hörte trotzdem nicht auf zu agieren. Ich arbeitete mich sogar an die höhere Bewußtseinsebene zwanghaft heran. Ich wußte nicht, daß ich einfach nur den kleinen Jungen mit dem gebrochenen Herzen, der den Kummer über den Verlust seines

Vaters, seiner Familie und seiner Kindheit nicht verwinden konnte, in den Arm nehmen mußte. Ich mußte mich mit meinem Urschmerz auseinandersetzen. Das ist das legitime Leiden, von dem C. G. Jung spricht.

Urschmerz und Trauerarbeit

Die gute Neuigkeit ist, daß die Verarbeitung des Urschmerzes durch einen natürlichen Heilungsprozeß erfolgt. *Trauer ist das Gefühl, das die Gesundung begleitet.* Wenn man uns trauern läßt, werden wir auf ganz natürliche Weise wieder gesund.

Trauer umfaßt das gesamte Spektrum menschlicher Gefühle. Der Urschmerz ist eine Akkumulation ungelöster Konflikte, deren Energie im Lauf der Zeit immer mehr angewachsen ist. Das verletzte Kind in uns ist erstarrt, weil es keine Möglichkeit hatte, Trauerarbeit zu leisten. Alle seine Gefühle sind durch Scham gebunden. Und diese Scham entstand durch den Bruch der ersten »zwischenmenschlichen Brücke«. Wir kamen damals zu der Überzeugung, daß wir unseren wichtigsten Bezugspersonen nicht mehr trauen konnten. In uns entstand sogar der Glaube, daß wir kein Recht darauf hätten, von irgend jemand *abhängig* sein zu dürfen. Isolation und die Angst, von einem anderen Menschen abhängig zu sein, sind die beiden gravierendsten Folgen der Scham.

Die Wiederherstellung der zwischenmenschlichen Brücke

Um unsere Gefühle, die durch diese alles belastende Scham in Mitleidenschaft gezogen wurden, wieder zu heilen, müssen wir uns öffnen und zu irgendeinem Menschen Vertrauen haben. Ich bitte Sie, was dieses Buch anbetrifft, mir zu *glauben* und sich *selbst zu trauen*. Damit das verletzte Kind in Ihnen aus seinem Versteck kommen kann, muß es Ihnen vertrauen können und sicher sein, daß Sie auch da sind, um ihm zu helfen. Das Kind in Ihnen braucht außerdem einen Verbündeten, der ihm hilft, der ihm keine Schamgefühle vermittelt, sondern ihm die Bestätigung gibt, daß es verlassen, vernachlässigt und mißbraucht worden ist. Das sind die wichtigsten Elemente der Verarbeitung des Urschmerzes.

Ich hoffe, Sie trauen es sich zu, Verbündeter des Kindes in Ihrem Inneren zu werden und ihm bei der Trauerarbeit zu helfen. Tatsache ist, daß Sie weder mir noch sonst jemandem völlig vertrauen können. Wenn es hart auf hart kommt, werde ich wahrscheinlich zuerst meinen eigenen Kopf retten. Aber Sie können sich auf sich selbst verlassen. Jo Coudert hat das in *Advice from a Failure* treffend formuliert: »Von allen Menschen, die du kennst, bist du der einzige, den du nie verlassen oder verlieren wirst.«

Die Bestätigung für den Mißbrauch

Sie können es mir glauben, eine Menge von dem, was man Ihnen als ordentliche Erziehung angedeihen ließ, war in Wirklichkeit Mißbrauch. Wenn Sie immer noch dazu neigen, die Art und Weise, in der Sie von Ihren Eltern aus Eigennutz beschämt, nicht beachtet oder mißbraucht wurden, herunterzuspielen oder zu rationalisieren, dann müssen Sie sich mit der Tatsache konfrontieren, daß das alles in Wirklichkeit Ihre Seele verletzt hat. Mancher von Ihnen ist außerdem Opfer körperlicher, sexueller oder seelischer Mißhandlungen geworden. Warum braucht man für einen derartigen Mißbrauch eine Bestätigung? Es ist seltsam, aber je schlechter man Sie behandelt hat, um so intensiver haben Sie geglaubt, selbst schlecht zu sein, und haben Ihre Eltern idealisiert. Das ist die Folge der illusionären Bindung, die ich weiter oben erwähnt habe. Alle Kinder idealisieren ihre Eltern; auf diese Weise sichern sie ihr Überleben. Wenn allerdings ein mißbrauchtes Kind seine Eltern idealisiert, muß es glauben, daß es selbst für den Mißbrauch verantwortlich ist. »Sie schlagen mich, weil ich so ein böses Kind bin, sie verkehren sexuell mit mir, weil ich so verdorben bin, sie schreien mich an, weil ich nicht gehorche. Es liegt an *mir*, nicht an ihnen – *sie sind in Ordnung*.« Diese Idealisierung der Eltern bildet den Wesenskern der Ichabwehr, die abgebaut werden muß. Ihre Eltern waren keine bösen Menschen, sondern selbst verletzte Kinder. Stellen Sie sich vor, Sie würden von einem 180 Pfund schweren Dreijährigen erzogen, der fünfmal so groß ist wie Sie selbst, oder von einer 125 Pfund schweren Dreijährigen, die viermal so groß ist wie Sie, dann kann sich das Kind in Ihnen ein Bild machen. Ihre Eltern haben sich bemüht, es so gut zu machen, wie sie konnten, aber das kann ein Dreijähriger noch nicht verstehen.

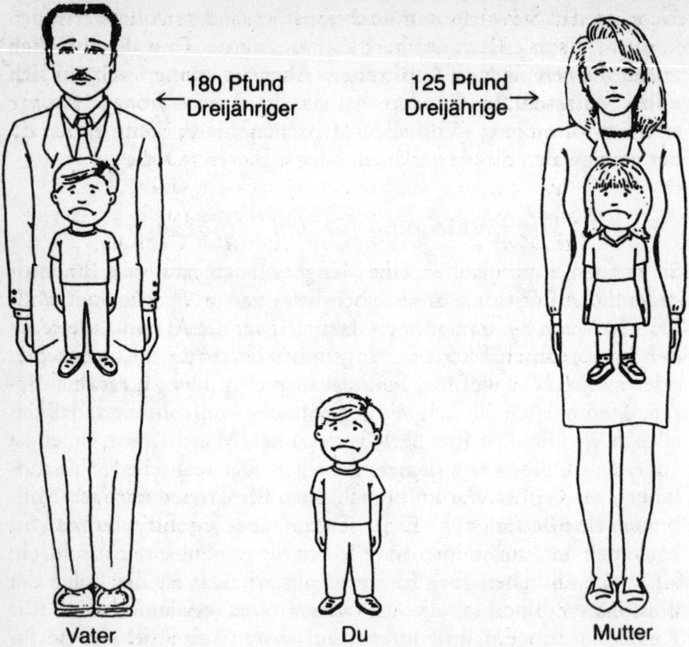

Schock und Depression

Wenn Sie das alles schockiert, gut, denn *Schock ist der Beginn der Trauer*. Nach dem Schock kommt die Depression und danach das Verleugnen, wodurch die Ichabwehr wieder ins Spiel gebracht wird. Normalerweise läuft das so ab, daß wir versuchen, das Ganze herunterzuspielen: »*So* schlimm ist es nun auch wieder nicht gewesen. Schließlich hatte ich genug zu essen und ein Dach über dem Kopf.«

Bitte glauben Sie mir: Es war schlimm. Seelisch verletzt zu werden, weil die Eltern einen daran gehindert haben, der zu sein, der man ist, ist das Schlimmste, was einem Menschen passieren kann. Ich möchte wetten, wenn Sie zornig waren, hat man Ihnen gesagt: »Wage es nicht noch einmal, mit mir in diesem Ton zu reden!« Daraus haben Sie den Schluß gezogen, daß es nicht in Ordnung war, so zu sein, wie Sie waren, und es gehörte sich ganz sicher nicht, wütend zu sein. Das gleiche galt für Angst, Traurigkeit oder Freude. Es war nicht in Ordnung, wenn man seine Vagina oder seinen Penis anfaßte, auch wenn man dabei ein schönes Gefühl hatte. Es war nicht in Ordnung, Pfarrer Herkimer, Rabbi Kradow oder Pater Walch nicht zu mögen. Es war nicht in Ordnung, wenn man das dachte, was man dachte, wenn man das wollte, was man wollte, das fühlte, was man fühlte oder sich das vorstellte, was man sich vorstellte. Manchmal war es nicht einmal in Ordnung, wenn man das sah, was man sah, oder das roch, was man roch. Es war einfach nicht in Ordnung, *anders zu sein oder man selbst zu sein.* Wenn Sie das, was ich gerade gesagt habe, verstehen und akzeptieren können, dann bestätigen oder legitimieren sie die tiefe seelische Verletzung des Kindes in Ihnen.

Zorn

Das nächste Gefühl, das in der Regel bei der Trauer auftaucht, ist Zorn, was eine durchaus legitime Reaktion auf die seelische Verletzung darstellt. Auch wenn Ihre Eltern wahrscheinlich immer alles so gut gemacht haben, wie sie konnten, spielen ihre guten Absichten bei der Verarbeitung unseres Urschmerzes absolut keine Rolle. Es geht nur um das, *was tatsächlich passiert ist.* Stellen Sie sich einmal vor, Ihre Eltern wären beim Zurücksetzen aus der Garage aus Versehen über Ihr Bein gefahren. Seitdem humpeln Sie und haben nie gewußt, warum. Hätten Sie dann ein Recht zu erfahren, was damals mit Ihnen passiert ist? Hätten Sie dann ein Recht, verletzt zu sein und Schmerz darüber zu empfinden? Die Antwort lautet in beiden Fällen eindeutig *ja.* Es ist völlig in Ordnung, wenn man wütend ist, auch wenn das, was einem zugestoßen ist, unabsichtlich passiert ist. Sie *müssen* sogar wütend sein, wenn Sie das verletzte Kind in sich heilen wollen. Ich meine damit nicht, daß Sie schreien und toben sollen (obwohl auch das in Ordnung ist). Es genügt, wenn Sie wütend darüber sind, daß man Sie so schlecht behandelt hat. *Ich mache meine Eltern nicht einmal verantwortlich für das, was mit mir geschehen ist.* Ich weiß, daß sie es so gut gemacht haben, wie es Ihnen als zwei verletzten erwachsenen Kindern möglich war. Aber ich weiß auch, daß ich seelisch zutiefst verletzt worden bin und daß das für mein Leben gravierende Folgen gehabt hat. Ich selbst glaube, daß man uns alle verantwortlich machen kann. Ich meine damit, daß wir alle aufhören sollten, uns selbst und anderen so etwas anzutun. Ich bin nicht bereit, derart gravierende Störungen und den Mißbrauch, der in meinem Familiensystem geherrscht hat, länger hinzunehmen.

Schmerz und Traurigkeit

Auf den Zorn folgen der Schmerz und die Traurigkeit. Wenn man uns zu Opfern gemacht hat, haben wir allen Grund, diesen Verrat zu betrauern. Auch wenn wir daran denken, was aus uns hätte werden können, haben wir Grund, traurig zu sein – wenn wir zum Beispiel an unsere Träume und an die hochgesteckten Erwartungen denken, die wir einmal hatten. Wir müssen trauern, weil unsere entwicklungsbedingten Bedürfnisse nicht befriedigt worden sind.

Reue

Auf Schmerz und Traurigkeit folgt oft Reue. Wir sagen: »Wenn es doch nur anders gelaufen wäre, hätte ich vielleicht etwas daran ändern können. Wenn ich meinen Vater mehr geliebt hätte und ihm gesagt hätte, wie sehr ich ihn brauche, hätte er mich vielleicht nicht verlassen.« Immer wenn ich Klienten behandelt habe, die Opfer von Mißhandlungen oder Inzest geworden waren, fand ich es unglaublich, daß *sie* sich schuldig fühlten und Reue empfanden, weil ihnen Gewalt angetan worden war, so als wären sie in irgendeiner Weise dafür verantwortlich. Wenn wir um jemanden trauern, der gestorben ist, hat der Begriff Reue manchmal eine größere Bedeutung. Wir meinen beispielsweise, wir hätten der verstorbenen Person mehr Zeit widmen sollen. Aber wenn wir traurig sind, weil man uns als Kind im Stich gelassen hat, dann müssen wir dem verletzten Kind in uns helfen, damit es erkennen kann, daß es *nichts* hätte anders machen können. Sein Schmerz bezieht sich auf das, was man mit ihm gemacht hat, und nicht auf seine Person.

Krankhafte Scham und Einsamkeit

Die Trauer, die aus der Tiefe der Seele kommt, bezieht sich auf die krankhafte Scham und die Einsamkeit. Wir haben uns geschämt, weil man uns alleingelassen hat. Wir hatten das Gefühl, wir wären *böse*, wir wären gestört. Und diese Scham führte zu unserer Einsamkeit. Da sich das Kind in uns minderwertig fühlt, muß es sein wahres Ich hinter einem falschen Selbst verstecken. Und das führt dann schließlich soweit, daß es sich mit diesem falschen Selbst identifiziert. Das wahre Selbst bleibt allein und isoliert. Diese letzten schmerzlichen Gefühle aus der Tiefe der Seele müssen ausgehalten werden, das ist der schwierigste Teil der Trauerarbeit. »Es gibt nur einen Ausweg, und der führt mitten durch den Schmerz« sagen wir in der Therapie. Es ist schwer, Scham und Einsamkeit auf dieser Ebene auszuhalten; aber wenn wir uns diesen Gefühlen hingeben, schaffen wir den Durchbruch und begegnen unserem Selbst, das sich bis zu diesem Augenblick verborgen hat. Weil wir es vor den anderen verbergen mußten, haben wir es auch vor uns selbst versteckt. Wenn wir die Auseinandersetzung mit unserer Scham und unserer Einsamkeit nicht scheuen, werden wir unser wahres Selbst wiederfinden.

Erleben von Gefühlen

Alle diese Gefühle müssen durchlebt werden. Wir müssen mit dem Fuß aufstampfen und herumtoben, schluchzen und weinen, schwitzen und zittern. Und dazu brauchen wir Zeit. Die Wiederentdeckung unserer Gefühle ist ein Prozeß und kann nicht von heute auf morgen geschehen. Aber die Besserung stellt sich fast augenblicklich ein. Der Kontakt mit dem Kind in uns, die Tatsache, daß es weiß, daß jemand da ist, daß es nicht mehr allein ist, bringt Freude und schafft sofort Erleichterung. Die Dauer der Trauerarbeit ist von Mensch zu Mensch verschieden, niemand kann genau sagen, wie lange der Trauerprozeß dauern wird. Der Schlüssel liegt darin, daß man lernen muß, seine Abwehrmechanismen aufzugeben, obwohl man natürlich nicht ständig ohne Abwehrmechanismen leben kann. Es gibt Personen und Orte, die für die Trauerarbeit ungeeignet sind. Außerdem müssen Sie sich von Zeit zu Zeit von den Anstrengungen, die damit verbunden sind, erholen.
So sind die Abfolge oder die einzelnen Stadien der Trauer ständig einer Veränderung unterworfen. An einem Tag sind Sie möglicherweise der Wahrheit ganz nahe, um drei Tage später wieder alles herunterzuspielen. Aber Sie können innerhalb dieser Zyklen Fortschritte machen. Entscheidend ist, daß Sie Ihre Gefühle ausleben. *Man kann nur das heilen, was man fühlt.* Während Sie ein altes

Gefühl erleben und sich dem Kind in Ihnen widmen, läuft der Heilungsprozeß auf natürliche Weise ab. Es ist wichtig, daß Sie sich ganz sicher und geborgen fühlen, bevor Sie sich an diese Gefühlsarbeit begeben. Am besten arbeiten Sie mit einem Partner oder mit einer Gruppe zusammen. Denken Sie bitte an die Warnung, die ich im zweiten Teil geäußert habe. Sorgen Sie dafür, daß Menschen bei Ihnen sind, mit denen Sie reden können, wenn Sie mit dieser Arbeit fertig sind. Nehmen Sie sich Zeit. Es hat lange gedauert, bis Sie sich so festgefahren haben und so starr geworden sind, also wird auch die Heilung eine gewisse Zeit in Anspruch nehmen. Wenn Sie das Gefühl haben, daß es Ihnen zuviel wird, hören Sie sofort auf. Lassen Sie erst das, was Sie bereits getan haben, auf sich einwirken. Wenn das Gefühl der Überforderung anhält, lassen Sie sich von einem Psychotherapeuten helfen.

4. Kapitel
Wie man sein frühkindliches Ich zurückgewinnt

Die Frau in der Person unserer Mutter ist das erste Lebewesen, mit dem wir Kontakt haben ... Alles fängt mit einer echten Verschmelzung des Seins an ... das Kind ist eine Ausdehnung der Mutter ohne klar wahrnehmbare Grenzen. Es besteht eine *participation mystique*, eine seelische Strömung von der Mutter zum Kind und vom Kind zur Mutter.

Karl Stern

Wenn die Mutter keinen hinreichenden Kontakt zu ihrem eigenen Körper hat, kann sie dem Kind nicht die Bindung vermitteln, die ihm Selbstvertrauen für seine eigenen Instinkte gibt. Das Kind kann sich an ihrem Körper und später an seinem eigenen Körper nicht entspannen.

Marion Woodman

SÄUGLING

Symbiotische Bindung

Ich bin du

Alter: 0–9 Monate
Entwicklungspolarität: Urvertrauen gegen Mißtrauen
Ichstärke: Hoffnung
Kraft: Sein
Beziehungsthemen: gesunder Narzißmus; Abhängigkeit

Liste der Verdachtsmomente*

Beantworten Sie die folgenden Fragen mit Ja oder Nein. Wenn Sie eine Frage gelesen haben, lassen Sie sich für Ihre Empfindungen Zeit, und beantworten Sie die Frage gemäß Ihren Gefühlen. Wenn Sie auch nur eine Frage mit Ja beantworten, können Sie sicher sein, daß Ihr inneres Kind verletzt worden ist. Es gibt graduelle Unterschiede der Verletzungen. Sie liegen irgendwo auf der Skala zwischen eins und hundert. Je mehr Fragen Sie *gefühlsmäßig* mit Ja beantworten, um so mehr ist Ihr inneres Kind verletzt worden.

1. *Leiden Sie jetzt oder haben Sie in der Vergangenheit unter einer oralen Sucht gelitten (Exzesse im Hinblick auf Essen, Trinken, Drogen)? Ja* □ *Nein* □

2. *Haben Sie Schwierigkeiten, weil Sie es sich nicht zutrauen, selbst für die Befriedigung Ihrer Bedürfnisse sorgen zu können? Sind Sie der Meinung, Sie brauchten dazu eine andere Person?*
Ja □ *Nein* □

3. *Fällt es Ihnen schwer, anderen Leuten zu trauen? Haben Sie das Gefühl, Sie müßten immer alles unter Kontrolle haben?*
Ja □ *Nein* □

4. *Können Sie Körpersignale, die Bedürfnisse anzeigen, nicht erkennen? Essen Sie zum Beispiel, obwohl Sie keinen Hunger haben? Oder merken Sie häufig nicht, wie müde Sie sind?*
Ja □ *Nein* □

5. *Vernachlässigen Sie die Bedürfnisse Ihres Körpers? Achten Sie nicht auf eine gesunde Ernährung, oder bewegen Sie sich zu wenig? Gehen Sie nur im Notfall zum Arzt oder zum Zahnarzt?*
Ja □ *Nein* □

6. *Haben Sie eine tiefsitzende Angst, verlassen zu werden? Sind Sie*

* Ich habe die Idee einer »Liste der Verdachtsmomente« von dem verstorbenen Hugh Missildine aus dessen klassischem Buch *Your Inner Child of the Past* entnommen. Dr. Missildine war mein Freund und hat mich ermutigt, diese Arbeit weiterzuverfolgen.

jemals verzweifelt *gewesen, weil eine Liebesbeziehung zu Ende war? Ist das zur Zeit der Fall? Ja* ☐ *Nein* ☐

7. *Haben Sie schon einmal daran gedacht, sich umzubringen, weil eine Liebesbeziehung zu Ende war (weil Ihr Partner Sie verlassen hat oder die Scheidung eingereicht hat)? Ja* ☐ *Nein* ☐

8. *Haben Sie häufig das Gefühl, daß Sie nicht zu den anderen passen oder sich nicht zugehörig fühlen? Ja* ☐ *Nein* ☐

9. *Versuchen Sie, sich in gesellschaftlichen Situationen unsichtbar zu machen, damit Sie niemand bemerkt? Ja* ☐ *Nein* ☐

10. *Versuchen Sie, sich in Ihren Liebesbeziehungen so hilfreich zu verhalten (oder sogar unersetzlich zu machen), daß der Partner (Freund, Liebhaber, Ehepartner, Kind, Elternteil) Sie nicht verlassen kann? Ja* ☐ *Nein* ☐

11. *Sehnen Sie sich am meisten nach oralem Sex, und haben Sie entsprechende Phantasien? Ja* ☐ *Nein* ☐

12. *Haben Sie ein großes Bedürfnis danach, angefaßt und im Arm gehalten zu werden? (Das äußert sich oft dadurch, daß Sie andere anfassen oder umarmen, ohne Sie vorher zu fragen, ob ihnen das auch recht ist.) Ja* ☐ *Nein* ☐

13. *Haben Sie ständig das dringende Bedürfnis nach Anerkennung und Wertschätzung? Ja* ☐ *Nein* ☐

14. *Sind Sie oft bissig und sarkastisch anderen Menschen gegenüber? Ja* ☐ *Nein* ☐

15. *Isolieren Sie sich häufig und bleiben allein? Haben Sie oft das Gefühl, daß es sich nicht lohnt, zu versuchen, Beziehungen zu anderen Menschen anzuknüpfen? Ja* ☐ *Nein* ☐

16. *Sind Sie häufig leicht zu beeinflussen? Akzeptieren Sie die Meinung anderer Leute oder »schlucken« Sie alles, ohne groß darüber nachzudenken? Ja* ☐ *Nein* ☐

Als wir auf die Welt kamen, hatten wir ganz spezielle Bedürfnisse. In der Liste auf Seite 91 habe ich die elementaren Bausteine für die Entwicklung eines einigermaßen gesunden Ichs aufgeführt. Diese Bausteine stellen nur *Richtlinien* dar. Da alle Menschen verschieden sind, müssen wir uns davor hüten, absolute Werte für die menschliche Entwicklung anzugeben. Trotzdem gibt es Gemeinsamkeiten. Der bekannte Therapeut Richard Rogers hat einmal gesagt: »Das, was am persönlichsten ist, ist auch das Allgemeinste.« Für mich heißt das, daß meine tiefsten menschlichen Bedürfnisse und Ängste mehr oder weniger von jedem geteilt werden. Es hat mich immer wieder erstaunt, wie gut einige Leute, denen ich meine Geheimnisse anvertraut hatte, sich mit mir identifizieren konnten.

Die zwischenmenschliche Brücke

Wir werden die elementaren Bausteine verwenden, die ich als Richtlinien für die Abhängigkeitsbedürfnisse in den einzelnen Phasen unserer kindlichen Entwicklung bezeichnet habe. Als Säugling wollen wir von der Welt willkommen geheißen werden. Wir möchten eine Bindung an eine mütterliche Person haben, die uns ernährt und uns als Spiegel dient, in dem wir uns betrachten können. Man bezeichnet das Säuglingsalter als eine symbiotische Lebensphase, weil wir völlig *abhängig* von unserer Mutter oder einer anderen Person, die uns ernährt, sind. Und unsere Abhängigkeit besteht darin, daß wir nur von diesen Bezugspersonen etwas über uns erfahren und daß unsere elementaren körperlichen Bedürfnisse nur von ihnen befriedigt werden können. In dieser Lebensphase sind wir noch *undifferenziert*. Das heißt, daß wir zwar auf eine natürliche und unbewußte Weise in Harmonie mit uns selbst leben, daß wir aber noch nicht die Fähigkeit besitzen, zu reflektieren und bewußt zu erkennen, daß wir ein Ich besitzen. Unsere Ichhaftigkeit können wir nur in den Augen und in der Stimme der Person entdecken, die uns betreut. Bevor wir »Ich« wurden, waren wir »Wir«. Das Leben beginnt mit einer echten Verschmelzung des Seins; unser Schicksal hängt von der Person ab, die zufällig unsere Mutter ist. »Die Hand, die die Wiege bewegt«, bewegt tatsächlich die Welt. Wenn unsere Mutter immer für uns da war, verband uns ein starkes Band mit ihr. Dieses Band schuf eine »Brücke von

Mensch zu Mensch«, die die Grundlage aller späteren Beziehungen ist. Wenn sich diese Brücke auf gegenseitigen Respekt und gegenseitige Wertschätzung gründet, kann sie als Vorbild für alle späteren Beziehungen dienen. Wird das Kind dagegen in unangemessener Weise beschämt, stürzt diese Brücke ein, und das Kind gelangt zu der Auffassung, daß es kein Recht hat, von einem anderen Menschen abhängig zu sein. Das führt schließlich dazu, daß ein solcher Mensch später eine pathologische Beziehung zum Essen, zu Drogen, Sex usw. entwickelt.

Der gesunde Narzißmus

Für uns alle war es wichtig, von der Bezugsperson, die uns betreut hat, ernstgenommen zu werden. Wir brauchten die Bestätigung, daß wir – so wie wir waren – akzeptiert wurden, und daß immer jemand für uns da war, ganz gleich, was auch passierte. Diese Bedürfnisse umfassen das, was Alice Miller »Befriedigung des gesunden Narzißmus« genannt hat. Das Kind will um seiner selbst willen geliebt und bewundert werden und braucht die Wertschätzung seiner Bezugspersonen. Es will berührt und als etwas Besonderes behandelt werden. Es muß das sichere Gefühl haben, daß die Mutter es nie verlassen wird, und es möchte ernstgenommen werden. Wenn diese Bedürfnisse in unserer Kindheit befriedigt werden, brauchen wir uns später als Erwachsene nicht mehr damit herumzuschlagen.

Die gute Mutter

Eine gute Mutter muß ständig in Kontakt mit ihrem eigenen Gefühl der Ichhaftigkeit sein. Sie muß sich selbst lieben, und das bedeutet, daß sie sich als Person voll und ganz akzeptiert. Sie muß vor allem ihren Körper akzeptieren und entspannt sein können. Eine Mutter kann ihrem Kind kein körperliches Wohlbehagen vermitteln, wenn sie es selbst nicht empfindet. Genausowenig kann sie ihm das Gefühl vermitteln, daß es sich auf seine Instinkte verlassen kann, wenn sie selbst nicht entspannt genug ist. Erich Fromm hat beschrieben, wie ein Kind, dessen Mutter eine lebensfeindliche Einstellung hat, selbst später Lebensangst haben wird, die sich vor allem auf das Instinktleben des Körpers bezieht.

Das Instinktleben wird vom primitivsten Teil des Gehirns gesteuert. Es geht dabei um Essen, Schlafen, den Tastsinn, um die Ausscheidungsfunktionen und um Sinnlichkeit, körperliche Lust und Schmerz. Wie unsere Tabelle zeigt, sagen wir zu Beginn unseres Lebens »Ich bin du« und »Ich bin ein anderer«. Unsere Persönlichkeit verschmilzt sozusagen mit der Mutter oder der mütterlichen Bezugsperson. *Das Kind fühlt, was die Mutter fühlt.* Es verspürt Ekel, wenn die Mutter Ekel verspürt. *Das Kind hat der Mutter gegenüber die gleichen Gefühle, die die Mutter ihm gegenüber hat.* Für den Säugling ist das Gefühl entscheidend. Ob die Mami die Rolle der lieben Mutter gut spielt, ist ihm egal. Für das Kind kommt es einzig und allein darauf an, welche Gefühle die Mutter ihrem Kind entgegenbringt. Wenn Ihre Mutter sich geärgert hätte, weil sie schwanger geworden ist, und geglaubt hat, sie hätte nur heiraten müssen, weil Sie unterwegs waren, hätten Sie das auf einer tiefen kinästhetischen Ebene gespürt.

Berührungen

Als Säugling wollten Sie angefaßt und im Arm gehalten werden, *wenn Sie das Bedürfnis danach hatten.* Sie mußten gefüttert werden, wenn Sie Hunger hatten. Das Füttern nach einem starren Zeitplan ist eine grauenhafte Vorstellung, die glücklicherweise der Vergangenheit angehört. Sam Keen weist darauf hin, daß Zen-Meister Jahre brauchten, um etwas zu erkennen, was jedes Kind von Natur aus kennt – die absolute Inkarnation des Schlafs, wenn man müde ist, und des Essens, wenn man hungrig ist. Es ist wirklich eine Ironie, daß diese an Zen erinnernde Glückseligkeit programmatisch und systematisch zerstört wird. Als Säugling mußten Sie gebadet und saubergehalten werden, weil Sie Ihre Körperfunktionen noch nicht unter Kontrolle hatten. Sie waren deshalb von einer Bezugsperson abhängig, die dafür sorgte, daß Ihr Hinterteil immer sauber war. Das waren *Abhängigkeitsbedürfnisse*, die Sie nicht allein befriedigen konnten.

Sie hatten das Bedürfnis, um sich herum freundliche, friedliche, herzliche Stimmen zu hören und hatten einen großen Bedarf an zärtlichen Tönen. Sie sehnten sich nach dem Klang einer Stimme, die Sicherheit und Geborgenheit ausstrahlte. Wahrscheinlich brauchten Sie vor allem eine Person, die der Welt und sich selbst in dieser Welt vertraute. Erik Erikson sagt, daß es die erste Aufgabe des Kindes am Anfang seiner Entwicklung ist, in seinem Inneren ein Gefühl für das eigene Sein in der Welt zu entwickeln, das durch das *Vertrauen* gekennzeichnet ist, mit dem es der Außenwelt begegnet. Carl Rogers hat darauf hingewiesen, daß eine der bedeutendsten Leistungen darin besteht, zu lernen, daß »Tatsachen freundlich sind« – das heißt, daß man der Wirklichkeit vertrauen kann. Die erste Aufgabe der menschlichen Entwicklung ist die Lösung des Problems, das sich auf Vertrauen und Mißtrauen bezieht. Wenn diese Polarität sich zugunsten des Vertrauens auflöst, bildet sich allmählich die Ichstärke heraus, eine Kraft, die die Grundlage der Hoffnung ist. Wenn man der Welt grundsätzlich vertrauen kann, dann ist eine Entwicklung der Ichhaftigkeit möglich. Dann kann ich mich darauf verlassen, daß das, was ich brauche, vorhanden sein wird.

Pam Levin betrachtet diese erste Phase als eine, in der die *Kraft, zu sein* entwickelt wird. Wenn alle diese Fakten, die ich aufgezählt habe, vorhanden sind, kann das Kind es genießen, *derjenige zu sein, der es ist*. Da die Außenwelt Sicherheit bietet und die Eltern ihre Bedürfnisse aus eigener Kraft befriedigen können, weil sie sich lieben und gegenseitig unterstützen, darf ich, das Kind, einfach sein. Ich muß mich nicht anbiedern oder um mein Überleben kämpfen. Ich kann so leben, wie es mir gefällt, und meine Bedürfnisse befriedigen lassen.

Elternschaft – der schwierigste Beruf der Welt

Es ist schwer, eine gute Mutter oder ein guter Vater zu sein. Ich glaube, das ist *die schwerste Aufgabe, mit der wir in unserem Leben konfrontiert werden*. Um eine gute Mutter oder ein guter Vater sein zu können, muß man seelisch gesund sein, seine Bedürfnisse aus eigener Kraft befriedigen können und einen Partner oder eine andere wichtige Person haben, die einem dabei hilft. Vor allem aber muß man vorher *das verletzte Kind in sich geheilt haben.* Solange das Kind in Ihnen noch verletzt ist, werden nicht Sie, sondern dieses verängstigte, verletzte und selbstsüchtige Kind in Ihnen Ihr Kind erziehen. Sie werden dann entweder einen großen Teil dessen wiederholen, was Ihre Eltern mit Ihnen gemacht haben, oder Sie werden das Gegenteil tun. Sie werden in jedem Fall versuchen, die perfekte Mutter oder der perfekte Vater zu sein, von dem das verletzte Kind in Ihnen immer geträumt hat. Wenn man das Gegenteil von dem tut, was die eigenen Eltern getan haben, ist das für die Kinder genauso schädlich. Jemand hat das einmal so formuliert: »Hundertachtzig Grad von krank entfernt ist immer noch krank.« Vergessen Sie nie, *daß ich weder Ihren Eltern noch den Eltern irgendeines anderen Menschen etwas vorwerfe.* Sie waren alle verletzte erwachsene Kinder, die sich bemüht haben, eine enorm schwierige Aufgabe zu lösen. Meine Eltern haben es zum Beispiel trotz ihrer »schwarzen Pädagogik« häufig richtig gemacht. Meine Mutter erzählte mir, wie schlimm es für sie gewesen sei, mich nach einem starren Zeitplan zu füttern, nur weil die »Experten« das empfohlen hatten. Andererseits war es für sie genauso schlimm gewesen, wenn sie sich gegen den Rat der »Experten« in mein Zimmer schlich, um mich zu trösten, wenn ich weinte. Das waren Augenblicke der Gnade, die mich gerettet haben. Sie waren durch ihr göttliches Kind veranlaßt worden, das genau wußte, was ein Kind braucht!

Trotzdem gibt es keine perfekten Eltern, und es wird sie auch nie geben. Das wichtigste ist, daß wir versuchen, das verletzte Kind in uns zu heilen, damit wir unseren eigenen Kindern keinen Schaden zufügen.

Entwicklungsstörungen

Fritz Perls bezeichnet Neurosen als »Entwicklungsstörungen«. Das gefällt mir gut. Es ist eine treffende Bezeichnung für das Problem, das das verletzte Kind in uns mit der Scham und der daraus resultierenden Abhängigkeit hat. Wir wären keine unselbständigen erwachsenen Kinder, wenn unsere entwicklungsbedingten Bedürfnisse befriedigt worden wären. Wenn diese Bedürfnisse in der frühen Kindheit nicht ausreichend befriedigt werden, entstehen ernste Probleme. In der »Liste der Verdachtsmomente« sind einige dieser Probleme beschrieben worden. Sie lassen sich unter dem Begriff *narzißtische Deprivation* zusammenfassen. Wir haben nicht den Widerhall und das Feedback bekommen, das wir brauchten. Wir sind nicht vorbehaltlos geliebt worden und konnten deshalb kein Urvertrauen entwickeln. Dadurch entsteht ein unstillbares Verlangen, das manche Menschen mit oraler Befriedigung zu kompensieren versuchen und süchtig werden. Außerdem braucht ein solcher Mensch ständig Bestätigungen von außen – so als würde er aufhören zu existieren, wenn er diese Bestätigungen nicht mehr bekäme. Weitere Folgen sind das unstillbare Verlangen, angefaßt und umarmt zu werden, eine übertriebene Konzentration auf orale Sexualpraktiken, der Verlust des Gefühls für die Bedürfnisse des Körpers (für die Körpersignale) und die Neigung, alles für bare Münze zu nehmen, der Tölpel zu sein, der auf alles hereinfällt. Vor allem aber führt ein Mangel an Befriedigung der frühkindlichen Bedürfnisse dazu, daß man sich vor sich selbst schämt, weil man das Gefühl hat, daß mit einem etwas *nicht stimmt.*

Werde nicht erwachsen!

Vielleicht haben Sie auch gelernt, Kind zu bleiben, um die narzißtischen Wunden Ihrer Eltern pflegen zu können. Wenn Sie ein gehorsames Kind waren, wußten Ihre Eltern genau, daß sie sich immer darauf verlassen konnten, daß Sie sie ernst nehmen würden. Sie konnten sicher sein, daß Sie sie nie verlassen würden, so wie ihre Eltern das getan hatten. Sie stellen für sie eine nie versiegende Quelle der Wertschätzung und Würdigung dar. Auf diese Weise werden Sie der Lückenbüßer, der die narzißtischen Bedürfnisse der Eltern befriedigt.

Seelisches Verlassensein

Jedes Kind, das in einer gestörten Familie aufwächst, fühlt sich seelisch im Stich gelassen, und das führt naturgemäß zur Entwicklung von Scham, die in der Seele tiefe Spuren hinterläßt und von einer Art Urzorn und dem Gefühl, verletzt worden zu sein, begleitet wird. In der frühen Kindheit gab es keine Möglichkeit, so etwas zu betrauern. Damals gab es keinen Menschen, an den Sie sich hätten wenden können, der Ihnen hätte sagen können, daß Ihr Schmerz berechtigt war. Es gab niemanden, der Sie in den Arm genommen hätte, wenn Sie sich die Augen ausweinten oder vor Wut tobten, weil Sie das Gefühl hatten, daß man Ihnen ein Unrecht zugefügt hatte. Um Ihr Überleben zu garantieren, haben sich damals die primären Abwehrmechanismen Ihres Ichs eingeschaltet, wodurch Ihre seelische Energie gewissermaßen eingefroren wurde und nicht aufgearbeitet werden konnte. Seit der frühen Kindheit melden sich Ihre ungestillten Bedürfnisse lautstark zu Wort und wollen befriedigt werden. Sie brauchen nur in die nächste Bar zu gehen, dann hören Sie die klagende Stimme eines erwachsenen Kindes, das schreit: »Ich habe Durst, ich habe furchtbaren Durst, ich will geliebt werden. Ich möchte jemand sein und andere Menschen um mich haben.«

Nachbereitung

Wenn man den verletzten Säugling in sich zurückgewinnen will, besteht der erste Schritt aus dem sogenannten *Debriefing*. (Einsatzbesprechung der Piloten nach dem Flug, Nachbereitung. A. d. Ü.) Wenn ein Mensch ein schweres Trauma durchgemacht hat, ist es wichtig, daß man ihm Zeit läßt, damit er darüber reden kann. Debriefing ist nicht gleichbedeutend mit der Verarbeitung des Urschmerzes, es bedeutet nicht, daß man sofort die ursprünglichen Gefühle wiedererlebt, sondern es markiert nur den Anfang dieses Prozesses.

Sie sollen zunächst einmal alle Informationen sammeln, die Sie über Ihr Familiensystem bekommen können. Was geschah, als Sie auf die Welt kamen? Aus welchen Familien stammen Ihr Vater und Ihre Mutter? Waren Ihr Vater und/oder Ihre Mutter erwachsene Kinder? Am besten schreiben Sie sich diese Informationen möglichst detailliert auf, und zwar nach Entwicklungsstufen getrennt – in diesem Fall also für das Säuglingsalter. Wahrscheinlich wird Ihnen das Schreiben einige Schmerzen bereiten. Versuchen Sie, sich auf die Tatsachen Ihrer Kindheit zu konzentrieren, damit sie alles so klar wie möglich notieren können.

Qwenella war zum Beispiel der Grund, warum ihre Eltern geheiratet haben. Sie waren beide noch sehr jung gewesen, siebzehn und achtzehn Jahre. Ihre Mutter war körperlich und seelisch Opfer eines Inzests geworden und ist nie psychotherapeutisch behandelt worden. Ihr Vater war Alkoholiker. Qwenella schrieb, daß sie sich daran erinnern kann, daß sie in ihrem Kinderbettchen lag und ihr Vater sie verflucht hat, weil sie geboren worden war. Und ihre Mutter vermittelte ihr das Gefühl, sie – Qwenella – habe ihr Leben ruiniert. Beide Eltern stammten aus streng katholischen Familien und lehnten jede Art der Geburtenkontrolle ab. Ihre Mutter hatte häufig Geschlechtsverkehr mit dem Vater, weil sie das als ihre eheliche Pflicht betrachtete. Als Qwenellas Mutter vierundzwanzig Jahre alt war, hatte sie bereits vier Kinder. Stellen Sie sich eine Vierundzwanzigjährige mit vier Kindern vor, die mit einem Alkoholiker verheiratet ist. Da Qwenella ein unerwünschtes Kind war, entlud sich der Zorn der Mutter über ihr. Qwenella kann sich erinnern, daß ihre Mutter ihr gesagt hat, sie sei häßlich und aus ihr würde nie etwas werden. Nach der Theorie der Familiensysteme hatte man Qwenella die Rolle des Verlorenen Kindes, Mutters Sündenbock oder die des Opfers zugedacht. Solche Rollen geben den anderen Mitgliedern einer gestörten Familie Gelegenheit, ihre Bedürfnisse zu befriedigen. Wenn eine Familie kein Kind mehr haben will oder schon zu viele Kinder hat, lernt das unerwünschte Kind, daß es nur dann eine Bedeutung hat, wenn es *verschwindet*. Die Familie bringt das etwa so zum Ausdruck: »Mach, daß du wegkommst – wir wollten dich ohnehin nicht haben«, oder »Wir haben ohnehin schon zu viele Kinder!«

Qwenella lernte, ein perfektes kleines Mädchen zu werden. Sie war über die Maßen gehorsam, ungeheuer höflich und hilfsbereit. Sie schreibt, daß sie sich als kleines Kind oft viele Stunden allein in ihrem Zimmer aufgehalten hat, ohne zu weinen oder irgendein Geräusch zu machen. Später spielte sie stundenlang allein in ihrem Zimmer, um ihre Mutter oder die anderen Familienmitglieder nicht zu stören. Das ist das klassische Verhalten eines Verlorenen Kindes. Als Erwachsene setzte Qwenella dieses Verhalten sowohl in ihrem Beruf als auch in ihrem gesellschaftlichen Leben fort. Ohne Therapie würde sie wahrscheinlich bis ans Ende ihrer Tage so weiterleben.

Erzählen Sie einem Freund über Ihre Kindheit

Wenn Sie alles aufgeschrieben haben, was Sie über Ihre frühe Kindheit wissen, ist es wichtig, auch darüber zu reden und es einer anderen Person laut vorzulesen. Wenn Sie sich in Therapie befinden und Ihr Therapeut damit einverstanden ist, daß Sie mit diesem Buch arbeiten, zeigen Sie ihm oder ihr das, was Sie aufgeschrieben haben. Wenn Sie an einem 12-Schritte-Programm teilnehmen, zeigen Sie es Ihrem Betreuer oder auch jedem anderen Menschen, dem Sie wirklich vertrauen – zum Beispiel einem Pastor oder Ihrem besten Freund. Wichtig ist, daß *Ihnen jemand zuhört und Ihnen bestätigt, daß Sie als Säugling diesen Urschmerz erlitten haben.* Der andere Mensch soll Ihnen als Spiegel dienen, in dem Sie Ihre Realität als Säugling betrachten können. Wenn diese andere Person Sie allerdings in Frage stellt, mit Ihnen diskutieren oder Ihnen einen Rat geben will, *dann bekommen Sie nicht das, was Sie brauchen.*

Es ist ratsam, sich einem Elternteil oder anderen Familienmitgliedern mitzuteilen, es sei denn, diese Leute nehmen selbst gerade an einem Therapieprogramm teil. Sollten Sie in Ihrer frühen Kindheit tatsächlich mißhandelt worden sein, muß der Tatbestand objektiv bestätigt werden. *Familienmitglieder, die nie therapiert worden sind, befinden sich in der gleichen illusionären Trance wie Sie selbst.* Sie können Ihren Schmerz weder objektivieren noch seine Berechtigung nachweisen.

Es ist natürlich auch möglich, daß Sie in Ihrer frühen Kindheit *nicht* gelitten haben. In meinen Workshops gab es viele Leute, die das Gefühl hatten, in dieser Welt willkommen gewesen zu sein. Sie waren Wunschkinder, obwohl ihre Eltern selbst erwachsene Kinder gewesen waren. Diese Menschen sind erst in der nächsten Entwicklungsphase verletzt worden. Erst dann bekamen sie die narzißtische Deprivation ihrer Eltern zu spüren.

Das Erleben von Gefühlen

Wenn Sie zu den Verlorenen Kindern zählen, haben Sie wahrscheinlich schon einmal bei dem Gedanken an Ihre frühe Kindheit entsprechende Gefühle gehabt. Stellen Sie sich vor, Sie wären wieder ein Säugling, und schauen Sie einmal ganz genau hin. Wenn Sie sich

das nicht vorstellen können, sollten Sie sich einen Säugling aussuchen und ihn einmal eine Zeitlang beobachten. Achten Sie darauf, welche Lebensenergien dieses Kind hat. Vor Ihnen liegt ein vollkommen unschuldiges, wundervolles Kind, das nur auf die Gelegenheit wartet, sein Schicksal erfüllen zu dürfen. Dieses Kind hat nicht darum gebeten, geboren zu werden. Alles, was dieser Säugling braucht, um wachsen und gedeihen zu können, ist körperliche und seelische Nahrung – Essen und Liebe. Können Sie sich vorstellen, daß jemand ein so kostbares Kind auf die Welt bringt und es dann nicht haben will?
Es wäre ehrlicher und liebevoller gewesen, ein solches unerwünschtes Kind zur Adoption freizugeben. Dann wäre das Kind wenigstens für seine Adoptiveltern ein *Wunschkind* gewesen.

Briefe schreiben

Stellen Sie sich vor, Sie, der weise, freundliche, alte Zauberer, würden ein Kind adoptieren. Stellen Sie sich vor, das Kind, das Sie adoptieren wollten, *wären Sie selbst als Säugling*. Stellen Sie sich weiter vor, Sie müßten diesem Säugling einen Brief schreiben. Säuglinge können natürlich noch nicht lesen, aber glauben Sie mir, es ist trotzdem wichtig, daß Sie diesen Brief schreiben. (Schreiben Sie ihn nicht, wenn Sie das kostbare Kind in sich nicht wirklich zurückgewinnen wollen. Ich gehe allerdings davon aus, daß Sie das wollen, denn sonst hätten Sie dieses Buch nicht gekauft.) Der Brief braucht nicht lang zu sein, ein paar Sätze genügen. Teilen Sie dem wunderbaren Kind in Ihrem Inneren mit, daß Sie es lieben und daß Sie so froh sind, daß es ein Junge beziehungsweise ein Mädchen ist. Sagen Sie ihm, daß Sie es *gewollt* haben und daß Sie ihm Zeit lassen werden, damit es wachsen und sich entwickeln kann. Geben Sie ihm die Gewißheit, daß Sie wissen, was es von Ihnen braucht, und daß Sie ihm das auch geben wollen; und daß Sie sich die größte Mühe geben werden, es als die kostbare, wunderbare Person zu betrachten, die es ist. Wenn Sie den Brief geschrieben haben, lesen Sie ihn sich ganz langsam laut vor, und achten Sie darauf, was Sie dabei empfinden. Es ist nicht schlimm, wenn Sie sich dabei traurig fühlen, und Sie sollten ruhig weinen, wenn Ihnen danach zumute ist.
Mein Brief sah so aus:

Lieber kleiner John,
Ich bin so froh, daß du auf die Welt gekommen bist. Ich liebe dich und möchte, daß du immer bei mir bleibst. Ich freue mich, daß du ein Junge bist, und ich will dir helfen, großzuwerden.
Ich wünschte mir, man würde mir die Chance geben, dir zu zeigen, wieviel du mir bedeutest.

In Liebe,
der große John

Brief des Säuglings in Ihnen

Ihnen mag das seltsam vorkommen, aber jetzt möchte ich, daß Sie den Säugling in Ihrem Inneren einen Brief *an Sie* schreiben lassen. *Schreiben Sie Ihn mit der linken Hand, wenn Sie Rechtshänder sind oder umgekehrt.* (Diese Technik wendet sich an Ihre nichtdominante Hirnhälfte und umgeht auf diese Weise die mehr auf Kontrolle gerichtete, logisch orientierte Hälfte. Auf diese Weise ist es leichter, mit den Gefühlen des Kindes in Ihnen Kontakt aufzunehmen.) Ich weiß natürlich auch, daß Säuglinge nicht schreiben können. Machen Sie bitte trotzdem diese Übung. Denken Sie aber daran, daß ein Säugling, wenn er schreiben könnte, wahrscheinlich nicht viel schreiben würde – wahrscheinlich würde er nur einen kurzen Satz schreiben.
Und so sah mein Brief aus:

Lieber John
Ich möchte, daß du mich holen kommst,
ich möchte für jemanden etwas bedeuten.
Ich möchte nicht allein sein.

In Liebe,
der kleine John

Bestätigungen und Zusicherungen

Wenn Ihre frühkindlichen Bedürfnisse nicht befriedigt worden sind, ist das verletzte Kind in Ihnen mit seiner gesamten ursprünglichen Energie immer noch präsent. Es braucht immer noch die Zuwendung, die Sie nie bekommen haben, will immer noch die Worte hören, die ihm bestätigen, daß es in dieser Welt willkommen ist. Eine Möglichkeit, sich das zu verschaffen, was Sie nie bekommen haben, bietet die Methode der Bestätigungen und Zusicherungen, die Pam Levin in ihrem Buch *Cycles of Power* beschreibt. Darin sind Zusicherungen für jede einzelne Phase der Entwicklung enthalten. Auch wenn ein Säugling die eigentliche Bedeutung der Worte nicht verstehen kann, kann er doch ihren nichtverbalen Aspekt erfassen. Wenn Ihre Mutter enttäuscht war, weil Sie ein Junge waren oder sie Sie nicht wirklich gewollt hat, brauchte sie das nicht ausdrücklich zu sagen, Sie haben es auch so gemerkt. Ihr Vater brauchte Ihnen wahrscheinlich nicht erst mit Worten zu sagen, daß er enttäuscht war, weil Sie ein Mädchen waren, Sie wußten es auch so. Vermutlich brauchte Ihnen niemand klarzumachen, daß Sie kein Wunschkind waren, *Sie wußten es auch so.*

Manchen Kindern hat man tatsächlich *gesagt*, daß Sie nicht gewollt waren. Einer meiner Klientinnen hat man gesagt, daß ihre Mutter bei ihrer Geburt beinahe gestorben wäre; einer anderen hat man erzählt, daß ihr Vater von der Mutter verlangt habe, das Kind abzutreiben. Ich habe noch viele andere grausame, unglaubliche Äußerungen dieser Art gehört.

Worte haben eine ungeheure Wirkung. Ein freundliches Wort kann einen Menschen einen ganzen Tag lang glücklich machen. Kritische Äußerungen können dazu führen, daß es uns eine ganze Woche lang schlecht geht. *Worte können schlimmer verletzen als Knüppel oder Steine.* (Sticks and stones will break your bones, but names will hurt you more.) Wenn man einen Menschen mit Worten aufbaut und ihm Mut macht, kann man dadurch an seinen Urschmerz gelangen und einen umfassenden Heilungsprozeß auslösen.

Positive Zusicherungen stärken das Bewußtsein unseres Seins und können die seelische Verletzung heilen. Pam Levin sagt, daß »zusichernde Botschaften sogar zu Veränderungen der Herz- und Atemfrequenz eines Patienten führen können, der im Koma liegt«.

Wiederholte positive Botschaften sind *Nahrung für die Seele*. Wenn Sie solche Botschaften empfangen hätten, hätte das dem Säugling in

Ihnen geholfen, zu wachsen und sich zu entwickeln. Wenn Sie heute derartige Zusicherungen wiederholen, können dadurch tiefe, innere Veränderungen ausgelöst werden, durch die der Urschmerz auf der tiefsten seelischen Ebene berührt wird. Ich habe Pam Levins Methode in ihren Grundzügen übernommen und noch zusätzliche Bestätigungen angefügt, damit auch einigen anderen Aspekten der Bedürfnisse des Säuglings Rechnung getragen wird.
Hier sind die liebevollen Worte, die Sie dem Säugling in Ihrem Inneren während der Meditation zuflüstern können. Er wird dem freundlichen, weisen, alten Zauberer, der Sie sind, zuhören. (Benützen Sie die Bestätigungen, die Ihnen am besten gefallen.)

Willkommen auf der Welt, ich habe dich schon erwartet.
Ich bin so froh, daß du hier bist.
Ich habe für dich einen besonderen Platz vorbereitet.
Ich mag dich so, wie du bist.
Ich werde dich nie verlassen, was auch immer geschehen wird.
Ich finde, daß deine Bedürfnisse berechtigt sind.
Ich lasse dir so viel Zeit, wie du brauchst, damit du deine Bedürfnisse befriedigen kannst.
Ich bin ja so froh, daß du ein Junge (ein Mädchen) bist.
Ich werde mich um dich kümmern, und ich habe auch schon entsprechende Vorbereitungen getroffen.
Es macht mir Spaß, dich zu füttern, dich zu baden, dich umzuziehen und meine Zeit mit dir zu verbringen.
Auf der ganzen Welt gibt es niemanden, der so ist wie du.
Als du auf die Welt gekommen bist, hat Gott gelächelt.

Meditation über den Säugling in Ihrem Inneren

Sie brauchen für diese Meditation eine Stunde, in der Sie nicht gestört werden dürfen. Ich empfehle Ihnen, ein normales Taschentuch oder Papiertaschentücher bereitzuhalten. Setzen Sie sich in einen bequemen Sessel, ohne die Arme zu verschränken oder die Beine übereinanderzuschlagen. Es wäre gut, wenn Sie einer Vertrauensperson Bescheid sagen könnten, daß Sie jetzt mit dieser Übung beginnen (es sei denn, Sie schämen sich möglicherweise, es jemandem zu sagen). Es kann sein, daß Sie sich hinterher wieder bei dieser Person melden wollen. Bitte vergessen Sie nicht, was ich Ihnen in der Einleitung zu diesem Abschnitt gesagt habe. Machen Sie diese Übung nicht, wenn

- man bei Ihnen eine Geisteskrankheit diagnostiziert hat, oder Sie früher schon einmal unter einer solchen Krankheit gelitten haben;
- Sie Opfer einer körperlichen oder sexuellen Gewalttat oder einer Vergewaltigung geworden sind;
- Sie schwere seelische Verletzungen erlitten haben;
- Sie drogenabhängig waren und Ihr Entzug noch kein Jahr zurückliegt;
- Sie von Ihrem Therapeuten keine Erlaubnis bekommen haben.

Wenn Sie aus religiösen Gründen gegen die Meditation sind, sollten Sie wissen, daß sich diese Übungen nicht gegen Gott richten. Sie sollten sich darüber hinaus bewußt machen, daß Sie jeden Tag mehrmals in Trance gehen. Ich verlange nichts von Ihnen, was Sie nicht ohnehin tun oder was Sie nicht kennen. Vergessen Sie nicht, daß das Problem des verletzten Kindes in Ihnen zum Teil auf eine *spontane* Altersregression zurückzuführen ist. Wenn Sie meditieren und dabei eine Altersregression erleben, dann übernehmen Sie die *Kontrolle* über diesen Prozeß. Denken Sie daran, daß Sie jederzeit aufhören können, wenn Sie das Gefühl haben, daß es Ihnen zuviel wird. Es ist völlig in Ordnung, wenn Sie mitten in der Meditation aufhören, falls das nötig sein sollte.
Der erste Teil der Meditation ist für alle Entwicklungsphasen der gleiche. Nehmen Sie ihn auf Band auf, und machen Sie zwischen den einzelnen Sätzen (...) eine Pause von etwa fünfzehn Sekunden.

Setzen Sie sich zunächst ganz still hin, und nehmen Sie Ihre Umgebung bewußt wahr ... Suchen Sie Ihren Platz in Raum und Zeit. Spüren Sie, wie Ihr Rücken und Ihr Gesäß den Sessel berühren, auf dem Sie sitzen ... Spüren Sie die Kleidung, die Sie tragen, auf Ihrem Körper ... Nehmen Sie so viele Geräusche wahr wie möglich ... Spüren Sie die Luft im Zimmer ... Es gibt jetzt keinen Ort, wo Sie hingehen müssen, *und es gibt nichts, was Sie tun* müssen ... *Sie brauchen jetzt nur hier zu sein ... Wenn Sie Ihre Augen noch nicht geschlossen haben, dann tun Sie es jetzt ... Sie können sich Ihr Atmen bewußtma-*

chen ... Spüren Sie, wie die Luft in Sie hineinfließt und wieder herausströmt ... Erleben Sie bewußt das Gefühl in Ihren Nasenlöchern, wenn Sie ein- und ausatmen ...
Wenn Ihnen zwischendurch Gedanken durch den Kopf gehen, macht das nichts. Sie brauchen Sie nur so zu registrieren, als wären es Sätze, die vor Ihren Augen auf einem Fernsehbildschirm erscheinen und heftige Regenfälle oder ein Gewitter ankündigen würden. Wichtig ist, daß Sie sie einfach nur registrieren.
Lassen Sie die Gedanken an sich vorbeigleiten ... Atmen Sie dabei ganz ruhig weiter, Sie können Ihr Bewußtsein so lange festhalten, *wie Sie wollen ... oder Sie können es auch in einer Weise* loslassen, *die Sie entspannt ... Als Kind haben Sie gelernt, wie man* festhält *und wie man wieder* losläßt *... Und Sie wissen ganz genau, wie lange Sie* festhalten *müssen und wann Sie* loslassen *müssen ... Sie haben schon als Säugling gelernt, das vollkommene Gleichgewicht zwischen beidem aufrechtzuerhalten, nämlich als Sie zu atmen gelernt haben ... Sie haben gelernt, einzuatmen ... und die Luft so lange anzuhalten, bis Ihr Blut mit Sauerstoff versorgt werden konnte ... Und Sie haben gelernt* loszulassen *und haben gespürt, wie die Luft wieder hinausgeströmt ist ... Als Säugling haben Sie auch gelernt, an der Brustwarze Ihrer Mutter zu saugen ... Sie haben gelernt, an der Flasche zu nuckeln ... Und* loszulassen, *wenn die warme Milch floß ... Wenig später haben Sie auch gelernt, die Flasche selbst* zu halten *... Und sie wieder* loszulassen, *wenn Sie fertig waren ... Und Sie haben gelernt, sich an der Seite Ihres Kinderbettchens* festzuhalten *... und wieder* loszulassen, *wenn Sie sich hinlegen wollten ... Sie* wissen *also genau, wann Sie festhalten und wann Sie loslassen müssen ... Und Sie können darauf vertrauen, daß Sie genau wissen, was Ihnen fehlt ...*

Und jetzt spüren Sie, wie Ihre Augenlider schwer werden ... Sie können sie ruhig fest *schließen ... Sie fühlen eine gewisse Schwere in Ihrem Unterkiefer ... In ihren Händen und Armen ... Und Sie haben womöglich auch das Gefühl, daß Ihre Beine und Füße schwer sind ... Vielleicht empfinden Sie ja auch das Gegenteil, so als würde Ihr ganzer Körper schweben ... als wären Ihre Hände und Arme federleicht ... Sie wissen jedenfalls ganz genau, wie Sie sich fühlen,* schwer *oder* leicht ... *Wie das Gefühl auch sein mag, es ist genau richtig für Sie ...*

Jetzt können Sie damit beginnen, einige Erlebnisse aus der Kindheit wiederzuerleben ... Sie können sich an Ihre ersten Schultage erinnern ... und an die besten Freunde, die Sie in dieser Zeit hatten ... Sie erinnern sich an einen freundlichen Lehrer oder Nachbarn ... Und Sie können sich an das Haus erinnern, in dem Sie gewohnt haben, bevor *Sie zur Schule gingen ... Welche Farbe hatte es? ... War es eine Mietwohnung? ... Ein Wohnwagen? ... Wohnten Sie in einer Stadt? ... Auf dem Land? ... Jetzt sehen Sie einige der Zimmer im Inneren des Hauses ... Wo haben Sie sich gewöhnlich aufgehalten? ... Hatten Sie ein eigenes Zimmer? ... Wo stand der Eßtisch? ... Wer sitzt an dem Tisch? ... Was war das für ein Gefühl, wenn man an diesem Tisch saß? ... Was war das für ein* Gefühl, *in diesem Haus zu wohnen? ...*

Das ist die allgemeine Instruktion für jede Entwicklungsstufe. Die speziellen Instruktionen, die sich auf die einzelnen *Entwicklungsstufen* beziehen, sind für jede Stufe verschieden.

Jetzt erinnern Sie sich an das Haus, in dem Ihre Familie gewohnt hat, als Sie auf die Welt kamen, oder Sie stellen es sich vor ... Stellen Sie sich das Zimmer vor, in dem Sie geschlafen haben, nachdem Sie geboren wurden ... Schauen Sie, was für ein hübscher Säugling Sie waren ... Hören Sie Ihre Stimme, wie Sie glucksen, weinen, lachen ... Stellen Sie sich vor, Sie könnten Ihr schmusiges kleines Selbst an sich drücken ... Sie sind dort als der weise, freundliche Zauberer ... Sie betrachten Ihre eigene frühe Kindheit ... Wer ist sonst noch anwesend? ... Ihre Mami? ... Ihr Papi? ... Was ist das für ein Gefühl, *in diesem Haus als Kind dieser Eltern geboren worden zu sein? ... Jetzt stellen Sie sich vor, Sie wären dieser kleine Schatz, dieser Säugling, und betrachten das alles ... Schauen Sie sich den Erwachsenen an, der Sie heute sind ... Sehen Sie sich als den Zauberer oder ganz einfach als Sie selbst ... Empfinden Sie die Anwesenheit eines* Menschen, *der Sie liebt. Stellen Sie sich jetzt vor, daß dieser Erwachsene Sie hochhebt und in den*

Armen hält. Hören Sie, wie er Ihnen zärtlich die folgenden Zusicherungen sagt:

Willkommen auf der Welt, ich habe auf dich gewartet.
Ich bin so froh, daß du hier bist.
Ich habe für dich einen besonderen Platz vorbereitet.
Ich mag dich so, wie du bist.
Ich werde dich nie verlassen, ganz gleich, was geschieht.
Ich finde, daß deine Bedürfnisse berechtigt sind.
Ich lasse dir so viel Zeit, wie du brauchst, um deine Bedürfnisse zu befriedigen.
Ich bin ja so froh, daß du ein Junge (ein Mädchen) bist.
Ich werde mich um dich kümmern, und ich habe auch schon entsprechende Vorbereitungen getroffen.
Es macht mir Spaß, dich zu füttern, dich zu baden, dich umzuziehen und meine Zeit mit dir zu verbringen.
Auf der ganzen Welt gibt es niemanden, der so ist wie du.
Als du auf die Welt gekommen bist, hat Gott gelächelt.

Lassen Sie Ihren Gefühlen freien Lauf, wenn Sie diese Zusicherungen hören...

Lassen Sie sich jetzt von Ihrem erwachsenen Selbst wieder hinlegen ... Hören Sie dem Erwachsenen zu, der Ihnen sagt, daß er Sie nie verlassen wird ... Und daß er von jetzt an immer für Sie da sein wird ... Jetzt sind Sie wieder Ihr erwachsenes Selbst ... Schauen Sie sich Ihr kindliches Selbst, diesen wunderbaren, kleinen Schatz, an ... Machen Sie sich klar, daß Sie ihn in diesem Augenblick zurückgewonnen haben ... Spüren Sie dieses Gefühl, endlich heimgekehrt zu sein ... *Verlassen Sie das Zimmer, das Haus und blicken Sie sich dabei noch einmal um ... Gehen Sie auf der Straße der Erinnerungen* weiter nach vorn ... *Gehen Sie an Ihrer ersten Schule vorbei ... Versetzen Sie sich in die Zeit, als Sie noch ein Teenager waren ... Versetzen Sie sich dann in Ihr frühes Erwachsenenalter ... Gehen Sie dorthin, wo Sie jetzt sind ... Spüren Sie Ihre Zehen ... bewegen Sie sich ... Spüren Sie, wie die Energie in Ihren Beinen hochsteigt ... Spüren Sie die Kraft in Ihrer Brust, wenn Sie tief einatmen ... Atmen Sie geräuschvoll aus ... Spüren Sie die Kraft in Ihren Armen und Fingern*

... Bewegen Sie die Finger ... Spüren Sie die Kraft in den Schultern, im Nacken, in den Wangen ... Strecken Sie die Arme aus ... Spüren Sie Ihr Gesicht, und seien Sie ganz da ... Seien Sie wieder hellwach und bei vollem Bewußtsein ... Und öffnen Sie die Augen.

Bleiben Sie eine Weile still sitzen, um in Ruhe über das nachdenken zu können, was Sie gerade erlebt haben. Geben Sie sich ganz Ihrem Gefühl hin, dabei ist es gleichgültig, was Sie fühlen. Merken Sie sich vor allem die Zusicherungen, die Sie am meisten berührt haben. Denken Sie über die Worte nach, geben Sie sich dem guten Gefühl hin, das sich dabei einstellt. Wenn Sie zornige Reaktionen erlebt haben, lassen Sie den Zorn heraus. Sie können zum Beispiel gedacht haben: »Das ist doch schwachsinnig, nur ein Spiel, in Wirklichkeit hat mich nie jemand gewollt!« Geben Sie sich dem Zorn hin, der Sie bei diesem Gedanken erfüllt. Schreien Sie ruhig. Schlagen Sie auf ein Kissen, wenn Ihnen danach zumute ist.
Bringen Sie am Ende dieser Reflexion Ihre Gedanken und Eindrükke zu Papier, wenn Sie das möchten. Reden Sie mit Ihrem Ehepartner, Ihrem Betreuer, einem Freund, wenn Sie Lust dazu haben. Machen Sie sich klar, daß sich der Erwachsene, der Sie heute sind, um das kleine Selbst – Ihr Säuglings-Selbst – kümmern kann.
Manche Menschen haben Schwierigkeiten, sich etwas so vorzustellen, wie die Instruktion es verlangt. Wir können alle etwas wahrnehmen, aber nicht jeder von uns kann sich so leicht etwas vorstellen. Jeder Mensch hat eine besondere Art, die Welt wahrzunehmen. Wenn jemand primär visuell orientiert ist, dann wird er wahrscheinlich so etwas sagen wie: »Ich finde, daß das gut aussieht.« oder »Ich kann mir vorstellen, wie ich das mache.« Wenn jemand dagegen eher akustisch orientiert ist, wird er sagen »Das klingt gut.« oder »Irgend etwas sagt mir, daß ich das tun sollte.« Leute, deren Wahrnehmung das Kinästhetische betont, würden das eher so ausdrücken: »Das fühlt sich gut an.« oder »Irgend etwas bewegt mich, das zu tun.« Machen Sie sich also keine Sorgen, wenn Sie Schwierigkeiten haben sollten, sich etwas bildlich vorzustellen – Sie werden Ihre eigene Art der Phantasie finden.
Gelegentlich können Leute das verletzte Kind in sich weder sehen noch hören noch fühlen. Ich habe herausgefunden, daß das damit zusammenhängt, daß sie während der Übung das Kind *tatsächlich sind*. Sie befinden sich selbst im Zustand des verletzten Kindes.

Wenn Ihnen das so ergangen ist, dann wiederholen Sie die Meditation und stellen sich Ihr erwachsenes Selbst vor. Sehen und hören Sie dann, wie es Ihnen seine Liebe versichert.
Manche Leute haben das Gefühl, daß das Kind sie in ihrem Leben zusätzlich belasten würde, wenn sie sich bereit erklären sollten, es nach Hause zu holen. Wenn das bei Ihnen der Fall war, dann leiden Sie wahrscheinlich unter einem Übermaß an Verantwortung. Denken Sie aber daran, daß Sie nur ein paar Minuten täglich aufwenden müssen, um den Kontakt mit dem Kind in Ihrem Inneren aufrechtzuerhalten. Sie müssen es weder füttern noch anziehen, und es braucht auch keinen Babysitter. Wenn Sie sich dem Kind in Ihnen widmen und es lieben, dann gönnen Sie sich selbst diese Zeit – etwas, was Sie vorher wahrscheinlich nie getan haben.
Manchmal sind die Leute wütend oder fühlen sich von dem Säugling, der sie selbst einmal waren, abgestoßen. Das weist auf ein hohes Maß an zerstörerischer Scham hin. Wir schämen uns im gleichen Maße, wie wir selbst beschämt worden sind. Wenn Sie von den Bezugspersonen, die für Ihr Überleben verantwortlich waren, als Säugling wegen Ihrer Verletzlichkeit abgelehnt worden sind, dann kann es sein, daß Sie sich selbst später in der gleichen Weise ablehnen. Wenn Sie bei dieser Übung Wut, Verachtung oder Ekel empfunden haben, dann müssen Sie sich zuerst einmal entscheiden, ob Sie bereit sind, diesen schwachen, verletzlichen Teil Ihres Selbst zu akzeptieren. Sie können sicher sein, daß es ein realer Teil Ihres Selbst ist. Es ist ein Teil, den wir alle besitzen.
Solange Sie nicht bereit sind, den schwächsten, hilflosesten Teil Ihres Selbst zu akzeptieren, können Sie nie ein Ganzes werden und wirkliche Kraft gewinnen. Sie werden ständig einen Teil Ihrer Energie damit vergeuden, den anderen Teil Ihres Selbst abzulehnen. Dieser ewige innere Krieg kostet viel Zeit und Kraft. So paradox es klingen mag, aber Sie werden erst dann stark sein, wenn Sie Ihre Schwäche akzeptiert haben.
Nachdem Sie jetzt den Säugling in sich zurückgefordert haben, sollten Sie diese Zusicherungen einige Tage lang wiederholen. Stellen Sie sich dabei vor, Sie würden den Säugling, der Sie sind, fest im Arm halten und laut zu ihm sagen: »Hier gehörst du hin. Es hat noch nie jemanden wie dich gegeben. Du bist in deiner Art einmalig.« Fügen Sie die Zusicherungen hinzu, die bei Ihnen die meisten Gefühle ausgelöst haben – das sind diejenigen, die sie am dringendsten hören mußten. Setzen Sie sich in einen Park, und schauen Sie

sich das Gras, die Blumen, die Vögel, die Bäume und die anderen Tiere an. Alle sind Teil des Universums, ein notwendiger Bestandteil der Schöpfung. Und dazu gehören auch Sie. Sie sind genauso unentbehrlich wie die Vögel, die Bienen, die Bäume und die Blumen. Sie gehören in diese Welt. *Willkommen!*

Zusammenarbeit mit einem Partner

Wenn Sie diese Übungen gemeinsam mit einem Partner machen wollen, gut. Jeder von Ihnen muß dann in einer ganz besonderen Weise für den anderen dasein. Weil das Kind in Ihnen sicher sein muß, daß Sie nicht plötzlich wieder verschwinden, müssen Sie sich gegenseitig versprechen, daß Sie während dieser Arbeit zusammenbleiben werden. Sie brauchen nichts Besonderes zu tun, und Sie brauchen sich auch ganz sicher nicht gegenseitig zu therapieren. Ihr Partner muß nur das Gefühl haben, daß Sie voll und ganz für ihn da sind. Einer von Ihnen spielt dann die Rolle der Person, die die Zusicherungen gibt. Ich empfehle Ihnen, die Zusicherungen so zu übernehmen, wie ich sie formuliert habe. (In einem Workshop, der vor kurzer Zeit stattgefunden hat, steigerte sich eine Frau so in ihre Rolle hinein, daß sie zu einem Mann in ihrer Gruppe sagte: »Willkommen in der Welt. Wir haben uns so gewünscht, daß du kommst. Ich möchte mit dir schlafen.« Das ist nicht gerade das, was ein Säugling von seiner mütterlichen Bezugsperson hören will.) Wenn einer von Ihnen beiden die Übung hinter sich hat, sollten Sie die Rollen tauschen.

Wenn Sie zu zweit arbeiten, ist es gut, wenn Sie die Hand Ihres Partners halten, während Sie ihm die Zusicherungen geben. Aber Sie sollten das vorab klären. Die meisten erwachsenen Kinder haben erleben müssen, daß ihre Körpergrenzen empfindlich verletzt worden sind. Zeigen Sie Ihrem Partner, wie Sie am liebsten angefaßt und gestreichelt werden wollen. Wenn Sie überhaupt keinen Körperkontakt wünschen, müssen Sie ihm das natürlich auch sagen.

Wenn Sie bereit sind, mit der Übung zu beginnen, lesen Sie Ihrem Partner die allgemeine Einführung in die Meditation vor. Lesen Sie langsam und deutlich. Sie können im Hintergrund eine leise, beruhigende Musik laufenlassen. Ich empfehle Ihnen Steven Halperns *Lullaby Suite*. Wenn Sie an die Zeile kommen: »Hören Sie zu, wie er Ihnen liebevoll die folgenden Zusicherungen gibt«, *lesen Sie Ihrem Partner die Zusicherungen laut vor*. Anschließend lesen Sie dann den Rest. Wenn Sie die Übung zu zweit machen, lesen Sie die Zusicherungen laut vor, und berühren und streicheln Sie dabei Ihren Partner, so wie er es sich gewünscht hat. Wenn Sie fertig sind, tauschen Sie die Rollen.

Arbeit in der Gruppe

In meinen Workshops, die sich mit dem Kind in uns beschäftigen, arbeiten wir meistens in Gruppen. Ich bin der Meinung, daß die Gruppenarbeit die stärkste therapeutische Wirkung hat. Am Ende eines jeden Workshops erkläre ich den Teilnehmern, daß sie füreinander eine Quelle der Kraft waren. Ich versuche Ihnen klarzumachen, wieviel sie aus eigener Kraft erreichen können.
Trotzdem sind für den Fall, daß sich jemand in diesen Gruppensitzungen seelisch übernimmt, immer mehrere ausgebildete Therapeuten in erreichbarer Nähe. Das kann passieren, wenn jemand sich in Scham verstrickt oder in eine andere, seelisch komplizierte Situation gerät. Die Gefühle, die dabei auftreten, sind bedeutend beunruhigender als die Gefühle, die man normalerweise erlebt.
Die folgenden Vorschläge richten sich an:

- Therapeuten oder ausgebildete Berater, die als Gruppenleiter bei dem Prozeß der Rückgewinnung des inneren Kindes fungieren wollen;
- Mitglieder von Selbsthilfegruppen;
- alle, die sich ernsthaft mit ihrer persönlichen Entwicklung beschäftigen und bereit sind, sich an die Richtlinien zu halten, die ich hier angebe.

Für eine Gruppe braucht man mindestens fünf und höchstens neun Personen. *Beide* Geschlechter müssen vertreten sein – mindestens jedoch zwei Mitglieder des anderen Geschlechts. Das hängt damit zusammen, daß man als Kind einen Vater und eine Mutter hatte und deshalb eine männliche und eine weibliche Stimme hören muß.
Wenn sich die Gruppenmitglieder nicht kennen, schlage ich folgendes vor:

A. Verbringen Sie eine gewisse Zeit gemeinsam mit der Gruppe, bevor Sie mit den Übungen beginnen. Die einzelnen Sitzungen sollten mindestens anderthalb Stunden dauern. Benützen Sie die erste Sitzung dazu, sich gegenseitig kennenzulernen und sich gegenseitig etwas über weniger kritische Störungen zu erzählen, die auf das verletzte Kind zurückzuführen sind. Gehen Sie anschließend irgendwohin, um eine Erfrischung zu sich zu nehmen.

Lassen Sie beim nächsten Treffen jeden Teilnehmer zehn Minuten lang über seine Ursprungsfamilie und seine Kindheit berichten. (Registrieren Sie die Zeit mit einer Stoppuhr.) Das dritte Treffen sollte spontan verlaufen. Achten Sie aber darauf, daß jedes Gruppenmitglied zehn Minuten Zeit bekommt, um sich mitteilen zu können. Die einzelnen Sitzungen können auch länger als anderthalb Stunden dauern, ich habe allerdings die Erfahrung gemacht, daß eine gewisse Strukturierung den größten Erfolg bringt. Es gibt verletzte Kinder, die können gar nicht mehr aufhören zu reden; andere sind Hysteriker, die durch irgendwelche Geräusche immer wieder auf sich aufmerksam machen wollen (ein ständiges Problem).

B. Nachdem die Leute sich kennengelernt und eine gewisse Zeit miteinander verbracht haben, muß sich jeder einzelne *ausdrücklich verpflichten, bis zum Schluß an dem Prozeß teilzunehmen* (also an den Übungen, die die fünf Entwicklungsphasen der Kindheit, von der Säuglingszeit bis zur Pubertät umfassen). Denn für das verletzte Kind ist es außerordentlich wichtig, daß immer jemand da ist. Planen Sie Ihre sonstigen Verpflichtungen so, daß immer alle an den Gruppensitzungen teilnehmen können.

C. Körperliche Grenzen sollten vorher klar festgelegt werden. Das heißt, daß jeder seine Grenzen im Hinblick auf körperliche und sexuelle Befindlichkeiten den anderen klar mitteilen sollte. Wenn ein Gruppenmitglied einen sexuell anzüglichen Witz macht, der Sie stört, sollten Sie darüber reden. Wenn Sie selbst unter sexuellen Zwängen leiden, sollten Sie sich vornehmen, die anderen Mitglieder der Gruppe nicht darunter leiden zu lassen. (Wenn Sie nicht unter sexuellen Zwängen leiden, aber eine andere Person der Gruppe sexuell attraktiv finden, sollten Sie sich vornehmen, sich zurückzuhalten.)

Es ist außerordentlich wichtig, daß sich jeder klarmacht, daß er dazu da ist, um einem anderen Menschen die Möglichkeit zu geben, *Gefühle zu erleben*. Aufgabe der Gruppenmitglieder ist es, sich dabei gegenseitig Unterstützung und Rückmeldung zu geben. Dazu gehören Äußerungen wie »Ich sehe, wie deine Lippen zittern, und ich erkenne an deinem Weinen, wie traurig du bist.« oder »Ich spürte, wie ich wütend (ängstlich oder traurig) wurde, als du deine Kindheit beschrieben hast.« Als Gruppenmitglied sollten Sie *nie* versuchen, den anderen zu therapieren, ihm einen Rat zu geben oder denjenigen, der gerade bei der Arbeit ist, »wieder hinzubiegen«. Sie müssen sich vorstellen, Sie wären ein Videorekorder, der das wiedergibt, was Sie gerade beobachtet haben. Wenn Sie den anderen analysieren oder ihm einen Rat geben, bleiben Sie gewissermaßen in Ihrem Kopf und können nicht richtig fühlen.

Viele erwachsene Kinder haben gelernt, daß sie nur dann etwas wert sind, wenn sie sich um andere kümmern. Aus diesem Grund sind sie *süchtig* danach, anderen zu helfen und sie auf den rechten Weg zu bringen. Häufig lenken sie den Betroffenen dadurch von seinen Gefühlen ab, daß sie Kommentare abgeben wie zum Beispiel: »Du mußt das auch einmal von der positiven Seite betrachten.« oder »Dann wollen wir uns jetzt einmal überlegen, welche Alternativen sich anbieten.« oder indem sie *Warum*-Fragen stellen. (»Warum hat dein Vater wohl getrunken?«) Am *besten* sind Formulierungen wie: »Wie fühlst du dich jetzt?« oder »Wie hast du das denn erlebt?« oder »Was würde deine Traurigkeit sagen, wenn sie sprechen könnte?« Dadurch werden die Leute ermutigt, ihre Gefühle auszudrücken.

Denken Sie immer daran, daß es dabei um die Verarbeitung des *Urschmerzes* geht. Wir versuchen oft, Menschen von ihren Gefühlen abzubringen, weil wir selbst nicht mit unseren Gefühlen umgehen können. Es kann zum Beispiel passieren, daß Ihr Weinen die Traurigkeit in mir auslöst, die ich noch nicht verarbeitet habe. *Wenn es mir dann gelingt, Sie so weit zu bringen, daß Sie aufhören zu weinen*, brauche ich auch meine eigenen Schmerzen nicht mehr zu empfinden. Aber das, was wie Hilfe aussieht, *hilft Ihnen in Wirklichkeit überhaupt nicht*, denn es hindert Sie ja nur daran, Ihre Gefühle auszudrücken. Es ist sogar verwirrend, weil es vermutlich genau dasselbe ist, was Ihnen als Kind bereits widerfahren ist. Diejenigen, die Sie getröstet haben, haben Sie in Wirklichkeit *daran gehindert, das zu tun, was Ihnen am meisten geholfen hätte – nämlich Ihren Gefühlen freien Lauf zu lassen*.

Helfer helfen *immer* nur sich selbst. Da sie gelernt haben, daß man nur dann etwas wert ist, wenn man anderen hilft, überwinden sie ihr Gefühl der Ohnmacht, indem sie anderen helfen.

Es gibt jedoch auch eine echte Hilfe. Dazu gehört aber, daß man die Leute so sein läßt, *wie sie sind*, daß man ihnen ihre eigenen Gefühle läßt und diese Gefühle bestätigt, wenn Sie sie erleben. Solche Bestätigungen können dadurch ausgedrückt werden, daß man beispielsweise sagt: »Ich sehe und höre dich, und ich mag dich so, wie du bist. Ich akzeptiere dich und respektiere die Realität, in der du lebst.«

Wenn Sie in einer gestörten, schamgeprägten Familie aufgewachsen sind, wird es Ihnen schwerfallen, so für andere dazusein, wie ich es beschrieben habe. Keiner von uns ist in dieser Hinsicht vollkommen, auch eine Gruppe nicht. Wenn Sie merken, wie sich Ihre eigene Bedürftigkeit plötzlich meldet, dann sagen Sie einfach dem anderen, daß es jetzt um Sie selbst geht und nicht um ihn.

Wenn allerdings Ihr Partner oder ein anderes Gruppenmitglied von seinen Gefühlen überwältigt wird, müssen Sie die Übung abbrechen. Bringen Sie ihn oder sie dazu, Ihnen in die Augen zu schauen und ein paar sachliche Fragen zu beantworten, wie zum Beispiel »Welche Farbe hat mein Hemd? Wo wohnst du? Was für ein Auto fährst du? Welche Farbe hat es? Wieviel Leute sind im Augenblick hier im Zimmer? Wie heißen sie?« Durch diese Fragen wird der Betroffene gezwungen, sich wieder auf die sinnlich wahrnehmbare Gegenwart zu konzentrieren. Wenn jemand von seinen Gefühlen überwältigt wird, ist er in seinem inneren Zustand gefangen. Er erlebt dann die alten, eingefrorenen Gefühle, die sich aufgestaut haben, und ist im Kraftfeld der Vergangenheit gefangen. Sie müssen ihm dann helfen, wieder in die Gegenwart zurückzufinden. Die oben erwähnten Fragen sorgen dafür, daß er wieder mit beiden Beinen auf der Erde und in der Gegenwart steht.

Wenn Sie bereit sind, mit der Übung zu beginnen, suchen Sie sich zuerst ein Gruppenmitglied aus, das eine besonders beruhigende Stimme hat, und lassen Sie es den Meditationstext auf Band aufsprechen (S. 137ff.). Lassen Sie das Band bis zu der Stelle laufen, wo es heißt: »Und jetzt stellen Sie sich vor, Sie wären dieser kostbare kleine Säugling und würden sich das alles anschauen.« *Die Zusicherungen dürfen Sie nicht auf Band aufnehmen*; geben Sie statt dessen jedem Gruppenmitglied die Liste mit den Zusicherungen, und sagen Sie ihnen, sie sollen einen Finger der linken Hand mit dem Daumen der gleichen Hand berühren, und die Finger etwa dreißig Sekunden zusammenhalten. Dann geben Sie ihnen die Instruktion, die Finger wieder loszulassen. Fahren Sie mit der Aufnahme des

Meditationstextes an der Stelle fort, wo es heißt: »Verlassen Sie das Zimmer, das Haus...« (S. 140) und so weiter, bis zum Ende.
Spielen Sie jetzt der Gruppe das Band vor. Wenn es abgelaufen ist, wird jeder Gefühle wiedererlebt haben, die er erlebt hat, als er in seine Familie hineingeboren wurde. Und jeder hat dann einen *Anker*, mit dem dieses Gefühl fixiert werden kann und der aus dem Zusammenlegen des Daumens und eines Fingers besteht. Dieser Anker ist ein sensorischer Auslöser, der mit dem Erlebnis aus der Vergangenheit gekoppelt wird. (Auch alte Lieder sind gute Beispiele für derartige Verankerungen. Wir hören einen alten Schlager und denken sofort an einen alten Freund oder eine Freundin oder an den Sommer, als wir fünfzehn waren. Ein bestimmter Gesichtsausdruck kann ein solcher Anker sein. Wenn Ihr Vater die Stirn in einer bestimmten Weise runzelte, bevor er Sie kritisiert hat, wird später jeder Mann, der seine Stirn auf ähnliche Weise runzelt, diesen Anker auslösen.) Unsere automatischsten Anker sind die, die auf ein Trauma zurückzuführen sind. Im neunten Kapitel findet sich eine Übung, die der Neuorientierung dient und in der solche Anker verwendet werden.
Lassen Sie die Gruppe als nächstes einen Kreis bilden, und stellen Sie einen Stuhl in die Mitte. Die Gruppenmitglieder setzen sich dann abwechselnd in die Mitte des Kreises. *Vorher muß aber jeder einzelne seine Körpergrenzen definiert haben.* Er erklärt zum Beispiel den anderen Gruppenmitgliedern, wie nah sie bei ihm sitzen sollen und ob und wie er angefaßt und gestreichelt werden möchte. Die Person in der Mitte des Kreises beginnt die Arbeit, indem sie den Daumen und einen Finger der linken Hand aneinanderlegt – das heißt, sie berührt den sensorischen Anker, der während der Meditation geschaffen worden ist. Dadurch soll der Kontakt mit den Erinnerungen an die frühe Kindheit hergestellt werden.
Ich möchte an dieser Stelle bemerken, daß Ihr Kontakt mit diesen Kindheitserinnerungen *immer* enger ist, als Sie vermuten. *Besonders co-abhängige Menschen glauben im allgemeinen, sie würden die Übung nicht richtig durchführen.* Hüten Sie sich davor, sich mit anderen Gruppenmitgliedern zu vergleichen. Die zerstörerische Scham, die zu Ihrer Co-Abhängigkeit geführt hat, wurde dadurch hervorgerufen, daß Ihre Eltern Sie immer mit dem Bild *verglichen* haben, das ihrer Vorstellung von einem Kind entsprach.
Achten Sie sorgfältig darauf, eine »Verkopfung« zu vermeiden, indem Sie sich mit Formulierungen wie: »Ich mache das ganz

falsch.« oder »Derjenige, der vor mir dran war, hat sofort geschluchzt, und ich weine nicht einmal.« selbst kritisieren. Das einzige, was Sie sich sagen sollten, ist: »Ich mache das *einfach so*, wie *ich* es machen muß.«

Wenn Sie in der Mitte sitzen, Ihre Körpergrenzen definiert und Ihren Anker berührt haben, beginnt der Prozeß.

Jedes einzelne Mitglied der Gruppe äußert langsam und liebevoll eine der Zusicherungen, die es sich aus der Liste auf Seite 136 ausgesucht hat. Zwischen den einzelnen Zusicherungen sollte eine Pause von jeweils etwa zwanzig Sekunden liegen. Nach zwanzig Sekunden gibt Ihnen das nächste Gruppenmitglied seine Zusicherung, und das Ganze dauert so lange, bis jeder *dreimal* an der Reihe gewesen ist. (Das bedeutet, daß wahrscheinlich manche Zusicherungen wiederholt werden.) Vergewissern Sie sich, daß die Person, die in der Mitte sitzt, Papiertaschentücher zur Hand hat. Wenn jeder einzelne aus der Gruppe dreimal seine Zusicherungen abgegeben hat, lassen Sie die Person in der Mitte noch ein paar Minuten still dort sitzen. Danach klopfen Sie ihr auf die Schulter und lassen sie in die Gruppe zurückgehen. *Diskutieren Sie erst dann über die Übung, wenn jedes Gruppenmitglied einmal in der Mitte gesessen hat.* Wenn alle drangewesen sind, lassen Sie jeden über die Erlebnisse reden, die er gehabt hat, als er in der Mitte gesessen hat. Sie dürfen nie vergessen, daß die Erlebnisse eines jeden Menschen einzigartig sind.

Während Sie miteinander über Ihre Erlebnisse reden, sollten Sie sich auf folgendes konzentrieren.

- Welche Zusicherungen haben Sie sich ausgesucht, um sie der Person, die in der Mitte saß, zukommen zu lassen? Ließ sich dabei ein gewisses Muster erkennen? Haben Sie ein und dieselbe Zusicherung mehrmals wiederholt? Die Zusicherungen, die Sie sich ausgesucht haben, sind in den meisten Fällen diejenigen, die *Sie* Selbst am liebsten hören würden.
- Hat eine der Zusicherungen, die man Ihnen gegeben hat, zu einer unmittelbaren Entladung von Energie, Zorn, Traurigkeit oder Angst geführt? Viele Frauen müssen zum Beispiel weinen, wenn sie die Worte hören: »Ich bin froh, daß du ein Mädchen bist.« Manche weinen, wenn man sagt: »Du hast so viel Zeit, wie du brauchst.« Achten Sie auf die *Spannung*. Spannung oder emotionale Intensität findet sich dort, wo die seelische Energie blockiert

ist. Eine Zusicherung, die mit einer hohen Spannung geladen ist, kann die Art der Zusicherung kennzeichnen, die Ihnen in Ihrem Leben am meisten gefehlt hat.
- Achten Sie auf die männlichen und weiblichen Stimmen. Löste eine männliche Stimme Angst, Zorn oder Traurigkeit aus? Löste eine weibliche Stimme ein besonderes Gefühl aus? Das ist eine wichtige Information für das Programm, das im dritten Teil besprochen wird. Es ist von entscheidender Bedeutung, genau zu wissen, welche besonderen Zusicherungen das Kind in Ihnen braucht, damit Sie ihm oder ihr helfen können.

Wenn jeder einmal Gelegenheit gehabt hat, sich mitzuteilen, ist der Gruppenprozeß beendet.

Die Abbildung zeigt meine Vorstellung davon, wie ich mein Säuglings-Ich zurückgewinne.

Da Sie nun Ihr Säuglings-Ich zurückgewonnen haben, können wir jetzt dazu übergehen, das gleiche mit dem Kleinkind zu machen.

5. Kapitel
Wie man sein Kleinkind-Ich zurückgewinnt

Gott sei gepriesen
für alle gescheckten Dinge –
Für Himmel,
die aussehen wie eine gescheckte Kuh;
Für die rosaroten Flecken der Forelle,
die im Wasser schwimmt,
Die frische rote Kastanienblüte, die zur Erde
fällt, die Schwingen eines Finken; ...
Für alle Launen der Natur
(wer weiß, welche?)

Gerard Manley Hopkins

Wer auf Zehenspitzen geht, kann nicht stehen,
Wer große Schritte macht, kann nicht spazierengehen.

Chinesisches Sprichwort

KLEINKIND

(oppositionelle Bindung)

Ich bin ich

Alter: 9–18 Monate
(Phase des Forscherdrangs)
18 Monate bis 3 Jahre
(Ablösungsphase)
Entwicklungspolarität: Autonomie gegen Scham und Zweifel
Ichstärke: Willenskraft
Stärken: Empfinden und Tun
Beziehungsthematik: Psychologische Geburt, Gegenabhängigkeit

Liste der Verdachtsmomente

Beantworten Sie die folgenden Fragen mit Ja oder Nein. Legen Sie nach dem Lesen jeder einzelnen Frage eine kurze Pause ein und versuchen Sie, das Gefühl zu empfinden, das dabei entstanden ist. Wenn Sie einen stärkeren Druck zu Ja verspüren, antworten Sie mit Ja, sonst mit Nein. Wenn Sie auch nur eine Frage mit Ja beantworten, können Sie davon ausgehen, daß das wunderbare Kind aus der Vergangenheit in Ihnen verletzt worden ist. Es gibt Grade der Verletzung, die man auf einer Skala von eins bis hundert einstufen kann. Je mehr Fragen Sie mit Ja beantworten, desto schwerer ist Ihr Kleinkind-Selbst verletzt worden.

1. *Haben Sie Schwierigkeiten, herauszufinden, was Sie wollen? Ja ☐ Nein ☐*

2. *Haben Sie Angst davor, an einem neuen Ort die Gegend zu erkunden? Ja ☐ Nein ☐*

3. *Haben Sie Angst davor, etwas Neues auszuprobieren? Und wenn Sie einmal in die Situation kommen, warten Sie dann immer so lange, bis jemand anderes es zuerst ausprobiert? Ja ☐ Nein ☐*

4. *Haben Sie große Angst davor, verlassen zu werden? Ja ☐ Nein ☐*

5. *Hätten Sie in schwierigen Situationen gern jemanden, der Ihnen sagt, was Sie tun sollen? Ja ☐ Nein ☐*

6. *Wenn Ihnen jemand etwas vorschlägt, haben Sie dann das Gefühl, Sie sollten den Vorschlag annehmen? Ja ☐ Nein ☐*

7. *Fällt es Ihnen schwer, bei einem Erlebnis wirklich mit Leib und Seele dabeizusein? Wenn Sie im Urlaub zum Beispiel etwas Aufregendes sehen, denken Sie dann besorgt an den Bus, der Ihnen vielleicht wegfahren könnte? Ja ☐ Nein ☐*

8. *Machen Sie sich häufig Sorgen? Ja ☐ Nein ☐*

9. *Fällt es Ihnen schwer, spontan zu sein? Wäre es Ihnen zum Beispiel peinlich, vor einer Gruppe von Menschen zu singen, nur weil es Ihnen gutgeht? Ja ☐ Nein ☐*

10. *Haben Sie oft Konflikte mit Autoritätspersonen? Ja ☐ Nein ☐*

11. *Benützen Sie häufig Wörter, die etwas mit dem Stuhlgang oder mit dem Urinieren zu tun haben – zum Beispiel Arschloch, Scheißen oder Pissen? Hören Sie am liebsten Witze aus diesem Bereich? Ja ☐ Nein ☐*

12. *Haben Sie eine extreme Schwäche für das männliche oder weibliche Gesäß? Haben Sie vornehmlich Phantasien über analen Sex, und ziehen diese Art des Verkehrs den anderen Variationen vor? Ja ☐ Nein ☐*

13. *Wirft man Ihnen oft vor, Sie seien geizig, und zwar im Hinblick auf Geld, Liebe, Gefühle oder Zuneigung? Ja ☐ Nein ☐*

14. *Sind Sie fanatisch ordentlich und sauber? Ja ☐ Nein ☐*

15. *Haben Sie Angst vor dem Zorn anderer Leute? Vor dem eigenen Zorn? Ja ☐ Nein ☐*

16. *Tun Sie alles, um Konflikte zu vermeiden? Ja ☐ Nein ☐*

17. *Haben Sie Schuldgefühle, wenn Sie einmal nein sagen müssen? Ja ☐ Nein ☐*

18. *Versuchen Sie ein direktes Nein zu vermeiden, und tun Sie anschließend doch nicht das, was Sie versprochen haben, sondern stehlen sich auf eine indirekt manipulative und passive Weise aus der Verpflichtung heraus? Ja ☐ Nein ☐*

19. *Laufen Sie manchmal Amok und verlieren in völlig unangemessener Weise jegliche Selbstbeherrschung? Ja ☐ Nein ☐*

20. *Sind Sie anderen Leuten gegenüber oft außergewöhnlich kritisch? Ja ☐ Nein ☐*

21. *Sind Sie nett zu Leuten, solange Sie mit ihnen zusammen sind, und tratschen und kritisieren Sie dann, wenn Sie gegangen sind?*
Ja ☐ *Nein* ☐

22. *Fällt es Ihnen schwer, eigene Erfolge zu genießen? Haben Sie sogar Schwierigkeiten, an den eigenen Erfolg zu glauben?*
Ja ☐ *Nein* ☐

Diese Fragen beziehen sich auf das Kleinkindalter, die Fragen eins bis neun auf das Alter zwischen neun und achtzehn Monaten. Das ist der erste Abschnitt des Kleinkindalters, eine Zeit, in der das Krabbeln, Berühren, Schmecken und ganz allgemein die Neugier und der Ehrgeiz, alles um sich herum erforschen zu wollen, eine große Rolle spielen.
Die Fragen zehn bis zweiundzwanzig beziehen sich auf das Alter zwischen achtzehn Monaten und drei Jahren. Dieser Abschnitt wird *Ablösungsphase* genannt. Es ist die Zeit, in der das Kind in Opposition zu seinen Bezugspersonen steht. Das Kind reagiert vor allem auf die Wünsche der Eltern mit: »Nein«, »Ich will das allein tun.« und »Ich will nicht.« Es ist ungehorsam, aber immer nur, solange es die Eltern im Auge behalten kann. Das Kind hat immer noch eine enge Bindung an die Eltern, es muß aber gegen sie opponieren, um sich von ihnen absetzen zu können und zu sich selbst zu finden.
Dieser Ablösungsprozeß ist die zweite und auch psychologische Geburt genannt worden. Er markiert den wahren Beginn der Ichhaftigkeit.
Jetzt beginnen wir unsere Entdeckungsreisen in die Umgebung und erfahren, wer wir sind, indem wir unsere Kräfte ausprobieren. Für das neun Monate alte Kind ist die Welt ein faszinierendes Füllhorn, das alle seine Sinne anspricht und in dem viele interessante Dinge enthalten sind, die erforscht werden müssen. Wenn es in den ersten neun Lebensmonaten das Urvertrauen gewonnen hat, wird es auf eine ganz natürliche Weise damit beginnen, seine Umgebung zu erforschen. Vor allem möchte es alles sehen, fühlen und schmecken. Erik Erikson nennt diese Phase, das »Inkorporationsstadium«. Das Kind will sich alles einverleiben und in sein Leben integrieren. Wenn diese elementare Neugier gepflegt wird, stellt sie später die Quelle dar, aus der der Erwachsene schöpft, wenn er in kreativer Weise etwas riskiert und vor keinem Abenteuer zurückschreckt.

Für Kinder ist das eine gefährliche Zeit, da sie den Unterschied zwischen einem interessant aussehenden, dunklen Gegenstand und einer Steckdose noch nicht erkennen können. In dieser Phase, die vom Forscherdrang des Kindes geprägt ist, muß man ständig auf sie aufpassen und ungeheuer viel Geduld mit ihnen haben. Um mit den Problemen fertigwerden zu können, wird von den Eltern ein hohes Maß an seelischer Stabilität verlangt.

Der Forscherdrang und die Ablösungstendenzen verstärken sich, sobald sich die Muskeln des Kindes entwickeln. Es lernt Krabbeln und schließlich Laufen. All das gehört zum Plan der Natur. Erikson betrachtet die Muskelentwicklung unter dem Aspekt des »Festhaltens« und »Loslassens«. Jeder von uns muß lernen, einen Ausgleich zwischen Festhalten und Loslassen zu schaffen. Gehen, Essen, die Kontrolle über die Ausscheidungsfunktionen, Spielen, Schaukeln, Schwimmen und Laufen, all das lernen wir nur, indem wir in ausgeglichener Weise festhalten und loslassen. Das Kind lernt dieses Gleichgewicht, während es seine Muskel- und seine *Willens*kraft entwickelt.

Das Kind hat Willenskraft, wenn es in angemessener Weise »festhalten« (zum Beispiel, wenn es in der Kirche ist und »muß«) und »loslassen« kann (wenn Mami es zu Hause aufs Töpfchen setzt). Zum Festhalten und Loslassen gehört auch die Ausgeglichenheit der Gefühle. Der natürliche Lebensfunke motiviert die Kinder zur Selbständigkeit, sie wollen alles auf ihre eigene Art machen. Am Anfang kennen Kinder keine emotionale Ausgeglichenheit. In ihrem Drang nach Selbständigkeit neigen sie zu übertriebenen Reaktionen. Sie wissen nicht, was sie können und was sie noch nicht können. In dieser Phase neigen sie zum Absoluten und können regelrechte kleine Tyrannen sein. Sie kriegen Wutanfälle, wenn sie nicht das bekommen, was sie haben wollen. Sie brauchen dann entschiedene, aber geduldige Eltern, die ihnen die Grenzen setzen, die ihrem Alter angemessen sind, und ihnen ein oder zwei Zimmer auf kindgemäße Weise einrichten. In diesem Alter braucht das Kind beide Eltern. Manchmal wird die Mutter allein nicht mit dem Kind fertig und braucht Erholungspausen. Der Vater muß die Mutter unterstützen und vernünftige Grenzen setzen. Der Vater ist das Symbol für den Individualismus, die Mutter für die Inkorporation. Vater und Mutter müssen gleichsam Vorbilder sein, wenn es darum geht, Ärger in angemessener Form auszudrücken und Konflikte auf geschickte Art zu lösen. Das Konfliktlösungsverhalten ist eine wichtige Grundlage für eine gesunde Intimität. Kinder müssen erleben, daß die Eltern in der Lage sind, ihre Konflikte selbst zu lösen. Mit anderen Worten, sie müssen eine ehrliche Beziehung erleben, in der beide Elternteile ihre wahren Gefühle zum Ausdruck bringen und Unstimmigkeiten ausräumen können.

Kinder müssen die Möglichkeit haben, ihrer Eigenständigkeit Ausdruck zu verleihen und ihre Andersartigkeit zu erkunden. Zuerst wollen sie alles haben, was sich gut anfühlt und angenehm ist. Wenn Vater und Mutter sich dann einmischen und Grenzen ziehen, entstehen Konflikte. Die Kinder müssen lernen, *daß sie ruhig wütend auf Vater und Mutter sein können, ohne daß die beiden deshalb fortgehen*. Man muß ihnen beibringen, wie man Konflikte lösen kann, und daß sie nicht immer ihren Willen haben können. Sie müssen lernen, daß ein *Nein* Konsequenzen hat und daß man nicht alles gleichzeitig haben kann. (Man kann nicht »nein« sagen, man würde nicht mitgehen, und dann, wenn einem klar wird, daß die Familie schwimmen geht, »ja« sagen). Solche Lektionen lernt das Kind im Kleinkindalter, wenn sich auch sein Gefühl für Scham und Zweifel entwickelt.

Gesunde Scham ist ganz einfach ein Gefühl für *Grenzen*. Sie gestattet uns, menschlich und unvollkommen zu sein. Wir brauchen nicht viel Schamgefühl, gerade so viel, daß wir wissen, daß wir nicht Gott sind. »Die Scham bewacht den Geist«, sagt Nietzsche. Der Zweifel hindert uns daran, aus dem Fenster des zweiten Stocks zu springen, und gestattet uns, Geländer anzubringen, um uns abzusichern.

Die Entwicklung einer gesunden Willenskraft ist das Ziel dieser Phase und ermöglicht die Entwicklung von *Tatkraft*. Ohne Disziplin können wir nichts Gutes zustande bringen – ohne dieses Gleichgewicht zwischen Festhalten und Loslassen. Jemand hat einmal gesagt, daß von allen Masken der Freiheit, die Disziplin die geheimnisvollste ist. Wir brauchen Disziplin, um frei sein zu können.

Ohne gesunde Willenskraft haben wir keine Disziplin und wissen nicht, wie man richtig festhält und richtig losläßt. Wir lassen entweder in unangemessener Weise los (handeln zügellos), oder wir halten in unangemessener Weise fest (sammeln, sind überkontrolliert, werden zwanghaft oder leiden unter einer Besessenheit). Diejenigen aber, die gelernt haben, in angemessener Weise festzuhalten in unangemessener Weise fest (sammeln, sind überkontrolliert, werden zwanghaft oder leiden unter einer Besessenheit). Diejenigen aber, die gelernt haben, in angemessener Weise festzuhalten, haben damit eine gute Grundlage für spätere Treue und Liebe geschaffen; und die Menschen, die gelernt haben, in angemessener Weise loszulassen, sind bereit, Veränderungen im Leben hinzunehmen und zu betrauern, und wissen, wann die Zeit zum Aufbruch gekommen ist.

Eines der wichtigsten Ergebnisse einer gesunden Selbständigkeit ist neben der ausgeglichenen Willenskraft die Leistung der »Objektkonstanz«. Das bedeutet ganz einfach, daß jedes Kind im Alter von drei Jahren begreifen muß, daß *niemand vollkommen ist*, weder die Eltern noch es selbst. Ein gesundes Schamgefühl hilft, dieses Verständnis zu erreichen. »Vater und Mutter sind auch nur Menschen. Sie tun nicht immer das, was ich will, und geben mir nicht immer das, was ich haben will. Wenn Sie gesund sind, geben sie mir das, was ich *brauche*. Wenn sie mir Grenzen setzen, werde ich oft wütend. Aber auf diese Weise lerne ich, was *Gleichgewicht* bedeutet.« Objektkonstanz gestattet uns, die Welt so *unvollkommen* zu sehen, wie sie es tatsächlich ist. Wenn das Kind erlebt, daß *dieselben* Eltern ihm manchmal etwas geben, was ihm Spaß macht, und manchmal wieder wegnehmen, bleiben die Eltern trotzdem *konstant*, obwohl sie aus der Sicht des Kindes sowohl lieb als auch böse sein können. Das Kind muß auch lernen, daß es selbst seine Polaritäten hat. Manchmal ist es glücklich, manchmal traurig. Ob glücklich oder traurig, es bleibt doch immer ein und dieselbe Person. Erwachsene, die ein verletztes Kind in sich tragen, das diese Lektion nicht gelernt hat, neigen zu starren und absoluten Ansichten. Sie können nur in Alles-oder-Nichts-Kategorien denken.

Wenn den Kindern die Ablösung gelingt, beginnen sie, ihre Grenzen zu ziehen. Der Unterschied zwischen mein und dein ist wichtig, wenn man eine gute Beziehung aufbauen will. Als Kleinkind haben Sie oft gesagt »das gehört mir«. Das mußten Sie auch, damit Sie wußten, was Ihnen gehört und was jemand anderem.

Entwicklungsstörungen

In dieser Phase ist es besonders wichtig, daß die Eltern selbst ihre Grenzen klar definiert haben. Darüber hinaus ist es wichtig, daß sie über gesunde Willenskraft verfügen. Wie schon erwähnt, stellt die

Willenskraft eine Ichstärke dar, die zur Bildung gesunder Grenzen benötigt wird. Außerdem erlaubt uns unsere Willenskraft, unsere Gefühle zu beherrschen und ihnen nur dann freien Lauf zu lassen, wenn es angemessen ist (wenn zum Beispiel jemand seinen Koffer auf Ihren Hut stellt), und sie, wenn nötig, zu unterdrücken (wenn uns zum Beispiel ein Polizist anhält, weil wir zu schnell gefahren sind). Wichtig ist, daß die Willenskraft auf einem guten Gefühl für Ausgeglichenheit basiert.

Eltern, die selbst erwachsene Kinder sind, haben kein Gefühl für diese Ausgeglichenheit. Sie sind entweder überhaupt nicht in der Lage, nein zu sagen, oder sie sagen immer nein. Manchmal sagen sie in einer inkonsequenten und manipulativen Weise ja und dann doch wieder nein.

Als Kleinkind glaubte ich, dieses Problem dadurch lösen zu können, daß ich lernte, unendlich lange festzuhalten. Ich erstickte mein Gefühl für Selbständigkeit, indem ich ein absolut gehorsamer kleiner Junge wurde. Ich war Mutters »kleiner Helfer« und Großmutters »braver Junge«. Ich war überangepaßt. Und das göttliche Kind in mir zog sich in sein Versteck zurück.

Wenn ich dann einmal den Versuch machte, andere Teile meines Selbst auszudrücken – wenn ich wütend oder unordentlich war oder laut lachte usw. –, wurde ich getadelt. Meine Sauberkeitsgewöhnung muß ein Alptraum gewesen sein. Jahrelang habe ich Angst gehabt, aufs Klo zu gehen, weil irgend jemand wissen könnte, was ich da tue. Als Kind bin ich immer zu jedem einzelnen Familienmitglied gegangen und habe es gebeten, nicht ins Badezimmer zu kommen, und dann schloß ich die Badezimmertür ab. Das kann man kaum normales Instinktverhalten nennen. In der Toilette ließ ich immer Wasser laufen, damit niemand hören konnte, wie ich urinierte. Für das andere hätte ich am liebsten eine Kapelle aufspielen lassen.

Ich hielt meinen Körper für böse, zumindest aber für schmutzig. Meiner religiösen Tradition zufolge war die Erde, auf der die Menschen lebten, ein Jammertal. Man mußte das Leben aushalten, um schließlich sterben zu dürfen. Dann hatte man es endlich geschafft. Die schwarzen Gewänder der Priester und Nonnen, der schwarze Holzkasten, der sich Beichtstuhl nannte, und in dem man seine Scham und Schuld beichtete, waren in meiner Vorstellungswelt die Symbole Gottes.

Bereits meine Eltern waren durch diese Tradition geprägt und seelisch verletzt worden. Mein Vater kannte keine Grenzen, er war bis ins Innerste von Scham durchdrungen. Ein Mensch, der unter krankhafter Scham leidet, glaubt nicht, daß es an ihm irgend etwas gibt, was in Ordnung ist. Wenn Scham die Grundlage des Lebens ist, hat ein Mensch keine Grenzen und ist dazu prädestiniert, süchtig zu werden. Mein Vater war in mannigfacher Art süchtig. Er konnte nicht nein sagen. Später, als ich alt genug war, um zu rebellieren, folgte ich seinem Beispiel.

Meine Mutter war *pflichtbewußt*. Sie war eine überangepaßte brave Frau und Mutter. Das Problem bei der Pflicht ist, daß sie starr, selbstgerecht und perfektionistisch ist. Aber ich danke Gott dafür, daß er mir eine solche Mutter gegeben hat, denn ohne ihr Pflichtgefühl hätte ich nicht überleben können. Festhalten ist besser als Loslassen, wenn man kleine Kinder großzieht. Aber eine auf Scham basierende, perfektionistische, pflichtorientierte Moral schafft Kinder, deren Persönlichkeitskern die Scham ist.

Ein solches Pflichtbewußtsein führt dazu, daß man das Gefühl hat, sich nicht freuen zu dürfen. Eine pflichtbewußte Mutter haßt Freude, denn wenn sie etwas tut, was ihr Freude macht, erzeugt das in ihr *Schuldgefühle*. Die Pflicht schafft »agierende Wesen«. Marion Woodman hat das so ausgedrückt: »Für die Perfektionistin, die sich selbst beigebracht hat, immer etwas *zu tun*, ist einfach *sein* ein Euphemismus und gleichbedeutend mit dem Ende ihrer Existenz.«

Die Entwicklungsstörung besteht in dieser Phase aus dem Verlust des Gleichgewichts. Bevor ich das verletzte Kind in mir gerettet hatte, hielt ich entweder in übertriebener Weise fest oder ließ in übertriebener Weise los. Ich war entweder ein Heiliger (lebte im Zölibat) und wollte Priester werden, oder ich verlor jede Selbstbeherrschung, wurde Alkoholiker und feierte Sexorgien. Ich war entweder gut oder böse, aber nie beides; und ich betrachtete auch die anderen Menschen unter diesen Aspekten, auch sie waren entweder gut oder böse, nie beides. Als meine Therapie schließlich Erfolge zeigte, begriff ich allmählich, daß ich sowohl gut als auch böse bin. Es ist unmenschlich, immer ein »braver Junge« zu sein, so wie es unmenschlich ist, immer allen gefallen zu wollen. Ich kann mich noch gut an eine Familienregel erinnern, die sich darauf bezog, wie man sich anderen Leuten gegenüber ausdrücken sollte: »Wenn du nichts Nettes sagen kannst, sag lieber gar nichts.« Diese Regel ist durch »Klopfer« aus Walt Disneys *Bambi* berühmt geworden. Aber »Klopfer« war schließlich ein Kaninchen!

Man kann die Entwicklungsstörung des verletzten Kindes in dieser Phase folgendermaßen zusammenfassen:
Seelische Verletzung – Verleugnung der Ichhaftigkeit (Amness). Es ist nicht in Ordnung, wenn du du selbst bist. Die seelische Verletzung hat sehr oft ihren Ursprung in diesem Alter.
Krankhafte Scham. Die krankhafte Scham vermittelt Ihnen das Gefühl, daß nichts an Ihnen in Ordnung ist. Alles, was Sie fühlen, tun und denken ist falsch. Sie sind als menschliches Wesen minderwertig.
Verleitung zu kriminellem Verhalten. Mangel an Disziplin führt zu kriminellem Verhalten. Wenn ein Krimineller etwas haben will, sind ihm die Konsequenzen seines Tuns gleichgültig. Er übernimmt keine Verantwortung für sein Verhalten.
Zwanghafte Überkontrolle. Als Folge der Überangepaßtheit ist aus dem Kind in Ihnen ein Mensch geworden, der sich immer um alles kümmern muß und allen Leuten gefallen will. Sie haben gelernt, sich streng an die Gesetze zu halten, und kritisieren und verurteilen andere und sich selbst.
Sucht. Das Kind in Ihnen kann nicht nein sagen. Sie sind süchtig. Sie essen und trinken zuviel, geben zuviel Geld aus und haben zuviel Sex.
Isolation. Das Kind in Ihnen ist isoliert und allein. Nur so spürt es, daß es auch Grenzen hat. Wenn sie keine Beziehungen mehr zu anderen Menschen haben, kann Sie auch niemand mehr verletzen.
Mangel an Ausgeglichenheit – Probleme der Grenzen. Da das Kind in Ihnen nie gelernt hat, einen Ausgleich zwischen Festhalten und Loslassen zu schaffen, sind Sie (1) entweder geizig mit Geld, Gefühlen, Lob oder Liebe, oder Sie sind ausgelassen, verrückt und völlig ohne jede Selbstbeherrschung. Sie verschenken alles, möglicherweise auch sich selbst. Dieser Mangel an Ausgeglichenheit führt Sie (2) entweder dazu, daß Sie Ihre Kinder übermäßig streng erziehen (starre Disziplin) oder sich weigern, ihnen irgendwelche Grenzen zu ziehen (zu große Freizügigkeit); oder Sie machen erst das eine und dann das andere. Ihre Erziehung ist inkonsequent und unausgeglichen. Da Ihnen die Fähigkeit fehlt, sich aus Abhängigkeiten zu lösen, haben Sie (3) ernste Beziehungsprobleme. Sie verstricken sich entweder total und sitzen buchstäblich in der Falle (können nicht mehr weg), oder Sie bleiben in der Beziehung einsam und isoliert.
Auch wenn das Kleinkindalter noch nicht die Zeit war, in der das

Kind in Ihnen die Rollen des Familiensystems übernommen hat, wurde doch in diesem Alter schon eine gewisse Vorliebe für bestimmte Rollen angelegt. Als das Kind in mir Trennung und Zorn als Verlassenwerden erlebte, entwickelte ich eine Neigung, Leuten gefallen zu wollen und mich um sie zu kümmern.

Nachbereitung

Um die Fakten Ihrer eigenen Geschichte im Kleinkindalter sammeln zu können, sollten Sie die folgenden Fragen als Richtlinie benützen.

1. Wer war bei Ihnen, als Sie zwei oder drei Jahre alt waren? Wo war Ihr Vater? Hat er oft mit Ihnen gespielt? Hat er viel Zeit mit Ihnen verbracht? Haben sich Ihre Eltern scheiden lassen? Wo war Ihre Mutter? War Sie geduldig? War Sie viel mit Ihnen zusammen? Waren Ihr Vater oder Ihre Mutter oder beide süchtig?
2. Wie sind Sie von Ihrer Mutter und von Ihrem Vater bestraft worden? Wenn Sie körperlich gezüchtigt wurden – *was genau wurde mit Ihnen gemacht, geben Sie Einzelheiten an*. Wenn Sie seelisch bestraft wurden, in welcher Weise hat man Sie in Angst und Schrecken versetzt? Hat man Ihnen gesagt, wenn der Vater nach Hause käme, würden Sie eine Tracht Prügel bekommen oder auf andere Weise bestraft werden? Hat man Sie selbst den Stock, den Lederriemen oder sonst etwas holen lassen?
3. Hatten Sie ältere Geschwister? Wie sind Sie von ihnen behandelt worden?
4. Wer war wirklich *für* Sie da? Wer hat Sie auf den Arm genommen, wenn Sie Angst hatten oder geweint haben? Wer hat Ihnen liebevoll, freundlich, aber bestimmt Grenzen gesetzt, wenn Sie wütend waren? Wer hat mit Ihnen gespielt, gelacht und Spaß gehabt?

Schreiben Sie so viel wie möglich aus Ihrer Kleinkindzeit auf. Legen Sie besonderen Wert auf Familien*geheimnisse*, die Ihnen inzwischen bekannt geworden sind, von denen Sie aber als Kind nichts wissen konnten. War Ihr Vater zum Beispiel süchtig nach Sex und ging häufig fremd? Sind Ihre Mutter oder Ihr Vater jemals Opfer körperlicher, seelischer oder sexueller Gewalt geworden, ohne später psychotherapeutisch behandelt zu werden? Ich kenne einen Mann, der mit vierzig Jahren erfahren hat, daß seine Mutter Opfer eines sowohl körperlichen wie auch seelischen Inzests geworden ist. Er selbst hatte jahrelang sexuell »agiert«; er hatte eine Vorliebe für Frauen, die Opfer eines Inzests geworden waren und nie behandelt worden sind. Er hatte eine starke Bindung an seine Mutter, und ich glaube, er trug in sich ihren unverarbeiteten Inzest und agierte ihn aus.

Familien*geheimnisse* haben immer etwas mit krankhafter Scham zu tun. Deshalb ist es wichtig, daß Sie die Zusammenhänge möglichst gut erkennen. Wenn Sie schreiben, sollten Sie sich auf alle Vorfälle konzentrieren, bei denen man Ihnen Schamgefühle vermittelt hat. Sie sollten sich an alle Fälle erinnern, in denen Ihre Gefühle, Bedürfnisse und Wünsche unterdrückt worden sind. Konzentrieren Sie sich auch auf den *Mangel* an Disziplin in Ihrem Elternhaus. Achten Sie darauf, *auf welche Weise Sie zu unrecht Macht bekamen*, weil Sie nicht diszipliniert wurden. Stellen Sie fest, ob man sich in ausreichendem Maße um Sie gekümmert, Ihnen Grenzen gesetzt hat; vermutlich hat sich niemand darum gekümmert, Ihnen beizubringen, daß das Leben aus Geben und Nehmen besteht und daß man die Verantwortung für sein Verhalten übernehmen muß.

Beschreiben Sie *traumatische Ereignisse*, an die Sie sich erinnern können. Versuchen Sie, sich an möglichst viele konkrete Einzelheiten zu erinnern. Wenn Sie zum Beispiel darüber berichten, wie Sie für etwas bestraft worden sind, was in Wirklichkeit Ihr Bruder getan hatte, dann schreiben Sie: »Mein Bruder und ich spielten mit zwei Lumpenpuppen. Eine war kaputt, und die Füllung kam heraus. Sie waren rot und blau, aber die einzelnen Teile waren schon verblichen. Mein Bruder nahm mir meine Puppe weg und riß ihr den Arm ab. Dann lief er gleich zur Mutter und sagte ihr, *ich* hätte *seiner* Puppe den Arm abgerissen. Er war ihr Liebling. Sie schlug mich sofort zweimal, ein Schlag traf mich auf dem Rücken, der andere auf dem Hintern. Es tat weh, und ich lief in mein Zimmer und weinte. Mein Bruder fing an zu lachen.«

Es kann sein, daß Sie sich nicht mehr an alle Einzelheiten erinnern können, schreiben Sie aber trotzdem alles auf, was Ihnen einfällt. Es gibt einen therapeutischen Spruch, der lautet: »Bei Einzelheiten kann man keine Mißerfolge haben.« Einzelheiten haben einen engeren Bezug zum tatsächlichen Erleben und lösen deshalb eher echte Gefühle aus. Es wird zum Beispiel sicher keine sehr große Wirkung auf Ihre Gefühle haben, wenn ich Ihnen sage, daß eine Frau, die an einem der vergangenen Workshops teilgenommen hat, im Alter von anderthalb bis vier Jahren von ihrem Vater sexuell mißbraucht worden ist. Der Gedanke daran kann Sie *entsetzen*, aber Sie erleben keine wirkliche Gefühlsreaktion. Wenn ich Ihnen aber sage, daß er sie sich jede Nacht zwischen seine Beine gelegt hat und sich von ihr an seinem Penis saugen ließ, was er ihr beibrachte, indem er einen Schnuller darauf steckte, dann *spüren* Sie etwas von dem schrecklichen Verrat und dem Schmerz, den diese Frau empfunden hat.

Erzählen Sie einem Freund aus Ihrer Kleinkindzeit

Wie schon vorher, ist auch hier entscheidend, die Geschichte Ihrer Kleinkindzeit einem anderen Menschen zu erzählen, dem Sie sich freundlich verbunden fühlen. Sie dürfen dabei nicht vergessen, daß das Verhalten der Zweijährigen (dieser »schrecklichen Zweijährigen«) so *natürlich* ist, wie die Tatsache, daß auf jede Nacht ein Tag folgt. Mit neun Monaten fängt das Kind an, zu krabbeln und auf Entdeckungsreisen zu gehen. Mit achtzehn Monaten sagt jedes Kind *nein* und bekommt Wutanfälle, wenn es seinen Willen nicht durchsetzen kann.

Das Verhalten eines Zweijährigen ist weder »böse« noch »brav« und hat ganz gewiß nichts mit so etwas Mystischem wie der *Erbsünde* zu tun. So wie vielen anderen Kindern hat man auch mir die Geschichte von Adam und Eva und der Erbsünde erzählt, auf die meine bösen, selbstsüchtigen Neigungen zurückzuführen seien. Disziplinarische Maßnahmen und Bestrafungen seien nur zu meinem Besten (obwohl ich als Kind nicht oft körperlich bestraft worden bin).

Wenn man einem Kleinkind beim Spielen zusieht, muß man seine Vorstellungskraft gewaltig strapazieren, um sich vorstellen zu können, daß dieses Kind böse ist und üble Neigungen hat. Es ist immer das verletzte Kind in der Seele der Eltern, das ein solches Kind verprügeln, bestrafen und einengen will. Es tut das aus einer überangepaßten Angst vor dem Verlassenwerden oder aus dem Bedürfnis nach Rache (die Eltern wollen mit dem Kind das gleiche machen, was sie am liebsten mit ihren eigenen Eltern gemacht hätten).

Kinder sind bedürftig und unreif, und wenn sie klein sind, ist es nicht leicht, mit ihnen fertig zu werden, aber sie sind mit Sicherheit nicht moralisch böse. Piaget hat etwas bewiesen, was die Weisheit der Jahrhunderte immer schon wußte: Das Alter der Vernunft beginnt mit etwa sieben Jahren. Ein Gefühl für Moral ist vor diesem Alter überhaupt nicht möglich.
Erzählen Sie Ihrer Bezugsperson, wie Ihr Kleinkind-Selbst verletzt worden ist. Sie soll bei Ihnen sein, wenn Sie Ihre Geschichte vorlesen. Sie brauchen einen Verbündeten, der Ihnen *bestätigen* kann, daß Ihr Kummer *berechtigt* ist, weil Ihr kostbares Kleinkind so sehr gelitten hat.
Wenn Sie kriminell geworden sind, brauchen Sie eine Erklärung, warum Sie so geworden sind. Niemand hat Ihnen Grenzen gesetzt, Ihnen Disziplin oder Verantwortungsgefühl beigebracht. Kriminelles Verhalten ist natürlich *nie* zu rechtfertigen. Aber die meisten Straftäter sind vorher selbst Opfer geworden. Im dritten Teil des Buches biete ich einige Möglichkeiten an, wie Sie dem verletzten Kind in sich ein wenig Disziplin beibringen können. Sie müssen hart daran arbeiten, Ihr Gewissen auszubilden.
Wenn Sie die Geschichte Ihrer Verletzung einem Menschen erzählen, der Ihnen nahesteht, verringert sich die krankhafte Scham. Toxische Scham, daran werden Sie sich erinnern, führt in die Isolation und zum Schweigen. Wenn ein Kind sich schämt, glaubt es, daß es kein Recht hat, von einem anderen Menschen *abhängig* sein zu dürfen. Weil die *Bedürfnisse* des verletzten Kindes nie befriedigt worden sind und es sich immer dann am meisten schämen mußte, wenn seine Bedürftigkeit am größten war, kann es passieren, daß es sich schämt und glaubt, anderen Menschen lästig zu sein, wenn es sie bittet, ihm zuzuhören. In Wirklichkeit ist es Ihr *gutes Recht*, sich von anderen lieben und versorgen zu lassen.
Vergessen Sie nicht, Sie tun das für das kostbare, verletzte Kind in sich. *Lassen Sie es zu, daß Ihr Kleinkind-Ich an Ihr Herz rührt!*

Erleben Sie Ihre Gefühle

Wenn Sie ein Foto von sich als Kleinkind besitzen, holen Sie es hervor. Schauen Sie sich an, wie klein und unschuldig Sie waren. Suchen Sie sich dann ein anderes Kleinkind, und beschäftigen Sie sich eine Zeitlang mit ihm. Erleben Sie, wie natürlich diese Entwicklungsphase ist. Es war völlig normal, daß Sie in dem Alter voller Energie waren und ausgelassen herumgetobt haben. Kleinkinder wollen den Dingen auf den Grund gehen. Auch Sie waren neugierig und an allem interessiert. Sie haben *nein* gesagt, weil Sie Ihr eigenes Leben beginnen wollten. Sie waren unsicher und unreif und hatten deshalb Wutanfälle. Sie waren eine unschuldige und wunderhübsche kleine Person. Konzentrieren Sie sich auf das, was Sie im Kleinkindalter erleben mußten. Erleben Sie bewußt die Gefühle, die dabei entstehen.

Schreiben Sie einen Brief

Schreiben Sie auch Ihrem Kleinkind-Ich einen Brief, genauso wie Sie Ihrem Säuglings-Ich einen geschrieben haben. Der Brief kommt von einem Erwachsenen – in meinem Fall von einem freundlichen, weisen alten Zauberer. Einer der Briefe, die ich an mein Kleinkind-Ich geschrieben habe, lautet folgendermaßen:

> Lieber kleiner John,
> ich weiß, daß du sehr einsam bist. Ich weiß, daß du es nie geschafft hast, du selbst zu sein. Du hast Angst, wütend zu sein, weil du glaubst, es gäbe ein schreckliches Feuer, das sich Hölle nennt, das brennt, wenn du wütend bist. Du kannst auch nicht traurig sein und darfst keine Angst haben, denn das ist nur etwas für Schwächlinge. Niemand kennt diesen wunderbaren kleinen Jungen, der du wirklich bist, und niemand weiß, was du wirklich empfindest.
> Ich stamme aus deiner Zukunft und weiß besser als jeder andere, was du durchgemacht hast. Ich habe dich lieb und möchte, daß du immer bei mir bist. Ich laß dich so sein, wie du bist. Ich werde dir etwas beibringen, was dich ausgeglichener werden läßt, und lasse dich ansonsten wütend, traurig, ängstlich oder froh sein. Überleg dir doch bitte einmal, ob du mich nicht auch immer bei dir haben willst.
>
> In Liebe,
> der große John

Als ich das schrieb, spürte ich die Einsamkeit und Traurigkeit des Kindes in mir.

Brief von Ihrem Kleinkind

Lassen Sie anschließend das verletzte Kleinkind in sich einen Brief an Sie schreiben. Denken Sie daran, daß Sie diesen Brief mit der *linken Hand* schreiben müssen (Linkshänder natürlich mit der rechten). Hier ist der Brief, den ein Teilnehmer an einem meiner Workshops geschrieben hat:

Lieber großer Richard

Bitte komm und hol mich. Ich sitze seit vierzig Jahren in meinem Versteck. Ich habe fürchterliche Angst, ich brauche dich.

Der kleine Richard

Wenn Sie Ihren Brief geschrieben haben, bleiben Sie still sitzen und geben sich Ihren Gefühlen hin. Wenn jemand bei Ihnen ist oder wenn Sie einen guten Freund, Betreuer oder Therapeuten haben, der weiß, was Sie tun, bitten Sie ihn, Ihnen Ihre Briefe laut vorzulesen. Wenn Ihnen die Briefe von einer anderen Person vorgelesen werden, die Ihnen gegenübersitzt, hat das eine besonders intensive Wirkung.

Zusicherungen

Ich bitte Sie, sich noch einmal in die Vergangenheit zu begeben und Kontakt mit dem Kleinkind in Ihnen aufzunehmen, um ihm die Zusicherungen zu geben, die es immer schon so dringend gebraucht hätte. Sie sind anders als die, die Sie dem Säugling in sich gegeben haben.

Ihr Kleinkind-Ich will folgendes hören:

Kleiner ... es ist völlig in Ordnung, wenn man neugierig ist und alles haben, ansehen, anfassen und schmecken will. Ich sorge dafür, daß du in Ruhe auf deine Entdeckungsreise gehen kannst.
Ich hab dich lieb, so wie du bist, kleiner ...
Ich bin hier, um mich um dich zu kümmern. Du brauchst dich aber nicht um mich zu kümmern.
Es ist völlig in Ordnung, wenn du dich versorgen läßt, kleiner ...
Es ist völlig in Ordnung, wenn man nein sagt, kleiner ...
Ich bin froh, daß du du selbst sein willst.
Es ist völlig in Ordnung, wenn wir beide wütend werden. Wir werden schon eine Lösung für unsere Probleme finden.
Es ist völlig in Ordnung, wenn du Angst hast, wenn du Dinge so tust, wie du es möchtest.
Es ist völlig in Ordnung, wenn du traurig bist, weil es nicht so läuft, wie du es dir vorgestellt hast.
Was auch immer geschehen mag, ich werde dich nie verlassen.
Du kannst du selbst sein und dich trotzdem darauf verlassen, daß ich immer für dich da bin.
Ich schaue gern zu, wie du Laufen und Sprechen lernst. Ich schaue gern zu, wie du dich selbständig machst und groß wirst.
Ich hab dich lieb und schätze dich, kleiner ...

Lesen Sie sich diese Zusicherungen langsam durch, und lassen Sie ihre Bedeutung auf sich einwirken. Jetzt sind Sie bereit, Ihr Kleinkind-Ich zurückzugewinnen.

Kleinkind-Meditation

Die allgemeine Anleitung zu allen Meditationen sollten Sie inzwischen auf Band haben. Wenn nicht, blättern Sie auf Seite 137ff. zurück und nehmen den Anfang der Meditation auf, der mit dem Satz endet: »Was war das für ein *Gefühl*, in dem Haus zu leben?« (Wenn Sie erst hier angefangen haben zu lesen, schauen Sie sich bitte die Instruktionen auf den Seiten 136f. an.)
Fügen Sie jetzt der allgemeinen Anleitung folgendes hinzu:

Stellen Sie sich vor, Sie könnten aus dem Haus hinausgehen und sähen ein kleines Kind, das in einem Sandkasten spielt ... Sehen Sie es sich gut an, und versuchen Sie, ein Gefühl für dieses Kind zu entwickeln ... Wie ist die Farbe seiner Augen? ... Welche Haarfarbe hat es? ... Was hat es an? ... Reden Sie mit dem Kind ... Sagen Sie das, was Ihnen gerade in den Sinn kommt ... Lassen Sie sich jetzt selbst in den Sandkasten setzen, und werden Sie selbst dieses kleine Kind ... Was ist das für ein Gefühl, so ein kleines Kind zu sein ... Schauen Sie nach oben, und betrachten Sie sich als Erwachsenen ...

Hören Sie zu, wie dieser Erwachsene, der ein weiser, freundlicher Zauberer ist, Ihnen langsam die folgenden Zusicherungen gibt. Setzen Sie sich auf den Schoß dieses Zauberers, wenn Sie sich dort geborgen fühlen.

Wenn Sie mit einem Partner arbeiten, ist das die Stelle, an der Sie Ihrem Partner die Zusicherungen geben, die auf der Seite 136 stehen. (Er schaut zwar sein eigenes erwachsenes Ich an, aber er hört Ihre Stimme.) Wenn Sie allein arbeiten, müssen Sie die Zusicherungen selbst auf Band sprechen. Wenn Sie die Zusicherungen gehört haben, geben Sie dem Kind in sich ein paar Minuten Zeit, damit es sich den Gefühlen hingeben kann, die dadurch ausgelöst worden sind. Fahren Sie dann fort:

Wenn du den Erwachsenen in den Arm nehmen willst, tue es bitte. Wenn du ihn in den Arm genommen hast, spürst du, wie du selbst wieder der Erwachsene wirst. Halten Sie Ihr Kleinkind fest im Arm. Nehmen Sie sich vor, diesen sorglosen, unternehmungslustigen, neugierigen Teil Ihrer Selbst zu lieben. Sagen Sie dem Kind: Ich werde dich nie verlassen ... Ich werde immer für dich dasein ... Machen Sie sich klar, daß Sie damit Ihr Kleinkind-Ich zurückgefordert haben ...
Erleben Sie das Gefühl, nach Hause zu kommen ... *Ihr Kleinkind ist willkommen, wird geliebt und nie mehr alleingelassen werden ... Verlassen Sie das Haus ... Gehen Sie auf der Straße der Erinnerungen weiter* vorwärts ... *Gehen Sie an Ihrem alten Schulhof vorbei. Schauen Sie sich den Spielplatz und die Schaukel an ... Gehen Sie an dem Platz vorbei, an dem Sie sich als Teenager immer mit den anderen getroffen*

haben ... Jetzt spüren Sie, daß Sie wieder an dem Ort sind, an dem Sie jetzt sind ... Spüren Sie Ihre Zehen ... Bewegen Sie sie ... Spüren Sie, wie die Kraft von unten nach oben durch Ihre Beine strömt ... Holen Sie tief Luft, und spüren Sie, wie die Kraft in Ihre Brust steigt ... Atmen Sie geräuschvoll aus ... Spüren Sie, wie die Kraft in Ihre Arme und Finger strömt ... Bewegen Sie die Finger ... Spüren Sie die Kraft in Ihren Schultern, im Nacken, im Gesicht ... Strecken Sie die Arme aus ... Jetzt spüren Sie Ihr Gesicht ... Sie sind wieder hellwach und bei vollem Bewußtsein ... Öffnen Sie die Augen.

Bleiben Sie eine Zeitlang still sitzen, und denken Sie über das Erlebnis nach. Geben Sie sich ganz Ihren Gefühlen hin. Wenn Sie nichts fühlen, ist das auch in Ordnung. Erinnern Sie sich an die Worte, die Sie am meisten beeindruckt haben. An welcher Stelle tauchten bei Ihnen Gefühle auf? Wie fühlen Sie sich jetzt? Was ist Ihnen bewußt geworden?
Schreiben Sie alle intensiven Gefühle auf, die Sie gehabt haben oder jetzt haben. Wenn Sie das Bedürfnis haben, sich Ihrem Partner mitzuteilen, bitte, tun Sie es.

Die Arbeit mit einem Partner

Wenn Sie die Übungen mit einem Partner machen, nehmen Sie sich Zeit, um sich gegenseitig zu bestätigen, wie sehr sie verletzt worden sind. Seien Sie der Spiegel, in dem Ihr Partner sich betrachten kann, und verifizieren Sie das, was er sagt.
Sie führen sich abwechselnd durch die Meditation. Wie Sie aus dem Text ersehen können, besteht bei der Arbeit mit einem Partner der einzige Unterschied darin, daß der Partner die Zusicherungen laut vorliest. Außerdem kann er Sie führen, im Arm halten und streicheln, wenn Ihnen beiden das ein Gefühl der Sicherheit vermittelt. Weitere Informationen finden Sie auf Seite 143f. in der Einführung für die Partnerübung.

Gruppenarbeit

Lesen Sie sich die Anweisungen für die Gruppenarbeit auf Seite 144ff. durch. Wenn Ihr »Gruppensprecher« die allgemeinen Anweisungen für die Meditation auf Band gesprochen hat, lassen Sie ihn noch folgendes hinzufügen:

> *Stellen Sie sich jetzt vor, Sie könnten nach draußen gehen und sähen dort ein kleines Kind, das in einem Sandkasten spielt ... Schauen Sie es sich genau an, und versuchen Sie, ein Gefühl für dieses Kind zu entwickeln ... Welche Farbe haben seine Augen? ... Was trägt es? ... Reden Sie mit dem Kind ... Sagen Sie das, was Ihnen gerade einfällt ... Versetzen Sie sich selbst in den Sandkasten, und werden Sie dieses kleine Kind ... Was ist das für ein Gefühl, so ein kleines Kind zu sein? ... Schauen Sie nach oben, und sehen Sie sich selbst als Erwachsenen ... Hören Sie zu, wie dieser Erwachsene Ihnen langsam die Zusicherungen für das Kleinkindalter gibt. Setzen Sie sich auf seinen Schoß, wenn Sie sich dort sicherer fühlen.*

Sprechen Sie diese Zusicherungen nicht auf Band. Geben Sie jedem eine Kopie der Liste der Zusicherungen, und halten Sie sich an die Anweisungen zur Bildung eines Ankers auf Seite 147f. Lesen Sie weiter bis zum Ende der Meditation, wie sie *in diesem Kapitel* formuliert ist. Dann spielen Sie die Aufnahme ab und beginnen Ihre Gruppenarbeit mit den Zusicherungen, wie es auf der Seite 149 beschrieben ist.

Denken Sie daran, daß der große Erwachsene in Ihnen *sich des verletzten kleinen Kindes in Ihnen annehmen kann.* Hier ist eine Zeichnung, die darstellt, wie ich mir die Rückgewinnung des Kleinkindes in mir vorstelle.

Jetzt ist es Zeit, weiterzugehen und auch Ihr Vorschulkind zu der Heimkehrparty einzuladen, die Sie geben.

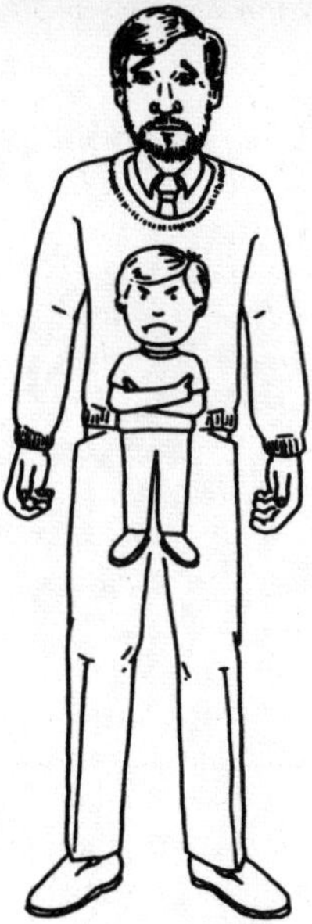

Nein!

6. Kapitel
Wie man sein Vorschulkind-Ich zurückgewinnt

Sei dir selbst treu. *(To thine own self be true)*
William Shakespeare

VORSCHULKIND

(frühe Identität)

Ich bin jemand — männlich / weiblich

Alter: 3–6 Jahre
Entwicklungspolarität: Initiative gegen Schuldgefühle
Ichstärke: Zielstrebigkeit
Kraft: Vorstellungskraft, Gefühl
Beziehungsthematik: Unabhängigkeit

Liste der Verdachtsmomente

Beantworten Sie die folgenden Fragen mit Ja oder Nein. Lesen Sie sich zuerst jede einzelne Frage durch, und warten Sie dann, um das Gefühl zu empfinden, das Sie dabei haben. Wenn Sie zu einem Ja tendieren, antworten Sie mit Ja, sonst mit Nein. Wenn Sie auch nur eine dieser Fragen mit Ja beantworten, können Sie davon ausgehen, daß das wunderbare Kind in Ihnen verletzt worden ist. Es gibt verschiedene Grade der Verletzung. Sie selbst befinden sich irgendwo auf einer Skala, die von eins bis hundert reicht. Je größer die Zahl der Fragen ist, bei denen Sie das *Gefühl* haben, mit Ja antworten zu müssen, um so schlimmer ist Ihr Vorschul-Ich verletzt worden.

1. *Haben Sie große Probleme mit Ihrer Identität? Ja ☐ Nein ☐ Die Beantwortung dieser Frage wird Ihnen leichterfallen, wenn Sie einmal über folgendes nachdenken: Wer sind Sie? Fällt es Ihnen leicht, diese Frage zu beantworten? Fühlen Sie sich, unabhängig von Ihren sexuellen Präferenzen,* wirklich *als Mann? Als Frau? Überbetonen Sie Ihr Geschlecht (versuchen Sie, als Mann ein Macho oder als Frau besonders sexy zu sein)? Ja ☐ Nein ☐*

2. *Haben Sie auch dann Schuldgefühle, wenn Sie sich in normaler Weise sexuell verhalten? Ja ☐ Nein ☐*

3. *Fällt es Ihnen schwer, sich jederzeit mit Ihren Gefühlen zu identifizieren? Ja ☐ Nein ☐*

4. *Haben Sie Schwierigkeiten bei der Kommunikation mit Leuten, die Ihnen nahestehen (Partner, Kinder, Chef, Freunde)? Ja ☐ Nein ☐*

5. *Versuchen Sie meistens, Ihre Gefühle zu beherrschen? Ja ☐ Nein ☐*

6. *Versuchen Sie auch, die Gefühle der Menschen in Ihrer Umgebung zu kontrollieren? Ja ☐ Nein ☐*

7. *Weinen Sie, wenn Sie wütend sind? Ja ☐ Nein ☐*

8. *Geraten Sie in Wut, wenn Sie Angst haben oder verletzt sind? Ja ☐ Nein ☐*

9. *Fällt es Ihnen schwer, Ihre Gefühle auszudrücken? Ja ☐ Nein ☐*

10. *Haben Sie das Gefühl, daß Sie für das Verhalten und die Gefühle anderer Leute verantwortlich sind? (Haben Sie zum Beispiel das Gefühl, daß Sie jemanden traurig oder wütend* machen *können?) Ja ☐ Nein ☐*

Haben Sie außerdem das Gefühl, daß Sie schuld an dem sind, was den Mitgliedern Ihrer Familie zugestoßen ist? Ja ☐ Nein ☐

11. *Glauben Sie, daß Sie einen anderen Menschen allein dadurch ändern können, daß* Sie *sich in einer bestimmten Weise verhalten? Ja ☐ Nein ☐*

12. *Glauben Sie, daß etwas allein dadurch Wirklichkeit werden kann, daß man es sich wünscht oder empfindet? Ja ☐ Nein ☐*

13. *Werden Sie häufig mit verwirrenden Botschaften und inkonsequenten Mitteilungen konfrontiert, ohne eine Klärung zu verlangen? Ja ☐ Nein ☐*

14. *Handeln Sie aufgrund von Vermutungen und nicht geprüften Annahmen, und behandeln Sie sie wie gesicherte Informationen? Ja ☐ Nein ☐*

15. *Fühlen Sie sich für die Eheprobleme oder die Scheidung Ihrer Eltern verantwortlich? Ja ☐ Nein ☐*

16. *Streben Sie nach Erfolg, nur damit Ihre Eltern sich gut fühlen können? Ja ☐ Nein ☐*

Das normale Vorschulalter

Mit etwa drei Jahren haben Sie angefangen, *warum* zu fragen und eine Menge anderer Fragen gestellt. Sie haben nicht gefragt, weil Sie dumm waren oder den Leuten auf die Nerven gehen wollten, sondern Ihr Verhalten war Teil des biologischen Plans Ihres Lebens. Sie haben diese Fragen gestellt, weil Sie Lebenskraft hatten – eine Seinsqualität (beingness) –, die Sie zu einer immer weiteren Ausdehnung Ihres Lebens getrieben hat.
Fassen wir Ihre Entwicklung bis zu diesem Punkt einmal zusammen: Sie fühlen sich in der Welt willkommen und wissen, daß Sie darauf vertrauen können, daß sie Ihre Bedürfnisse befriedigt; Sie haben außerdem genügend Willenskraft und verinnerlichte Disziplin, um sich selbst vertrauen zu können. Jetzt müssen Sie die Kraft entwickeln, die es Ihnen ermöglicht, sich selbst als das zu sehen,

was Sie sind, und die Sie in die Lage versetzt, sich vorzustellen, wie Sie Ihr Leben gestalten wollen. Wenn Sie wissen, wer Sie sind, haben Sie eine Identität, die auch Ihre Sexualität, Ihren Glauben an sich selbst und Ihre Phantasievorstellungen mit einschließt. Vorschulkinder stellen so viele *Warum*-Fragen, weil es so viel gibt, was sie wissen wollen. Manchem von uns geht das immer noch so.

Weil es so schwer ist, herauszufinden, wer man ist und was man mit seinem Leben anfangen will, gibt es für die Kinder einen besonderen Schutz, der ihnen dabei helfen soll. Dieser besondere Schutz nennt sich Egozentrismus. Kinder sind von Natur aus egozentrisch. Aber sie sind nicht egoistisch. Ihr Egozentrismus ist eine biologische Tatsache, sie können gar nicht anders sein. Vor dem sechsten Lebensjahr können Kinder die Welt noch nicht mit den Augen eines anderen Menschen sehen. Ein Vorschulkind kann zwar gefühlsmäßig mit einem anderen Menschen sympathisieren, aber es kann sich nicht wirklich in seine Lage versetzen. Diese Fähigkeit ist erst im Alter von sechzehn Jahren voll ausgebildet.

Vorschulkinder sind noch sehr magisch. Sie sind eifrig damit beschäftigt, die Realität zu testen, um zu lernen, Phantasie und Wirklichkeit unterscheiden zu können. Das ist eine der Arten, wie sie ihre Kräfte entdecken. Wenn man etwas ausprobiert, möchte man wissen, wieviel Kraft man besitzt.

Vorschulkinder sind sehr selbständig. Sie stellen ständig Fragen, bilden sich eine Meinung, machen sich ein Bild von der Zukunft, wollen wissen, wie alles funktioniert und warum gewisse Dinge passieren. Während sie ein differenzierteres Verständnis für Kausalzusammenhänge entwickeln, lernen sie auch, wie man etwas beeinflussen kann. Das ist die Aufgabe, die ihnen die Natur zugedacht hat und die ihre ganze Zeit in Anspruch nimmt.

Aufgabe der Eltern ist es, ihren Kindern etwas beizubringen und Vorbild zu sein. Der Vater ist das Vorbild als Mann und die Mutter das Vorbild als Frau. Vater und Mutter müssen außerdem Vorbild für eine gute Intimbeziehung sein, zu der auch eine gesunde Sexualität gehört. Darüber hinaus müssen die Eltern gute Vorbilder im Hinblick auf Kommunikationsformen sein, dazu müssen sie Sachverhalte klarstellen und zuhören können, sie müssen fragen, was das Kind möchte, und ihm Konfliktlösungen anbieten.

Söhne brauchen eine Bindung an den Vater. Eine solche Bindung kann jedoch nur entstehen, wenn der Vater Zeit für den Sohn hat. Zu einer solchen Bindung gehört sowohl Körperkontakt als auch seelische Nähe. Auch für ein Mädchen ist der Vater außerordentlich wichtig, aber das Bedürfnis eines Mädchens nach dem Vater ist nicht so entscheidend wie das des Jungen. Das Mädchen hat bereits eine Bindung an die Mutter, von der sie sich ablösen muß. Der Junge hat auch eine Bindung an die Mutter, aber wegen des Inzesttabus ist diese Bindung anders als die des Mädchens. Der Junge muß sich vor der Projektion der Sexualität der Mutter schützen.

Wenn der kleine Junge die Bindung zum Vater sucht, möchte er so sein wie er. Er beginnt, das Verhalten des Vaters zu imitieren. Er erzählt jedem, daß er genauso werden will wie der Vater, wenn er groß ist, und in seiner Phantasie spielt er symbolisch die Rolle seines Vaters. Manche Jungen suchen sich andere Helden, die sie bewundern und denen sie nacheifern. Meine Helden waren Baseballspieler. Ich sammelte die Bilder der Baseballspieler und trug das Trikot meiner Lieblingsmannschaft; ein signierter Baseball war einer meiner kostbarsten Schätze. Mädchen kopieren in der gleichen Weise das Verhalten ihrer Mütter. Sie spielen Mutter und Kind mit Babypuppen, fahren diese im Kinderwagen herum und geben ihnen das Fläschchen. Kleine Mädchen können auch in entzückender Weise kokett sein, wenn sie sich im Spiel kostümieren und schminken.

In dieser Periode kann sich auch eine biologische Disposition zur Homosexualität manifestieren. Ich möchte hier betonen, daß ich glaube, daß es immer mehr Beweise für eine angeborene Tendenz zur Homosexualität gibt und daß sie weder pathologisch ist, noch eine Entwicklungsstörung darstellt. (In den vielen Jahren, in denen ich psychotherapeutisch tätig gewesen bin, habe ich keinen einzigen homosexuellen Menschen behandelt, der sich nicht schon früh im Leben über seine oder ihre sexuelle Orientierung im klaren gewesen wäre.) In diesem Buch geht es um das verletzte Kind in uns allen. Die meisten Homosexuellen leiden unter einem Übermaß an Scham, da Jungen, die nicht die traditionellen männlichen Eigenschaften und Verhaltensweisen zeigen, fast überall gedemütigt werden. Wenn Sie ein homosexueller Mann oder eine homosexuelle Frau sind, dann ist es für das verletzte Vorschuldkind in Ihnen besonders wichtig, zu hören, daß es völlig in Ordnung ist, der zu sein, der Sie sind.

Die Ichstärke des Vorschulkindes

Erikson bezeichnet die Ichstärke des Vorschulkindes als *Zielbewußtsein*. Er geht davon aus, daß die Stärke des Zielbewußtseins aus dem Gefühl für die Identität entsteht. Wenn die Entwicklung bis zum Vorschulalter normal verlaufen ist, kann ein Kind sagen: »Ich kann der Welt vertrauen, ich kann mir selbst vertrauen, und ich bin etwas Besonderes und Einmaliges. Ich bin ein Junge/ich bin ein Mädchen. Ich kann schon jetzt damit beginnen, mir meine Zukunft vorzustellen, obwohl ich noch nicht genau weiß, was ich einmal werden will.«

Kraft entspringt dem Gefühl für die eigene Identität – die Kraft, etwas zu bewirken und entscheiden zu können. Das gesunde Vorschulkind denkt: »Ich kann ich selbst sein, und das ganze Leben liegt noch vor mir. Ich kann so tun, als wäre ich Mom, und ich kann so tun, als wäre ich Dad. Ich kann träumen, ich wäre ein Mann wie Dad oder eine Frau wie Mom. Ich kann träumen, ich wäre erwachsen und würde mein Leben selbst gestalten.«

Entwicklungsstörungen

Entwicklungsstörungen in diesem Alter zeigen, welche Spätfolgen die Störungen einer Familie haben. Für die Kinder sind die Eltern Vorbilder, von denen sie lernen, wie man sich als Erwachsener verhält. Wenn Mutter und Vater co-abhängige, schamgeprägte erwachsene Kinder sind, können auch die Kinder später keine gesunde Intimbeziehung aufbauen.

Erwachsene Kinder, die ihr wahres Selbst schon vor langer Zeit begraben und ihr Gefühl der Ichhaftigkeit verloren haben, können sich ihrem Partner nicht hingeben, weil sie kein Ich haben, das sich hingeben könnte. Wenn erwachsene Kinder heiraten, dann suchen sie sich einen Partner, der eine Projektion ihrer Eltern darstellt – ein Mensch, der sowohl die positiven als auch die negativen Aspekte ihrer Eltern aufweist und der das Rollensystem der Familie eines solchen erwachsenen Kindes vervollständigt. Der Held und »große Kümmerer« heiratet häufig ein »Opfer«, weil dann jeder seine Rolle weiterspielen kann. Jeder investiert ein enormes Maß an Wertschätzung in den anderen, was dann besonders augenfällig wird, wenn beide versuchen, sich voneinander zu trennen. Oder einer von

beiden oder beide tragen sich mit Selbstmordgedanken, weil sie angeblich ohne den anderen nicht leben können. Oft heiratet ein erwachsenes Kind, das Angst davor hat, verschlungen zu werden, ein erwachsenes Kind, daß Angst davor hat, verlassen zu werden. Wenn derjenige, der Angst hat, verlassen zu werden, demjenigen zu nahe kommt, der Angst davor hat, verschlungen zu werden, dann sucht dieser das Weite. Nach einer gewissen Zeit der Trennung fühlt sich der mit der Angst vor dem Verschlungenwerden so einsam, daß er es dem Partner, der die Angst vor dem Verlassenwerden hat, eine Zeitlang gestattet, ihm näherzukommen. Der Partner, der Angst hat, verlassen zu werden, erinnert sich an die letzte Trennung und versucht deshalb, den anderen festzubinden, woraufhin der wieder wegläuft. Die Dynamik dieses ständigen Hin und Her dauert so lange, wie die Ehe hält. Jeder löst bei seinem Partner die entsprechende Reaktion aus.
Erinnern Sie sich an das Bild vom 180 Pfund schweren Dreijährigen und von der 120 Pfund schweren Dreijährigen? Sie und ich waren die 60 Pfund schweren Fünfjährigen. Wir dürfen aber nicht vergessen, *daß mit unseren Eltern genau das gleiche geschehen ist.* Wenn das verletzte Kind in unserer Mutter und in unserem Vater erkennt, daß der andere nicht der Vater oder die Mutter ist, nach der es sich so lange gesehnt hat, wenden sie sich an die eigenen Kinder, um von denen das zu bekommen, was ihnen die Eltern vorenthalten haben.
Betrachten wir einmal die Familie Lavender. Bronco Lavender ist Vertreter und außerdem süchtig nach Sex. Er ist selten zu Hause, aber wenn er zu Hause ist, tut er so, als hätte er eine sehr intime Beziehung zu Glory, seiner Frau. Glory war von ihrem Vater, einem Pfarrer (und genauso süchtig nach Sex), zur Ehre Gottes auf diesen Namen getauft worden. Glory ist eine strenge co-abhängige Frau, die mit ihrem Bibellehrer fremdgeht. Bronco und Glory haben drei Kinder, zwei Jungen, sechzehn und dreizehn, und ein Mädchen im Alter von elf Jahren. Der ältere Junge ist sportlich sehr begabt. In der Schule ist er der Star und Vaters »Kumpel«. Als er zwölf bis vierzehn Jahre alt war, hatte er seine Schwester oft sexuell mißbraucht. Die Schwester ist außerordentlich dick und wird von der Mutter ständig gemaßregelt. Ich habe die Lavenders kennengelernt, als sie ihre Tochter wegen der Gewichtsprobleme zu mir brachten. Der jüngere Sohn ist Mutters Liebling. Er ist künstlerisch begabt, unsportlich und religiös, was der Mutter sehr gefällt. Sein Vater mag ihn nicht und ärgert ihn oft damit, daß er ihn einen

Schlappschwanz oder Trottel nennt. Für den Vater spielt er die Rolle des Sündenbocks. Nachfolgend ein Diagramm der Familie.

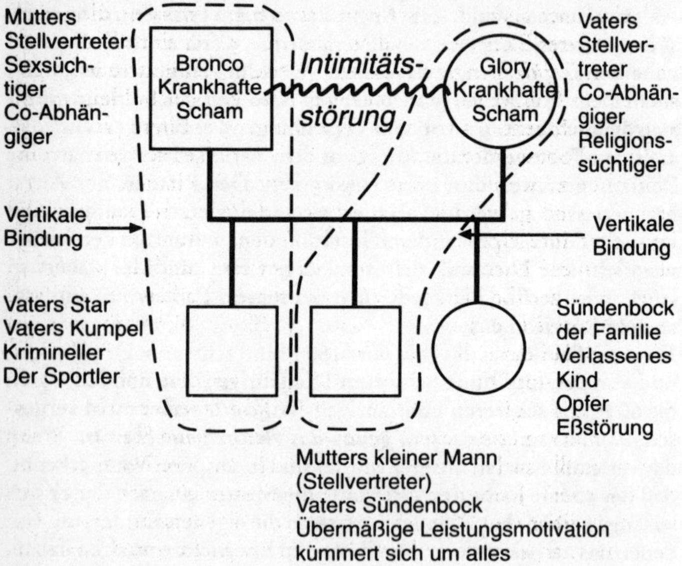

Niemand in dieser Familie besitzt eine echte Identität. Vater und Mutter sind beide Opfer eines *seelischen* Inzest geworden und nie therapeutisch behandelt worden. Beide waren Ersatzpartner des gegengeschlechtlichen Elternteils gewesen. Broncos Vater war Alkoholiker und hatte ihn verlassen, als er drei Jahre alt war. Als Bronco heranwuchs, war er Mutters ganzer Stolz. Sie machten alles gemeinsam. Die Mutter zog sich häufig an, wenn Bronco dabei war, oder ging auf die Toilette, wenn er im Bad war. »Sie hat mich zu ihrem Lebensinhalt gemacht«, erklärte Bronco mir mit Tränen in den Augen. Seine Mutter ist inzwischen gestorben, und Bronco beklagt sich oft darüber, daß es »keine guten Frauen mehr gibt«. Glory war für ihren Vater ein Geschenk Gottes. Sonntags wurde sie in die Nähe der Kanzel gesetzt, von der ihr Vater predigte. Ihre Mutter war hypochondrisch gewesen und hatte die meiste Zeit im Bett gelegen. Glory übernahm das Kochen und Waschen und war für ihren Vater ein wahrer Segen. Außerdem schlief sie bis zu ihrem ersten Lebensjahr mit ihm in einem Bett. Auch wenn es nicht zu sexuellen Handlungen mit dem Vater gekommen ist, war sie doch eindeutig seine Ersatzehefrau.

Sowohl Bronco als auch Glory sind dazu *benützt* worden, die Leere im Leben ihrer Eltern auszufüllen. Stellen Sie sich einmal vor, was das für ein *Gefühl* sein muß, in dieser Weise ausgenützt zu werden; es ist einem Mißbrauch gleichzustellen und verursacht bleibenden Zorn und Schmerz. Bronco und Glory haben ihre Eltern idealisiert, sie auf ein Podest gestellt und geglaubt, sie hätten es verdient, heilig gesprochen zu werden. Bronco und Glory haben in einem illusionären Zustand gelebt und sich selbst verleugnet. Sie hatten kein Gefühl für ihre eigene Ichhaftigkeit. Woher hätten sie das auch haben können? Niemand war für *sie* da gewesen, und sie hatten nie Gelegenheit gehabt, sie selbst zu sein. Immer mußten Sie sich um die Bedürfnisse und die Einsamkeit ihrer Eltern kümmern. Das ist Mißbrauch auf der seelischen Ebene.

Bronco und Glory brachten ihre seelischen Wunden in die Ehe mit und setzten die gleiche gestörte Dynamik in ihrer neuen Familie fort. Bronco »agierte« seine Sexualität, indem er eine Frau nach der anderen mißbrauchte (er schlief mit ihnen und verließ sie dann sofort wieder). Jedesmal wenn er eine Frau zurückwies, trug er einen Sieg über die Mutter davon, die ihn beherrscht hatte. Das Ganze geschah natürlich unbewußt. Ihm war nicht einmal bewußt, daß er wütend auf seine Mutter war, weil sie ihn soweit gebracht hatte, daß er sie idealisierte. Glory wurde von Schuldgefühlen zerfressen, weil sie fremdging. Ich half ihr dabei, zu erkennen, daß ihr Vater nicht nur sie mißbraucht hatte, sondern, wie sich herausstellte, auch noch andere Frauen aus seiner Gemeinde. Glory benützte ihre Religiosität, um den Zorn und die Traurigkeit, die tief in ihr schlummerten, zu verdecken. Sie unterhielt außerdem eine seelisch inzestuöse Beziehung zu ihrem jüngeren Sohn. Er war ihr »sensibler, kleiner Mann«. Mit ihm konnte sie über die Bibel diskutieren. Sonntags unternahmen sie gemeinsam lange Spaziergänge, bei denen sie sich Gedanken über die Herrlichkeit der Worte Gottes machten. Dieser Sohn füllte die Leere, die das verletzte Kind in Glory empfand, während der ältere Sohn sich um die Scham und den Schmerz des Vaters kümmerte. Ihre Tochter aß so viel, weil sie die Leere füllen wollte, die durch den Zorn, die Schmerzen und die Einsamkeit der anderen Familienmitglieder entstanden war. Und um sie machten sich Bronco und Glory Sorgen – sie war das

»Familienproblem«, das als Patient »identifizierte« Familienmitglied, das von mir wieder »in Ordnung gebracht« werden sollte.
Die Lavenders gaben ein schönes Bild ab, wenn sie sonntags gemeinsam in die Kirche gingen. Niemand konnte ihnen ansehen, wie sehr sie tief in ihrem Inneren litten. Niemand in der Familie hatte eine Identität, weil ihre entwicklungsbedingten Bedürfnisse im Vorschulalter nicht befriedigt worden waren.
Die Familie Lavender ist ein gutes Beispiel dafür, wie sehr die Intimität in einer Ehe gestört sein kann. Wenn die Kinder die Leere im Leben der Eltern ausfüllen müssen, hat diese ungesunde *vertikale* oder die *Generationen überschreitende* Bindung eine besonders verheerende Wirkung auf die sexuelle Identität der Kinder. Eine solche vertikale Bindung ist etwas völlig anderes als die Bindung zwischen Vater und Sohn oder Mutter und Tochter, die ich weiter oben erwähnt habe, und führt zu einer Rollenkonfusion – Sohn oder Tochter nehmen dann in völlig unangemessener Weise in der Familie den Platz des gegengeschlechtlichen Elternteils ein.
Bronco und Glory Lavender waren nicht in der Lage gewesen, ihren Kindern eine Umgebung zu schaffen, in der sie Denken und Fühlen lernen und ihre Vorstellungskraft entwickeln konnten. Die Kinder haben sich um die Ehe der Eltern gekümmert, um die Familie zusammenzuhalten. Die Bedürfnisse des Vorschulkindes, das unabhängig sein will, neugierig ist, seine Individualität ausprobiert, Fragen stellt und nachdenken will, konnten nicht befriedigt werden. Wie alle gestörten Familien litt auch die Lavender-Familie unter Co-Abhängigkeit. Jedes einzelne Familienmitglied war fremdbestimmt. Keiner kam dazu, auf seine eigenen inneren Signale zu achten.
Mit kleinen Abweichungen sieht das in allen gestörten Familien gleich aus. Alle verletzen sie das Gefühl der Kinder für ihre Ichhaftigkeit, gleichgültig, ob die Störung in einer Suchtkrankheit, Arbeitssucht oder aus Gewalttätigkeit besteht. In all diesen Fällen ist ein Elternteil mit seiner eigenen Störung beschäftigt, während der andere in krankhafter Weise co-abhängig ist. Die Kinder werden seelisch im Stich gelassen. Und was noch schlimmer ist, sie müssen, ohne es zu wollen, das offene oder versteckte Bedürfnis der Familie nach Aufrechterhaltung des labilen und ungesunden Gleichgewichts befriedigen. In gestörten Familien *kommt keiner dazu, er selbst zu sein*. Alle stehen im Dienst der *Bedürfnisse des Systems*.

Die häufigste Folge einer derartigen Entwicklung ist, daß Mitglieder einer gestörten Familie in ihren Rollen erstarren. Und diese Rollen erinnern an das Drehbuch eines Films; jeder Person wird vorgeschrieben, wie sie sich zu verhalten hat und was sie *fühlen darf und was nicht*. Die häufigsten gestörten Rollen des Vorschulalters sind: Der übermäßig Verantwortungsbewußte, der Superleistungsmotivierte, der Rebell, der Leistungsverweigerer, Jedermanns Liebling (der nette Junge, der Schatz), der Kümmerer und der Übeltäter.

In diesem Mangel an individueller Identität liegt die Ursache für die krankhafte Schuld, von der gestörte Familien beherrscht werden. Gesunde Schuldgefühle sind die Hüter des Gewissens und entstehen aus einem gesunden Schamgefühl; das ist die moralische Dimension der gesunden Scham. Die Scham des Kleinkinds liegt im prämoralischen Bereich und ist zum größten Teil nonverbal. Ein Mensch kann erst dann ein Gefühl für Moral entwickeln, wenn er ein Gefühl für innere Werte entwickelt hat. Werte sind das Ergebnis von Denkprozessen und Gefühlen. Wertvorstellungen setzen voraus, daß der Mensch eine Art von Gewissen entwickelt hat. Erst am Ende des Vorschulalters zeigen Kinder Ansätze einer gewissen Moral, die ersten Knospen des Gewissens.

In gestörten Familien können Kinder weder ein gesundes Gewissen noch ein gesundes Bewußtsein für Schuld entwickeln. Ihr Mangel an Individualität hindert sie daran, ein Gefühl dafür zu entwickeln, daß sie ein Recht auf ihr eigenes Leben haben. Statt dessen entstehen bei ihnen krankhafte *Schuldgefühle*. Und das ist für das Selbst gleichbedeutend mit einem Todesurteil. Krankhafte Schuldgefühle gaukeln dem Menschen vor, daß er für die Gefühle und das Verhalten anderer Menschen verantwortlich sei, und vermitteln ihm so das Gefühl einer Macht, obwohl er in Wirklichkeit ohnmächtig ist; diese Schuldgefühle können ihm sogar einreden, daß er durch sein Verhalten dazu beigetragen hat, daß ein anderer Mensch krank geworden ist. So zum Beispiel wenn der Vater sagt: »Schaut euch an, was ihr Kinder angerichtet habt. Jetzt habt ihr es so weit gebracht, daß eure Mutter krank ist!« Das führt bei den Betroffenen später zu einem übertriebenen Verantwortungsgefühl. Es gibt kaum etwas, was das Vorschulkind im Menschen schlimmer verletzen kann als krankhafte Schuld.

Je weiter Sie in den einzelnen Entwicklungsstufen fortschreiten, um so leichter wird Ihnen mit der Zeit das Aufschreiben Ihrer Lebensgeschichte fallen. Trotzdem können sich die meisten Menschen kaum an Ereignisse erinnern, die vor dem siebten oder achten Lebensjahr liegen. Bis zu diesem Alter sind Kinder noch von magischem, nichtlogischem, egozentrischem Denken bestimmt. Diese Art zu denken ähnelt einem veränderten Bewußtseinszustand.

Versuchen Sie trotzdem, sich an möglichst viele Dinge zu erinnern. Traumatische Erlebnisse heben sich meistens sehr deutlich von den anderen ab. Sie haben das Leben am intensivsten bedroht und deshalb die markantesten Spuren hinterlassen. Schreiben Sie alles auf, an das Sie sich im Zusammenhang mit den traumatischen Erlebnissen erinnern können. Legen Sie besonderen Wert auf die Einzelheiten.

Schreiben Sie auch soviel wie möglich über Ihr Familiensystem auf. Was tat Ihr Vater? Was tat Ihre Mutter? Was wissen Sie über die Ehe Ihrer Eltern, welche Vermutungen haben Sie? Nehmen Sie alle Gedanken, die sich auf Ihre Familie beziehen, sehr ernst. Tun Sie so, als seien Ihre Vermutungen gesicherte Tatsachen, und schauen Sie, ob Ihnen das hilft, Ihre Familie besser verstehen zu können. Wenn nicht, lassen Sie sie wieder fallen. Wenn ja, sollten Sie sich eine Weile mit ihnen auseinandersetzen.

Einer meiner Klienten hatte die Vermutung, daß seine Großmutter von ihrem Vater inzestuös mißbraucht worden war. Sie war als einziges Mädchen unter sieben Brüdern auf einem Bauernhof großgeworden. Mein Klient hatte nie gehört, daß seine Großmutter über ihren Vater geredet hatte. Sie litt unter Platzangst, war auch sonst ziemlich neurotisch, schien Männer zu hassen und hatte diesen Haß auch auf ihre drei Töchter übertragen, von denen eine die Mutter meines Klienten war. Auch mein Klient zeigte alle Symptome eines Inzestopfers. Er »agierte« seine Sexualität und »tötete« die Frauen, indem er sie verführte. Er schickte ihnen Gedichte und machte ihnen kostbare Geschenke. Und wenn eine Frau ihm dann schließlich total verfallen war, verließ er sie, wobei er in der Regel einen Wutanfall bekam.

Obwohl es keine konkreten Beweise dafür gab, daß seine Großmutter Opfer eines Inzests geworden war, schrieb er seine Familiengeschichte so, als ob dieser Inzest tatsächlich stattgefunden hatte, und vieles wurde dadurch plausibler und ergab einen Sinn. Wenn Sie die Geschichte des verletzten Vorschulkindes in sich zu Papier bringen, fragen Sie sich vor allem: Wer war für mich da? Wer hatte die Rolle inne, mit der Sie sich identifiziert haben? Wer hat Ihnen als erster beigebracht, ein Mann, eine Frau zu sein? Wer hat Ihnen etwas über Sex, Liebe und Intimität erzählt?

Mißbrauch durch Geschwister

Ich habe mich bisher noch nicht zu dem Problem des Mißbrauchs durch Geschwister geäußert, aber auch so etwas kann – auch wenn es häufig nicht beachtet wird – eine bedeutsame Wirkung auf Ihre Entwicklung gehabt haben. Möglicherweise hatten Sie einen Bruder oder eine Schwester, von denen Sie gequält worden sind. Oder ein Nachbarkind hat sie tyrannisiert oder belästigt. Selbst einfaches Verspotten kann eine schlimme Wirkung haben, und wenn man ständig verspottet wird, kann das zu einem Alptraum werden. Schreiben Sie alles auf, was Ihnen zu Ihrer Vorschulzeit einfällt.

Erzählen Sie einem Freund ihre Geschichte als Vorschulkind

Wenden Sie die gleiche Methode an, die im vierten und fünften Kapitel beschrieben wird. Konzentrieren Sie sich vor allem auf alle Ereignisse, bei denen Gewalt im Spiel war. Achten Sie auf die folgenden möglichen Ursachen für schmerzliche Gefühle:

- Sexuelle Spiele mit gleichaltrigen Freunden;
- körperlicher oder seelischer Inzest;
- man ist Ihnen über den Mund gefahren, als Sie etwas wissen wollten;
- schlechte Rollenmodelle für Intimität;
- Vermittlung von Schuldgefühlen;
- Mangel an Informationen über Gefühle.

Das Erleben von Gefühlen

Versuchen Sie noch einmal, ein Foto von sich zu finden, das aus dieser Entwicklungsphase stammt. Schauen Sie sich das Bild an, und lassen Sie Ihren Gefühlen freien Lauf. Wenn Sie kein Foto besitzen, sollten Sie eine gewisse Zeit mit Kindern im Vorschulalter verbringen und erleben, wie wunderbar sie sind. Stellen Sie sich dann vor, daß ein solches Kind die Verantwortung für einen Ehepartner übernehmen soll oder Opfer eines körperlichen Inzests wird. Stellen Sie sich vor, wie die Vitalität und der Wissensdrang dieses Kindes erstickt werden. Vielleicht besitzen Sie noch eine alte Puppe, ein Spielzeug oder einen Teddybären aus dieser Zeit. Probieren Sie einmal aus, ob darin für Sie immer noch soviel Energie steckt wie früher. Geben Sie dieser Energie Gelegenheit, Sie dahin zu führen, wo Ihre Gefühle herkommen.

Briefe schreiben

Ich möchte, daß Sie für diese Entwicklungsstufe drei Briefe schreiben. Den ersten richtet Ihr Erwachsenen-Ich an das verletzte Vorschulkind in Ihnen. Schreiben Sie ihm auch jetzt wieder, daß Sie *bei ihm* sein wollen und bereit sind, ihm Ihre Aufmerksamkeit zu schenken und ihm die Orientierung zu geben, die es braucht. Machen Sie ihm klar, daß es so viele Fragen stellen kann, wie es will. Sagen Sie ihm vor allem, daß Sie es liebhaben und viel von ihm halten.

Den zweiten und dritten Brief schreibt das verletzte Vorschulkind in Ihnen. Vergessen Sie nicht, diese Briefe mit der linken (bei Linkshändern mit der rechten) Hand zu schreiben. Der erste Brief sollte an *Ihre Eltern* gerichtet sein und aus zwei Absätzen bestehen, einem an Ihre Mutter und einem an Ihren Vater. Lassen Sie das verletzte Kind in Ihnen schreiben, was es sich von den Eltern gewünscht und dringend gebraucht hätte, aber nie bekommen hat. Das soll kein vorwurfsvoller Brief sein, sondern nur ausdrücken, was Ihnen gefehlt hat. Kürzlich hat ein Mann, der an einem meiner Workshops teilgenommen hat, geschrieben:

Liebe Mama, lieber Dad,
Dad, ich hätte dich so dringend gebraucht, damit du mich beschützt. Ich hatte immerzu Angst. Ich hätte so gern gehabt, wenn du mit mir gespielt hättest. Ich wünschte, wir wären zusammen angeln gegangen. Ich wünschte, du hättest mir etwas beigebracht. Hättest du doch nur nicht immer getrunken.
Mama, ich hätte so dringend ein Lob von dir gebraucht. Du hättest mir sagen sollen, daß du mich lieb hast. Ich wünschte, du hättest mich nicht dazu gezwungen, mich um dich zu kümmern. Ich habe selbst dringend jemanden gebraucht, der sich um mich kümmert.

In Liebe,
Robbie

Es ist sehr wichtig, daß Sie Ihrer Bezugsperson diesen Brief laut vorlesen.
Der zweite Brief des verletzten Vorschulkindes in Ihnen ist an Ihr erwachsenes Ich gerichtet. Es ist die Antwort auf den Brief, den der Erwachsene geschrieben hat. Dieser Brief überrascht Sie womöglich, weil er die Sehnsucht des Kindes in Ihnen nach einem Verbündeten ausdrückt. Denken Sie daran, mit der linken (rechten) Hand zu schreiben. Wenn Sie wollen, können Sie ihn Ihrer Bezugsperson, Ihrem Partner oder der Gruppe vorlesen.
Wenn Sie mit einem Partner arbeiten, sollten Sie sich die Briefe gegenseitig vorlesen. Wenn Sie den Brief Ihres Partners gehört haben, sollten Sie ihm gegenüber eine mitfühlende Reaktion zeigen. Wenn Sie beim Zuhören wütend geworden sind, sagen Sie es ihm; wenn Sie Angst empfunden haben, sagen Sie es ihm ebenfalls. Das Gefühl kann sich mehr auf Sie selbst als auf ihn beziehen, aber es ist eine ehrliche Reaktion. Geben Sie ihm also ein Feedback, das sich auf die Gefühle bezieht, die Sie bei ihm beobachtet haben. Sie können ihm zum Beispiel sagen: »Ich habe genau gesehen, wie traurig du bist. Du hattest Tränen in den Augen und ganz schmale Lippen.« Sagen Sie möglichst nicht: »Junge, warst du wütend.« Statt das Kind zu interpretieren oder ihm ein Etikett aufzudrücken, sagen Sie ihm lieber, daß Sie an ihm etwas *gesehen* und *gehört* haben, was Sie zu dem Schluß veranlaßt hat, daß er wütend sein muß. Darüber hinaus können Sie ihm noch sagen, daß Ihnen klar ist, wie schlimm es für ihn gewesen sein muß, so vernachlässigt und

mißbraucht zu werden. Das trägt dazu bei, daß das Kind eine Bestätigung bekommt, daß es zu Recht solche Schmerzen empfindet. Wenn der eine mit der Arbeit fertig ist, ist der andere an der Reihe.
Wenn Sie diese Übungen in einer Gruppe machen, lesen Sie abwechselnd die Briefe vor, und lassen Sie jeder Person Zeit, den anderen Feedback zu geben.

Die Rollen in einem gestörten Familiensystem

Beschreiben Sie die Rollen, die sich das verletzte Vorschulkind in Ihnen ausgesucht hat, um in der Familie eine Bedeutung zu bekommen. Ich selbst habe beispielsweise die Rolle des Stars, des Superstrebers, des Kümmerers und des netten Jungen gespielt. Die Rolle, die Sie spielen, entscheidet darüber, welche Bedeutung Sie in Ihrer Familie haben.
Fragen Sie sich selbst, welche Gefühle Sie verdrängen mußten, um Ihre Rolle spielen zu können. Das Drehbuch fordert von einem Schauspieler, daß er seine Rolle in einer ganz bestimmten Weise spielt. Manche Gefühle erlaubt das Drehbuch, andere wiederum nicht. Meine Rolle verlangte von mir, daß ich munter war, immer lächelte und einen glücklichen Eindruck machte. Angst, Traurigkeit und Wut waren dagegen nicht gestattet. Ich war nur so lange von Bedeutung, wie ich ein Star war und etwas leistete. Ich durfte nicht mittelmäßig sein oder selbst Hilfe in Anspruch nehmen. Ich mußte immer stark sein. Wenn ich nichts leistete, spürte ich, wie mich die Tatkraft verließ. Dadurch wurde ich natürlich süchtig nach Arbeit und mußte immer etwas tun.
Es ist wichtig, daß Sie erkennen, welche schädlichen Auswirkungen solche Rollen auf Ihr Leben haben können. Sie verlieren dadurch Ihr wahres Kindheits-Ich. Solange Sie die Rollen weiterspielen, wird Ihre seelische Verletzung nie heilen; es kann sein, daß Sie sterben, ohne je erfahren zu haben, wer Sie wirklich sind.
Wenn Sie das verletzte Vorschulkind zurückgewinnen wollen, müssen Sie die starren Rollen Ihres Familiensystems aufgeben. Diese Rollen haben Ihnen ohnehin nie das Gefühl vermitteln können, etwas wert zu sein, und sie haben mit Sicherheit auch keinem anderen Familienmitglied helfen können. Denken Sie einmal nach.

Haben Sie jemals einem anderen Mitglied Ihrer Familie wirklich damit helfen können, daß Sie diese Rollen gespielt haben? Schließen Sie die Augen, und stellen Sie sich einmal vor, Sie könnten Ihre wichtigste Rolle in Zukunft nicht mehr spielen! Was ist das für ein *Gefühl*, wenn man eine solche Rolle aufgibt?
Denken Sie sich einmal drei verschiedene Verhaltensweisen aus, mit deren Hilfe Sie die Rolle des Kümmerers aufgeben könnten. Sie könnten zum Beispiel einfach *nein* sagen, wenn Sie jemand um Hilfe bittet. Sie könnten jemanden bitten, Ihnen zu helfen, damit Sie wenigstens einmal etwas nur aus purem Vergnügen tun können; oder Sie könnten an ein Problem denken, das Sie gerade haben, und jemanden um Hilfe bitten, der sich auf dem Gebiet auskennt. Das hilft Ihnen, das Rollenschema des angepaßten, verletzten Kindes in sich zu verändern und Kontakt mit Ihrem wahren Selbst aufzunehmen. Es kann durchaus sein, daß auch Ihr wahres Selbst anderen Menschen helfen will. Wenn Sie sich erst einmal von der starren Rolle getrennt haben, können Sie anfangen, anderen Menschen zu helfen, weil es Ihnen dann Freude macht und Sie nicht mehr das Gefühl haben, Sie *müßten* das tun, damit man Sie liebt und etwas von Ihnen hält.
Überdenken Sie die anderen Rollen, und benützen Sie dabei den oben angegebenen Rahmen. Versuchen Sie, die Gefühle wiederzuerleben, die Sie aufgeben mußten, um Ihre Rollen spielen zu können. Wenn Sie das tun, werden Sie die wahren Gefühle des verletzten Vorschulkindes in sich zurückfordern können.

Übung

Schreiben Sie auf, in welcher Weise Ihre Verstrickung in das Familiensystem schädliche Folgen für Ihr Leben gehabt hat. Versuchen Sie, die Verlustgefühle wiederzuerleben, die Ihre wichtigste Rolle in Ihnen ausgelöst hat. Teilen Sie sich Ihrer Bezugsperson, Ihrem Partner oder der Gruppe mit. Die Rollen sind sehr hilfreich, um an den Urschmerz heranzukommen. Wenn Ihnen erst einmal klargeworden ist, welche Rolle Sie gespielt haben, erkennen Sie auch, welche Gefühle Sie verdrängen mußten. Diese verdrängten Gefühle *sind* Ihr Urschmerz. Durch die Umkehrung der Rollen innerhalb der vertikalen Bindungen hatten Sie Ihre Kindheit aufgeben müssen.

Zusicherungen

Die Zusicherungen, die Sie dem verletzten Vorschulkind geben, lauten folgendermaßen:

Kleiner ... Ich freue mich zu sehen, wie du wächst.
Ich will bei dir sein, damit du ausprobieren kannst, wo deine Grenzen sind.
Es ist völlig in Ordnung, wenn du an dich denkst. Du kannst über deine Gefühle nachdenken und Gefühle über das haben, über das du nachdenkst.
Ich freue mich über deine Lebenskraft; ich finde es gut, daß du neugierig bist und etwas über Sex erfahren willst.
Es ist völlig in Ordnung, wenn du etwas über den Unterschied zwischen Jungen und Mädchen wissen willst.
Ich werde dir Grenzen setzen, damit du herausbekommen kannst, wer du bist.
Ich hab' dich lieb, so wie du bist, kleiner ...
Du darfst ruhig anders sein und eine eigene Meinung haben.
Es ist völlig in Ordnung, wenn du dir etwas ausmalst, ohne Angst haben zu müssen, daß es wirklich eintrifft. Ich helfe dir dabei, Phantasie und Wirklichkeit zu unterscheiden.
Ich bin froh, daß du ein Junge/Mädchen bist.
Ich freue mich, wenn du fröhlich bist, auch wenn es deinen Eltern nicht gepaßt hat.
Du darfst ruhig weinen, auch wenn du schon so groß bist.
Es ist gut für dich, herauszufinden, welche Folgen dein Verhalten für dich selbst hat.
Du darfst mich um alles bitten.
Du kannst mich fragen, wenn dich etwas verwirrt.
Du bist nicht für die Ehe deiner Eltern verantwortlich.
Du bist nicht für deinen Vater verantwortlich.
Du bist nicht für deine Mutter verantwortlich.
Du bist nicht für die Familienprobleme verantwortlich.
Du bist nicht für die Scheidung deiner Eltern verantwortlich.
Es ist völlig in Ordnung, wenn du herausbekommen willst, wer du bist.

Meditation des Vorschulkindes

Benützen Sie die allgemeine Einführung auf den Seiten 136ff. Nach dem Satz »Was war das für ein *Gefühl*, in dem Haus zu leben?« fügen Sie das folgende hinzu, wobei Sie nach jedem Satz (...) eine Pause von zwanzig Sekunden machen sollten.

Betrachten Sie jetzt das Kind in sich im Alter von etwa fünf Jahren ... Stellen Sie sich vor, es wäre draußen vor dem Haus herumgelaufen und Sie sähen es jetzt auf dem Hof sitzen. Gehen Sie zu ihm, und begrüßen Sie es ... Was trägt das Kind? ... Hat es eine Puppe, einen Teddy, eine Schaufel oder irgendein anderes Spielzeug, mit dem es spielt? ... Fragen Sie das Kind, womit es am liebsten spielt ... Fragen Sie es, ob es ein Kuscheltier hat? ... Sagen Sie ihm, daß Sie aus der Zukunft kommen und immer dasein werden, wenn es Sie braucht ... Werden Sie jetzt selbst dieses Vorschulkind ... Blicken Sie nach oben, und schauen Sie sich Ihr großes Ich an (den weisen freundlichen Zauberer) ... Betrachten Sie Ihr freundliches, liebes Gesicht ... Hören Sie, wie der Große den Kleinen auffordert, sich auf seinen Schoß zu setzen, wenn er möchte ... Wenn du nicht willst, auch gut ... Hören Sie jetzt zu, wie der Große Ihnen langsam und freundlich die Zusicherungen gibt.

Sprechen Sie die Zusicherungen, die auf den Seiten 136 stehen, auf Band. Wenn Sie bei der letzten Zusicherung angekommen sind, machen Sie eine Pause von einer Minute.

Geben Sie dem Kind Gelegenheit, zu fühlen, was es fühlen will ... Verwandeln Sie sich jetzt langsam wieder in Ihr großes Ich ... Sagen Sie dem Vorschulkind in Ihnen, daß Sie jetzt hier sind und daß Sie in Zukunft sehr oft mit ihm reden werden. Sagen Sie ihm, daß Sie die einzige Person sind, die es nie verlieren wird, und daß Sie es nie verlassen werden ... Verabschieden Sie sich jetzt von ihm, und gehen Sie über die Straße der Erinnerungen nach vorn. *Gehen Sie an Ihrem Lieblingskino vorbei, an dem Eisladen ... an Ihrer Schule ... an dem Sportplatz der High-School ... Spüren Sie, wie Sie in die Gegenwart zurückkehren ... Spüren Sie, wie Sie die Füße bewegen ... Bewegen Sie die Zehen ... Spüren Sie, wie die*

Kraft durch Ihren Körper nach oben strömt ... Spüren Sie Ihre Hände ... Bewegen Sie die Finger ... Spüren Sie, wie die Kraft durch Ihren Oberkörper nach oben strömt ... Atmen Sie tief ein ... Atmen Sie geräuschvoll aus ... Spüren Sie, wie die Kraft in Ihr Gesicht strömt ... Spüren Sie, wo Sie sitzen ... Die Kleider auf Ihrem Körper ... Öffnen Sie jetzt ganz langsam die Augen ... Bleiben Sie ein paar Minuten still sitzen, und geben Sie sich Ihren augenblicklichen Gefühlen hin.

Wenn Ihnen danach zumute ist, können Sie jetzt Ihrer Bezugsperson erzählen, was Sie bei der Meditation erlebt haben.

Das Arbeiten mit einem Partner

Die Arbeit mit einem Partner läuft genauso ab wie vorher (siehe Anweisungen auf Seite 143f.). Jeder liest dem anderen den Meditationstext vor und spricht laut die Zusicherungen. Dabei sollten Sie Körperkontakt haben und den Partner streicheln, wenn ihm das recht ist.

Gruppenarbeit

Wie bei den vorangegangenen Gruppenübungen, werden auch hier die Zusicherungen abwechselnd von den einzelnen Gruppenmitgliedern gegeben (siehe Anweisungen auf Seite 144ff.). Derjenige, der ausgewählt worden ist, um den Meditationstext auf Band zu sprechen, sollte den zusätzlichen Text dieses Abschnitts bis zu der Passage auf Band sprechen, wo es heißt: »Blicken Sie nach oben, und betrachten Sie Ihr großes Ich (den weisen, freundlichen Zauberer) ... Betrachten Sie sein freundliches, liebes Gesicht...«
Nehmen Sie dann die Anweisungen für die Herstellung der Verankerung auf Band auf. Beenden Sie die Meditation mit dem Satz: »Verabschieden Sie sich für dieses Mal, und gehen Sie über die Straße der Erinnerungen nach *vorn.*«
Denken Sie daran, daß es wichtig ist, daß jeder in der Gruppe seine Arbeit abgeschlossen hat, bevor Sie anfangen, darüber zu reden.
Sie haben jetzt das verletzte Vorschulkind in sich zurückgewonnen. Machen Sie sich klar, daß der Erwachsene sich jetzt um dieses Vorschulkind kümmern kann.
Sollte Sie nach einer dieser Übungen ein Gefühl der Panik über-

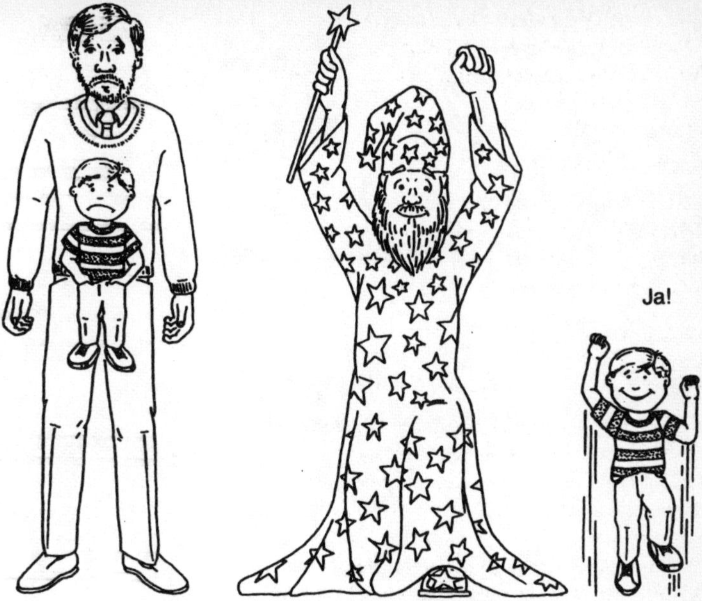

kommen, versichern Sie dem verletzten Kind in sich noch einmal, daß Sie für es da sind. Wenn wir unsere erstarrten Gefühle zum ersten Mal wieder erleben, bekommen wir Angst. Sie sind uns nicht vertraut und mitunter so stark, daß man sie kaum ertragen kann. Sagen Sie dem Kind, daß Sie es nicht im Stich lassen werden und daß Sie viele Möglichkeiten entdecken werden, wie Sie es lieben können, und daß Sie ihm helfen werden, damit alle seine Bedürfnisse befriedigt werden. Hier ist meine Vorstellung davon, wie mein wiederentdecktes Vorschulkind aussieht.

Je näher wir uns kennenlernen, um so mehr wird mir klar, daß es nicht nur ein bedürftiges Kind ist, sondern daß es auch viel Spaß macht, mit ihm zusammenzusein.

7. Kapitel
Wie man sein Schulkind-Ich zurückgewinnt

Die Vorstellung, die jeder einzelne Mensch von der Welt hat, ist so einzigartig wie sein Fingerabdruck. Es gibt keine zwei Menschen, die *gleich* sind. Keine zwei Menschen, die einen Satz in ein und derselben Weise verstehen... Wenn man es also mit Menschen zu tun hat, sollte man vermeiden, sie an die Vorstellungen anzupassen, wie man meint, daß sie sein sollten...

Milton Erickson

Ich schickte meinen Bruder weg...
Ich gab ihn den dunklen Leuten,
die vorbeikamen...
Bei ihnen lernte er, sein Haar lang zu tragen,
nackt durch das Wasser zu gleiten,
aus der hohlen Hand zu trinken
Pferde anzubinden,
einer Spur durch das niedergetretene Gras
zu folgen...
Ich nahm meinen Bruder mit
auf die andere Seite des Flusses,
schwamm dann zurück und ließ meinen Bruder
allein am anderen Ufer zurück.
Als ich über die sechsundsechzigste Straße
ging,
merkte ich, daß er weg war.
Ich setzte mich hin und weinte.

Robert Bly
(A Dream of my Brother)

SCHULALTER

(Latenzperiode)

Ich kann etwas

Alter: 6 Jahre bis zur Pubertät
Entwicklungspolarität: Fleiß gegen Minderwertigkeit
Ichstärke: Kompetenz
Kraft: Wissen, Lernen
Beziehungsproblematik: wechselseitige Abhängigkeit; Kooperation

Index der Verdachtsmomente

Beantworten Sie folgende Fragen mit Ja oder Nein. Lesen Sie sich jede Frage erst durch, und warten Sie dann darauf, was Sie dabei empfinden. Wenn Ihr Gefühl Ihnen sagt, daß Sie eher mit Ja antworten wollen, tun Sie es; wenn nicht, antworten Sie mit Nein. Wenn Sie auch nur eine der Fragen mit Ja beantwortet haben, können Sie davon ausgehen, daß das wundervolle Schulkind in Ihnen verletzt worden ist. Es gibt unterschiedlich schwere Verletzungen. Sie selbst befinden sich auf einer Skala, die von eins bis hundert reicht. Je mehr Fragen Sie *gefühlsmäßig* mit Ja beantworten, um so schwerer ist das Schulkind in Ihnen verletzt worden.

1. *Vergleichen Sie sich oft mit anderen Menschen, und kommen Sie sich dabei minderwertig vor? Ja* ☐ *Nein* ☐

2. *Hätten Sie gern mehr Freunde beiderlei Geschlechts? Ja* ☐ *Nein* ☐

3. *Fühlen Sie sich häufig unwohl, wenn Sie in Gesellschaft anderer Leute sind? Ja* ☐ *Nein* ☐

4. *Fühlen Sie sich als Mitglied einer Gruppe unwohl? Ja* ☐ *Nein* ☐

5. *Sagt man Ihnen manchmal, daß Sie außerordentlich ehrgeizig seien? Haben Sie das Gefühl, daß Sie immer gewinnen* müssen? *Ja* ☐ *Nein* ☐

6. *Haben Sie oft Konflikte mit Ihren Arbeitskollegen?*
Ja ☐ *Nein* ☐
Mit Ihrer Familie? Ja ☐ *Nein* ☐

7. *Geben Sie bei Verhandlungen entweder (a) klein bei, oder (b) bestehen Sie darauf, daß es so gemacht wird, wie Sie es wollen?* *Ja* ☐ *Nein* ☐

8. *Sind Sie stolz darauf, daß Sie diszipliniert und genau sind und sich streng an die Gesetze halten? Ja* ☐ *Nein* ☐

9. *Neigen Sie dazu, häufig Dinge aufzuschieben?* *Ja* ☐ *Nein* ☐

10. *Fällt es Ihnen schwer, etwas zu Ende zu bringen?* *Ja* ☐ *Nein* ☐

11. *Sind Sie der Meinung, Sie müßten auch ohne besondere Instruktionen wissen, wie man gewisse Dinge macht?* *Ja* ☐ *Nein* ☐

12. *Haben Sie große Angst, einen Fehler zu machen? Ja* ☐ *Nein* ☐
Erleben Sie es als außerordentlich demütigend, wenn Sie gezwungen werden, sich mit Ihren Fehlern zu konfrontieren? *Ja* ☐ *Nein* ☐

13. *Sind Sie oft wütend auf andere Leute und kritisieren sie?* *Ja* ☐ *Nein* ☐

14. *Haben Sie Schwierigkeiten mit den sogenannten Kulturtechniken (mit dem Lesen, Sprechen und/oder der korrekten Grammatik, mit dem Rechnen)? Ja* ☐ *Nein* ☐

15. *Verbringen Sie viel Zeit damit, zwanghaft darüber nachzudenken, was jemand zu Ihnen gesagt hat, und das Gesagte zu analysieren? Ja* ☐ *Nein* ☐

16. *Haben Sie das Gefühl, daß Sie häßlich und minderwertig sind? Ja ☐ Nein ☐*
Wenn ja, versuchen Sie das durch Kleidung, materielle Dinge, Geld oder Make-up zu verbergen? Ja ☐ Nein ☐

17. *Belügen Sie häufig sich selbst und andere Menschen? Ja ☐ Nein ☐*

18. *Glauben Sie, daß das, was Sie tun, trotz aller Anstrengungen nie gut genug ist? Ja ☐ Nein ☐*

Normales Schulalter

Als Sie in die Schule kamen, haben Sie Ihr Familiensystem verlassen und sind in ein neues Stadium der Sozialisation eingetreten, in dem es um die Entwicklung bestimmter Fertigkeiten ging. Nachdem Sie durch Ihre Realitätsprüfungen und den Aufbau Ihrer Identität ein gewisses Gefühl der Kraft erlangt hatten, waren Sie bereit, der Welt entgegenzutreten. Die Schule war dann mindestens für den Zeitraum von zehn Jahren Ihre wichtigste Umgebung. Man hat das Schulalter auch als Latenzperiode bezeichnet, weil in dieser Zeit keine besonders starke sexuelle Energie vorhanden ist (die taucht erst in der Pubertät wieder auf).

Während der Schulzeit bestimmt der biologische Rhythmus des Kindes, welche Überlebenstechniken als nächstes gelernt werden. Es muß jetzt auf seine bereits früher erworbene Ichstärke, also auf Vertrauen, Hoffnung, Selbständigkeit, Willenskraft, Initiative und Zielstrebigkeit aufbauen und möglichst viel lernen, um sich so auf das Leben eines Erwachsenen vorzubereiten. Am wichtigsten sind dabei die Aspekte der Sozialisation: Kooperation, Unabhängigkeit und ein gesunder Ehrgeiz.

Die Vorbereitung auf das Leben erfordert außerdem gewisse Kulturtechniken: Lesen, Schreiben und Rechnen. Sie sollten allerdings nicht höher bewertet werden als die Fähigkeit, sich selbst zu erkennen, zu lieben und zu schätzen. Ein gesundes Gefühl für den eigenen Wert ist eine wesentliche Voraussetzung für erfolgreiches Lernen.

Weil wir in der Schule gewisse Fertigkeiten gelernt haben, können wir freier und spontaner in die Zukunft blicken. Die Schule hat uns geholfen, unser Selbstwertgefühl zu bestätigen. Wenn wir uns einfügten und den Stoff gelernt hatten, hatten wir ein Gefühl neuer Kraft, wir fühlten uns *strebsam* und *kompetent*. Und das sind Aspekte der Ichstärke, die in der Schule entwickelt werden müssen. Wenn wir kompetent und fleißig sind, können wir uns einen Platz in der Welt schaffen. Der Schulerfolg vermittelt uns ein neues Gefühl der Kraft und der Hoffnung: »Weil ich tüchtig bin, kann ich mir aussuchen, was ich einmal werden will.«

Schulkinder sollten auch Zeit zum Spielen haben. Das kindliche Spiel ist ein entscheidender Faktor ihrer Entwicklung, denn Kinder lernen durch Nachahmung und Anpassung. Beides erfordert symbolisches Handeln. Wenn Kinder »Vater und Mutter« spielen, so stellt dieses Spiel einen wichtigen Teil ihrer seelischen Entwicklung dar. Für Kinder ist das Spielen eine ernste Sache.

Konkretes, logisches Denken

Im Alter von sieben bis acht Jahren sind Kinder in der Lage, logisch zu denken, aber ihre Logik ist noch ziemlich konkret. Erst in der Pubertät können sie abstrakt denken und Standpunkte vertreten, die im Gegensatz zu den Tatsachen stehen. In diesem Alter beginnt das Kind, sich Idealbilder und Idole zu schaffen. Die Idealisierung erfordert die Fähigkeit, Hypothesen aufzustellen, die im Widerspruch zu den Tatsachen stehen.

Schulkinder denken konkret-logisch. Können Sie sich noch daran erinnern, wie Sie das Vaterunser gelernt haben? Sie haben Worte gesagt, die Sie nicht verstehen konnten. Schulkinder sind in ihrem Denken egozentrisch, was sich zum Beispiel dadurch ausdrückt, daß sie ihre Eltern bei Fehlern ertappen und dann glauben, Sie wären schlauer als sie. Sie sind »kognitiv eingebildet«, was die Ursache vieler interessanter Phänomene ist. Viele Kinder glauben in diesem Alter, sie seien adoptiert worden (die Findlingskind-Phantasie). Wenn sie klüger sind als ihre Eltern, müssen sie von woanders herkommen. Schulkinder machen häufig Witze über dumme Erwachsene. Die Geschichte von Peter Pan hat für Kinder dieses Alters zum Teil deshalb einen so großen Reiz, weil die Figuren dieses Märchens immer klein bleiben und nie dumme Erwachsene werden müssen.

Ein wichtiger Aspekt der Egozentrizität der Kinder ist der Glaube an die *Gutmütigkeit der Erwachsenen.* Kinder stellen diese Hypothese auf und halten daran fest, gleichgültig, was geschieht. Ich kann mich erinnern, daß ich einmal eine Gruppe von Verwaltungsleuten einer Grundschule beraten habe, die sehr erstaunt waren, daß die Entlassung eines bestimmten Lehrers bei den Kindern der sechsten Klasse einen Proteststurm auslöste. Das seltsame war, daß die Kinder diesen Lehrer überhaupt nicht mochten. Ich glaube, das hing mit der egozentrischen Annahme der Kinder zusammen, daß ein Lehrer, der schließlich ein Erwachsener ist, nicht schlecht sein konnte. Das erklärt auch, warum das verletzte Schulkind in uns seine Eltern, Lehrer und sogar die Menschen verteidigt, die es mißbrauchen. Manche Kinder sind allerdings so traumatisiert, daß sie schließlich erkennen, daß tatsächlich mit dem Erwachsenen, der sie verletzt hat, etwas nicht stimmt. Aber solche Kinder sind die Ausnahme.

Das Schulkind in Ihnen war eine reizende, verspielte, charmante kleine Person, die gern mit ihren Freunden zusammen war und immer etwas lernen wollte.

Entwicklungsstörungen

Wenn das letztere stimmt, warum hassen dann so viele Kinder die Schule, finden sie langweilig und gehen nur hin, weil sie müssen? Einer der Gründe besteht darin, daß die Schulerziehung sehr oft eine Ursache für seelische Verletzungen ist. In den meisten öffentlichen Schulen werden die Kinder in Gruppen von Gleichaltrigen zusammengefaßt. Man geht davon aus, daß alle Zehnjährigen den gleichen Reifegrad haben, aber das ist ein großer Irrtum. Das Schulkind in Ihnen kann allein dadurch verletzt worden sein, daß es zur falschen Zeit in der falschen Klasse war. Bei uns sind Schulen und Gefängnisse die einzigen Orte, wo die *Zeit wichtiger ist als die Arbeit, die getan werden muß.* Wenn Sie und ich uns zur gleichen Zeit auf den Weg machen und zu den Bermudas wollen, und ich eine Stunde vor Ihnen ankomme, kann man doch nicht sagen, daß Sie im Hinblick auf die Bermudas *durchgefallen* sind. Wenn Sie in der Schule Geometrie nicht so schnell gelernt haben wie die anderen Kinder Ihres Alters, sind Sie in Geometrie durchgefallen. Meiner Meinung nach ist Geometrie ohnehin keine Technik, die man braucht, um überleben zu können – ich brauche sie fast nie. Aber es besteht die Gefahr, daß das Kind in Ihnen dafür bestraft worden ist, daß es nicht die nötige Reife hatte.

Die Schulnoten an sich sind demütigend genug und bringen vielen Kindern großen Kummer, weil sie ständig unter Druck gesetzt sind, sich etwas einzuprägen und Leistungen bringen zu müssen. Das ist eindeutig perfektionistisch. Menschen werden in einer seelisch verletzenden Weise bewertet. Und wie in allen perfektionistischen Systemen, *ist man nie gut genug*. Dadurch entsteht krankhafte Scham, die einem das Gefühl vermittelt, minderwertig zu sein. Wenn Sie aber Sie selbst sind und es niemanden gibt, der so ist wie Sie, mit wem sollen wir Sie dann vergleichen? In Wirklichkeit ist es nämlich so, daß alle perfektionistischen Systeme uns mit den Projektionen irgendeines anderen Menschen vergleichen.

Wenn Kinder in der Schule versagen, bereitet ihnen das großen Kummer; sie fühlen sich minderwertig, und das führt zu einer Verletzung, die sie als existentiell erleben: »Mit mir stimmt etwas nicht.« Auch wenn Kinder gut in der Schule sind, kann das zu Problemen führen. Alles im Leben dieser Kinder wird als eine potentielle »Eins« angesehen; es kommt dann nur noch auf Leistung an.

Unser Schulsystem ist, genau wie unser Familiensystem, gestört. Es bietet uns keine Atmosphäre, in der wir lernen können, *wer wir wirklich sind*. Es behandelt uns nicht als die einzigartigen Wesen, die wir in Wirklichkeit sind. Es gibt keine zwei Menschen, die gleich sind, oder wie Milton Erickson das ausgedrückt hat: »Es gibt keine zwei Leute, die denselben Satz in der gleichen Weise verstehen.« Das Schulkind in Ihnen ist von der Last der Anpassung an ein perfektionistisches Schulsystem erdrückt worden. Sie haben entweder die Hoffnung aufgegeben, jemals erfolgreich zu sein, und sind ausgestiegen, oder Sie sind in die Anpassungstrance verfallen und im Verlauf dieses Prozesses seelisch umgebracht worden. Robert Bly, ein amerikanischer Dichter, der mich sehr bewegt, beschreibt den Verlust seines Bruders. In dem Gedicht, das ich an den Anfang dieses Kapitels gesetzt habe, ist Blys Bruder sein spontanes göttliches Kind – der Teil von ihm, der »sein Haar lang tragen und aus den hohlen Händen trinken will«. Das ist der Teil, den er verloren hat, als er zur Schule ging.

Die Schule honoriert Anpassung und Auswendiglernen mehr als Kreativität und Originalität.

Viele von uns, die durch Anpassung zu Einserkandidaten geworden sind, haben nie Gelegenheit gehabt, ein Gefühl für ihre Tüchtigkeit zu entwickeln. Ich selbst habe einen großen Teil meines Lebens damit zugebracht, meine Wunden zu heilen, indem ich etwas geleistet oder getan habe. Aber alle Einsen konnten meine seelischen Wunden nicht heilen. Das verletzte Kind in mir fühlte sich immer noch einsam und minderwertig.

Viele von uns haben nie gelernt, wie man sich in der Gesellschaft bewegt, weil sie ständig Einsen produzieren mußten. Vielen von uns hat die Schule überhaupt keinen Spaß gemacht, weil sie sich gestreßt fühlten und ständig unter Druck standen, etwas leisten zu müssen. Zu allem Übel befanden wir uns außerdem noch in einer Zwickmühle: Je besser unsere Schulleistungen waren, um so schlechter war unser Ansehen bei unseren Klassenkameraden.

Heutzutage sind die kreativsten Augenblicke meines Lebens von Neugier und von einer spielerischen Einstellung geprägt. Mir macht es Spaß, dieses Buch zu schreiben. Es hat mir in den letzten Jahren Spaß gemacht, Vorträge zu halten, zu lernen und Fernsehserien zu produzieren. Der größte Teil dessen, was ich jetzt tue, besteht aus zufälligem *Lernen*, das nur durch das Bedürfnis oder den Wunsch motiviert wird, etwas wissen zu wollen. Es ist mit Faszination und Staunen verbunden. Ihr göttliches Kind lernt von Natur aus auf diese zufällige Weise. Sie haben als Kleinkind damit begonnen, neugierig die Welt zu erforschen. Dann hat man Ihnen wahrscheinlich einen Knüppel zwischen die Beine geworfen; den meisten von uns ist es so ergangen. Wir wurden gezwungen, uns anzupassen und langweilige Sachen zu lernen.

Leider können die großen Fortschritte, die durch die Schulreformen gemacht worden sind und die ich als Lehrer an einer High-School erlebt habe, dem verletzten Schulkind in uns heute nicht mehr helfen.

Es gibt sicher viele wagemutige, kreative Lehrer, denen das Wohl ihrer Schüler am Herzen liegt, aber es gibt auch sehr viele Lehrer, die voller Zorn sind und ihre Schüler ständig beschimpfen. Ich weiß es, denn ich habe einige von ihnen als Kollegen erlebt. Sie projizieren ihre eigenen Verletzungen und das zornige Schulkind in sich auf ihre Schüler. Es kann sein, daß auch das Kind in Ihnen solchen Lehrern zum Opfer gefallen ist. Sie befanden sich wahrscheinlich in Gesellschaft anderer Kinder, die Ihnen bestätigt haben, daß Ihre Schmerzen berechtigt waren, aber sie waren machtlos und konnten nichts daran ändern.

In manchen Fällen waren allerdings unsere eigenen Klassenkameraden die Täter. Schulkinder können grausam sein. Lesen Sie *»Herr der Fliegen«* von William Golding.
Ich traf kürzlich einen alten Schulkameraden, den ich vierzig Jahre nicht gesehen hatte. Wir verbrachten zwei glückliche Tage, in denen wir uns gegenseitig unser Leben erzählten. Nach und nach fielen mir Einzelheiten seiner qualvollen Kindheit ein. Er war ein kleines Genie gewesen, trug eine Brille und war völlig unsportlich. In der Grundschule wurde er unablässig von den größeren, stärkeren Jungen gequält. Jeder Tag war für ihn ein Spießrutenlaufen. Er versteckte sich oft in der Sakristei der Kirche, betete zu Jesus, er möge ihm doch sagen, warum sie ihn immer schlugen, verspotteten und ihn so verletzten. Warum? Wo er doch nur ein Mitglied ihrer Gruppe sein wollte. Als ich seine Geschichte hörte, mußte ich weinen. Und ich schämte mich, denn offensichtlich war auch ich nur dann sein Freund gewesen, *wenn niemand es sehen konnte.* Meine Scham vor den anderen Klassenkameraden war so groß gewesen, daß ich es nicht riskiert habe, mit ihm gesehen zu werden, weil ich Angst hatte, daß sie dann auch hinter mir her sein würden. Die Freundschaft zu mir war für ihn etwas Kostbares. Das an sich war schon tragisch. Ich bin sehr glücklich, berichten zu können, daß er all das ziemlich gut überstanden hat, aber dem Kind in ihm sind schwere Verletzungen zugefügt worden.
Als ich mit ihm sprach, wurden Erinnerungen an andere Mitschüler wach, die in grausamer Weise von Gleichaltrigen gequält worden waren. An Mädchen, die zu dick waren, Kinder, die eine komische Nase oder eine andere körperliche Mißbildung hatten, und an die, die unsportlich waren. In meiner Praxis habe ich unzählige Fälle von Männern oder Frauen behandelt, die ihr Leben lang die Bürde der *Scham wegen körperlicher Gebrechen oder der Zugehörigkeit zu einer Minderheit tragen mußten.* Ihr wunderbares »Sein« war zurückgewiesen worden, weil sie Ausländer oder Juden waren. Sie wurden gequält, weil sie stotterten, ungeschickt oder ärmlich gekleidet waren. Und es waren die anderen Kinder, die die perfektionistischen gesellschaftlichen Maßstäbe anlegten.
Kein Schulkind ist wirklich häßlich, auch wenn manche ungeschickt und nervtötend erscheinen mögen. Sie haben einfach noch keinen Schliff und sind noch nicht fertig, aber sie verdienen trotzdem unseren Respekt und unsere *Hilfe*, damit sie ihre Kräfte entwickeln können.

Nachbereitung

Inzwischen wissen Sie wahrscheinlich schon recht gut, wie man seine Lebensgeschichte aufschreibt. Wenn Sie übrigens an einer bestimmten Phase Ihres Lebens arbeiten und Ihnen plötzlich etwas einfällt, was aus einem anderen Lebensabschnitt stammt, ist das durchaus positiv. Schreiben Sie es auf, und versuchen Sie, so schnell wie möglich eine Bestätigung dafür zu bekommen. Wenn Sie erst einmal mit dieser Arbeit begonnen haben, werden Sie feststellen, daß Ihnen häufig unvermittelt etwas einfällt. Je öfter Sie in Kontakt mit dem verletzten Kind in Ihnen treten, um so häufiger kommen Sie in diesen veränderten Bewußtseinszustand, der tpyisch für Ihre Kindheit gewesen ist. In diesem Zustand erinnern Sie sich an vieles. Von der Schulzeit an werden die Erinnerungen gewöhnlich lebhafter. Schreiben Sie jetzt die Geschichte der Schulzeit des Kindes in Ihnen auf. Denken Sie daran, es geht um die Zeit von Ihrem sechsten Lebensjahr bis zum Anfang der Pubertät, die in der Regel etwa in der achten Klasse beginnt. Mit der Pubertät taucht eine völlig neue, differenziertere seelische Fähigkeit auf, die wir im nächsten Kapitel besprechen werden. Am besten orientieren Sie sich bei Ihrer Arbeit an den einzelnen Schuljahren. Verwenden Sie die folgenden Stichpunkte, sofern sie sich auf Ihre Situation anwenden lassen.

Erwachsene, die für Sie wichtig gewesen sind

Abgesehen von den Eltern, zählen dazu Ihre Lehrer, der Pfarrer oder Rabbiner und ältere Kinder. Schreiben Sie die Namen aller Personen auf, und notieren Sie sich bei jeder, ob Sie Ihnen geholfen oder Sie seelisch verletzt hat. Helfen bedeutet, daß diese Person wirklich für Sie da gewesen ist, Sie um Ihrer selbst willen geschätzt und Ihre Ichhaftigkeit gefördert hat. Die Personen, die Ihnen seelische Verletzungen zugefügt haben, sind die, die Ihnen krankhafte Scham vermittelt haben.

Meilensteine

Schreiben Sie die drei wichtigsten Ereignisse eines jeden Jahres auf. Ich habe zum Beispiel geschrieben:

6 Jahre: 1. Erster Schultag
2. Habe mir die Hosen naßgemacht und bin vor der ganzen Klasse gedemütigt worden.
3. Mein Vater war zu der Zeit häufiger zu Hause als zu jeder anderen Zeit.

7 Jahre: 1. Bin ins zweite Schuljahr versetzt worden.
2. Habe zu Weihnachten einen Plattenspieler geschenkt bekommen.
3. Mein Vater hat Großvaters Auto zu Schrott gefahren.

Setzen Sie diese Liste bis zum Alter von dreizehn Jahren fort. Sie werden bemerken, daß die Jahre sechs und sieben für mich nicht besonders traumatisch waren. Schreiben Sie alle Erinnerungen auf, gleichgültig, ob sie angenehm oder unangenehm sind.

Traumatische Ereignisse

Das sind die Erlebnisse, die zu den schlimmsten seelischen Verletzungen geführt haben. Als ich zum Beispiel neun Jahre alt war, trennte sich mein Vater zum erstenmal von meiner Mutter. Die Trennungsphasen wurden dann im Laufe der Jahre immer länger. Vielleicht erinnern Sie sich schon seit Jahren an ein scheinbar belangloses Ereignis. Ihnen ist nicht ganz klar, warum Sie sich gut daran erinnern können. So etwas kann bedeuten, daß sich mit dem Ereignis eine seelische Verletzung auf einer anderen Ebene verbindet. Ich kann mich zum Beispiel an ein Ereignis erinnern, das stattfand, als ich fünf Jahre alt war. Ein Nachbarjunge, der sich schon in der Pubertät befand, sagte meiner sechsjährigen Schwester, sie solle seinen Penis berühren. Irgendwie wußte ich damals (ohne es wirklich zu wissen), daß das etwas ganz Schlimmes war. Es war etwas ganz anderes als meine Sexspiele mit den beiden Nachbarmädchen, zwei Jahre später. Wir waren alle gleich alt, und unsere Spiele waren zum größten Teil nur symbolisch. Das, was mit meiner Schwester geschehen war, war eine echte sexuelle Belästigung. Heute verstehe ich, warum mir das im Gedächtnis haften geblieben ist.

Teilen Sie die Geschichte Ihres Schulkindes einer Vertrauensperson mit

Lesen Sie Ihre Geschichte einem Freund, dem Partner, Ihrem Betreuer oder Ihrem Therapeuten vor. Lassen Sie sich dabei Zeit, damit Sie die Gefühle, die die Verletzungen dieser Periode begleiten, wiedererleben können. Richten Sie Ihr Augenmerk vor allem auf das seelisch verletzende Schulsystem. Stellen Sie ausführlich dar, wie es Ihnen die Schule unmöglich gemacht hat, Sie selbst zu sein. *Registrieren Sie jede Form des Mißbrauchs durch Lehrer oder andere Kinder.*

Erleben Sie die Gefühle

Suchen Sie Fotos aus Ihrer Schulzeit. Am besten eines für jedes Schuljahr. Möglicherweise besitzen Sie ein Klassenfoto aus der Schulzeit. Ordnen Sie die Fotos dem zu, was Sie über das jeweilige Alter geschrieben haben. Ich konnte dabei zum Beispiel feststellen, daß sich mein Gesichtsausdruck auf den verschiedenen Bildern verändert.

Oft kann man den Schmerz und die Traurigkeit in einer bestimmten Lebensperiode auf den Fotos deutlich erkennen. Die Bilder können Ihnen dabei helfen, Kontakt zu den verdrängten seelischen Schmerzen zu bekommen. Sie können erkennen, daß Ihr Gesicht völlig ausdruckslos ist, und keine Gefühle verrät. Im Alter von sieben, acht Jahren hatten Sie begonnen, Ihre differenzierteren Abwehrmechanismen zu entwickeln, Sie hatten gelernt, sich in Ihren Kopf zurückzuziehen und sowohl Ihre gegenwärtigen als auch die vergangenen Gefühle zu blockieren.

Schreiben Sie eine Geschichte oder ein Märchen

Für diese Altersstufe möchte ich Ihnen eine neue, äußert wirksame Schreibübung vorstellen – die mythologische Geschichte oder das Märchen über Ihre Kindheit. (Wenn das Briefeschreiben, das wir bis jetzt gemacht haben, Ihnen besonders gut geholfen hat, können Sie das außerdem fortsetzen. Schreiben Sie wieder drei Briefe, so wie in den letzten drei Kapiteln: einen an Ihr Schulkind, einen von Ihrem Schulkind an sich selbst und einen an Ihre Eltern und Lehrer, in denen Sie diesen sagen, was Sie von ihnen gebraucht hätten, aber nie bekommen haben.)

Die mythologische Geschichte oder das Märchen kann sich auf ein Ereignis oder verschiedene Ereignisse beziehen, die sich während Ihrer Schulzeit zugetragen haben, oder auf ein früheres Ereignis, das Sie stark beeindruckt hat. Das Gute an Mythen und Märchen ist, daß sie unser rationales Denken überwinden. Die Geschichte kann von Tieren handeln (Mama-Bär und Papa-Bär), von Göttern oder von Königen und Königinnen.

Ihre Geschichte sollte aus zwei Teilen bestehen. Der erste Teil sollte mit »Es war einmal« beginnen und die Ereignisse beschreiben, die ursprünglich zu der seelischen Verletzung geführt haben. Der Anfang des zweiten Teils sollte lauten: »Und als er/sie dann großgeworden war«, und sich auf die schädlichen Wirkungen beziehen, die die seelische Verletzung im späteren Leben gehabt hat.

Machen Sie sich keine Sorgen, wenn Ihnen kein herausragendes traumatisches Erlebnis einfällt. Möglicherweise war Ihre Kindheit ständig von Depressionen und Ängsten gekennzeichnet, oder Sie sind von Anfang an vernachlässigt worden.

Wie Sie sicher schon festgestellt haben, ist die Parabel vom »Zarten Elfenkind« am Ende des ersten Teils eine Bearbeitung des Märchens, das ich über mich selbst geschrieben habe. Hier noch ein weiteres Beispiel von einem Teilnehmer einer meiner Workshops.

Das Leben dieses Mannes war folgendermaßen verlaufen. Sein Vater war ein wohlhabender Mann gewesen, der die Mutter im betrunkenen Zustand geschwängert und deshalb geheiratet hatte. Der Großvater mütterlicherseits hatte dem Vater meines Klienten mit einem Prozeß gedroht, falls er die Schwangere nicht heiraten würde. Sechs Monate nach der Hochzeit ließ sich der Vater von der Mutter scheiden. Er zahlte Ihr eine großzügige Abfindung und bat sie im Rahmen dieser gerichtlichen Vereinbarungen, in eine andere Stadt zu ziehen.

Die Mutter war erst siebzehn Jahre alt und bereits auf dem besten Weg, drogensüchtig zu werden. Außerdem war sie süchtig nach Sex. Sie bezahlte eine ältere Frau vom Land, die auf ihren Sohn aufpaßte. Manchmal war sie monatelang weg. Schließlich heiratete sie wieder, zog in eine andere Stadt und ließ ihren Sohn völlig im Stich.

Mein Klient wurde körperlich, sexuell und seelisch von dieser alten

Bäuerin mißbraucht. Er war ein Schulversager und lief mit sechzehn von zu Hause weg. Von dem Zeitpunkt an erinnerte sein Leben an eine Seifenoper: mittelmäßige Jobs und ungute Beziehungen zu Frauen.
Nachfolgend die Geschichte, die er geschrieben hat:

> Es war einmal ein mächtiger König, der hieß John. Er heiratete Gretchen, eine arme Bauersfrau. Er heiratete sie, weil er eines Abends betrunken war, mit ihr schlief und sie schwängerte.
> Da alle diese Heirat für eine Schande hielten, wurde Gretchen versteckt. Schließlich wurde sie auf eine einsame Insel verbannt.
> Das Kind, das aus dieser schandhaften Ehe stammte, hieß ebenfalls John. Seine Mutter, die die Liebe des Königs nicht verlieren wollte, dachte, er würde sie wieder in Gnaden aufnehmen, wenn er den kleinen Prinz sähe, der seinen Namen trug. Also besuchte sie den König und zeigte ihm seinen Sohn.
> König John war fuchsteufelswild. Er wußte genau, daß in den Adern des kleinen Prinzen königliches Blut floß, aber er haßte Gretchen, weil sie ihn an seine Schande erinnerte. Der König ordnete an, daß Gretchen und der kleine John in ein Land auf der anderen Seite des Ozeans, Hunderte von Meilen entfernt, geschickt würden. Gretchen wurde großzügig bezahlt und mußte schwören, daß sie dem kleinen John nie das Geheimnis seiner Herkunft verraten würde.
> Gretchen haßte den kleinen John, weil er sie daran hinderte, das zu tun, was sie tun wollte. Sie wollte trinken und sich mit Männern vergnügen. Sie warf John vor, daß er schuld daran sei, daß sie im Exil leben müsse. Schließlich gab sie einer alten Bauersfrau Geld, die sich um ihren Sohn kümmern sollte. Die alte Frau schlug ihn und gab ihm kaum etwas zu essen.
> Obwohl er in Wirklichkeit ein Prinz und von königlichem Geblüt war, glaubte John, er sei der uneheliche Sohn dieser alten Bauersfrau. Weil er in Lumpen herumlief, lachten ihn die anderen Kinder in der Schule aus. Er wurde ein Schulversager, weil er panische Angst davor hatte, die Fragen der Lehrer zu beantworten. Er hatte nie Zeit, seine Hausaufgaben zu machen, weil er zu Hause immer arbeiten mußte.

Als er größer geworden war, lief er von zu Hause weg. Er hatte kein Geld, und da er auch keinen Schulabschluß hatte, fand er nur eine Anstellung als Fußbodenreiniger in einem Warenhaus. Er wechselte von einer Beziehung zur anderen, jede Frau wies ihn sehr bald zurück, alle kritisierten und demütigten ihn.

Wenn Sie Ihre Geschichte zu Papier gebracht haben, sollten Sie sie auf jeden Fall einer Person Ihres Vertrauens vorlesen. Die Geschichte kann Ihnen dabei helfen, Kontakt zu Ihren Verlassenheitsgefühlen zu bekommen und den Zusammenhang zwischen den unbefriedigten Abhängigkeitsbedürfnissen Ihrer frühen Kindheit und Ihrer Lebensgeschichte zu erkennen.
Wir können unsere krankhafte Scham teilen, wenn wir begreifen, daß die Probleme unseres »erwachsenen Kindes« etwas mit dem zu tun haben, was uns *widerfahren* ist, und nicht mit dem, *was wir wirklich sind*. Wenn wir erkennen, wie wir unsere unbefriedigten frühkindlichen Bedürfnisse »ausagieren«, können wir unsere krankhafte Scham leichter verarbeiten.
Wenn Ihr Partner Ihnen seine Geschichte vorliest, lassen Sie ihn wissen, was Sie dabei empfinden. Nehmen Sie ihn in den Arm und trösten Sie ihn, wenn er das möchte.
Wenn Sie mit einer Gruppe arbeiten, lassen Sie jedes Mitglied den anderen seine Geschichte vorlesen. Fordern Sie denjenigen, der vorgelesen hat, anschließend auf, die Augen zu schließen, während ein anderes Gruppenmitglied ihm sein herzliches Mitgefühl ausdrückt.

Rollen im gestörten Familiensystem

Nehmen Sie Kontakt mit allen neuen Rollen auf, die Sie während der Schulzeit übernommen haben, und arbeiten Sie mit ihnen, so wie Sie das im sechsten Kapitel (S. 188f.) getan haben. Ich empfehle Ihnen, Ihr Augenmerk hauptsächlich auf die Rollen zu richten, die sich auf Bindungen beziehen, die die Generationen überschreiten, denn das sind die Rollen, die Ihnen die Möglichkeit genommen haben, eine gesunde geschlechtsspezifische Orientierung zu bekommen. In diesem Lebensabschnitt handelt es sich dabei vor allem um Rollen wie »Mamis kleiner Mann«, »Mamis Ersatzehemann«,

»Mamis beste Freundin«, »Mamis kleine Mutter«, »Papas kleine Prinzessin«, »Papas Ersatzehefrau«, »Vatis bester Freund« und »Papis kleiner Vater«. Es ist wichtig, daß man sich klarmacht, daß die Rollen eines Ersatzehepartners oder Ersatzelternteils sich nicht auf gegengeschlechtliche Bindungen beschränken. Ein Mädchen kann Ersatzehepartner der Mutter und ein Junge Ersatzehepartner des Vaters sein. In all diesen Fällen muß sich *das Kind um die Eltern kümmern*, und das ist eine Umkehrung der natürlichen Verhältnisse.

Konzentrieren Sie sich besonders darauf, welche *schädlichen Folgen diese Rollen für das weitere Leben haben*. Mir fällt dabei zum Beispiel Jimmy ein, dessen Vater Alkoholiker war und die Familie verlassen hat, als Jimmy sechs Jahre alt war. Seine Mutter war sechsundzwanzig, als ihr Mann sie verließ. Sie hatte keinen Beruf und noch zwei weitere Kinder. Jimmy, das mittlere und älteste männliche Kind, nahm bereits im Alter von sieben Jahren jede Arbeit an, die er bekommen konnte. Er war seiner Mutter eine große Hilfe. Er saß manchmal stundenlang bei ihr und tröstete sie, wenn sie über ihr unglückliches Leben weinte. Für ihn war sie eine Heilige, und er konnte einfach nie genug für sie tun. Jimmy fiel es nicht auf (so etwas merkt kein Kind), daß seine Mutter ihn, wenn er einmal weinte, ausschimpfte oder ablenkte, damit er seine Gefühle vergaß. Sie erzählte ihm dann, daß er doch einen wunderbaren Großvater hätte und daß er froh sein könne, in einem Haus zu leben, wo es immer genug zu essen gab. In Südamerika würden Kinder verhungern!

Als Jimmy einundzwanzig Jahre alt war, trat er in einen buddhistischen Zen-Orden ein und wurde Mönch. Seine Mutter war stolz auf ihn und besuchte ihn häufig. Nach ein paar Jahren verließ Jimmy das Kloster und hatte eine Reihe von Beziehungen mit Frauen. Er suchte sich immer bedürftige Frauen aus, bei denen er dann die Rolle des Retters spielen konnte. Mit fünfundvierzig heiratete er eine Frau Mitte Zwanzig, die vom Vater ihrer drei Kinder sitzengelassen worden war. Die Ehe entwickelte sich zu einer Katastrophe, sie bestand nur aus Konflikten. Jimmy haßte seine Stiefkinder und hatte schon früh in der Ehe eine Affäre, die in den folgenden zehn Jahren zu einem ungezügelten sexuellen Agieren führte. Schließlich ließ sich seine Frau scheiden.

Jimmys Geschichte ist typisch für Söhne, die gezwungenermaßen die Rolle eines Ersatzehepartners spielen mußten. Häufig wenden sich solche Männer der Religion oder einer anderen spirituellen Vereinigung zu, die mit dem Zölibat verbunden ist. Auf diese Weise bleiben sie ihrer Mutter treu. Oder sie sind nicht in der Lage, sich an *eine* Frau zu binden. Da sie sich bereits an ihre Mutter gebunden fühlen, würde die Bindung an eine andere Frau eine Art seelischen Ehebruchs darstellen. Solche Männer sind ständig auf der Flucht, sie fliehen vor jeder Bindung. Man nennt sie auch »Peter Pan«, da sie nie erwachsen werden (und ihre Mutter nie wirklich verlassen).

Als Jimmy zu mir kam, war er einundfünfzig, voller Zorn und einsam. Für die Rolle des Ersatzehepartners hatte er einen hohen Preis bezahlen müssen. Er hatte das Gefühl, nur dann etwas wert zu sein, wenn er sich um Frauen kümmerte, die so bedürftig waren wie seine Mutter. Tief in seinem Herzen hatte er nie das Gefühl einer wirklichen Verbundenheit erlebt. Er war nie um seiner selbst willen geliebt worden. Sein wahres Selbst (das verletzte Vorschulkind in ihm) war nie akzeptiert worden.

Ich werde Ihnen im zwölften Kapitel eine Übung zeigen, mit der Sie eine solche Verstrickung lösen können.

Bestätigungen

Die Bestätigungen für das verletzte Schulkind in Ihnen lauten folgendermaßen:

Kleiner…, du kannst in der Schule der sein, der du wirklich bist. Du kannst deinen Standpunkt selbst verteidigen, und ich werde dir dabei helfen.

Es ist völlig in Ordnung, wenn du Dinge auf deine Weise tust.

Es ist in Ordnung, wenn du gewisse Dinge erst überdenkst und ausprobierst, bevor du sie dir aneignest.

Du kannst deinem eigenen Urteil trauen; du mußt nur die Verantwortung für die Folgen deiner Entscheidung tragen. Du kannst Dinge so machen, wie du willst, und es ist in Ordnung, wenn du nicht einverstanden bist.

Ich liebe dich so, wie du bist, kleiner…

Du kannst deinen Gefühlen vertrauen. Sag mir Bescheid, wenn du Angst hast.

Es ist nicht schlimm, wenn du Angst hast. Wir können darüber reden.

Du kannst dir deine Freunde selbst aussuchen.
Du kannst dich so anziehen, wie die anderen Kinder sich anziehen, oder du kannst dich so anziehen, wie es dir am besten gefällt.
Du hast es verdient, das zu bekommen, was du dir gewünscht hast.
Ich will immer bei dir bleiben, gleichgültig, was geschieht.
Ich liebe dich, kleiner…

Schulkind-Meditation

Fügen Sie der allgemeinen Einführung folgende Sätze hinzu. Machen Sie dazwischen jeweils zwanzig Sekunden Pause.

Wie sah es bei Ihnen zu Hause aus, als Sie eingeschult wurden? … Können Sie sich an Ihren ersten Schultag erinnern? … Können Sie sich an den ersten Tag im jeweils neuen Schuljahr erinnern? … Hatten Sie eine Butterbrotdose? … Einen Schulranzen? … Wie sind Sie zur Schule gekommen? … Hatten Sie Angst, in die Schule zu gehen? … Gab es irgendwelche größeren Jungen, die Sie bedrohten? … Welchen Lehrer mochten Sie am liebsten? … Hatten Sie einen Lehrer oder eine Lehrerin? … Stellen Sie sich den Schulhof vor … Sehen Sie sich selbst als Schulkind auf dem Schulhof … Was tun Sie gerade? … Wie sind Sie angezogen? … Gehen Sie auf sich selbst zu, und stellen Sie sich vor, Sie wären wieder dieses Schulkind … Jetzt sind Sie ein Schulkind und blicken zu Ihrem erwachsenen Selbst auf … Sie sehen sich selbst als einen weisen, freundlichen Zauberer … Hören Sie auf Ihre erwachsene Stimme, die Ihnen warmherzige, liebevolle Dinge sagt…

Wenn Sie allein sind: Nehmen Sie alle Zusicherungen für das verletzte Schulkind in Ihnen auf *Band* auf.

Wenn Sie mit einem Partner arbeiten: Teilen Sie Ihrem Partner die Zusicherungen mit.

Wenn Sie in einer Gruppe arbeiten: Unterbrechen Sie hier, und machen Sie einen Anker.

Allein oder mit einem Partner: Wenn Sie mit den Zusicherungen fertig sind, wird die Meditation fortgesetzt.

Lassen Sie Ihren Gefühlen freien Lauf. Verabschieden Sie sich von Ihrem freundlichen Zauberer, und nehmen Sie ihn in den Arm, wenn Ihnen danach ist ... Kehren Sie ganz langsam wieder in Ihr erwachsenes Ich zurück ... Sagen Sie dem Schulkind in Ihnen, daß Sie von jetzt an immer für es dasein werden ... Sagen Sie ihm, daß es sich auf Sie verlassen kann ...

Für Gruppen: Wenn Sie in einer Gruppe arbeiten, fügen Sie, nachdem Sie den Anker gesetzt haben, folgendes hinzu. Dieser Abschluß gilt für alle – für die, die allein arbeiten oder mit einem Partner, und für die Gruppe. Machen Sie zwischen den Sätzen jeweils zehn Sekunden Pause.

Bewegen Sie sich auf der Zeitachse nach vorn ... Sie sehen Ihre Schule ... Welche Farbe hat das Gebäude? ... Sie sehen Ihren besten Freund aus der Schule ... Sie hören einen Ihrer Lieblingsschlager aus der Zeit ... Gehen Sie weiter in der Zeit bis zu Ihrem frühen Erwachsenenleben ... Jetzt sehen Sie das Haus, in dem Sie zur Zeit leben ... Sie sehen Ihr Zimmer ... Erleben Sie die Umgebung, in der Sie sich jetzt befinden ... Bewegen Sie die Zehen ... Spüren Sie, wie die Energie durch Ihre Beine strömt ... Atmen Sie tief durch ... Atmen Sie geräuschvoll aus ... Bewegen Sie Ihre Finger ... Jetzt sind Sie seelisch und körperlich wieder voll da ... Öffnen Sie die Augen ...

Wenn Sie allein sind, denken Sie über das Erlebte nach. Schreiben Sie Ihre Gefühle auf. Wenn Sie mit einem Partner zusammen sind, teilen Sie ihm mit, was Sie gefühlt und erlebt haben. Wenn Sie Mitglied einer Gruppe sind, erzählen Sie einander abwechselnd, was Sie erlebt haben.

Sie haben Ihre Ansprüche auf Ihr Schulkind wieder geltend gemacht. Sie können sich um dieses Kind kümmern. Auf der nächsten Seite sehen Sie meine Darstellung des Schulkindes in mir, auf das ich meine Ansprüche geltend gemacht habe.

HI HO!
HI HO!

8. Kapitel
Wie man sich beherrscht – eine neue Jugend

Ich bin, was ich tue; dazu bin ich da.
Gerald Manley Hopkins

Ich wache auf und befinde mich in einem Wald, weit vom Schloß entfernt.
Der Zug eilt durch das einsame Louisiana bei Nacht...
Wenn ich zurückblicke, erkenne ich dort einen blinden Fleck in dem Waggon.
Es ist ein Stück meines Vaters, das ich nie erkennen kann.
Ich kann mich an die Jahre meiner Kindheit nicht erinnern.
Teile meiner selbst kann ich heute nicht mehr finden...
Ist noch genügend von mir übrig, damit ich ehrlich sein kann?...
Wie stark fühle ich mich zu meinen Eltern hingezogen!
Ich gehe hin und her, schaue auf den alten Treppenabsatz.
Nachtfrösche verkünden quakend, daß der Planet sich noch dreht.

Robert Bly
Nachtfrösche

PUBERTÄT

(Erneuerung)

Ich bin ich, ein einzigartiges Selbst

Alter: 13–26 Jahre
Abhängigkeitspolarität: Identität gegen Rollenkonfusion
Ichstärke: Treue
Kraft: zur Erneuerung
Beziehungsthematik: Unabhängigkeit von der Familie

Liste der Verdachtsmomente

Beantworten Sie die folgenden Fragen mit Ja oder Nein. Lesen Sie sich jede Frage zuerst durch, warten Sie dann einen Augenblick und geben sich den Gefühlen hin, die Sie dabei erleben. Wenn Ihnen Ihr Gefühl sagt, daß Sie eher mit Ja antworten wollen, antworten Sie mit Ja, sonst mit Nein. Wenn Sie einige Fragen mit Ja beantworten, können Sie davon ausgehen, daß der wundervolle Heranwachsende in Ihnen in der Vergangenheit verletzt worden ist. Es gibt verschiedene Grade der Verletzung, die sich auf einer Skala zwischen eins und hundert anordnen lassen. Je mehr Fragen Sie mit Ja beantworten, um so schlimmer ist Ihr heranwachsendes Selbst verletzt worden.

1. *Haben Sie immer noch Ärger mit elterlicher Autorität?*
   Ja ☐ *Nein* ☐

2. *Probieren Sie ständig andere Jobs aus und haben niemals das Gefühl, Ihren Platz gefunden zu haben? Ja* ☐ *Nein* ☐

3. *Wissen Sie nicht genau, wer Sie wirklich sind? Ja* ☐ *Nein* ☐

4. *Fühlen Sie sich keiner Gruppe oder einer guten Sache verpflichtet? Ja* ☐ *Nein* ☐

5. *Halten Sie sich selbst für unloyal? Ja ☐ Nein ☐*

6. *Fühlen Sie sich anderen überlegen, weil Ihr Lebensstil exzentrisch und nonkonformistisch ist? Ja ☐ Nein ☐*

7. *Haben Sie sich nie zu einem persönlichen Glauben durchringen können? Ja ☐ Nein ☐*

8. *Haben Sie keinen wirklichen gleichgeschlechtlichen Freund? Ja ☐ Nein ☐*

9. *Haben Sie keine gegengeschlechtliche Freunde? Ja ☐ Nein ☐*

10. *Sind Sie ein Träumer, der es vorzieht, Liebesromane und Science-fiction zu lesen, als selbst aktiv zu werden? Ja ☐ Nein ☐*

11. *Wurde Ihnen schon einmal gesagt, Sie sollten gefälligst endlich erwachsen werden? Ja ☐ Nein ☐*

12. *Sind Sie unbeweglich und konformistisch? Ja ☐ Nein ☐*

13. *Haben Sie irgendwann einmal die Religion Ihrer Jugend in Frage gestellt? Ja ☐ Nein ☐*

14. *Laufen Sie stur hinter irgendwelchen Gurus oder Heldenfiguren her? Ja ☐ Nein ☐*

15. *Reden Sie immer über die phantastischen Dinge, die Sie tun werden, ohne sie wirklich zu tun? Ja ☐ Nein ☐*

16. *Glauben Sie, daß niemand so viel hat durchmachen müssen wie Sie oder daß niemand Ihren unermeßlichen Schmerz nachfühlen kann? Ja ☐ Nein ☐*

Mit dem Beginn der Pubertät findet die Kindheit ihr natürliches Ende. Die Pubertät markiert die erste Wiederholung Ihrer Entwicklungsspirale. Wie schon erwähnt, geht Pam Levin in ihrem Buch *Cycles of Power* von einem zyklischen Modell der menschlichen Entwicklung aus. Das Leben ist ein Prozeß, in dessen Verlauf sich bestimmte Themen und Verhaltensmuster wiederholen. Jede Wiederholung baut sich auf der vorangegangenen Phase auf und erfordert eine differenziertere Anpassung. Sie stellt eine kritische Zeit dar, in der sowohl die Verletzlichkeit als auch die Entwicklungsmöglichkeiten stärker sind. Wenn die Herausforderung, die eine solche Krise darstellt, gemeistert wird, findet eine Erneuerung statt, bei der die Vergangenheit neu gestaltet wird.

Die normale Adoleszenz

Ob die kritischen Aufgaben der Adoleszenz auf eine gesunde Weise gemeistert werden, hängt von der Ichstärke ab, die während der Kindheit entwickelt wurde. Diese Zeit, in deren Verlauf eine *bewußte Identität* entwickelt wird, ist, darauf weist Erik Erikson hin, »mehr als die Summe der ... Identifikationen der Kindheit«. Die pubertäre Identität ist eine *neu gestaltete Identität*. Um das zu erreichen, müssen wir unsere Erbanlagen, unsere Ich-Stärke und die Fähigkeiten integrieren, die wir schon früher entwickeln konnten, weil uns die sozialen Rollen innerhalb unserer Kultur diese Möglichkeiten geboten haben. Erikson definiert diese neue Ichidentität so:

> ...das im Laufe der Zeit gewonnene Vertrauen, daß die Identität und Kontinuität (das, was ich Ichhaftigkeit nenne), die man in der Vergangenheit erworben hat, der Identität und Kontinuität entspricht, die man in den Augen anderer Menschen hat und die in der realistischen Aussicht auf eine »Karriere« ihren Ausdruck findet.

Das bedeutet für mich, daß das Gefühl der Ichhaftigkeit, das das Kind in Ihnen empfindet, jetzt auf zwei verschiedene Weisen gefestigt werden muß. Eine Bestätigung bekommt es dadurch, daß es sich in den Augen einer wichtigen, liebevollen Bezugsperson spiegeln kann. Die zweite bezieht sich auf eine erfolgreiche Karriere im Beruf, durch die die »Seinsqualität« verbessert wird. Das sind die zwei Säulen der Identität eines Erwachsenen, Freuds berühmte Zeichen der Reife: *Liebe und Arbeit*.
Wenn das Kind in der Seele des Pubertierenden verletzt worden ist, kann das verheerende Folgen haben. Selbst wenn das Kind gesund

ist, muß der Betroffene »manchen Kampf früherer Jahre noch einmal durchfechten«. Denn die Adoleszenz ist eine der stürmischsten Zeiten unseres Lebens.
Ich möchte das normale Heranwachsen beschreiben, indem ich die Buchstaben des Wortes *Adolescence* benutze.

Ambivalenz	(Ambivalenz)
Distanzierung von den Eltern	(Distancing from parents)
Beruf	(Occupation)
Einsamkeit	(Loneliness)
Ichidentität	(Ego identity)
sexuelle Experimente	(Sexual exploration)
Begriffsbildung	(Conceptualization)
egozentrisches Denken	(Egocentric thinking)
Narzißmus	(Narcissism)
Kommunikationsmanie	(Communication frenzy)
Experimentierlust	(Experimentation)

Ambivalenz

Was Ambivalenz ist, beschreibt J. D. Salinger sehr schön in seinem Buch »Der Fänger im Roggen«. Der Held, der sechzehnjährige Holden Caulfield, möchte ein Erwachsener sein. In seiner Phantasie trinkt er, treibt sich mit Frauen herum und stellt sich vor, er wäre ein Gangster. Gleichzeitig hat er fürchterliche Angst vor dem Leben eines Erwachsenen und möchte der Beschützer seiner jüngeren Schwester Phoebe und ihrer Freundinnen sein. Er bleibt bei den kleineren Kindern (und beschützt sie), um sich nicht mit der Welt der Erwachsenen auseinandersetzen zu müssen. Die Hälfte von Holdens Haar ist grau. Er lebt zwischen zwei Welten, zwischen Kindheit und Erwachsensein. Ambivalenz bedeutet, daß man zwischen diesen beiden Welten hin und her pendelt.
Der Begriff Ambivalenz bezieht sich auch auf den emotionalen Aufruhr und die Stimmungsschwankungen, die typische Merkmale der Pubertät sind.
Anna Freud zufolge ist es normal, wenn ein Pubertierender seine Eltern heute nicht ausstehen kann und sich morgen wieder innig mit ihnen verbunden fühlt und mit ihnen reden möchte.

Distanzierung von den Eltern

Die Distanzierung von den Eltern ist ein normaler Teil des Erwachsenwerdens. Um sich von zu Hause lösen zu können, müssen die Heranwachsenden dafür sorgen, daß die Eltern für sie unattraktiv werden. Der Psychologe Theodore Lidz von der Yale-Universität hat die Tatsache betont, daß »der Generationskonflikt ein normaler Bestandteil unseres gesellschaftlichen Lebens ist«. Schon achthundert Jahre vor Christus war Hesiod entsetzt über die jungen Leute seiner Zeit. Er fragte sich, was aus der nächsten Generation werden solle. Ich hörte im Supermarkt, wie eine Dame die gleiche Bemerkung machte. Die Gruppe der Gleichaltrigen ist das Mittel, mit dem der Heranwachsende Distanz zu seinen Eltern schafft. Ich spreche in diesem Zusammenhang von »Gruppeneltern«, weil die Gruppe tatsächlich die Funktionen der Eltern übernimmt. Solche Gruppeneltern sind an sehr starre Regeln gebunden. Zum Beispiel war zu meiner Zeit der »Entenschwanz« die aktuelle Frisur. Meine Gruppe trug maßgeschneiderte Hosen mit aufgesetzten Nähten und Pistolentaschen. Andere Jungen, die sich nicht so kleideten, wurden als Spießer eingestuft und ausgelacht.

Beruf

Verschiedene Untersuchungen haben zu dem Ergebnis geführt, daß der Beruf die Hauptsorge der Heranwachsenden ist: Welchen Beruf werde ich einmal ausüben? Wo werde ich meine Kräfte investieren? Wie werde ich für meinen Lebensunterhalt sorgen können? Was werde ich tun, wenn ich erwachsen bin?

Unsere Lebensenergie veranlaßt uns dazu, uns Gedanken darüber zu machen, mit welcher Arbeit wir unser Leben bestreiten werden. Die Berufsmöglichkeiten unterscheiden sich von Kultur zu Kultur und von Generation zu Generation. Früher waren die Möglichkeiten eng begrenzt und schon recht früh vorbestimmt. Damals war das Leben noch einfacher.

Einsamkeit

Die Adoleszenz war immer eine Zeit der Einsamkeit. Auch wenn jemand einer Gruppe angehört und viele Freunde hat, fühlt er doch in sich eine gewisse Leere. Der junge Mensch weiß noch nicht, wer er ist. Er weiß noch nicht genau, wohin sein Weg ihn führen wird. Da er inzwischen gelernt hat, abstrakt zu denken, wird die Zukunft (also eine Hypothese) zum *erstenmal im Leben des jungen Menschen* zu einem Problem. Wenn er über seine Zukunft nachdenkt, hat er das Gefühl, daß ihm irgend etwas fehlt. Wenn das Kind in ihm verletzt worden ist, wird dieses Gefühl stärker sein.

Die neu entwickelten, kognitiven Strukturen versetzen den Heranwachsenden in die Lage, über sich selbst nachzudenken (sich seiner selbst bewußt zu werden). Der Heranwachsende kann über das Denken nachdenken. Deshalb kann er sich auch die Frage stellen: »Wer bin ich?« Er wird sich schmerzhaft seiner selbst bewußt. Durch die Entwicklung der sekundären Geschlechtsmerkmale wird diese Art, sich seiner selbst bewußt zu werden, noch verstärkt. Die bisher unbekannten sexuellen Gefühle werden als überwältigend erlebt; die körperlichen Veränderungen sind schwierig. Man kommt sich ungeschickt vor und ist sich selbst fremd.

Ichidentität

Ich habe Eriksons Definition der Ichidentität bereits erwähnt. Die Fragen »wer bin ich« und »wohin gehe ich« sind das Ergebnis der neuen seelischen Kräfte des Heranwachsenden.

Sexuelle Experimente

Mit der Entwicklung der sekundären Geschlechtsmerkmale entsteht eine neue Energie. Sie ist der Funke des Lebens, der sich immer weiter ausdehnt. »Das Leben sehnt sich nach sich selbst«, sagt Nietzsche. Die genitale Sexualität ist eine arterhaltende Kraft. Ohne den Sexualtrieb wären wir in hundert Jahren ausgestorben.

Teenager haben von Natur aus den Drang, ihre Sexualität auszuprobieren, und die erste genitale Masturbation öffnet dabei die Tore. Drohungen, man würde davon blind, bekäme Warzen auf der

Hand, oder der Penis würde abfallen, verblassen angesichts der Intensität des Gefühls. Andere Formen des Experimentierens folgen bald: gegenseitiges Masturbieren, Herumspielen am Körper eines anderen und schließlich regelrechter Geschlechtsverkehr. Die Erforschung der Genitalien ist entscheidend für eine gesunde Identität. Sex hat etwas mit unserem Sein zu tun und ist nicht etwas, was wir haben. Das erste, was wir an einem anderen Menschen wahrnehmen, ist sein Geschlecht.

Begriffsbildung

Die Fähigkeit, abstrakt zu denken und mit logischen Begriffen zu operieren, entwickelt sich in der Pubertät und gestattet uns, uns über das konkrete Denken des Schulkinds zu erheben. Ein Heranwachsender kann über Dinge nachdenken, die *den vorgefundenen Tatsachen widersprechen*. Dazu ist ein Kind noch nicht in der Lage. Zum Beispiel erfordert das Denken an die Zukunft die Fähigkeit, sich Gedanken über Dinge zu machen, die den Fakten zuwiderlaufen. Wer bin ich, und wohin gehe ich? Was habe ich für Möglichkeiten? Wenn ein Heranwachsender sich Gedanken über seine Identität macht, dann sind das Gedanken, die sich auf Möglichkeiten beziehen. »Ich glaube, ich werde Arzt ... Rechtsanwalt ... Geistlicher...« und so weiter. Jede dieser Möglichkeiten führt zur Bildung einer Hypothese, die sich nicht nur auf die Tatsachen beschränkt.

Eine andere Art, wie diese neue Denkfähigkeit in Erscheinung treten kann, ist die Idealisierung. Die Heranwachsenden sind Träumer. Aus Träumen und Idealisierungen entstehen Vorbilder, die uns motivieren. Junge Menschen fühlen sich ihren Idolen eng verbunden. Meistens sind es Filmstars oder berühmte Rockmusiker, aber es kann auch vorkommen, daß sich ein Jugendlicher eine Person aus der Politik, Wissenschaft oder Kunst aussucht, um sich für sein eigenes Berufsleben motivieren zu lassen. Teenager sind von Natur aus religiös, und die Bereitschaft zur Religiosität ist nie größer als in der Adoleszenz. Oft ist ein spirituelles Idol der Grund für die fixen Ideen des Heranwachsenden.

Das Idealisieren oder die Vergötterung irgendwelcher Personen kann sich auch auf eine Kultbewegung oder auf eine Idee beziehen. Die Truppe Hare Krishnas, die chinesische Rote Garde, die Hitlerjugend – all das zeigt, wie man junge Menschen für eine Sache gewinnen kann, unabhängig davon, ob sie gut oder schlecht ist. Das Engagement für eine Idee ist die Grundlage einer Ichstärke, die Erikson *Treue* nennt und die eine wichtige Eigenschaft der Erwachsenen ist.

Egozentrisches Denken

Im Gegensatz zur egozentrischen Einstellung der frühen Kindheit sind die Heranwachsenden durchaus in der Lage, den Standpunkt anderer Menschen zu begreifen. Sie sind egozentrisch, weil sie glauben, ihre Eltern seien genauso besessen von ihnen, wie sie von sich selbst besessen sind. Pubertierende sind von Natur aus übersensibel. Ein zufälliger Blick wird als ein vernichtendes Urteil gedeutet. Stellen wir uns einmal eine ganz gewöhnliche Situation vor: Shirley ist gerade bei dem Jungen, den sie anhimmelt, abgeblitzt. Sie kommt deprimiert nach Hause und fühlt sich zurückgewiesen. Die Mutter sagt: »Hallo Schatz, wie geht es?« Daraufhin läuft Shirley heulend in ihr Zimmer: »Kannst du mich nicht einmal in Ruhe lassen!« David Elkind hat zwei Begriffe geprägt, die die egozentrische Qualität des Denkens der Heranwachsenden charakterisieren: »Das eingebildete Publikum« und »Das persönliche Märchen«. Beides sind Denkweisen, die mit Grandiosität zusammenhängen. Shirley *denkt*, ihre Mutter habe die vorangegangene Zurückweisung gesehen und wäre Zeuge ihrer Demütigung geworden. Die Befangenheit der Heranwachsenden hängt damit zusammen, daß sie glauben, *alle schauen mich an*. Wenn der Heranwachsende von Scham geprägt ist, wird seine Befangenheit auf empfindliche Weise verstärkt.

Das persönliche Märchen besteht aus dem Glauben, daß das eigene Leben *absolut einmalig* ist. »Niemand hat so gelitten wie ich«, sagt sich der Heranwachsende. »Niemand versteht mich, niemand liebt mich, niemand muß sich mit solchen Eltern herumschlagen, wie ich sie habe.« Denken Sie an Tom Sawyers Sterbephantasien. Er sieht, wie sich seine Tante und die anderen Erwachsenen um sein Sterbebett versammeln und eimerweise Tränen vergießen. Jetzt endlich begreifen sie, was für eine einzigartige und außergewöhnliche Persönlichkeit er gewesen ist.

Dieses »persönliche Märchen« endet gewöhnlich, wenn der

Mensch eine echte Intimbeziehung beginnt. Das Erlebnis der Gemeinsamkeit in einer solchen Beziehung macht es dem Menschen leichter, zu erkennen, wie *gewöhnlich oder normal* seine Erfahrungen sind oder waren.

Narzißmus

Heranwachsende sind narzißtisch. Sie sind besessen von ihrem eigenen Spiegelbild, sie können Stunden damit verbringen, sich selbst zu betrachten. Das ist eine Folge ihrer intensiven Befangenheit und darüber hinaus die Wiederkehr früherer narzißtischer Bedürfnisse.

Kommunikationsmanie

Im *Fänger im Roggen* ruft Holden ständig jemanden an. Er hat ein unglaubliches Mitteilungsbedürfnis. Die Befangenheit und die Einsamkeit erzeugen in den Heranwachsenden den dringenden Wunsch nach Kommunikation. Wenn man sich stundenlang mit Freunden unterhält, hat man das Gefühl, dazuzugehören und akzeptiert zu werden. Ich kann mich noch gut daran erinnern, wie das war, wenn ich mit meiner heranwachsenden Tochter im Auto fuhr. Sie rief verzweifelt gestikulierend die Namen der Jungen und Mädchen, an denen wir vorüberfuhren.

Experimentieren

Heranwachsende lieben das Experimentieren – mit Ideen, Stilen, Rollen und Verhaltensweisen. Oft stehen ihre Versuche im Gegensatz zum Lebensstil oder zu den Wertvorstellungen ihrer Eltern. Wenn die Mutter der Meinung ist, daß »Sauberkeit das höchste Gut ist«, kann es passieren, daß ihre heranwachsende Tochter meint, im Interesse ihrer eigenen Identität nur als Hippie mit langen Haaren, ungewaschen und barfuß herumlaufen zu müssen. Wenn der Vater ein Arbeitssüchtiger und ein Streber ist, kann der Sohn versuchen, eine Identität zu gewinnen, indem er ausflippt. Wenn die Eltern Atheisten sind, können der Sohn oder die Tochter ihre Identität darin finden, äußerst religiös zu sein.
Das Experimentieren bietet dem jungen Menschen die Möglichkeit, seinen Horizont zu erweitern und in seinem Verhalten andere Wege

zu beschreiten, bevor er die eigene Identität endgültig definiert. Alles in allem stellt das Heranwachsen eine Neugestaltung und Integration aller früheren Stadien der Kindheit dar. In der Adoleszenz werden alle Ichstärken zusammengefaßt, und aus dieser Neugestaltung entsteht allmählich die neue Identität.

Entwicklungsstörungen

Die Pubertät ist zweifellos die stürmischste Zeit im Leben eines Menschen. Anna Freud hat gesagt, daß man das, was bei einem Pubertierenden als normal angesehen wird, in jeder anderen Lebensphase als hochneurotisch betrachten würde. Wenn das sogar dann der Fall ist, wenn alle vorangegangenen Kindheitsstadien normal verlaufen sind, kann man sich vorstellen, welche Probleme in dieser Phase auftreten, wenn das Kind in uns ernstlich verletzt worden ist. Viele von uns brauchen sich das nicht vorzustellen, sie haben es erlebt.
Bei mir selbst entwickelte sich die Ambivalenz zu manisch-depressivem Verhalten. Auf blindwütiges, promiskuitives Agieren folgten schwere Depressionen. Ich wurde mir selbst fremd und tat mich mit ein paar Jungen zusammen, die aus kaputten Familien stammten. Wir rebellierten gegen unsere starre katholische Erziehung, indem wir herumhurten und tranken. Meine eigene Erbanlage zum Alkoholismus wurde sofort manifest. Wenn ich Alkohol getrunken hatte, hatte ich Erinnerungslücken (Blackouts) und geriet schon vom dreizehnten Lebensjahr an in große Schwierigkeiten.
Erikson weist auf die Gefahr hin, die ein diffuses Rollenverständnis in der Pubertät mit sich bringt. Wenn der Heranwachsende zu viele Rollen ausprobiert, verliert er die Übersicht und weiß nicht, wie er seine Ichstärke aufbauen soll. Ich war als Teenager völlig desorientiert und fühlte mich schrecklich einsam. Ich hatte keinen Vater, gegen den ich rebellieren konnte oder der mir ein Vorbild gewesen wäre. Ich nahm mir sogenannte Anti-Helden zum Vorbild. Das ist die Dynamik, die sich hinter dem Begriff »negative Identität« verbirgt. Ich wußte nicht, wer ich war, also identifizierte ich mich mit dem, was ich nicht war. Ich war »anders«, nicht wie all die »Spießer«, aus denen der Rest der Gesellschaft bestand. Die Gruppe, zu der ich gehörte, verhöhnte jeden, der nicht so war wie sie, und machte sich über ihn lustig; es gab praktisch kaum jeman-

den, der davon verschont blieb. Menschen, die eine negative Identität haben, werden zu Außenseitern, die das Leben von außen betrachten und sich über jeden lustigmachen.

In Wirklichkeit hatte ich schreckliche Angst vor dem Leben. (Das trifft auf alle Menschen mit negativer Identität zu, die ich als Therapeut kennengelernt habe.) Da mein Ich schwach beziehungsweise gar nicht vorhanden war, gab es für mich auch keine Möglichkeit, *mich zusammenzunehmen*. Nur wenn ich betrunken war, fühlte ich mich erwachsen und stark. Meine innere Leere zwang mich dazu, zu Mitteln zu greifen, mit denen ich meine Stimmung ändern konnte.

In der Pubertät artikulieren wir unseren Urschmerz und die ungestillten Kindheitsbedürfnisse, indem wir »agieren«. Die Gewalttätigkeiten jugendlicher Krimineller zeugen von der unbändigen Wut des verletzten, einsamen Kindes in der Seele des Täters. Kriminalität ist eine Möglichkeit, sich das zu holen, was man in der Kindheit nicht bekommen hat. Und Drogenkonsum betäubt den Schmerz, den die Einsamkeit in einer gestörten Familie verursacht hat.

Häufig drücken Pubertierende durch ihr Verhalten etwas aus, was einzelne Mitglieder der Familie verheimlichen wollen. Das betrifft in dieser Periode der Entwicklung der sexuellen Energie natürlich vor allem das Sexualverhalten. Weil die Mutter sich schämt und ihre Sexualität verdrängt, entwickelt die Tochter schon in jungen Jahren ein promiskuitives Verhalten. Vaters heimliche Seitensprünge werden möglicherweise im Verhalten des Sohnes ihren Ausdruck finden. Wenn die Intimbeziehung der Eltern gestört ist und beide Elternteile unter Einsamkeit leiden und voller Zorn sind, kann sich das bei den Kindern in Form von Schulversagen ausdrücken.

Die Heranwachsenden sind oft die Sündenböcke der Familie. Sie sind diejenigen, die dann als Patienten in die Praxis gebracht werden, obwohl sie in Wirklichkeit nur die Familie vertreten. Als ich in Los Angeles als Drogenberater gearbeitet habe, ist mir kein einziger junger Drogenabhängiger begegnet, dessen Eltern eine glückliche Ehe geführt haben. Alle Eltern wiesen Störungen auf, an denen die Familie schon seit mehreren Generationen litt. Alle waren sie »erwachsene Kinder« gewesen, als sie geheiratet hatten, und die Kinder versuchten jetzt, die Eltern dazu zu bringen, sich selbst auch therapieren zu lassen. Diese Art des »Agierens«, das man bei den meisten jungen Menschen beobachten kann, steht in direkter Beziehung zu den gestörten Familien, aus denen sie kommen.

Hier stellt sich auch die Frage, welche Bedeutung die Vernachlässigung der entwicklungsbedingten Abhängigkeitsbedürfnisse hat. Die Pubertät ist die Zeit, in der die persönliche Identität sich allmählich festigt. Bei Kindern aus gestörten Familien kann dieser Prozeß nicht ablaufen, weil sie zu Beginn der Pubertät noch kein Ichgefühl haben. Meine Familie war als Folge des Alkoholismusproblems meines Vaters, der uns dann auch noch verlassen hat, neurotisiert. Unsere neurotische Verstrickung sah etwa so aus:

Neurotische Verstrickung der Familie

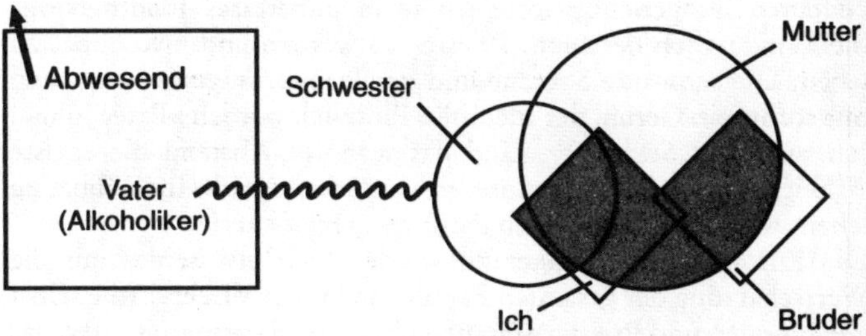

Wie Sie erkennen, hatte niemand von uns ein klar abgegrenztes Selbst. Der größte Teil eines jeden war Teil der anderen. Wenn einer von uns etwas fühlte, fühlten die anderen es auch. Wenn Mutter traurig war, waren wir alle traurig. Wenn sie wütend war, fühlten wir das alle mit und versuchten, sie davon abzubringen. Es gab für mich kaum eine Möglichkeit, meine eigene Identität aufzubauen.

Wenn die Verwirrung im Hinblick auf die Rollen größer wird, nimmt auch die Isolation und die innere Leere zu. *Die wichtigste Rolle, die jemand bis zu diesem Zeitpunkt im Familiensystem gespielt hat, bietet sich am ehesten als Möglichkeit an, eine Identität zu finden.* Mit einundzwanzig Jahren war ich völlig durcheinander. Meine Sexualität erfüllte mich mit panischer Angst. Ich fühlte mich innerlich leer und unsicher. Ich war ängstlich und innerlich voller Zorn. Der Gedanke an einen Beruf machte mir große Sorgen. Ich kann mich noch genau erinnern, daß ich durch die Stadt lief und mich über all die Menschen wunderte, die einen Beruf, ein Auto, ein Haus usw. hatten. Da ich zutiefst von Scham geprägt war, war ich fest davon überzeugt, daß ich das nie schaffen würde. Also

besann ich mich wieder auf die Rollen, die man mir in meiner Familie zugewiesen hatte.
Ich blieb also weiter der »Star«. Ich war Klassensprecher, Herausgeber der Schülerzeitung und ein Streber. Das alles hielt ich zusätzlich zu meinem Alkoholismus und meiner Mitgliedschaft in der Gruppe der »Jungen ohne Vater« aufrecht. Meine wichtigste Rolle war jedoch die des Mannes, der sich um alles kümmert. Nur wenn ich diese Rolle spielte, hatte ich das Gefühl, wirklich etwas wert zu sein. Als mein Vater uns verlassen hatte, war ich der »kleine Hausmann«. Ich war der kleine Vater meines jüngeren Bruders. Wenn ich mich um andere kümmerte, hatte ich ein Gefühl, etwas zu bedeuten. Folgerichtig löste ich mein pubertäres Identitätsproblem, indem ich beschloß, Priester zu werden und im Zölibat zu leben. Die schwarze Soutane und der Priesterkragen vermittelten mir sofort ein Gefühl der Identität. Plötzlich war ich »Pater John«. Ich war jetzt *Seelsorger*. Und das war mit Abstand die edelste Arbeit, die jemand tun konnte, es war Gottes Werk. Im Zölibat zu leben, war der Preis, den ich dafür zu zahlen hatte.
Die Entscheidung, Priester zu werden, war etwas, das mir die Wertschätzung der gesamten Familie und meiner Lehrer (die selbst alle Nonnen und Priester waren) einbrachte. Es war ein Opfer, das von edler Gesinnung zeugte, und ein Zeichen von Größe und Redlichkeit. Ganz nebenbei wurde ich durch diese Entscheidung von meiner Angst vor dem Berufsleben befreit und konnte meine Rollen in der Familie weiterspielen. Ich war immer noch der Star und der Mann, der sich um alles kümmerte, und da ich außerdem die Heilige Mutter Kirche geheiratet hatte, brauchte ich auch meine Mutter nie zu verlassen. Aber unter dieser falschen Identität verbarg sich ein einsamer, verwirrter kleiner Junge, der immer noch panische Angst hatte.

Nachbereitung

Es gibt keine größere Tragödie, als die eines Menschen, der nicht weiß, wer er ist. Die starren Rollen des Familiensystems, die sich während der Pubertät verfestigen, werden zur einzigen Identität, deren man sich bewußt ist. Man kann tatsächlich süchtig nach solchen Rollen werden. Während man sie spielt, spürt man, daß man eine Bedeutung hat. Sobald man eine solche Rolle aufgibt,

rührt man an das Reservoir der krankhaften Scham, das sich in der Tiefe der Seele befindet und den Urschmerz bindet, dessen Kern die seelischen Verletzungen sind. Wenn Sie Ihre Ichhaftigkeit verloren haben, haben Sie Ihre Bedeutung verloren.
Wenn Sie die Geschichte Ihrer Adoleszenz aufschreiben, sollten Sie Ihr Augenmerk darauf richten, in welcher Weise das verletzte Kind in Ihnen Ihre Pubertät bestimmt hat. Vergessen Sie vor allem nicht, Ihre Verletzungen in allen Einzelheiten zu beschreiben: die Valentinskarten, auf die Sie vergeblich gewartet haben, die Einsamkeit, der Druck und die Zurückweisung durch die Gleichaltrigen, der Schmerz über Ihre Familie.

Besprechen Sie Pubertätsprobleme mit Ihrem Partner

Sie sollten die Geschichte Ihrer Pubertät mit einem Freund oder Partner besprechen. Ihr pubertäres Ich zeigt Ihnen, auf welche Weise sich das verletzte Kind in Ihnen angepaßt hat, um in das Erwachsenenleben eintreten zu können. Denken Sie daran, daß Ihre endgültig festgelegten Rollen fixierte Symbole der Geschichte des verletzten Kindes in Ihnen sind. Sie brauchen eine Bestätigung von außen, um die Entscheidung treffen zu können, die für Sie die beste ist.

Das Erleben der Gefühle

Um Ihren Heranwachsenden zu heilen, müssen Sie wirklich von zu Hause weggehen. Außerdem müssen Sie eine Verbindung zwischen den einzelnen Entwicklungsstufen herstellen. Ich schlage vor, daß Sie eine große Willkommensparty feiern, bei der Ihr Heranwachsender der Gastgeber ist. Ich benutze dabei die folgende Meditationsübung.

Meditation der Heimkehr

Nehmen Sie das Folgende auf Band auf. Benutzen Sie Daniel Kobialkas Kassette *Going Home* als Hintergrundmusik. Machen Sie nach jedem Intervall zwanzig Sekunden Pause.

Schließen Sie die Augen, und konzentrieren Sie sich auf Ihre Atmung ... Wenn Sie einatmen, ziehen Sie Ihren Unterbauch ein, wenn Sie ausatmen, drücken Sie Ihren Bauch nach außen. Zählen Sie beim Einatmen bis vier, halten Sie die Luft an, bis Sie erneut bis vier gezählt haben, zählen Sie beim Ausatmen bis acht ... Wiederholen Sie das ein paarmal ... Atmen Sie bis vier ein, halten Sie die Luft bis vier an, und atmen Sie dann bis sechzehn aus ... Dann atmen Sie bis vier ein, halten die Luft bis vier an und atmen bis zweiunddreißig aus ... Machen Sie das dreimal ... Dann kehren Sie zu Ihrer normalen Atmung zurück. Konzentrieren Sie sich beim Ausatmen auf die Zahl drei ... Sehen Sie sie vor sich, malen Sie sie mit Fingerfarben, oder hören Sie das Wort »drei« mit Ihrem inneren Ohr ... Jetzt die Zwei ... Jetzt die Eins ... Jetzt sehen Sie, wie aus der Eins eine Tür wird ... Öffnen Sie die Tür, und gehen Sie einen langen gewundenen Flur entlang, an dessen beiden Seiten sich Türen befinden ... Zu Ihrer Linken sehen Sie eine Tür mit der Aufschrift letztes Jahr ... *Öffnen Sie die Tür, und schauen Sie hinein. Sie sehen eine angenehme Szene aus dem letzten Jahr ... Schließen Sie die Tür wieder, und gehen Sie weiter zur nächsten Tür auf der rechten Seite ... Öffnen Sie die Tür, und sehen Sie sich selbst als Heranwachsenden vor sich stehen ... Umarmen Sie ihn. Sagen Sie ihm, daß Sie wissen, was er durchgemacht hat ... Sagen Sie ihm, daß es Zeit ist, von Zuhause wegzugehen. Sagen Sie ihm, daß Sie hier sind, um ihm zu helfen ... Sagen Sie ihm, daß Sie sich gemeinsam auf den Weg machen müssen, um alle anderen Teile Ihres Selbst zu finden – den Säugling, das Kleinkind, das Vorschulkind und das Schulkind ... Gehen Sie mit Ihrem Heranwachsenden an das Ende des Flurs, und öffnen Sie die Tür ... Schauen Sie hinein, und erkennen Sie das erste Haus, in dem Sie, soweit Sie sich noch daran erinnern können, gewohnt haben. Gehen Sie in das Haus hinein, und suchen Sie den Raum, in dem Sie als Säugling liegen ... Sagen Sie Ihrem Heranwachsenden, er soll den Säugling aufnehmen ... Gehen Sie jetzt in den Flur zurück, öffnen Sie die erste Tür zu Ihrer Linken, und sehen Sie sich dort als Kleinkind ... Nehmen Sie es bei der Hand, und gehen Sie in den Korridor zurück ... Öffnen Sie die erste Tür rechts, und sehen Sie sich als Vorschulkind ... Sehen Sie es an ... Wie ist es gekleidet? Nehmen Sie es bei der Hand, und verlassen Sie den Raum. Suchen Sie jetzt Ihr Schulkind-Ich ... Wie ist es gekleidet? ... Sagen Sie ihm, es soll die Hand des Heranwachsenden nehmen und aus dem Haus gehen ... Jetzt stehen Sie neben sich selbst als Heranwachsender ... Wer trägt Ihren Säugling? ... Ihr Schulkind-Ich hält den Arm Ihres Heranwachsenden-Ichs fest ... Sie halten Ihr Kleinkind-Ich und Ihr Vorschulkind an der Hand ... Schauen Sie jetzt zu, wie aus Ihrem Säugling Ihr Kleinkind wird ... Jetzt sehen Sie, wie aus Ihrem Kleinkind Ihr Vorschulkind wird ... Und jetzt, wie aus Ihrem Vorschulkind Ihr Schulkind wird ... Nun sehen Sie, wie aus Ihrem Schulkind Ihr Heranwachsender wird ... Sie und Ihr Heranwachsender stehen Seite an Seite. Jetzt sehen Sie, wie Ihre Eltern aus dem Haus kommen, in dem Sie als Heranwachsender gewohnt haben ... Sie und Ihr Heranwachsender winken ihnen »Auf Wiedersehen« zu ... Sagen Sie ihnen, daß Sie jetzt alle zusammen weggehen würden ... Sagen Sie ihnen, daß Sie wüßten, daß sie ihr Bestes getan hätten ... Erkennen Sie sie als die verletzten Menschen, die sie wirklich sind (waren) ... Verzeihen Sie ihnen, daß Sie sie im Stich gelassen haben ... Sagen Sie ihnen, daß Sie sich jetzt selbst versorgen werden ... Entfernen Sie sich jetzt langsam von dem Haus ... Werfen Sie hin und wieder einen Blick zurück ... Sehen Sie, wie Ihre Eltern immer kleiner werden ... Bis sie nicht mehr zu sehen sind ... Schauen Sie nach vorn, und sehen Sie, daß eine geliebte Person, Ihr Partner oder ein Freund, dort auf Sie wartet ... Wenn Sie mit einem Therapeuten arbeiten, sehen Sie dort Ihren Therapeuten ... Wenn Sie Mitglied einer Therapiegruppe sind, sehen Sie dort Ihre Gruppe ... Wenn Sie an eine höhere Macht glauben, sehen Sie dort diese höhere Macht ... Umarmen Sie alle ... Machen Sie sich klar, daß Ihnen Hilfe zuteil wird ... Daß Sie nicht allein sind ... Erkennen Sie, daß Sie eine neue Familie haben oder gründen können, der Sie sich zugehörig fühlen ... Lassen Sie jetzt Ihren Heranwachsenden mit sich verschmelzen ... Suchen Sie sich irgendein Alter aus der Kindheit aus, und sehen Sie Ihr inneres Kind in diesem Alter ... Sagen Sie ihm, daß Sie es unter Ihre Fittiche nehmen werden ... Daß Sie es lieben, umsorgen und ihm Vater und Mutter sein werden ... Sagen Sie ihm, daß keiner besser weiß, was es durchgemacht hat und unter welchen Schmerzen und Qualen es hat leiden müssen ... Sagen Sie ihm, daß Sie von allen Menschen, die es je*

kennenlernen wird, der einzige sind, der es nie verlassen wird ... Sagen Sie ihm, daß Sie ihm Zeit widmen und jeden Tag eine gewisse Zeit mit ihm verbringen werden ... Sagen Sie ihm, daß Sie es von ganzem Herzen liebhaben...
Blicken Sie jetzt zum Horizont Ihrer Seele ... Sehen Sie die Drei ... Sie spüren Ihre Zehen ... Bewegen Sie sie ... Jetzt sehen Sie die Zwei ... Spüren Sie, wie die Kraft durch Ihre Beine in den Oberkörper strömt ... Spüren Sie die Kraft in Ihren Armen ... Bewegen Sie die Hände ... Spüren Sie, wie die Kraft in Ihren Kopf und in Ihr Gehirn strömt ... Sehen Sie jetzt die Eins, öffnen Sie ganz langsam die Augen und recken Sie sich.

Jetzt haben Sie Ihr gesamtes Familiensystem in Ihrem Inneren zurückgewonnen. Sie sind nach Hause zurückgekehrt! Meine Heimkehr sieht so aus:

Vergebung

Der Prozeß, bei dem Sie Ihr verletztes Kind zurückgefordert haben, ist ein Prozeß der Vergebung. Vergeben bedeutet, daß wir wieder *geben können wie vorher*. Es heilt die Vergangenheit und befreit unsere Kräfte für die Gegenwart.

Vergebung ist kein sentimentaler oder oberflächlicher Prozeß. Man hat uns wirklich verletzt, und wir brauchen eine Bestätigung von außen, daß unser Schmerz berechtigt ist. Wenn uns bewußt wird, daß man uns wirklich Schaden zugefügt hat, entmythologisieren wir unsere Eltern. Wir sehen sie dann, wie sie wirklich sind: als Menschen, die selbst verletzt worden sind. Wir erkennen, daß sie erwachsene *Kinder* waren, die aufgrund ihrer eigenen Neurosen so gehandelt haben. Sam Keen drückt das sehr treffend aus:

> Wenn ich meine Vergangenheit entmythologisiere und den ambivalenten und tragischen Hintergrund aller menschlichen Handlungen erkenne, entdecke ich eine neue Möglichkeit, die Bedeutung dessen zu verändern, was vergangen ist... Die Vergebung gibt mir die Möglichkeit, meine Vergangenheit zu akzeptieren, und sie heilt die schrecklichen Wunden... Urteilen, Vergeben und Dankbarkeit sind Komponenten des alchimistischen Prozesses, der die Vergangenheit verändert, das Verhängnis in Glück verwandelt, und der mich von einem Opfer bestimmter Ursachen, auf die ich keinen Einfluß hatte, zu einem Teilnehmer an einer Vergangenheit macht, die ich ständig umforme.

Die Trauerarbeit muß geleistet werden. Fritz Perls hat gesagt: »Nichts verändert sich, bevor es das wird, was es ist.« Nur wenn wir unsere Eltern entmythologisieren, können wir erkennen, welcher Schaden uns zugefügt worden ist. Wenn wir erkennen, wie groß dieser Schaden wirklich ist, können wir uns auch zu den Gefühlen bekennen, die mit diesen Verletzungen einhergehen. Aus dem Erleben dieser Gefühle besteht die Trauerarbeit. Wenn wir sie wiedererleben und ausdrücken können, können wir uns weiterentwickeln. Da wir dann keine unerledigten Dinge aus der Vergangenheit mehr mit uns herumschleppen, vergiften wir auch nicht mehr unsere Gegenwart. Unsere Kraft steht dann ganz im Dienst unseres Lebens. Wir können in der Gegenwart leben und uns eine Zukunft aufbauen.

Wenn wir vergeben, können wir unsere Eltern verlassen. Unsere erstarrte Trauer war der Grund für die Ressentiments, die tief in unserer Seele schlummerten und unsere Bindungen an die Eltern aufrechterhalten haben. Diese Ressentiments haben uns dazu gezwungen, die gleichen Gefühle ständig wiederzuerleben. Das verletzte Kind in uns wurde damit belohnt, *daß wir uns nie von unseren Eltern trennen mußten.* Solange wir unsere Energien dabei verschwendet haben, sie heimlich zu hassen, blieb die Bindung bestehen und wir brauchten nicht erwachsen zu werden. Vergebung heilt uns von unseren Ressentiments und versetzt uns in die Lage, unser wunderbares Kind von den Stimmen unserer internalisierten Elternfiguren zu befreien, die ihm Schamgefühle vermittelt haben. Dadurch daß wir vergeben, können wir auch innerlich unser Elternhaus verlassen.

Wenn wir das verletzte Kind in uns zurückgewonnen haben, müssen wir eine Entscheidung treffen, die sich auf unsere wirklichen Eltern bezieht, vorausgesetzt, sie leben noch. Wie soll die Beziehung zu ihnen in Zukunft aussehen? Für diejenigen unter uns, deren Eltern auch heute noch *Täter* sind, kann diese Entscheidung nur lauten, daß man sich *von ihnen fernhält. Sie sollten sie ihrem Schicksal überlassen!* Ich kenne viele Fälle, in denen Eltern auch heute noch ihre erwachsenen Kinder verletzen.

Wenn Ihre Eltern nicht bereit sind, die Verantwortung für das verletzte Kind in sich selbst zu übernehmen, sollten Sie nicht vergessen, daß *Sie vor allem die Verantwortung für Ihr eigenes Leben tragen. Sie sind nicht auf die Welt gekommen, um für Ihre Eltern zu sorgen.* Ich meine natürlich keine gebrechlichen oder körperlich behinderten Eltern. Ich rede von Eltern, die es ablehnen, die Verantwortung für ihre eigenen seelischen Verletzungen zu übernehmen. Jeder von uns muß sein erwachsenes Ich entscheiden lassen, wo die Grenzen zwischen uns und unseren Eltern liegen. Vergessen Sie nicht, daß Sie ab jetzt für das Kind in sich verantwortlich sind. Es vertraut Ihnen und erwartet von Ihnen, daß Sie es beschützen.

Die meisten Leute gelangen durch das Zurückgewinnen des verletzten Kindes *zu einer neuen, besseren Beziehung zu ihren realen Eltern.* Indem Sie der neue Vater oder die neue Mutter Ihres inneren Kindes werden, helfen Sie ihm, die Vergangenheit abzuschließen und die Leere in seiner Seele auszufüllen. Das Kind gewinnt neue Hoffnung, Selbständigkeit, Zielstrebigkeit, Initiative und Kompetenz, so daß es eine eigene Identität aufbauen und darüber hinaus eine gesunde Beziehung zu seinen Eltern aufnehmen kann.

3. Teil
Wie man das verletzte Kind in sich beschützt

Stellen Sie sich einmal vor, was Sie tun würden, wenn Sie das wirkliche Kind in der ursprünglichen Situation angetroffen hätten... Was tut man, wenn man vernünftig und mitfühlend ist und einem völlig verwirrten, aufgeregten Kind begegnet? Man setzt sich hin und redet mit ihm. Man hört ihm zu. Man versucht herauszubekommen, was ihm fehlt, versucht, es zu verstehen, tröstet es, nimmt es in den Arm; später kann man dann ein bißchen mit ihm spielen, ihm einiges erklären, ihm eine Geschichte erzählen. Das ist Therapie im ältesten und besten Sinne: nichts Besonderes, einfach nur Freundlichkeit und Geduld.

Ron Kurtz

Einleitung

Nachdem Sie jetzt das verletzte Kind in Ihrem Inneren zurückgewonnen haben, müssen Sie es unter Ihre Fittiche nehmen. Als sein Beschützer werden Sie es verteidigen und beschützen. Das verletzte Kind braucht einen Menschen, der stark genug ist, um es beschützen zu können. Jetzt, wo es Sie als sorgenden, beschützenden Menschen hat, kann es wieder gesund werden. Wenn Sie das Kind unter Ihre Fittiche nehmen, bedeutet das, daß Sie sich selbst betreuen. Und das Kind in Ihnen bekommt die Gelegenheit, die korrigierenden Maßnahmen durchzuführen, die Ihnen Ihr wahres Selbst zurückgeben. Sie müssen das Kind gewähren lassen und es beschützen, denn daraus bildet sich der Kern Ihrer *korrektiven Erfahrungen*.

Die Verarbeitung des Urschmerzes war die Voraussetzung dafür, daß Sie wieder Kontakt mit Ihrem wahren Selbst, mit Ihrem natürlichen göttlichen Kind bekamen. Aber sogar nachdem Sie das Kind zurückgewonnen haben, bleibt immer noch viel zu tun. Weil die Entwicklung Ihres göttlichen Kindes schon in frühen Stadien steckengeblieben war, hatte es keine Gelegenheit, Dinge zu lernen, die es in der jeweiligen Entwicklungsphase hätte lernen müssen. Der größte Teil der Schwierigkeiten, die das verletzte Kind in Ihnen hat, hängen mit diesen Lerndefiziten zusammen, die jetzt endlich ausgeglichen werden können.

Solche korrigierenden Erfahrungen sind eine Art der Reedukation. Als Beschützer Ihres inneren Kindes werden Sie für es sorgen, und dazu gehört die Vermittlung einer vernünftigen Disziplin. Dieses Wort stammt aus dem Lateinischen und hat etwas mit Lehren und Lernen zu tun. Das Kind in Ihnen muß umsorgt werden und Gelegenheit bekommen, Dinge zu lernen, die es zur damaligen Zeit und in der richtigen Reihenfolge nicht lernen konnte. Nur mit einer solchen Disziplin kann unser göttliches Kind sich ganz entfalten.

9. Kapitel
Wie man den Erwachsenen in sich als neue Kraftquelle benützen kann

> Jetzt können wir ... über die drei P's der Therapie reden ... Über die Potenz, die Permission und die Protektion.
>
> Eric Berne

Wenn Sie das verletzte Kind in sich unter Ihre Fittiche nehmen wollen, muß es genügend Vertrauen zu Ihnen haben, um den elterlichen Geboten Widerstand entgegensetzen zu können, mit denen es erzogen wurde. Wenn man ein Kind auf eine ausgewogene Weise gewähren läßt, erlaubt man ihm, derjenige zu sein, *der er ist*, und gestattet ihm, überholte elterliche Gebote und Überzeugungen, die Schamgefühle vermittelt haben, zu mißachten. Solche Gebote und Überzeugungen haben eine große Kraft: Wenn das Kind sie mißachtet, drohen ihm Strafen und Verlassenwerden. Und das versetzt das Kind in Ihnen in panische Angst.

Wenn Sie jetzt als Erwachsener dem verletzten Kind gestatten, diese Regeln und Überzeugungen der Eltern zu mißachten, kommt es zu dem Schluß, daß Sie *stark* genug sind, um sich gegen die Eltern durchsetzen zu können. Diese Kraft ist das erste »P« (Potenz) bei der therapeutischen Veränderung, von der Eric Berne spricht. Ich trete dem Kind in mir am liebsten als freundlicher, weiser Zauberer gegenüber, weil Zauberer in den Augen der Kinder über große Macht verfügen. Wenn ich ein weiser, alter Zauberer bin, ist dem Kind in mir klar, daß ich Macht habe. Ich habe Ihnen vorher schon einmal vorgeschlagen, Sie sollten sich einmal vorstellen, wie es gewesen wäre, wenn Ihr erwachsenes Selbst während der traumatischen, schmerzlichen Zeiten Ihrer Kindheit dabeigewesen wäre. Das Kind in Ihnen hätte Sie als etwas Gottähnliches und Mächtiges angesehen. Wenn Sie das Kind zurückgewonnen haben, traut es Ihnen und glaubt an Ihre Kraft. Sie müssen ihm aber trotzdem immer wieder klarmachen, wie stark und mächtig Sie sind. Die folgende Übung wird Ihnen dabei helfen:

Liste der Macht

Schreiben Sie zehn Dinge auf, über die Sie jetzt verfügen können, die Sie als Kind nicht besaßen, oder die Dinge, die Sie jetzt tun können, als Kind aber noch nicht tun konnten. Beispiele:

1. Ich besitze ein Auto.
2. Ich kann Auto fahren.
3. Ich habe ein Bankkonto.
4. Auf dem Konto ist richtiges Geld.
5. Ich kann mir soviel Eis kaufen, wie ich will.
6. Ich kann mir interessante Spielsachen kaufen.
7. Ich habe eine eigene Wohnung, ein eigenes Haus usw.
8. Ich kann tun und lassen, was ich will.
9. Ich kann ins Kino gehen, ohne vorher jemanden um Erlaubnis bitten zu müssen.
10. Wenn ich will, kann ich mir ein Haustier kaufen.

Schließen Sie jetzt die Augen, und stellen Sie sich das Kind in Ihnen vor (gleichgültig in welchem Alter). Wenn Sie es sehen (hören oder fühlen) können, erzählen Sie ihm etwas über die Dinge, die auf der Liste stehen. Es wird davon sehr beeindruckt sein!

Um Vergebung bitten

Eine weitere Möglichkeit, wie Sie das Vertrauen des Kindes gewinnen und Ihre Stärke demonstrieren können, besteht darin, daß Sie es um Vergebung bitten, weil Sie es so viele Jahre vernachlässigt haben. Sie können ihm zum Beispiel einen Brief schreiben. Mein Brief sah so aus:

> Lieber kleiner John,
> ich möchte dir sagen, daß ich dich so liebhabe, wie du bist. Es tut mir sehr leid, daß ich dich schon seit meinen Teenagerjahren vernachlässigt habe. Ich habe solange Alkohol getrunken, bis uns beiden schlecht wurde und wir uns an nichts mehr erinnern konnten. Immer wieder habe ich dein kostbares Leben aufs Spiel gesetzt. Das war schrecklich von mir, wo du doch in der Kindheit schon so viel durchmachen mußtest.

Ich bin auf Partys gegangen und habe mir die Nächte um die Ohren geschlagen, so daß du um deinen Schlaf gebracht wurdest. Später habe ich bis tief in die Nacht gearbeitet und dir keine Gelegenheit zum Spielen gegeben... Alles in allem hatte ich überhaupt kein Mitgefühl mit dir. Ich liebe dich und verspreche dir, daß ich dir in Zukunft mehr Zeit und Aufmerksamkeit widmen werde. Ich will immer dasein, wenn du mich brauchst. Ich möchte dein Beschützer sein.

In Liebe,
John

Schreiben Sie anschließend mit der nichtdominanten Hand einen Antwortbrief Ihres Kindes:

Lieber großer John,
Ich vergebe dir! Bitte laß mich nie wieder allein.

In Liebe,
der kleine John

Wenn Sie das Kind in sich wieder zurückgewonnen haben, müssen Sie ihm *unter allen Umständen* immer die Wahrheit sagen. Außerdem muß das Kind von Ihnen hören, daß Sie immer dasein werden. Ron Kurtz schreibt:

Das Kind braucht nicht auf das Oberbett zu schlagen ... es muß keine Schmerzen haben und schreien. Das Kind braucht etwas bedeutend Einfacheres: Es braucht Sie...

Für das Kind dasein, bedeutet, ihm Zeit und Aufmerksamkeit zu widmen. Es hilft ihm allerdings wenig, wenn Sie nur da sind, weil Sie glauben, es sei Ihre Pflicht, oder nur, damit *Sie* hinterher ein gutes Gefühl haben, weil Sie sich um das Kind kümmern. Es braucht Sie, damit Sie sich um seine *Bedürfnisse* kümmern. Es muß wissen, *daß es Ihnen viel bedeutet*.

Erzählen Sie Ihrem Kind von Ihrer Höheren Macht

Eine weitere Kraftquelle für das Kind in Ihnen besteht darin, daß Sie ihm etwas über Ihre Höhere Macht erzählen, wenn Sie an eine solche glauben. Ich lasse mein Kind wissen, daß ich mich sicher und geborgen fühle, weil ich an etwas glaube, was größer ist als ich selbst. Ich nenne es Gott.

Die meisten Kinder sind von Natur aus gläubig; der Gottesbegriff bereitet ihnen keine Schwierigkeiten. Ich erzähle dem Kind in mir, daß Gott sich mir offenbart hat. Er ist als ein Mann namens Jesus auf die Welt gekommen und versichert mir, daß Gott gleichzeitig mein Vater und meine Mutter ist. Er sagt mir, daß ich sein Freund sein kann. Er sagt mir, daß Gott mich so erschaffen hat, wie ich bin, und daß er möchte, daß ich wachse und meine Ichhaftigkeit weiterentwickle. Er sagt mir, daß ich andere Menschen nicht verurteilen, sondern ihnen vergeben soll. Vor allem aber ist Jesus ein Vorbild für Ichhaftigkeit. Deshalb hat er gesagt: »Ich bin die Wahrheit.« Er war die Wahrheit sich selbst gegenüber. Ich liebe Jesus, weil ich mit ihm reden und ihn bitten kann, mir einen Gefallen zu tun. Jesus gibt mir oft die Dinge, um die ich ihn bitte, ohne daß ich etwas tun müßte, um sie mir zu verdienen. Er liebt mich so, wie ich bin. Auch meine höhere Macht, Gott, liebt mich so, wie ich bin. Meine eigene Ichhaftigkeit ist so wie Gottes Ichhaftigkeit. Wenn ich wirklich *bin*, bin ich Gott am ähnlichsten. Ich möchte das Kind in mir wissen lassen, daß Gott uns liebt und uns immer *beschützen* und *bei uns sein wird*. Jesus' anderer Name ist Emmanuel, und das bedeutet: »Gott ist *mit* uns«. Ich sage dem Kind in mir, daß es eine Macht gibt, an die ich mich wenden kann, und die viel größer ist als wir beide zusammen.

Geben Sie sich selbst eine neue Kindheit

Eine weitere, sehr wirkungsvolle Möglichkeit, wie Sie die Macht nützen können, über die Sie als Erwachsener verfügen, besteht darin, »Ihre Lebensgeschichte zu verändern«. Die Methode wurde von Richard Bandler, John Grinder und deren Kollegen entwickelt und stellt einen Teil eines Umstrukturierungsmodells der neuro-

linguistischen Programmierung (N. L. P.) dar. Ich wende dieses Modell bereits seit acht Jahren an. Es hat eine enorme Wirkung, vorausgesetzt, der Betroffene hat seinen Urschmerz bereits verarbeitet. Wenn die Trauerarbeit noch nicht geleistet wurde, kann es sein, daß die ganze Geschichte nur über den Kopf abläuft. Leslie Bandler, die auch zu den Begründern des N. L. P. gehört, hat das in ihrem ausgezeichneten Buch mit dem Titel *The Emotional Hostage* dargestellt. Sie gibt darin zu, selbst unter großen seelischen Problemen gelitten zu haben, obwohl sie die außerordentlich raffinierten Techniken von N. L. P. kannte und benützt hat.
Die Technik, mit der man seine Lebensgeschichte verändern kann, eignet sich ausgezeichnet dazu, spezifische, traumatische Szenen aus der Kindheit zu verändern. Solche Szenen nehmen häufig einen »prägenden und bestimmenden« Charakter an, wie Silvan Tomkins das ausdrückt; sie werden zu Filtern, die die Geschichte unserer Entwicklung prägen. In ihnen sind unsere Schmerzen und die nicht ausgedrückten Gefühle verankert, die in unserem Leben ständig wieder auftauchen.
Die Veränderung unserer Lebensgeschichte wirkt sich auch auf allgemeinere Weise aus, zum Beispiel auf das Gefühl, als Kind nicht erwünscht gewesen zu sein. Die Veränderung geht von der kybernetischen Voraussetzung aus, daß unser Gehirn und unser zentrales Nervensystem nicht zwischen realen oder nur vorgestellten Erlebnissen unterscheiden können, wenn die nur in der Vorstellung existierenden Erlebnisse lebendig und detailliert genug sind. Leslie Bandler drückt das so aus:

> Die enorme Wirksamkeit einer Veränderung der Lebensgeschichte wurde entdeckt, als man feststellte, daß Menschen die Erlebnisse, die sich in ihrem Inneren abspielen, entstellen oder verzerren können, um anschließend ihre Handlungen von diesen Verzerrungen bestimmen zu lassen. Sie vergessen dann völlig, daß alles nur ein Produkt ihrer Einbildung war.

Viele Menschen stellen sich etwas vor, was in der Zukunft passieren könnte, und bekommen dann Angst vor ihren eigenen Vorstellungen. Eifersucht ist dafür das beste Beispiel. Noch einmal Leslie Bandler:

> ... Das Gefühl der Eifersucht entsteht fast immer dadurch, daß sich jemand vorstellt, wie jemand, den er liebt, mit einem anderen Menschen zusammen ist. Dann fühlt er sich als Reaktion auf diese, von ihm selbst erzeugte Vorstellung elend.

Der Betroffene fühlt sich schlecht und läßt seine Handlungsweise von diesen Gefühlen bestimmen, so als handele es sich dabei um *Tatsachen*.
Oder denken wir an die Kraft der sexuellen Phantasien. Ein Mensch kann die Vorstellung eines Sexualpartners oder einer erotischen Szene heraufbeschwören und allein dadurch physiologisch erregt werden.
Die Technik der Veränderung der eigenen Lebensgeschichte nützt diesen Prozeß bewußt aus, indem sie die *Kraft* der Erfahrungen der Erwachsenen dazu benützt, die inneren Prägungen der Vergangenheit zu verändern. Schauen wir uns ein paar Beispiele an.

Säuglingsalter

Rufen Sie sich die Übungen ins Gedächtnis zurück, die Sie im zweiten Teil gemacht haben. Welche Probleme hatten Sie im Säuglingsalter? Haben Sie damals die Zusicherungen gehört, die für Sie so wichtig waren? Haben Sie genügend Streicheleinheiten bekommen? Wenn nicht, beschäftigen Sie sich einmal mit folgenden:
Denken Sie an irgend etwas aus dem Erfahrungsschatz des Erwachsenen, das Ihnen im Säuglingsalter geholfen hätte. Denken Sie zum Beispiel an eine Begebenheit, bei der man Sie herzlich willkommen geheißen hat – vielleicht als Sie einen guten alten Freund wiedergesehen haben. Erinnern Sie sich an den freudigen Ausdruck in seinem Gesicht, als er Sie erkannte. Sie können sich genausogut an eine Überraschungsparty erinnern, die man Ihnen zu Ehren gegeben hat und auf der Sie im Mittelpunkt standen.
Wenn ich die Methode der Veränderung der eigenen Lebensgeschichte anwende, schließe ich die Augen und gehe in das Jahr 1963 zurück, in dem ich am Ende meines ersten Jahres im Priesterseminar zum »Mann des Jahres« gewählt worden war. Ich erlebe mich selbst, wie ich dort stehe. Ich kann den Applaus hören und sehe fünfzig strahlende Gesichter, als mein Name aufgerufen wird. Ich sehe Pater Mallys Gesicht und das Gesicht von John Farrell,

meinem besten Freund. Während ich das alles nachempfinde, berühre ich einen Finger meiner rechten Hand mit dem Daumen der gleichen Hand und halte sie dreißig Sekunden zusammen. Dann entspanne ich die rechte Hand wieder. *Auf diese Weise habe ich mir einen Anker geschaffen, der sich auf das Erlebnis, willkommen zu sein, bezieht.* Wenn Sie Mitglied einer Therapiegruppe sind, haben Sie die gleichen Anker bereits im Zusammenhang mit den Meditationen des Zurückgewinnens im zweiten Teil kennengelernt. Wenn Sie Linkshänder sind, machen Sie den Anker mit der linken Hand.

Anker

Durch das Zusammenlegen des Daumens und eines Fingers schaffen Sie sich einen kinästhetischen Anker oder Auslöser. In unserem Leben gibt es zahllose alte Anker, die das Ergebnis neurologischer Prägungen sind. Ich habe bereits vorher von den hirnphysiologischen Aspekten einer traumatischen Erfahrung gesprochen. Je intensiver das Trauma ist, um so stärker die Prägung. Jedesmal, wenn etwas geschieht, was dem früheren traumatischen Ereignis ähnelt, werden die ursprünglichen Gefühle wieder wachgerufen und der *ursprüngliche Anker aktiviert.*

Unsere gesamten sinnlichen Erfahrungen sind auf diese Weise verschlüsselt worden. Zum Beispiel kann es sein, daß Sie jemand anschaut und dabei einen ähnlichen Gesichtsausdruck hat wie Ihr gewalttätiger Vater, kurz bevor er Sie schlug. Das kann bei Ihnen eine intensive Gefühlsreaktion auslösen – auch wenn Ihnen dieser Zusammenhang gar nicht bewußt geworden ist. Solche Anker können auch akustischer Natur sein oder sich auf Gerüche oder einen bestimmten Geschmack beziehen. Sie können alte Erinnerungen und die mit ihnen verbundenen Gefühle wachrufen. Lieder oder alte Schlager sind wahrscheinlich die stärksten akustischen Anker. Ich möchte wetten, daß es Ihnen auch schon einmal passiert ist, daß Sie in Ihrem Auto saßen, Radio hörten und ganz plötzlich an eine Person oder eine Szene aus der Vergangenheit denken mußten. Unser gesamtes Leben besteht aus einer Ansammlung solcher Anker – sowohl aus angenehmen als auch aus unangenehmen.

Wir können die schmerzhaften Erinnerungen an die Kindheit dadurch verändern, daß wir sie in einen Zusammenhang mit aktuellen

Ereignissen bringen, in denen wir uns beweisen konnten, daß wir jetzt als Erwachsene über mehr Macht verfügen. Wenn Ihre Bedürfnisse im Säuglingsalter nicht befriedigt worden sind, wenn Sie ein »Verlorenes Kind« waren, *können Sie sich jetzt selbst eine neue Kindheit schaffen*, indem Sie aktuelle Erlebnisse aus dieser Zeit mit Ihrer jetzigen Kraft verbinden. Wenn Sie im Säuglingsalter diese Kräfte besessen hätten, wäre es Ihnen bessergegangen. Wenn wir die Kräfte verankert haben, verankern wir als nächstes die Gefühle, die das Verlorene Kind hatte. Dann aktivieren wir beide Anker gleichzeitig, und *verändern so tatsächlich das Erlebnis* aus Ihrer Säuglingszeit. Hier die einzelnen Schritte:

Erster Schritt

Denken Sie an drei positive Erfahrungen, die Sie als Erwachsener gemacht haben, die Ihnen aber in der Säuglingszeit fehlten, obwohl Sie sie dringend gebraucht hätten. Bei mir sind das:

A. Das Erlebnis, *willkommen* zu sein.
B. Das Erlebnis, in den Arm genommen und gedrückt zu werden.
C. Das Erlebnis, von einem anderen Menschen *vorbehaltlos akzeptiert zu werden*.

Zweiter Schritt

Schließen Sie die Augen, und erinnern Sie sich an das Erlebnis A. Sie müssen wirklich dort sein, alles genau sehen, alles fühlen usw. Wenn Sie das beglückende Gefühl haben, *willkommen* zu sein, machen Sie mit dem Daumen und einem Finger einen kinästhetischen Anker. Halten Sie die Finger dreißig Sekunden lang in dieser Position, und lassen Sie dann wieder los. Öffnen Sie die Augen, und konzentrieren Sie sich auf irgend etwas in Ihrer Umgebung. Warten Sie ein paar Minuten, schließen Sie die Augen wieder, und wenden Sie sich jetzt dem Erlebnis B zu. Verankern Sie es *genauso* wie das Erlebnis A.
Man nennt diese Prozedur »Anker stapeln«. Durch das Stapeln wird der Anker stärker und seine Spannung erhöht. Öffnen Sie die Augen, und konzentrieren Sie sich ein paar Minuten auf irgendeinen Gegenstand, der sich im Zimmer befindet. Schließen Sie die Augen wieder, und wenden Sie sich dem Erlebnis C zu. Verankern Sie es auf die gleiche Weise wie A und B.

Jetzt haben Sie Ihre positiven Hilfskräfte aus dem Erwachsenenalter verankert. Wir nennen diesen Anker Y.

Dritter Schritt

Jetzt müssen Sie die Erlebnisse aus Ihrer Säuglingszeit verankern. Greifen Sie auf die Meditation aus dem vierten Kapitel zurück, und folgen Sie den Instruktionen so lange, bis Sie ein Säugling sind, der in seiner Wiege liegt. Verankern Sie das Gefühl, allein und unerwünscht zu sein. Das ist Ihr negativer Anker. Führen Sie ihn mit der linken Hand durch, wenn Sie Rechtshänder sind, berühren Sie den Daumen der linken Hand mit einem der Finger der gleichen Hand. Wenn Sie Linkshänder sind, machen Sie den Anker mit der rechten Hand. Wir nennen diesen Anker X.

Vierter Schritt

Jetzt wenden Sie sich wieder den Kräften zu, die Sie beim zweiten Schritt verankert haben, und verlagern Sie sie in Ihre Säuglingszeit. Das geschieht, indem Sie die beiden Anker X und Y gleichzeitig aktivieren. Während Sie die Finger in dieser Position halten, spüren Sie, wie Sie auf der Welt willkommen geheißen werden, wie Sie in den Arm genommen und gedrückt werden. Wenn Ihnen dabei warm ums Herz geworden ist und Sie sich gestärkt fühlen, lassen Sie beide Anker los und öffnen die Augen. Geben Sie sich dem Gefühl hin, vorbehaltlos akzeptiert und gewürdigt zu werden.

Fünfter Schritt

Bleiben Sie zehn Minuten so sitzen, um das Erlebnis in Ihnen nachklingen zu lassen. Sie sind zum Beschützer des Kindes in Ihnen geworden. Sie haben Ihre frühkindlichen Prägungen mit späteren, positiveren vermischt. Von jetzt an werden Sie immer dann, wenn Sie mit einer neuen Situation konfrontiert sind, die durch die Prägungen aus Ihrer Säuglingszeit ausgelöst wurde, das neue XY-Erlebnis haben. Das alte Erlebnis X wird zwar auch ausgelöst, aber es hat seine Dominanz verloren. Von jetzt an haben Sie mehr Entscheidungsmöglichkeiten, wenn sich Ihre frühkindlichen Bedürfnisse melden.

Sechster Schritt

Die Leute von N. L. P. nennen diesen Schritt »Schrittmacher für die Zukunft« (future pacing). Er besteht daraus, daß man sich einen

Zeitpunkt in der Zukunft vorstellt, in dem man mit einer neuen Situation konfrontiert wird, die frühkindliche Bedürfnisse weckt: Wenn man zum Beispiel zu einer Party geht, auf der man niemanden kennt, oder zum erstenmal zu seiner neuen Arbeitsstelle geht. Der Schrittmacher für die Zukunft sieht so aus, daß Sie den Anker Y aktivieren (den positiven) und sich gleichzeitig die neue Situation vorstellen. Sie sehen, hören und fühlen, daß Sie gut mit ihr fertigwerden. Danach lassen Sie in Ihrer Vorstellung die gleiche Szene noch einmal ablaufen, diesmal ohne den positiven Anker. Dieser Schrittmacher für die Zukunft hat die Funktion einer *positiven* Generalprobe. Diejenigen unter uns, deren inneres Kind verletzt worden ist, neigen dazu, negative Generalproben durchzuführen. Sie denken sich Katrastrophen, gefährliche Situationen und Zurückweisungen aus. Der Schrittmacher für die Zukunft gibt uns die Möglichkeit, unsere Erwartungen in positiver Weise zu verändern.
Die gleiche grundlegende Methode zur Veränderung der Lebensgeschichte kann auch dazu verwendet werden, Erinnerungen aus der Kleinkindzeit, der Vorschulzeit und aus der späteren Schulzeit zu heilen. Wichtig ist allerdings, daß man sich klarmacht, daß die verschiedenen traumatischen Ereignisse auch mit unterschiedlichen Mitteln, die dem Erwachsenen zur Verfügung stehen, behandelt werden müssen. Ich habe zum Beispiel als Vorschulkind einen Spielkameraden mit einem Stock geschlagen. Ein paar andere Jungen hatten mich dazu überredet. Der Vater des Jungen, den ich geschlagen habe, war zufällig ein *Berufsringer*. Er kam am gleichen Abend zu uns nach Hause, um mich zur Rede zu stellen. Ich konnte hören, wie er meinen Vater an der Tür anschrie. Er sagte, man müsse mich mit dem Lederriemen versohlen. Ich kann mich erinnern, daß ich panische Angst hatte und mich im Keller versteckte. Diese Erinnerung unterscheidet sich erheblich von der, wo ich an meinem Geburtstag allein mit meiner Mutter in unserer Wohnung sitze. Ich war furchtbar traurig. Ich wußte nicht, wo mein Vater war, und er fehlte mir sehr.

Jede dieser Erinnerungen erfordert einen unterschiedlich starken Anker.

Ich gebe Ihnen im folgenden ein paar Beispiele, wie ich meine Lebensgeschichte in verschiedenen Stadien meiner Kindheit verändert habe.

Ich kann mich in diesen Jahren an kein besonders traumatisches Ereignis erinnern, wenn ich mir aber die Liste der Verdachtsmomente für das Kleinkindalter ansehe, wird mir klar, daß meine Bedürfnisse in diesem Alter nicht befriedigt worden sind. Ich werde deshalb dieses ganze Entwicklungsstadium bearbeiten.

1. Ich denke an eine Gelegenheit, bei der ich als Erwachsener:
   A. in respektvoller Weise gesagt habe, daß ich etwas nicht tun würde;
   B. etwas haben wollte und mich bemüht habe, es zu bekommen;
   C. in respektvoller Weise meinen Zorn ausgedrückt habe.

2. Ich verwende diese Ereignisse, um mir einen mehrfachen gestapelten Anker zu schaffen.

3. Ich schaffe mir einen Anker, der aus einer vorgestellten Szene besteht, in der ich eine Tracht Prügel bekomme, weil ich neugierig war und die interessanten Dinge im Wohnzimmer untersuchen wollte. Als jemand zu mir sagte, ich solle das lassen, sagte ich: »Nein.« Und dann bekam ich eine Tracht Prügel.

4. Dann verändere ich die vorgestellte Szene, indem ich zwei Anker gleichzeitig aktiviere. Ich sage nein, drücke damit meinen Zorn aus, setze meine Untersuchungen fort und fasse alles an, so wie ich es will.

5. Ich denke über die Probleme der Unabhängigkeit des Kleinkindalters nach und frage mich, in welcher Weise diese Bedürfnisse mein gegenwärtiges Leben beeinflussen.

6. Ich stelle mir vor, wie ich demnächst in einem Sportgeschäft stehe. Ich fasse alles an, was mich interessiert, und sage jedesmal nein, wenn ein Verkäufer mir helfen will.

Vorschulzeit

Bei der Bearbeitung dieser Periode stelle ich mir die Szene mit dem Jungen vor, den ich geschlagen habe, und welche Angst ich vor dem Vater gehabt habe, der Ringkämpfer war.

1. Ich denke an Fähigkeiten und Kräfte, über die ich jetzt als Erwachsener verfüge, die mir damals geholfen und mich in die Lage versetzt hätten, die Situation mit bedeutend weniger Streß zu bewältigen. Ich hätte zum Beispiel:

   A. die Polizei rufen können;
   B. mich an meine höhere Macht wenden können, damit sie mir hilft;
   C. die Verantwortung übernehmen und mich für das, was ich mit dem Kind gemacht habe, entschuldigen können.

2. Ich schaffe mir einen Stapelanker, der aus A, B und C besteht.

3. Ich verankere die Szene, in der ich mich vor Angst im Keller verstecke, als der Vater des Jungen kommt und mich zur Rede stellen will.

4. Ich aktiviere beide Anker gleichzeitig und verändere die Szene so lange, bis ich ein besseres Gefühl habe.

5. Ich denke darüber nach, in welcher Weise diese Szene mein Leben beeinflußt hat. (Ich habe eine ungewöhnlich große Angst vor lauten, streitsüchtigen Männern.)

6. Ich schaffe mir einen Schrittmacher für die Zukunft, bei dem ich einem solchen streitsüchtigen Mann erfolgreich die Stirn biete.

Schulpflichtiges Alter

Während meiner Schulzeit fiel meine Familie langsam auseinander. Es gibt in dieser Zeit viele traumatische Ereignisse, die ich bearbeiten könnte, aber ich suche mir ein bestimmtes aus: Heiligabend, als ich elf Jahre alt war. Mein Vater war betrunken nach Hause gekommen. Ich hatte mich darauf gefreut, daß die ganze Familie einmal einen Tag zusammen verbringen würde. Mein Vater sollte mittags um ein Uhr nach Hause kommen. Wir wollten uns nachmittags einen Weihnachtsbaum besorgen, und die ganze Familie wollte ihn dann abends schmücken, bevor wir in die Christmette gingen. Mein Vater kam erst um halb neun abends nach Hause und war so betrunken, daß er nicht mehr gerade gehen konnte. In mir hatte sich den ganzen Tag über ein ungeheurer Zorn aufgestaut. Ich hatte aber auch immer Angst vor meinem Vater, wenn er getrunken hatte. Er war zwar nicht gewalttätig, aber unberechenbar. Ich zog mich in mein Zimmer zurück, legte mich ins Bett, zog die Bettdecke über den Kopf und wollte niemanden mehr sehen.

1. Ich denke an die Kraft, die ich als Erwachsener habe, und daran, daß ich heute mit dieser Situation besser fertigwerden würde. Heute kann ich zum Beispiel meinem Ärger Luft machen, ohne mich der betroffenen Person gegenüber respektlos zu verhalten. Ich bin körperlich stärker und unabhängig; ich kann mich zurückziehen, wenn ich die Situation nicht mehr im Griff habe. Ich kann mich heute besser ausdrücken und das sagen, was ich sagen will. Bei der Übung, die zu einer Veränderung dieser Lebenssituation führen soll, denke ich an eine Zeit, in der ich:

   A. meinen Zorn direkt ausgedrückt habe, was von den Betroffenen honoriert worden ist;
   B. in einer unangenehmen Situation einfach gegangen bin;
   C. mich einer Autoritätsperson gegenüber in einer vernünftigen und verständlichen Weise ausgedrückt habe.

2. Ich stelle einen Stapelanker her, der diese drei Erlebnisse umfaßt.

3. Ich verankere die Originalszene – als ich mich an Heiligabend, als mein Vater betrunken war, ins Bett zurückgezogen habe.

4. Ich aktiviere zwei Anker gleichzeitig und verändere die ursprüngliche Szene. Ich verlasse mein Zimmer und stelle meinen Vater zur Rede: »Daddy, es tut mir leid, daß du eine solche Krankheit hast; ich weiß, wie einsam du bist und wie sehr du dich schämst. Aber ich kann nicht zulassen, daß du mir alle

Feiertage und meine ganze Kindheit verdirbst. Ich werde nicht hierbleiben und mich weiter quälen. Ich gehe über die Weihnachtstage zu einem Freund. Ich kann es nicht zulassen, daß du mir immer wieder Schamgefühle vermittelst.«
Achten Sie darauf, daß ich mir nicht vorstelle, was mein Vater mir darauf antwortet. Wenn Sie eine solche Szene verändern, sollten Sie sich nur auf *Ihr eigenes* Verhalten und Ihren eigenen Gefühlszustand konzentrieren. Sie können nicht eine andere Person verändern.

5. Ich denke darüber nach, welchen Einfluß diese Szene auf Teile meines späteren Verhaltens im Zusammenleben mit Menschen gehabt hat. Mir wird klar, wie oft mich dieser alte Anker dazu gebracht hat, mich zu isolieren, wenn ich wütend war. Es ist ein gutes Gefühl, diese Erinnerung verändern zu können.

6. Ich denke an eine zukünftige Situation, in der es angebracht sein könnte, dem Zorn Ausdruck zu verleihen. Ich spiele diese Situation mit meinem positiven Anker durch. Anschließend übe ich sie ohne den Anker. Wenn ich mich behaupte und nicht verschwinde, habe ich ein gutes Gefühl.

Wenn ich anderen diese Methode der Veränderung der eigenen Lebensgeschichte beibringe, tauchen verschiedene Fragen auf.

Was passiert, wenn ich nach der Bearbeitung der Szene keine Veränderung feststelle?
Es kann sein, daß Sie dieselbe Szene mehrmals bearbeiten müssen. Ich selbst habe die Szene am Heiligen Abend ein halbes dutzendmal durchgespielt, andere Szenen ein dutzendmal. Sie dürfen nicht vergessen, daß die Originalanker sehr stark sind. Als Gegengewicht müssen Sie sich besonders gute Anker schaffen.

Wie kann ich gute Hilfsanker bilden?
Die Hilfsanker sind entscheidend, wenn die Arbeit von Erfolg gekrönt sein soll. Um gute Hilfsanker bilden zu können, braucht man Zeit und Übung. Die Bedingungen für gute Anker sind:

1. *Ein Zugang, der durch hohe Intensität geprägt ist.* Das heißt, daß Sie die besten Hilfsanker dann bilden können, wenn Sie die

positive Unterstützung am intensivsten erleben. Erinnerungen werden auf zwei verschiedene Arten erlebt: assoziiert und abgespalten. Assoziierte Erinnerungen treten auf, wenn man sich *tatsächlich an den alten Vorgang erinnert* und ihn wiedererlebt. Abgespaltene Erinnerungen treten auf, wenn Sie eine alte Erinnerung betrachten. Machen Sie einmal ein Experiment: Schließen Sie die Augen und stellen sich vor, Sie ständen mitten im Dschungel. Sie sehen einen großen Tiger, der aus dem Unterholz auf Sie zukommt. Sie sehen eine riesige Boa Constrictor, die Sie von der linken Seite her angreift... Stellen Sie sich jetzt einmal vor, Sie wären tatsächlich mit Ihrem Körper dort. Schauen Sie auf Ihre Wanderschuhe und die Khakihosen. Schauen Sie wieder nach oben, und sehen Sie, wie der Tiger Sie angreift. Hören Sie sein Knurren und Fauchen. Sie wollen weglaufen, sehen dann aber die riesige Boa Constrictor zu Ihrer Linken, die Sie angreifen will... Öffnen Sie jetzt die Augen.
Vergleichen Sie die beiden Übungen miteinander. Das erste war ein *abgespaltenes* inneres Erleben. Die Intensität des Gefühls ist dabei in der Regel gering. Das zweite war ein assoziiertes Erleben, seine Gefühlsintensität ist gewöhnlich bedeutend stärker. Stellen Sie jetzt die gut geformten Anker her, die Sie brauchen, um mit den *assoziierten* Erinnerungen arbeiten zu können. Sie brauchen eine hohe Spannungsenergie, um mit dem alten Anker fertigwerden zu können.

2. *Anwendung im richtigen Augenblick.* Der Hilfsanker muß gesetzt werden, wenn die Energie ihre höchste Spannung erreicht hat, und das muß man üben, wenn man es gut machen will. Ich halte meine Anker etwa dreißig Sekunden bis eine Minute, um die höchste Spannung zu erreichen.

3. *Verdoppelung.* Glücklicherweise können Sie Ihre Anker vorher ausprobieren. Wenn sie gut sind, können Sie sie jederzeit aktivieren. Wenn Sie Ihren Daumen mit einem Finger berühren, spüren Sie, wie die Hilfsenergie zu strömen beginnt. Ich warte immer fünf Minuten und kontrolliere meine Hilfsanker. Wenn sie keine hohe Spannung haben, bearbeite ich sie noch einmal. Ich habe es mir zur Regel gemacht, meine Hilfsanker *immer* zu überprüfen, um mich zu versichern, daß sie gut geformt sind.

Was geschieht mit dem Hilfsanker, wenn ich ihn benützt habe, um den alten Anker zu zerstören? Der Hilfsanker ist dann in einer abgeschwächten Form immer noch vorhanden, aber er muß neu gesetzt werden, wenn Sie ihn für ein anderes Ereignis verwenden wollen. Sie können solche Berührungsanker auf vielerlei Weise herstellen. Ich bevorzuge die Finger, weil das am praktischsten ist.

Eine letzte Übung wird Ihnen dabei behilflich sein, zu entscheiden, wie stabil Sie einen Teil Ihrer Lebensgeschichte verändert haben (d. h. den alten Anker zerstört haben). Sie müssen dazu den negativen Anker X testen. Schließen Sie die Augen, und konzentrieren Sie sich ein paar Minuten lang auf Ihre Atmung. Aktivieren Sie dann langsam den Anker mit dem Daumen und einem Finger der linken Hand. Achten Sie genau auf das, was Sie dabei empfinden und erleben. Wenn Sie die Übung gut durchgeführt haben, muß das negative Erlebnis Ihnen ein anderes Gefühl vermitteln. In der Regel *ist der Unterschied nicht sehr groß*. Gewöhnlich ist das Gefühl nur ein bißchen schwächer. Und genau das erwarte ich von der Methode der Veränderung der eigenen Lebengeschichte – eine Verringerung der Intensität. Unsere gesamten menschlichen Erfahrungen *sind in irgendeinem Zusammenhang nützlich*. Es ist klug, seinen Zorn zu unterdrücken und sich zurückzuziehen, wenn man von einem aggressiven Betrunkenen oder von einem anderen Menschen angegriffen wird, der zur Gewalt neigt. Wenn man der Beschützer seines inneren Kindes ist, bedeutet das nicht, daß man dem Kind Erfahrungen wegnimmt, die es gemacht hat, sondern daß man ihm flexiblere *Entscheidungsmöglichkeiten* verschafft, und dazu dient die Veränderung der Lebensgeschichte. Sie gestattet es dem Erwachsenen, das Kind in sich zu beschützen, während es eine andere Entscheidung trifft. Und das nimmt dem ursprünglichen Erlebnis etwas von seiner Rigidität.

Das Herstellen eines Sicherheitsankers

Man kann die Möglichkeiten des Erwachsenen auch auf eine andere Weise nützen, um das Kind in sich zu beschützen, und zwar indem man einen Sicherheitsanker herstellt. Dazu muß man sich an zwei, drei Erlebnisse im Leben erinnern, bei denen man sich besonders sicher gefühlt hat. Wenn Ihnen das schwerfällt, brauchen Sie sich nur eine Situation vorzustellen, in der Sie sich absolut sicherfühlen. Die drei Erlebnisse, die ich bei der Herstellung meines Sicherheitsankers verwendet habe, waren:

A. eine Zeit im Kloster, in der ich mich völlig eins mit Gott fühlte;
B. die Erinnerung an eine Person, die mich liebevoll umarmt und in diesem Augenblick vorbehaltlos geliebt hat;
C. die Erinnerung daran, daß man mich in meine weiche Decke gewickelt hat und daß ich nach zehnstündigem Schlaf wach wurde und keine Verantwortung oder Verpflichtung hatte (es gab nichts, was ich hätte *tun* können, und ich konnte auch nirgendwo *hingehen*).

Machen Sie einen Stapelanker Ihrer drei Sicherheitserlebnisse. Wenn Sie wollen, können es auch mehr als drei sein. Ich betrachte diesen Anker als einen *permanenten*. Ich habe eine Woche lang jeden Tag dreißig Minuten daran gearbeitet, um mir diesen Sicherheitsanker zu schaffen, und er ist außerordentlich stark. Immer wenn das Kind in mir Angst bekommt, aktiviere ich diesen Anker. Das ist ein phantastisches Erlebnis und nimmt mir sofort jegliche Angst. Die Angstgefühle versuchen zwar zurückzukommen, aber der Anker verhindert den Teufelskreis des Katastrophendenkens. Er verhilft mir dazu, Augenblicke der Geborgenheit und Entspannung zu erleben. Manchmal bringt er die Ängste des Kindes in mir sogar völlig zum Verschwinden.

Lassen Sie den Erwachsenen neue Väter und Mütter für Ihr inneres Kind suchen

Eine weitere Möglichkeit, wie Sie Ihr inneres Kind beschützen können, besteht darin, daß Sie ihm neue Möglichkeiten verschaffen, sich umsorgen zu lassen. Ich nenne das neue Mütter und Väter finden. Entscheidend dabei ist, daß der *Erwachsene* sie aussucht und nicht das Kind in ihm. Wenn das verletzte Kind in Ihnen die Wahl treffen würde, käme es zu einer Wiederholung der Verlassenheitssituation in der frühen Kindheit. Das verletzte Kind in Ihnen möchte von seinen richtigen Eltern vorbehaltlos geliebt werden.

Für das Kind ist es daher logisch, sich Menschen auszusuchen, die die positiven und negativen Eigenschaften des Vaters, der Mutter oder beider Eltern besitzen, von denen es verlassen worden ist. Das führt natürlich zwangsläufig zu einer großen Enttäuschung. Das Kind projiziert dann nämlich auf diese Ersatzeltern gottähnliche Eigenschaften, denen diese Menschen niemals gerecht werden können. Da sie auch nur Menschen sind, können der Ersatzvater oder die Ersatzmutter die illusionären Erwartungen des Kindes nicht erfüllen. Das verletzte Kind in Ihnen fühlt sich im Stich gelassen. Es muß wissen, daß die *Kindheit vorbei ist*, daß es *keinen Weg zurück gibt, und es niemals wieder neue Eltern haben wird.* Sie müssen den Verlust Ihrer Kindheit und Ihrer Eltern betrauern. Das Kind in Ihnen muß wissen, daß Sie *als Erwachsener* das notwendige »Wiederbeeltern« übernehmen werden. Sie können sich als Erwachsener allerdings Leute suchen, die Ihre Entwicklung fördern können. Der Dichter Robert Bly ist zum Beispiel einer meiner neuen Väter. Er ist ein weiser Mann, der mich inspiriert. Er rührt an das Herz meines göttlichen Kindes und belebt meine Gedanken und meine Gefühle. Er ist sensibel und freundlich. Und obwohl ich ihn nicht persönlich kenne, liebe ich ihn und erkenne ihn als meinen Vater an. Ein Priester namens David ist ein weiterer Vater. Er hat mich während meiner letzten Tage im Priesterseminar vorbehaltlos akzeptiert. Ich wollte gehen, hatte aber das Gefühl, daß ich dann ein Versager wäre. Ich war schrecklich verwirrt und schämte mich entsetzlich. Pater David war mein geistlicher Ratgeber. Ich konnte mich noch so klein machen, immer wieder wies er mich auf meine Stärken und meine Werte als Person hin. Einer meiner weiteren Väter ist Pater Charles Wyatt Brown, von der episkopalischen Kirche. Er hat mich vorbehaltlos akzeptiert, als ich anfing, Vorlesungen zu halten.

Ich habe außerdem noch verschiedene intellektuelle Väter wie zum Beispiel Augustinus, Thomas von Aquin, den französischen Philosophen Jacques Maritain, Dostojewski, Kierkegaard, Nietzsche und Kafka. (Um der Wahrheit die Ehre zu geben, das Kind in mir findet sich mit den intellektuellen Vätern nur gezwungenermaßen ab. Es vertraut mir, daß sie fürsorgliche Väter sind, hält sie aber selbst für enorm langweilig!)

Ich habe auch verschiedene Mütter für das Kind in mir und mich selbst gefunden. Virginia Satir, die große Familientherapeutin, ist eine von ihnen. Außerdem Schwester Huberta, die sich in der Grundschule besonders um mich gekümmert hat. Ich wußte, daß ich ihr etwas bedeutete. Wir schreiben uns heute noch. Ich habe noch eine alte Freundin, die immer eine meiner Mütter sein wird. Bei meiner Suche nach Spiritualität war mir die heilige Therese, die kleine Blume, ein Vorbild für mütterliche Fürsorge. Und Maria, die Mutter Jesu, hat einen starken positiven Einfluß auf mich gehabt. Sie ist meine wirkliche himmlische Mutter.

Gott ist mein wichtigster Vater. Jesus ist sowohl mein Vater als auch mein Bruder. Jesus zeigt mir, daß Gott, mein Vater, mich vorbehaltlos liebt. Die Geschichten vom verlorenen Sohn und von dem Schäfer, der sein verlorenes Schaf sucht, haben mir bei meiner Heilung sehr geholfen. Der Schäfer verläßt seine ganze Herde, nur um ein Schaf zu suchen, das sich verlaufen hat. Kein vernünftiger Schäfer würde so etwas tun. Die Herde stellt seinen weltlichen Besitz dar, und er riskiert es, die ganze Herde zu verlieren, nur um ein verirrtes Schaf wiederzufinden. So etwas wäre unverantwortlich und leichtfertig. Der tiefe Sinn der Geschichte ist, daß Gott uns so sehr liebt, daß er mit solchen extremen Verhaltensweisen zu uns kommt. Das Kind in mir fühlt sich manchmal wie so ein verirrtes Schaf und freut sich, wenn ich ihm beweise, daß der himmlische Vater uns liebt und beschützt.

Zur Zeit habe ich vier sehr enge Freunde. Sie sind im wahrsten Sinne des Wortes meine Brüder. Oft sind sie auch meine Väter. Bei vielen Gelegenheiten haben George, Johnny, Michael und Kip sich um den verängstigten, schamgeprägten kleinen Jungen in mir gekümmert. Sie haben mir außerdem durch ihre vorbehaltlose Liebe neue Kraft gegeben. Das Kind in mir und ich wissen, daß sie immer für uns da sind. Vor kurzem habe ich Pat noch auf die Liste gesetzt. Wir führen beide Workshops durch und haben Bücher geschrieben, die auf den Bestsellerlisten stehen. Er versteht bestimmte Probleme, über die ich mit anderen nicht reden kann. Als Erwachsener kann man sich von anderen Erwachsenen das holen, was man braucht, und auf diese Weise das Kind in sich versorgen.

Wenn wir das Kind in uns nicht zurückgewinnen und unter unsere Fittiche nehmen, wird seine Bedürftigkeit so groß, daß sie zerstörerisch werden kann. Kinder brauchen ihre Eltern ständig. Sie sind unersättlich. Wenn wir dem Kind in uns seinen Willen lassen, treibt es unsere Lieben und unsere Freunde zum Wahnsinn, weil es in seiner Bedürftigkeit unersättlich ist. Wenn wir aber unseren Urschmerz verarbeitet haben, lernen wir, darauf zu vertrauen, daß unser erwachsenes Ich dafür sorgen wird, daß wir

von anderen Erwachsenen die Fürsorge bekommen, die wir brauchen.
Ich war aus verschiedenen Gründen an meinem letzten Geburtstag sehr allein. Mein Freund Johnny hatte, sensibel wie er ist, meinen inneren Zustand erkannt. Er weiß, daß ich ein passionierter Golfspieler bin, und hat eigens für mich einen »Putter« maßschneidern lassen. Normalerweise schenken wir uns nichts zum Geburtstag. Aber Johnnys Geschenk war für mich etwas ganz Besonderes, Kostbares. Mein erwachsenes Ich betrachtete es als eine väterliche Geste. Johnnys Geschenk war das Geschenk eines Vaters an seinen Sohn.

10. Kapitel
Wie man dem Kind in seinem Inneren mehr Raum gibt

> Wenn wir an das Wohlergehen unserer Kinder denken, versuchen wir, ihnen das zu geben, was uns selbst gefehlt hat... Wenn dann das erste Kind geboren ist, müssen wir uns mit der Tatsache auseinandersetzen, daß Elternschaft nicht nur ein schöner Traum ist... Eines Tages stellen wir dann fest, daß wir genau die Dinge tun, von denen wir uns geschworen hatten, daß wir sie nie tun würden... Oder wir geben nach... Wir müssen uns Fähigkeiten aneignen, oft viele Fähigkeiten, die wir in unserer Ursprungsfamilie nicht gelernt haben.
>
> Jean Illsley Clarke und Connie Dawson

> Das Kind in uns muß Disziplin lernen, um seine enorme seelische Kraft realisieren zu können.
>
> Marion Woodman

Wenn Sie erst einmal begonnen haben, Ihr verletztes Kind unter Ihre Obhut zu nehmen, werden Sie mit einem anderen Dilemma konfrontiert. Da wir zum größten Teil selbst aus gestörten Familien stammen, *wissen wir gar nicht, wie* man dem Kind in sich ein guter Vater oder eine gute Mutter ist. Es ist entweder zu streng oder zu wenig streng erzogen worden. Wir müssen ihm in liebevoller Weise Disziplin vermitteln, denn sonst kann es nicht wieder gesund werden. Das Kind in uns muß neue Regeln verinnerlichen, um wachsen und gedeihen zu können. Der Erwachsene muß lernen, was gute Disziplin ist, und er muß neue Fähigkeiten erwerben, um mit dem Kind in sich in Kontakt treten zu können. Sie werden Ihre Möglichkeiten als Erwachsener dazu benützen, den Spielraum des Kindes in sich zu erweitern. Es braucht diesen Spielraum, um sich von den alten Regeln seines Elternhauses *lösen zu können*. Nur so kann es sein wahres Selbst finden und spielen lernen.

Irgend jemand hat einmal gesagt: »Von allen Masken, die die Freiheit tragen kann, ist die Disziplin die undurchdringlichste.« Das gefällt mir. Ohne Disziplin kann das Kind in uns nicht wirklich frei sein. M. Scott Peck hat ein paar wichtige Gedanken zu diesem Thema beigetragen. Für ihn besteht Disziplin aus einer Vielzahl von Techniken, mit deren Hilfe die unvermeidlichen Schmerzen, die das Leben mit sich bringt, gelindert werden können. Das hört sich ganz anders an als das, was ich als Kind gelernt habe. Tief in meinem Unbewußten bedeutet Disziplin Bestrafung und Schmerzen. Für Peck besteht Disziplin im guten Sinne aus einer Reihe von Lehren, die einem die Möglichkeit geben, sein Leben angenehmer zu gestalten. Zur positiven Disziplin gehören Regeln, die es einem Menschen ermöglichen, derjenige zu sein, der er ist. Solche Regeln geben unserem Sein einen Sinn und schützen unsere Ichhaftigkeit. Hier sind ein paar Regeln, die Sie dem wunderbaren Kind in sich beibringen können.

1. Es ist völlig in Ordnung, wenn du das fühlst, was du fühlst. Gefühle können nicht richtig oder falsch sein. Sie sind einfach da. Niemand kann dir vorschreiben, was du zu fühlen hast. Es ist gut und notwendig, über Gefühle zu reden.

2. Es ist auch völlig in Ordnung, wenn du das willst, was du willst. Es gibt nichts, was du wollen oder nicht wollen solltest. Wenn du deine Lebensenergie spürst, wirst du dich weiterentwickeln wollen. Das ist gut so, und es ist auch notwendig, damit deine Bedürfnisse befriedigt werden können. Es ist gut, wenn du um das bittest, was du brauchst.

3. Es ist völlig in Ordnung, daß du das siehst und das hörst, was du siehst und hörst. Und alles, was du gesehen und gehört hast, *ist* auch tatsächlich das, was du gesehen und gehört hast.

4. Es ist in Ordnung und notwendig, Spaß zu haben und zu spielen. Es ist auch gut, Spaß an sexuellen Spielen zu haben.

5. Es ist wichtig, daß man immer die Wahrheit sagt. Das lindert die Schmerzen, die das Leben zwangsläufig mit sich bringt.

Lügen verzerren die Wirklichkeit. Alle Formen verzerrten Denkens müssen korrigiert werden.

6. Es ist wichtig, daß du deine Grenzen kennst und die Befriedigung deiner Bedürfnisse gelegentlich auch *aufschieben* kannst. Auch das verringert die Schmerzen des Lebens.

7. Es ist äußerst wichtig, ein ausgeglichenes Gefühl für Verantwortung zu entwickeln. Das heißt, daß du die Folgen deines Handelns akzeptierst und dich weigerst, die Verantwortung für das zu übernehmen, was ein anderer Mensch getan hat.

8. Es ist in Ordnung, wenn du Fehler machst. Aus Fehlern lernen wir.

9. Die Gefühle, Wünsche und Bedürfnisse anderer Menschen müssen respektiert werden. Wenn man andere Leute verletzt, bekommt man Schuldgefühle und muß die Folgen tragen.

10. Es ist in Ordnung, Probleme zu haben. Sie müssen gelöst werden. Es ist auch in Ordnung, Konflikte zu haben. Auch sie müssen gelöst werden.

Lassen Sie mich diese neuen Regeln kurz kommentieren.

Neue Regel Nr. 1

Das Kind in Ihnen hat große Angst davor, gegen die alten Familienregeln zu verstoßen, die besagen, daß man »über so etwas nicht redet«, oder daß Gefühle nicht ausgedrückt werden dürfen. Sie müssen besonders darauf achten, daß Sie Ihrem inneren Kind in dieser Beziehung eine Orientierungshilfe geben. In jedem Fall müssen Sie ihm erlauben, zu fühlen, was es fühlen will, und ihm beibringen, daß Gefühle nicht richtig oder falsch sein können. Sie müssen ihm aber andererseits auch klare Richtlinien geben, was das Ausdrücken dieser Gefühle anbetrifft. Es gibt Situationen, in denen es nicht gut oder sogar gefährlich ist, seine Gefühle auszudrücken. Sie müssen Ihrem inneren Kind zum Beispiel klarmachen, daß es nicht ratsam ist, seine Gefühle einem Polizisten gegenüber auszudrücken, der einem gerade einen Strafzettel schreibt. Und es ist selten angebracht, seinen Eltern gegenüber die Verlassenheitsgefühle auszudrücken, die man empfindet. Solche Gefühle müssen Sie in der Weise ausdrücken, wie es im zweiten Teil dieses Buches beschrieben worden ist.

Das Kind in Ihnen muß auch lernen, den Unterschied zwischen dem *Ausdrücken* von Gefühlen und den daraus resultierenden *Handlungen* zu erkennen. Man kann zum Beispiel durchaus berechtigten Zorn empfinden, er ist ein Indikator dafür, daß eines unserer Grundbedürfnisse oder Grundrechte verletzt worden ist oder in Gefahr ist, verletzt zu werden. In einer solchen Situation hat man durchaus das Recht, seinem Zorn Luft zu machen, man darf sich aber nicht dazu hinreißen lassen, deshalb zu schlagen, zu fluchen, herumzubrüllen oder etwas kaputtzumachen.

Sie müssen Ihrem inneren Kind eine geeignete Umgebung schaffen, in der es sich nicht schämen muß und seinen Gefühlen freien Lauf lassen kann. Es kann sein, daß Sie zu diesem Zweck in eine Therapiegruppe gehen müssen, in der andere Menschen an den gleichen Problemen arbeiten.

Außerdem müssen Sie dem Kind in sich beibringen, daß Ihre Gefühle Teil Ihrer persönlichen Kraft sind. Sie sind die seelische Energie, die Sie dazu bewegt, Ihre Bedürfnisse zu befriedigen. Sie zeigen Ihnen an, wann Gefahr droht, wann Sie verletzt werden oder wann Sie etwas Wertvolles verloren haben.

Neue Regel Nr. 2

Diese Regel stellt ein Gegengewicht gegen die krankhafte Scham dar, unter der das verletzte Kind in Ihnen leidet und die sich auf seine Wünsche und Bedürfnisse bezieht. Können Sie sich an das Bild von den 160 Pfund schweren, dreijährigen Eltern erinnern? Sie waren selbst erwachsene Kinder und haben es nie geschafft, daß man ihre Bedürfnisse und Wünsche befriedigt hat. Deshalb wurden sie jedesmal wütend, wenn Sie Bedürfnisse anmeldeten, und vermittelten Ihnen auf diese Weise Schamgefühle.

Das Kind in Ihnen, das unter krankhafter Scham leidet, glaubt nicht, daß es ein Recht darauf hat, sich etwas zu wünschen. Sie können ihm helfen, indem Sie aufmerksam zuhören, welche Wünsche es äußert oder welche Bedürfnisse es hat. Es kann sein, daß Sie ihm nicht immer das geben können, was es haben möchte, aber Sie können ihm wenigstens aufmerksam zuhören und ihm erlauben, sich so etwas zu wünschen. Ohne Sehnsucht und ohne Wünsche würden wir unsere Lebensenergie verlieren.

Neue Regel Nr. 3

Die dritte neue Regel stellt ein Gegengewicht gegen die Täuschungen und Lügen dar, mit denen man in gestörten Familien konfrontiert wird. Die kleine Judy kommt aus der Schule und *sieht*, daß ihre Mutter weint. Sie fragt: »Mama, was hast du?« Die Mutter antwortet: »Nichts. Geh nach draußen, geh spielen.« Der kleine Farquhar sieht seinen Vater eines Morgens neben dem Auto in der Garage liegen. Neugierig und verwirrt fragt er seine Mutter, warum Daddy in der Garage schläft. Die Mutter erklärt ihm, daß Vati auf dem Zementboden der Garage schlafen muß, weil er »einen wehen Rücken hat«. Der kleine Billy *hört*, daß sich seine Mutter und sein Vater miteinander streiten. Er wird dadurch aus dem tiefsten Schlaf geweckt, geht in ihr Zimmer und fragt, was los sei. Die Eltern antworten ihm: »Nichts. Geh wieder ins Bett. Du hast geträumt.« Kinder, die solche Botschaften erhalten, trauen schließlich ihren eigenen Wahrnehmungen nicht mehr. Und ohne sensorische Sicherheiten läßt es sich nur schwer in der Realität leben. Kinder sind Spezialisten auf dem Gebiet der sinnlichen Wahrnehmung. Wir brauchen die sinnlichen Erfahrungen, die das Kind in uns hat. Dazu müssen wir ihm aber auch Gelegenheit geben, die Welt mit den Augen, Ohren und mit dem Tastsinn zu erforschen.

Neue Regel Nr. 4

Die vierte neue Regel bezieht sich auf Spiel und Spaß. Spielen heißt, ganz einfach *sein*. Ich habe gelernt, mir bestimmte Zeiten für das Spielen freizuhalten. In dieser Zeit spiele ich entweder Golf, gehe Angeln oder *tue einfach gar nichts*. Ich reise gern und wandere gern in der Gegend herum. Dieses Herumstreunen oder Nichtstun sind erwachsene Arten des Spielens. Unsere Seinsbedürfnisse werden befriedigt, wenn wir das Kind in uns spielen lassen.

Eine weitere phantastische Möglichkeit, als Erwachsener zu spielen, bietet die Sexualität. Am besten ist es, wenn unser erwachsenes Ich die Eltern aus dem Zimmer schickt, die Tür abschließt und dem Kind in uns die Sache überläßt. Das Kind berührt, schmeckt, sieht und redet gern während der sexuellen Spiele. Es probiert gern alles aus, vor allem, wenn man ihm als Kind beigebracht hat, daß Sexualität etwas ist, dessen man sich schämen muß und das man nur im Dunkeln machen darf. Es ist sehr wichtig, daß Sie Ihr inneres Kind frei herumspielen lassen und ihm erlauben, sich in spielerischer Weise sexuell zu betätigen. Ihr erwachsenes Ich muß dabei die Grenzen bestimmen, die Ihren Überzeugungen entsprechen. Innerhalb dieser Grenzen sollten Sie sich möglichst häufig auf diese spielerische Weise sexuell betätigen.

Neue Regel Nr. 5

Die fünfte neue Regel ist wahrscheinlich die wichtigste von allen. Das natürliche Kind in Ihnen hat bereits sehr früh gelernt, sich anzupassen, um überleben zu können. In gestörten Familien wird viel gelogen. Die Täuschungen und Verleugnungen sind in einer solchen Familie üblich. Die falschen Rollen, die die einzelnen Familienmitglieder spielen, sind ebenfalls eine Lüge. Das Vertuschen unangenehmer Dinge, die die Familie betreffen, erfordert ebenfalls, daß gelogen wird. In einer gestörten Familie wird das Lügen zu einer Lebensart, und das Kind in Ihnen wird feststellen, daß es gar nicht so leicht ist, so etwas wieder zu verlernen.

Das verletzte Kind denkt auch auf eine gewisse Art, die zu einer Verkennung der Realität und zu einer Verzerrung der Wahrheit führt. Alle Kinder neigen zu magischem Denken und zur Ausschließlichkeit, dagegen müssen Sie etwas unternehmen.

Das verletzte Kind in Ihnen ist darüber hinaus von Scham geprägt. Sein schamgeprägtes Denken muß korrigiert werden. Im folgenden möchte ich Sie mit einigen Denkstörungen vertraut machen, auf die Sie achten müssen, wenn Sie mit dem verletzten Kind in Ihnen reden.

Denken in Extremen. Für das verletzte Kind in Ihnen gibt es nur Extreme. Bei ihm gibt es nur entweder/oder, nichts dazwischen. Leute oder Dinge sind entweder gut oder schlecht. Das verletzte Kind in Ihnen glaubt, daß jemand es nicht wirklich liebhat, wenn er nicht jede Minute des Tages mit ihm zusammensein will. Das ist ein extremer Standpunkt. Er ist das Ergebnis einer mangelnden Auflösung der Objektkonstanz im Kleinkindalter. Eine derart extreme Denkweise führt zur Hoffnungslosigkeit. Sie müssen Ihrem inneren Kind beibringen, daß jeder sowohl gut als auch schlecht ist und daß es nichts Absolutes gibt.

Katastrophendenken. Das verletzte Kind in Ihnen hat von dem verletzten Kind in Ihren Eltern das Katastrophendenken gelernt. Mit der Aufgabe, Sie großziehen zu müssen, waren Ihre Eltern, die in Wirklichkeit nur erwachsene Kinder waren, oft überfordert. Sie machten sich ständig Sorgen und hypnotisierten Sie mit einem unaufhörlichen Strom ängstlicher Ermahnungen. In einer Zeit, in der Sie Geborgenheit gebraucht hätten, um ungestört experimentieren und forschen zu können, wurden Sie durch ständige Rufe wie: »Paß auf!«, »Sei vorsichtig!«, »Halt!«, »Tu's nicht!« und »Beeil dich!« in Angst und Schrecken versetzt. Es ist deshalb kein Wunder, daß das Kind in Ihnen übervorsichtig ist – man hat ihm beigebracht, daß die Welt ein furchtbar gefährlicher Ort ist. Sie können dem Kind in sich jetzt helfen, indem Sie es auf Erkundungsreisen gehen und alles mögliche ausprobieren lassen und ihm versichern, daß Sie da sind und aufpassen, damit ihm nichts passiert.

Verallgemeinern. Das verletzte Kind in Ihnen neigt dazu, aus Einzelereignissen grobe Verallgemeinerungen abzuleiten. Wenn Ihr Freund Ihnen erklärt, er würde heute abend lieber zu Hause bleiben und ein Buch lesen, läuten für das Kind in Ihnen schon die Totenglocken für die Beziehung. Wenn Ihnen jemand bei einer Verabredung einen Korb gibt, zieht das verletzte Kind in Ihnen daraus den Schluß: »Mit mir wird sich überhaupt niemand mehr verabreden. Niemand wird mehr mit mir ausgehen wollen.« Wenn Sie Wasserski lernen wollen und nicht gleich beim ersten Mal aus dem Wasser kommen, zieht das Kind in Ihnen daraus den Schluß, daß Sie *nie* Wasserskifahren lernen werden.

Sie können dem Kind in sich helfen, indem Sie es mit seinen Verallgemeinerungen konfrontieren und es korrigieren. Das können Sie erreichen, indem Sie Wörter wie *alle, niemals, keiner, immer* usw. noch zusätzlich verstärken. Wenn das Kind zum Beispiel sagt: »*Niemand* beachtet mich«, dann sagen Sie: »Du meinst, kein einziger Mensch auf der ganzen weiten Welt hätte dich je angeschaut oder mit dir geredet?« Bringen Sie ihm bei, statt dessen Wörter wie *oft, vielleicht* und *manchmal* zu verwenden.

Wörter verankern Erlebnisse in unserem Bewußtsein. Wir hypnotisieren uns förmlich mit Wörtern. Das verletzte Kind in uns macht sich selbst mit bestimmten Wörtern angst. Aber Wörter sind dann, wenn sie richtig benützt werden, auch das Ventil der Ehrlichkeit und Wahrhaftigkeit. Das Kind in uns muß jetzt lernen, ehrlich zu sein.

Gedankenlesen. Gedankenlesen ist eine Form der Magie. Kinder neigen von Natur aus zum magischen Denken, und wenn die Eltern zum Beispiel sagen: »Ich weiß genau, was du jetzt denkst«, verstärken Sie bei den Kindern den Glauben an diese Magie. Kinder, deren Sinne durch Scham geprägt worden sind, verlassen sich mit der Zeit immer mehr auf die Magie. Das Kind in Ihnen sagt zum Beispiel zu Ihnen: »Ich weiß, daß der Chef auf dem besten Weg ist, mich zu entlassen. Ich kann das an der Art erkennen, wie er mich angeschaut hat.«

Gedankenlesen entsteht auch durch die Projektionen des Kindes in Ihnen. Wenn es zum Beispiel einen bestimmten Menschen nicht leiden kann, die Eltern aber immer mit ihm geschimpft haben, wenn es jemanden nicht mochte, dann muß dieses Gefühl jetzt unterdrückt werden, wodurch Schamgefühle entstehen. Das äußert sich dann so, daß das Kind sagt: »Ich glaube der … kann *mich* nicht leiden.« In Wirklichkeit kann das Kind in Ihnen *ihn* nicht leiden.

Es ist sehr wichtig, das Kind mit dieser Gedankenleserei zu konfrontieren. Es gibt auf der Welt ohnehin genügend reale Bedrohungen, ohne daß wir uns auch noch selbst welche schaffen müssen. Bringen Sie dem Kind in sich bei, die Dinge zu überprüfen, lassen Sie es alle möglichen Fragen stellen.

Ehrlichkeit und Wahrhaftigkeit schaffen Vertrauen, und Vertrauen ist die Voraussetzung für Liebe und Intimität. Immer wenn das Kind in Ihnen versucht, zu lügen, zu übertreiben oder die Realität mit seinen absoluten Ansprüchen und seinem magischen Denken zu verzerren, müssen Sie es korrigieren. Fürsorgliche Liebe und Disziplin lindern den Schmerz, der durch Lügen und durch die Verzerrungen der Realität entsteht.

Neue Regel Nr. 6

Regel sechs bezieht sich auf die unersättliche Gier des Kindes in uns. Wenn Kinder etwas haben wollen, wollen sie es *sofort* haben. Sie kennen keine Frustrationstoleranz und können nicht abwarten. Wenn man erwachsen werden will, muß man unter anderem lernen, Triebaufschub zu leisten, denn nur so kann man im Leben Schmerzen und Schwierigkeiten vermeiden. Wenn man zum Beispiel zuviel ißt, bekommt man Bauchschmerzen und fühlt sich nicht wohl; wenn man sein ganzes Geld ausgibt, hat man keine Reserven mehr. Wenn ein Kind vernachlässigt worden ist, fällt es ihm bedeutend schwerer, Triebaufschub zu leisten. Das verletzte Kind in uns ist davon überzeugt, daß Liebe, Essen, Zärtlichkeit und Freude äußerst knapp sind. Deshalb stürzt es sich sofort auf diese Dinge, sobald sie angeboten werden, und ist völlig unbeherrscht.

Ich habe mir jahrelang mehr auf den Teller getan, als ich eigentlich essen konnte. Trotzdem habe ich immer alles aufgegessen. Häufig überraschte ich mich selbst dabei, daß ich mir viele Dinge gekauft habe, die ich gar nicht brauchte, nur weil ich das Geld hatte. Ich stapelte sie zu Hause, bis ich schließlich in meinem Zimmer rundherum von den Sachen wie eingeschlossen war. Ich mußte außerdem feststellen, daß ich auf jeden anderen Therapeuten oder Redner eifersüchtig war, der gut bei den Leuten ankam. Als ob es nicht genügend therapiebedürftige Menschen gegeben hätte oder Liebe und Bewunderung rationiert wären, so daß ich zu kurz käme, wenn ein anderer Mensch geliebt und bewundert würde. Für all das war das verletzte Kind in mir verantwortlich. Es glaubte, daß ich nie meinen Anteil bekommen würde, wenn ich mich nicht beeilen würde, solange sich noch die Gelegenheit bot. Seine Gier hat mir im Lauf der Jahre viele Schmerzen bereitet.

Jetzt nehme ich das verletzte Kind in mir in meine Obhut und kümmere mich um seine Bedürfnisse. Ich verspreche ihm die schönsten Dinge und *halte mein Versprechen immer*. Das ist entscheidend, wenn man sein Vertrauen gewinnen will. Ich tue viel Gutes für das Kind in mir und gebe ihm gleichzeitig auf diese Weise Gelegenheit, etwas zu lernen. Hin und wieder übernimmt es die Kontrolle, aber heute geht das schon bedeutend besser als früher. Ich beweise ihm immer wieder, daß wir *mehr* Spaß haben können, wenn wir Triebaufschub leisten.

Kürzlich habe ich zum Beispiel ein Experiment mit ihm gemacht. Das Kind liebt Süßigkeiten, Kuchen, Eiscreme usw. Ich lasse es eine Woche lang so viel Süßes essen, wie es will. Am Ende der Woche haben wir uns dann gefragt, wie wir uns denn jetzt fühlen. Wir fühlten uns ganz schrecklich – fünf zusätzliche Pfunde, und mein Bauch quoll über meine viel zu engen Hosen. Dann gab ich ihm die ersten sechs Tage der darauffolgenden Woche nichts Süßes zu essen. Wir trieben so oft wie möglich Sport. Am Sonntag ließ ich es etwas Süßes essen. Dann fragten wir uns wieder, wie wir uns denn jetzt fühlten: viel, viel besser. Wir haben übrigens an dem Sonntag gar nicht soviel Süßigkeiten gegessen.

Es mag sein, daß diese Diät nicht die Zustimmung der Ärzte oder

Ernährungswissenschaftler findet, aber sie hat dem kleinen John bewiesen, daß man *mehr Spaß* hat, wenn man Triebaufschub leistet und sich nicht einfach vollstopft.

Neue Regel Nr. 7

Regel sieben ist der Schlüssel zum Glück. So viel menschliches Leid ist darauf zurückzuführen, daß das verletzte Kind in uns entweder zuviel Verantwortung übernimmt oder sich weigert, ein ausreichendes Maß an Verantwortung zu übernehmen.

Man muß sich in fairer Weise mit den Folgen seines Verhaltens auseinandersetzen. Als Sie das verletzte Kind in sich zurückgewonnen haben, haben Sie damit begonnen, *Verantwortung* zu übernehmen. Der größte Teil der Reaktionen des Kindes in uns sind keine echten Reaktionen, sondern eher verfestigte Reaktionen oder Überreaktionen. Eine echte Reaktion ist das Ergebnis echter Gefühle und einer bewußten Entscheidung. Um eine echte Reaktion haben zu können, muß man Kontakt mit seinen Gefühlen, Bedürfnissen und Wünschen haben. Erwachsene, deren inneres Kind verletzt worden ist, haben bis zu einem gewissen Grad den Kontakt zu all dem verloren.

Wenn wir dem Kind in uns helfen wollen, müssen wir ihm beibringen, zu handeln und nicht nur zu reagieren. Um handlungsfähig zu sein, muß man *reagieren können. Die Fähigkeit zu reagieren* hängt davon ab, ob man das Leben des Kindes in sich unter Kontrolle hat, und nicht umgekehrt.

Wie wichtig es ist, diese Verantwortung zu übernehmen, läßt sich am besten am Beispiel einer Intimbeziehung zeigen. Intimität ist nur möglich, weil wir alle ein wunderbares, verletzliches Kind in uns tragen. Wenn zwei Menschen ineinander verliebt sind, wiederholen sie die Symbiose der frühen Mutter-Kind-Verbindung. Sie verschmelzen gewissermaßen miteinander und bekommen durch diese Harmonie ein Gefühl der Allmacht und der Kraft. Einer vertraut dem anderen den *verletzlichsten Teil seines Selbst* an.

Und diese Verletzlichkeit ist auch der Grund, warum manche Menschen Angst vor der Intimität haben, oder sie letzten Endes womöglich sogar zerstören. Die Zerstörung der Intimität einer Beziehung findet dann statt, wenn einer oder beide Partner sich weigern, die Verantwortung für das verletzliche Kind in sich zu übernehmen.

Wir wollen uns einmal ansehen, was passiert, wenn zwei erwachsene Kinder sich ineinander verlieben. Die beiden verletzten Kinder in ihnen sind im siebten Himmel. Jedes sieht im Partner die positiven und negativen Eigenschaften seiner oder ihrer Eltern. Jeder glaubt, daß der andere sich jetzt endlich um die Bedürfnisse kümmern wird, die in der Kindheit nicht befriedigt worden sind. Jeder investiert ein Übermaß an Kraft und Wertschätzung in den anderen. Das eine verletzte Kind betrachtet den anderen als Vater oder Mutter. Schon bald nach der Hochzeit werden Ansprüche an den Partner gestellt, hinter denen sich vor allem *unbewußte* Erwartungen verbergen, die mit den Sehnsüchten und der Leere zusammenhängen, unter denen die verletzten Kinder in beiden Partnern leiden. Die Natur hat große Angst vor der Leere, und der Lebensfunke drängt das verletzte Kind im Menschen dazu, das zu vollenden, was unvollendet geblieben ist. Das Kind sucht die Liebe der Eltern, die es nie bekommen hat, nach der es sich aber immer noch sehnt. Es kann sogar vorkommen, daß der eine Partner den anderen dazu provoziert, sich wie sein Vater oder seine Mutter zu verhalten. Mitunter kann es passieren, daß man das, was der Partner tut, so *verzerrt*, daß es einen an die eigenen Eltern erinnert. Alles in allem kein sehr schönes Bild. Es ist im Grunde so, als würden zwei Vierjährige heiraten und versuchen, die Verantwortung von Erwachsenen zu übernehmen.

Wenn Sie das verletzte Kind in sich zurückgefordert haben, haben Sie eine Chance. Wenn Sie es unter Ihre Fittiche genommen haben, *haben Sie die Verantwortung für seine Verletzlichkeit übernommen.* Wenn Sie sich verpflichten, das Kind in sich »wiederzubeeltern« (reparent), schützen Sie sich davor, daß Sie sich wieder an einen Menschen binden, von dem Sie erwarten, daß er Ihnen einen oder beide Elternteile ersetzt. *Intimität ist nur dann möglich, wenn beide Partner die Verantwortung für das verletzliche Kind in sich übernehmen.* Sie ist nicht möglich, wenn Sie von Ihrem Partner erwarten, daß er Ihnen das gibt, was Ihnen Ihre Eltern nicht gegeben haben.

Neue Regel Nr. 8

Die achte Regel bezieht sich darauf, daß Sie dem Kind in sich ein gesundes Schamgefühl beibringen. Krankhafte Scham verlangt von uns, daß wir entweder mehr (vollkommen) oder weniger (minderwertig) als ein Mensch sind. Gesunde Scham erlaubt uns, Fehler zu machen, die ein integrativer Bestandteil des Menschseins sind. Fehler sind Warnungen, und wir lernen aus ihnen unser Leben lang. Wenn das Kind in uns Fehler machen darf, kann es bedeutend spontaner sein. Wenn man ständig von der Angst besessen ist, man könnte einen Fehler machen, geht man wie auf rohen Eiern und lebt ein uninteressantes Leben, weil man ununterbrochen aufpassen muß. Wenn das Kind in Ihnen glaubt, es müsse jedes Wort auf die Goldwaage legen, damit es nur ja nichts Falsches sagt, sagt es unter Umständen auch nie etwas Richtiges. Es bittet dann nie um Hilfe, sagt nicht, wenn ihm etwas weh tut und sagt Ihnen auch nicht, daß es Sie liebt.

Neue Regel Nr. 9

Die neunte Regel ist die »Goldene Regel«. Sie besagt, daß Sie dem Kind in sich beibringen müssen, wie man liebt, anderen Menschen mit Wertschätzung begegnet und sie respektiert, genau wie man auch sich selbst lieben, schätzen und respektieren soll. Außerdem muß das Kind in Ihnen wissen, daß es die Folgen tragen muß, wenn es diese Regel verletzt. Das verletzte Kind muß Verantwortlichkeit und gesunde Scham lernen. Gesunde Scham ist moralische Scham. Sie weist uns darauf hin, daß wir unsere eigenen Werte oder die anderer Menschen verletzt haben und dafür zahlen müssen. Gesunde Scham ist die Grundlage eines gesunden Gewissens, und das braucht das Kind in uns. Kriminelles Verhalten, das bereits in einem der vorangegangenen Kapitel behandelt wurde, tritt vor allem dann auf, wenn das verletzte Kind im Menschen nie Gelegenheit hatte, ein Gewissen zu entwickeln. Wenn sich ein mißbrauchtes Kind mit seinem Aggressor identifiziert, übernimmt es dessen gestörte Wertvorstellungen. Wenn das Kind verwöhnt worden ist, glaubt es, etwas »Besonderes« zu sein. Ein solcher Mensch ist dann überzeugt davon, daß die Normen nur auf gewöhnliche Menschen Anwendung finden, nicht aber auf ihn, weil ihm die Tatsache, daß er etwas »Besonderes« ist, einen Freibrief gibt.

Neue Regel Nr. 10

Die zehnte Regel läßt das Kind in Ihnen erkennen, daß die Welt voller Probleme ist. Es ist oft wütend, weil es so viele Probleme und Schwierigkeiten gibt. »Das ist einfach nicht fair«, klagt es häufig. »Ich kann einfach nicht glauben, daß ausgerechnet immer mir so etwas passieren muß.« Solche Sätze muß ich mir als Therapeut sehr oft anhören. Die Leute tun so, als seien Probleme und Schwierigkeiten ein schmutziger Trick, den sich irgendein sadistischer kosmischer Geist ausgedacht hat. Probleme und Schwierigkeiten gehören zum Leben eines jeden Menschen. M. Scott Peck sagt: »Lebensprobleme sind dazu da, daß sie gelöst werden.« Die Art, wie wir mit Problemen und Schwierigkeiten umgehen, bestimmt unsere Lebensqualität. Terry Gorski, ein Therapeut aus Chicago, hat einmal gesagt: »Sich entwickeln, heißt, von einer Art von Problemen zu einer besseren Art von Problemen überzugehen.« Das gefällt mir. In meinem Leben hat das hundertprozentig gestimmt. Jeder neue Erfolg bringt brandneue Probleme mit sich.

Wir müssen dem Kind in uns beibringen, daß Probleme normal sind und daß wir mit ihnen leben müssen.

Wir müssen ihm darüber hinaus klarmachen, daß Konflikte in zwischenmenschlichen Beziehungen unvermeidlich sind. Eine Intimbeziehung ist überhaupt nur dann möglich, wenn die Partnerschaft Konflikte aushalten kann. Wir müssen dem Kind in uns helfen zu lernen, fair zu streiten und Konflikte zu lösen. Ich werde im zwölften Kapitel mehr darüber schreiben.

Das Erlernen der neuen Regeln erlaubt dem Kind in Ihnen, die alten Regeln über Bord zu werfen. Wenn die Regeln erst einmal internalisiert worden sind, werden sie dem Kind in Ihnen zur zweiten Natur und fördern die Selbstliebe und die Heilung der seelischen Verletzungen.

Die Erlaubnis, Sie selbst sein zu dürfen

Das Kind in Ihnen braucht Ihre vorbehaltlose Erlaubnis, um es selbst sein zu können. Die liebevolle Disziplin, die ich gerade beschrieben habe, wird diese Selbstfindung fördern. Sie können Ihrem inneren Kind darüber hinaus helfen, wenn Sie ihm erlauben, die starre(n) Rolle(n) aufzugeben, die es übernommen hatte, um das

Familiensystem zu stabilisieren und das Gefühl haben zu können, etwas zu bedeuten. Über die Rollen und über die Art, wie sie in einem Familiensystem entstehen, habe ich bereits genug gesagt. Schon als Sie Ihr Kleinkind- und Ihr Vorschulkind-Ich zurückgewonnen haben, haben Sie dem Kind in sich erlaubt, diese starren Rollen aufzugeben. Nehmen Sie folgende Abschnitte als Modell für alle diese Rollen des falschen Selbst.

Das Aufgeben der Rollen des falschen Selbst

Erster Schritt

Zuerst müssen Sie sich ein klares Bild von den Rollen des Familiensystems machen. Wie haben Sie als Kind erfahren, daß Sie den anderen etwas bedeuten? Was haben Sie getan, um die Familie zusammenzuhalten und ihre Bedürfnisse zu befriedigen? Einige bekannte Rollen sind: der Held, der Star, der Streber, Mutters kleiner Mann, Mutters oder Vaters Ersatzehepartner, Vaters kleine Prinzessin, Vaters Kumpel, Mutters Freundin, Mutters oder Vaters tüchtiger Junge, Mutters oder Vaters Mädchen, das sich um alles kümmert, Mutters Mami, Vaters Papi, der Friedensstifter, der Vermittler, das Opferlamm der Familie, der Sündenbock, der Rebell, der Leistungsverweigerer, das Sorgenkind, das Verlorene Kind, das Opfer usw. Das Reservoir an Rollen ist unerschöpflich, und doch hat jede Rolle die gleiche Funktion: Sie soll das Familiensystem stabilisieren und es vor jeder Veränderung bewahren. Jede Rolle bietet dem Betroffenen die Möglichkeit, seine krankhafte Scham zu verbergen und sich zu definieren; sie schreibt ein bestimmtes Verhaltensrepertoire und bestimmte Gefühle vor. Wenn wir unsere Rollen spielen, wird unser wahres Selbst nach und nach immer weiter ins Unbewußte abgedrängt. Wie bereits erwähnt, werden wir im Laufe der Jahre *süchtig* nach diesen Rollen.

Wenn wir dem Kind in uns helfen wollen, müssen wir ihm erlauben, selbst zu bestimmen, welche Teile der Rollen es behalten will und von welchen es sich trennen will. Es ist wichtig, daß wir dem verletzten Kind in uns klarmachen, daß *die Rollen nicht wirklich funktioniert haben*. Ich habe das Kind in mir gefragt: »Hat die Tatsache, daß du ein Star und ein Streber warst und dich um alles gekümmert hast, wirklich jemanden in der Familie retten können?« Die Antwort lautete unmißverständlich: Nein. Und dann habe ich das Kind gefragt: »Hat die Tatsache, daß du ein Star und ein Streber warst und dich um alles gekümmert hast, dir inneren Frieden beschert?« Und auch hier lautete die Antwort des Kindes in mir: Nein. Es fühlt sich immer noch leer und einsam und ist oft sehr deprimiert. Dann habe ich das Kind in mir gefragt: »Welche Gefühle mußtest du verdrängen, um ein Star, ein Streber und jemand, der sich um alles kümmerte, sein zu können?« Die Antwort lautete, daß ich nie Angst haben oder wütend sein durfte, daß ich immer stark, fröhlich und optimistisch sein mußte. Und unter diesen übermenschlichen Rollen verbarg sich ein verängstigter, schamgeprägter, einsamer kleiner Junge.

Zweiter Schritt

Jetzt können Sie dem Kind in sich erlauben, die Gefühle zu haben, die seine Rollen nicht zugelassen haben. Sagen Sie ihm, daß es völlig in Ordnung ist, traurig, ängstlich, einsam oder wütend zu sein. Sie haben zwar im zweiten Abschnitt des Buches schon einen großen Teil dieser Arbeit geleistet, jetzt, als sein neuer Beschützer, müssen Sie dem Kind aber klarmachen, daß es in Zukunft alle Gefühle haben darf, die die starren Rollen ihm vorher verboten haben. Das gibt ihm die Möglichkeit, sich selbst zu finden.

Vor allem in dieser Phase ist es wichtig, daß Sie das Kind beschützen, denn wenn die Gefühle zum erstenmal auftauchen, können sie Angst auslösen. Es ist durchaus möglich, daß das Kind in Ihnen davon überwältigt wird. Sie müssen sich Zeit lassen und dem Kind immer wieder gut zureden. Wenn wir die Verhaltensmuster unserer Ursprungsfamilie verändern, kommt uns zu Anfang alles sehr fremd, »unfamiliär«, vor. Wir fühlen uns bei dem neuen Verhalten nicht »zu Hause«. Neue Gefühle zu haben, erscheint dem Kind in uns seltsam, wenn nicht sogar verrückt. Haben Sie Geduld mit ihm. Das Kind wird nur dann den Mut haben, diese neuen Gefühle zu wagen, wenn es sich absolut *sicher* fühlt.

Dritter Schritt

Um Ihre neue Freiheit auf die Probe stellen zu können, müssen Sie neue Verhaltensweisen entdecken, die es Ihnen erlauben, Ihr Selbst in einem anderen Zusammenhang zu erleben. Ich habe zum Beispiel den kreativen Teil meines Erwachsenen-Ichs gefragt, was ich tun kann, um aus der Rolle des Stars und Strebers herauszukommen. Bitten Sie den kreativen Teil Ihres Erwachsenen-Ichs, drei *spezielle Verhaltensweisen auszuwählen*. Bei mir waren das die folgenden:

1. Ich kann zu einem Seminar oder zu einem Workshop gehen, wo mich niemand kennt, und mich darauf konzentrieren, nur Mitglied der Gruppe zu sein. Ich habe das gemacht, als ich an dem Trainingsprogramm der neurolinguistischen Programmierung teilgenommen habe.

2. Ich kann bei irgendeiner Gelegenheit eine mittelmäßige Leistung abliefern. Ich habe das im Falle eines Artikels getan, den ich für eine Zeitung geschrieben habe.

3. Ich kann dafür sorgen, daß ein anderer Mensch in den Mittelpunkt des Interesses rückt. Das habe ich gemacht, als ich in Los Angeles gemeinsam mit einem Kollegen auf dem Podium gestanden habe. Er stand dabei im Rampenlicht.

Das waren für mich positive Erlebnisse. Ich lernte, was es für ein Gefühl ist, nicht der Star, sondern nur ein Mitglied der Gruppe zu sein. Ich mußte nicht vollkommen sein, und es machte mir Spaß, eine untergeordnete Rolle zu spielen und einen anderen zu unterstützen. Dem Kind in mir machte das Freude, denn es war es leid, immer Star und Streber sein zu müssen.
Noch wichtiger war der Schritt, der mich von der Rolle des Menschen befreien sollte, der sich immer um alles kümmern muß, denn das war die Rolle, die mir das Gefühl vermittelt hat, anderen Menschen etwas zu bedeuten. Sie zu verändern, machte mir noch mehr angst. Als ich das erste Mal daran arbeitete, fielen mir folgende drei neuen Verhaltensweisen ein:

1. Ich verringerte meine Sprechstunden von fünfzig auf vierzig Stunden pro Woche.

2. Ich ließ mir eine neue private Telefonnummer geben, die nicht im Telefonbuch stand (weil ich die alte vielen Klienten gegeben hatte). Für Notfälle richtete ich einen Telefondienst ein.

3. Ich weigerte mich, auf geselligen Veranstaltungen die Fragen der Leute zu beantworten, die sich auf Ihre persönlichen Probleme bezogen.

Am Anfang hatte ich jedesmal Schuldgefühle, wenn ich diese neuen Verhaltensweisen ausprobierte. Ich kam mir egoistisch vor. Nach und nach stellte das Kind in mir fest, daß die Leute mich trotzdem noch schätzten und respektierten. Ich lernte, daß ich den anderen Menschen auch dann etwas bedeutete, wenn ich *nicht* immer etwas für sie tat. Das war für mich ein wichtiger Schritt in meiner persönlichen Entwicklung.

Vierter Schritt

Schließlich müssen Sie Ihrem inneren Kind bei der Entscheidung helfen, welche Teile der Rollen es beibehalten will. Ich rede zum Beispiel gern vor Hunderten von Menschen, sei es bei Vorlesungen oder in Seminaren. Das Kind in mir macht gern Witze und freut sich, wenn die Leute lachen und hinterher applaudieren. Also entschloß ich mich, dieses Verhalten beizubehalten.

Das Kind in mir ließ mich wissen, daß ich es mit den Rollen des Mannes, der sich immer um alles kümmert, der immer allen Leuten gefallen will und ein Star sein muß, umbringe. Bei meinen Workshops und Seminaren hatte ich nie eine wirkliche Pause. Immer sprach ich mit Leuten, beantwortete Fragen, versuchte, in drei Minuten jemanden zu therapieren und signierte Bücher. Oft blieb ich nach dem Workshop noch anderthalb Stunden dort. Auf diese Weise arbeitete ich manchmal zwölf Stunden ohne Unterbrechung. Als ich eines Abends von Los Angeles nach Hause flog, fing das Kind in mir plötzlich an zu weinen. Ich wußte zunächst nicht, was los war, aber dann verstand ich die Botschaft. Das Kind in mir wollte, daß wir ein Star sind, also mußte ich die Rolle des Mannes, der sich immer um alles kümmert, aufgeben. Ich suchte mir daraufhin ein paar Dinge aus, die dem Kind in mir gefielen. Seit ein paar Jahren fliegen wir immer erster Klasse. Wir werden oft von großen Limousinen am Flugplatz abgeholt und umgeben uns mit Leuten, die die Aufgabe haben, sich während der Pausen auf den Workshops um uns zu kümmern. Wir benützen die Pause dazu, uns auszuruhen und frisches Obst oder sonst etwas Leichtes zu essen. Wir beide, das Kind in mir und ich, kümmern uns jetzt um die anderen und bieten dabei Qualität. Dasselbe tun wir aber auch für uns selbst. Und wir lassen es zu, daß andere Menschen sich um uns kümmern. Wir haben uns entschlossen, ein Star zu sein, solange unsere Seinsqualität nicht darunter leidet. Wir haben uns entschlossen, uns um andere zu kümmern, ohne aber von dieser Aufgabe besessen zu sein. Und wir glauben auch nicht, daß wir anderen nur dann etwas bedeuten, wenn wir uns um sie kümmern. Ich kümmere mich um das Kind in mir. Ich beschütze es und sage ihm, daß ich es so liebe, wie es ist. Das Kind in mir glaubt jetzt nicht mehr, daß es sein wahres Selbst aufgeben muß, um geliebt zu werden. Wir wissen beide, daß unsere Beziehung zueinander die wichtigste in unserem Leben ist. Ich habe dem Kind erlaubt, es selbst zu sein, und nur darauf kommt es an.

11. Kapitel
Wie man das verletzte Kind in sich beschützt

> Kinder, die in ihrem tiefsten Wesen nicht geliebt werden, wissen auch nicht, wie sie sich selbst lieben sollen. Als Erwachsene müssen sie dann lernen, das Verlorene Kind in sich zu umsorgen und zu bemuttern.
>
> Marion Woodman

> Das Kind will einfache Dinge. Es möchte, daß man ihm zuhört. Es möchte geliebt werden… Obwohl es womöglich nicht einmal die Worte kennt, möchte es doch, daß *seine Rechte geschützt werden* und seine Selbstachtung nicht verletzt wird. Und dazu braucht es Sie.
>
> Ron Kurtz

Das dritte »P« in der Therapie steht für Schutz (Protektion). Das verletzte Kind braucht Schutz, weil es noch unreif und in gewisser Weise ungeschützt ist. Es hat seinem neuen Vater oder seiner neuen Mutter gegenüber noch zwiespältige Gefühle: An manchen Tagen vertraut es Ihnen völlig, an anderen ist es dann wieder verwirrt und verängstigt. Schließlich haben Sie ihm jahrelang keine Beachtung geschenkt. So wie in jeder anderen gesunden Beziehung wächst das Vertrauen Ihres inneren Kindes erst mit der Zeit.

Das Geschenk von Zeit und Aufmerksamkeit

Wie schon erwähnt, wissen Kinder intuitiv, daß sie Ihre Zeit nur einer Person oder einer Sache widmen können, die sie lieben. Es ist ganz entscheidend, daß Sie ein Gefühl dafür entwickeln, wann das Kind in Ihnen Ihre Aufmerksamkeit braucht. Ich arbeite selbst immer noch daran, deshalb kann ich Sie an dem teilhaben lassen,

was ich bis jetzt gelernt habe. Das Kind in mir braucht meine Aufmerksamkeit in folgenden Situationen:
Wenn ich mich *langweile*. Das Kind in mir langweilt sich manchmal bei *meinen eigenen* Vorträgen oder Workshops. Es langweilt sich bei langen, intellektuellen Gesprächen. Dann fängt es an, zappelig und nervös zu werden, und bittet mich immer wieder, doch mal nachzuschauen, wie lange es denn noch aushalten muß.
Wenn ich *Angst* habe. Als ich ein kleines Kind war, ist das Kind in mir regelmäßig in panische Angst versetzt worden. Und diese Angst taucht bei der kleinsten Bedrohung wieder auf.
Wenn ich eine *Szene sehe, in der Vater und Sohn liebevoll und herzlich miteinander umgehen*. Das wirkt immer. Als Pat Cash nach seinem Sieg in Wimbledon zu seinem Vater lief und ihn umarmte, fing das Kind in mir prompt an zu heulen. Das gleiche passierte, als Jack Nicklaus sein fünftes Masters-Turnier gewann und sein Sohn ihn umarmte. Dann passierte es noch einmal, als Dustin Hoffman den Oscar gewann. Er grüßte seinen Vater, der im Krankenhaus lag, und das Kind in mir fing an zu weinen, denn es ist von meinem Vater, der es verlassen hat, schwer verletzt worden. Obwohl ich schon lange an diesem Problem arbeite (mein Vater ist in meinen Armen gestorben; zwischen ihm und mir gab es keine unerledigten Sachen mehr), spüre ich trotzdem immer noch die tiefe Wunde, die er mir damals zugefügt hat, als er mich so früh verlassen hat.
Wenn ich *müde* bin, denn dann werde ich quengelig und gereizt. Ich muß dann sehr aufpassen und mich um das Kind in mir kümmern, sonst fällt es über die nächstbeste Person her, die ihm in die Quere kommt.
Wenn ich an einem *Kampfspiel* teilnehme. Das Kind in mir ist ein schlechter Verlierer. Es kann das zwar gut verbergen, aber es macht ihm überhaupt keinen Spaß, zu verlieren. Auf dem Golfplatz kann ich außerordentlich emotional werden. Da ich mein Verhalten selbst beobachte, bin ich entsetzt, auf welche Altersstufe ich dann regrediere. Als ich kürzlich einen leichten Schlag verpatzte, hörte ich mich selbst sagen: »Ich weiß nicht, warum ich überhaupt noch irgend etwas versuche.« Eine ziemlich grob verallgemeinernde Äußerung, wenn man bedenkt, daß es sich nur um einen verpatzten Schlag handelte. Zwei Stunden später hatte ich es wieder vergessen.
Wenn ich *in übertriebener Weise reagiere*. Solche übertriebenen Reaktionen sind spontane Altersregressionen. Wenn ich höre, daß

meine Stimme immer lauter und ich selbst immer aggressiver werde, weiß ich, daß das Kind in mir übernommen hat.
Wenn ich mich *gekränkt* oder *zurückgewiesen* fühle. Das Kind in mir nimmt die leiseste Andeutung einer Zurückweisung oder eines Mangels an Interesse wahr. Ich muß höllisch aufpassen, denn manchmal nimmt das Kind so etwas wahr, obwohl es gar nicht geschieht.
Wenn ich *überraschend bloßgestellt* werde. Das geschieht selten, weil ich als schamgeprägter Mensch gelernt habe, immer auf der Hut zu sein. Aber trotzdem erlebt das Kind in mir bei jeder plötzlichen Zerstörung meiner Erwartungen ein gewisses Gefühl der Peinlichkeit.
Wenn ich *Hunger* habe, denn dann ist das Kind in mir außerordentlich gereizt.
Wenn ich *mit meinen besten Freunden zusammen bin*. Das ist eine besondere Freude für das Kind in mir, weil es sich bei ihnen besonders wohl fühlt. Es erlebt dann Geborgenheit, ist fröhlich, erzählt Witze, lacht gern und amüsiert sich.
Wenn ich *einsam* bin. Lange Zeit habe ich das Gefühl der Einsamkeit gar nicht als solches erkannt. Inzwischen weiß ich, daß Einsamkeitsgefühle dazu führen, daß ich mir wie betäubt vorkomme und ständig Süßigkeiten essen möchte. Auch wenn ich dauernd das Bedürfnis habe, zu telefonieren, weiß ich, daß ich einsam bin.
Sobald sich das Kind in mir zeigt, nehme ich es zur Kenntnis. Wenn es glücklich ist und Spaß hat, genügt es ihm, daß ich seine Anwesenheit wahrnehme. Wenn es aber hungrig, müde, entmutigt, traurig oder einsam ist, muß ich mit ihm reden. Ich habe zwei Methoden entwickelt, wie ich mit dem Kind in mir kommunizieren kann.

Die Kommunikation mit Ihrem inneren Kind

Die erste Methode kennen Sie bereits – das Briefeschreiben. Sie können sie bei Ihren täglichen Kommunikationen mit Ihrem inneren Kind verwenden. Vergessen Sie nicht, die dominante Hand zu benützen, wenn Sie als Erwachsener schreiben, und die nichtdominante, wenn das Kind schreibt. Ich mache das so: Wenn ich morgens aufstehe, lege ich die Zeit fest, die ich mir an diesem Tag für das Kind in mir freihalten will. Gelegentlich nehme ich auch spontan die Kommunikation auf, und zwar dann, wenn das Kind in mir Kummer hat oder unter Langeweile und Einsamkeit leidet. In der Regel reserviere ich ihm jedoch vorab zwanzig Minuten. Heute war das um halb neun Uhr abends. Ich mußte beim Schreiben dieses Buches unbedingt einmal eine Pause machen, und das Kind in mir langweilte sich. Ich habe folgendes geschrieben:

GROSSER JOHN:	Hallo, kleiner John. Wie alt bist du jetzt?
KLEINER JOHN:	Ich bin sechs.
GROSSER JOHN:	Wie geht's dir denn jetzt, kleiner John?
KLEINER JOHN:	Ich habe keine Lust mehr zu schreiben, ich möchte spielen, außerdem sind meine Schultern ganz steif.
GROSSER JOHN:	Tut mir leid, ich habe gar nicht gemerkt, daß ich so geschuftet habe. Was würdest du denn jetzt am liebsten tun?
KLEINER JOHN:	Ich möchte das Eis essen, das Katie mitgebracht hat.
GROSSER JOHN:	Das habe ich ganz vergessen. Komm, wir holen uns unten welches.

Nach dieser kurzen schriftlichen Konversation ging ich nach unten und holte mir ein Schüsselchen hausgemachtes Eis, das mir meine Nichte Katie mitgebracht hatte. Ich hatte es tatsächlich vergessen, aber der kleine John konnte sich noch gut daran erinnern. Nachdem wir das Eis gegessen hatten, ruhte ich mich noch ein bißchen aus und ging dann wieder nach oben, um weiterzuschreiben.

Ich verbringe nicht immer die ganzen zwanzig Minuten mit dem kleinen John, aber ich halte ihm diese Zeit frei. Er hat nur einen kurzen Spannungsbogen. Je häufiger ich mich ihm widme, um so kürzer wird die Zeit, die er benötigt. Er weiß inzwischen, daß ich für ihn da bin und vertraut mir. Ich halte diese schriftlichen Dialoge nun schon seit mehreren Jahren aufrecht. Es ist eine einfache Form der Kommunikation, trotzdem beklagen sich manche Leute, daß der Zeitaufwand zu groß wäre. Ich stimme ihnen zu. Es kostet am Anfang sicher Zeit, und man muß sich engagieren. Aber das Kind in Ihnen wird es Ihnen danken.

Die zweite Kommunikationsmöglichkeit besteht aus visuellen Vorstellungen. Viele Leute haben diese Methode bei der Arbeit mit dem Kind in sich angewendet. Mir ist sie die liebste.

Schließen Sie die Augen, und stellen Sie sich ein Zimmer vor, in dem ein bequemer Kinderstuhl und ein Sessel einander gegenüberstehen. Das Kind sitzt so hoch, daß es dem Erwachsenen direkt in die Augen blicken kann. Ich habe mich selbst als weisen, alten Zauberer gezeichnet. Das Kind sitzt mir gegenüber auf dem anderen Stuhl. Hören Sie zu, und passen Sie gut auf, wenn sich Ihr erwachsenes Selbst mit Ihrem inneren Kind unterhält.

Fragen Sie das Kind zu Anfang immer, wie alt es ist, und anschließend, wie es ihm geht. Sorgen Sie dafür, daß Sie erfahren, was es will, indem Sie es nach bestimmten Dingen, die mit seinem Verhalten zusammenhängen, fragen. Ein Mitglied meiner Männergruppe stellte zum Beispiel fest, daß das Kind in ihm wütend auf ihn war. Als mein Freund es fragte, was es wolle, erwiderte das Kind, es wolle zur Astroworld gehen (einem Vergnügungspark in Houston) und dort mit den Karussells fahren, und zwar mit der Achterbahn, mit dem Riesenrad und mit der »Wildwasserfahrt«. Mein Freund ist über fünfzig, aber er nahm, wenn auch widerstrebend, den Wunsch seines inneren Kindes ernst. Er ging mit ein paar anderen Ehepaaren zur Astroworld. Dort fuhr mein Freund mit all den Karussellen, die das Kind in ihm genannt hatte, und dazu noch ein paar anderen. Er hat sich prächtig amüsiert.

Als er zu unserem nächsten Gruppentreffen kam, konnte ich bei ihm eine deutliche Veränderung feststellen. Der Mann war von

Beruf Bankier und hatte immer viel zu tun. Er war ein Experte für knifflige Finanzplanungen und Investitionen. Das Kind in ihm war das alles leid, deshalb hatte es ihm einen Hinweis gegeben, wie er einmal diesem ewigen Trott entkommen könnte. Drei Tage nach dem Gruppentreffen lud mein Freund mich ein, mit ihm zur Astroworld zu gehen.

Das Kind in Ihnen braucht Sie, damit Sie ihm Ihre Zeit und Ihre Aufmerksamkeit schenken. Nur so kann es erkennen, daß es in Ihnen einen wirklichen Beschützer gefunden hat.

Eine neue Familie

Wenn Sie das Kind in sich beschützen wollen, müssen Sie dafür sorgen, daß es sich eine neue Familie aussuchen kann. Das Kind braucht eine solche neue Familie, damit es in ihrem Schutz seine Grenzen neu festlegen und seine Korrekturen durchführen kann. Wenn Ihre Ursprungsfamilie sich nicht auf dem Weg der Besserung befindet, können Sie gerade von ihr kaum erwarten, daß Sie Ihren Heilungsprozeß unterstützen wird. Oft denkt die Familie, daß das, was Sie machen, töricht ist, und verspottet Sie. Oft fühlt sie sich durch das, was Sie machen, bedroht; denn wenn Sie die starren Familienrollen aufgeben, zerstören Sie das eingefahrene Gleichgewicht des Familiensystems. Man hat Ihnen früher nie erlaubt, Sie selbst zu sein. Warum sollte man jetzt auf einmal damit beginnen?

Wenn Ihre Ursprungsfamilie gestört war, dann können Sie von ihr nicht erwarten, daß Sie Ihre Bedürfnisse befriedigt. Ich rate Ihnen also, auf Distanz zu gehen und sich eine neue Familie zu suchen, die Ihnen keine Schamgefühle vermittelt, sondern Ihnen hilft. Das können Freunde sein, die Gruppe, in der Sie die Arbeit mit dem inneren Kind machen, oder irgendeine von den zahlreichen Zwölf-Schritte-Gruppen, die es inzwischen überall gibt. Es könnte auch eine Kirche, eine Synagoge oder eine Therapiegruppe sein. Wofür Sie sich auch entscheiden mögen, ich lege es Ihrem erwachsenen Ich ans Herz, sich für sich selbst und Ihr inneres Kind eine Gruppe zu suchen. Sie sind der Beschützer dieses Kindes, das die Unterstützung und den Schutz einer neuen Familie braucht.

Betrachten wir einmal den Fall von Sibonetta, die einen gewalttätigen Vater hatte und eine Mutter, die sie seelisch quälte und ihr Schamgefühle vermittelte. Sibonettas Vater ist inzwischen tot, und ihre Mutter hat wieder geheiratet, ruft sie aber immer noch häufig an. Sibonettas Therapie läuft sehr gut, aber ich kann immer genau sagen, wann ihre Mutter sie wieder einmal angerufen hat. Sie hat jedesmal anschließend einen Rückfall, der ein paar Tage dauert. Sibonetta mußte mir versprechen, daß sie an einer Coda-Gruppe teilnehmen werde (Anonyme Co-Abhängige). Sie tat das widerstrebend, weil sie der Meinung war, ich sei ihr Beschützer, und sie sich ansonsten niemandem sonst anvertrauen wollte. Ich wußte, daß das kein gesunder Standpunkt war, und bestand darauf, daß sie an der Gruppe teilnehme. Vorgesehen waren dreißig Gruppentermine an dreißig Tagen. Ich hoffte, daß ein derart intensiver Kontakt sie schnell in die Gruppe integrieren würde. Meine Rechnung ging auf. Sie fing an, sich in der Gruppe wohlzufühlen, und als die dreißig Tage vorbei waren, ging sie anschließend freiwillig viermal wöchentlich hin. Ich stellte fest, daß sie mehr Energie hatte und daß sie die Anrufe ihrer Mutter weniger aufregten. In der Gruppe konnte sie über diese Telefongespräche reden, und die Gruppe machte ihr Vorschläge, was sie der Mutter sagen könnte. Die Gruppenmitglieder unterstützten sie darüber hinaus bei dem Plan, sich einen Anrufbeantworter zuzulegen. Sie konnte dann die Anrufe der Mutter abfangen und brauchte sie erst zurückzurufen, wenn sie sich dazu in der Lage fühlte. Die Gruppe unterstützte sie auf so mannigfache Weise, wie ich es allein nie gekonnt hätte, und ihr Feedback hatte eine bedeutend größere Wirkung als meine Stimme, die Stimme einer Einzelperson. So hat Sibonetta eine neue Familie gefunden, die ihr dabei hilft, die Tyrannei der Mutter zu beenden.

Die Kraft und der Schutz des Gebets

Ihr inneres Kind muß wissen, daß Sie als Erwachsener aus einer Quelle Schutz bekommen, die Ihre Endlichkeit als Mensch übersteigt. Und selbst wenn Sie dem Kind in sich wie ein Zauberer oder wie Gott vorkommen, ist es doch sehr wichtig, daß es weiß, daß Ihnen eine höhere Macht zur Verfügung steht. Selbst wenn Ihr erwachsenes Ich nicht an Gott glaubt, glaubt das Kind in Ihnen doch an etwas, was größer ist als es selbst. Kinder glauben von Natur aus an eine höhere Macht.

Das Gebet ist eine wunderbare Quelle des Schutzes für das verletzte

Kind in Ihnen, und es wird nur zu gern gemeinsam mit Ihnen beten. Ich schließe dabei immer die Augen und stelle mir das Kind in mir vor, gleichgültig, in welchem Alter es erscheint. Ich nehme es entweder auf den Schoß, oder wir knien beide nebeneinander und beten. Ich spreche ein erwachsenes Gebet und der kleine John ein Kindergebet. Abends betet er am liebsten: »Müde bin ich, geh zur Ruh...« Manchmal beten wir das auch gemeinsam. Das »Memorare« ist ein Gebet, das ich in der katholischen Grundschule gelernt habe, und wendet sich an die Mutter Gottes. Ich habe es gern, wenn meine Spiritualität weibliche Kraft enthält. Ich stelle mir Gott als eine mütterliche, zärtliche Instanz vor. Sie hält mich und wiegt mich in ihren Armen. Das gefällt auch dem kleinen John.

> Gedenke, o gebenedeite Jungfrau Maria, daß noch nie ein Mensch, der deinen Schutz gesucht, dich um Hilfe angefleht oder um eine Fürsprache gebeten hat, nicht erhört worden ist. Ich flehe zu dir, o Jungfrau aller Jungfrauen, zu dir, meiner Mutter. Ich komme zu dir; als Sünder und voller Kummer stehe ich vor deinem Angesicht. Weise mich nicht zurück, sondern erhöre gnädig mein Gebet. Amen.

Dem Erwachsenen in mir gefallen diese ständigen Hinweise auf die Jungfräulichkeit nicht so sehr, weil ich nicht glaube, daß Maria eine Jungfrau war. Aber das Gebet hat mir schon oft sehr geholfen. Ich habe dem kleinen John davon erzählt, und er war sehr beeindruckt. Sie müssen sich selbst die Gebete aussuchen, die Ihnen und dem Kind in Ihnen helfen. Ich lege es Ihnen aber dringend ans Herz, sich selbst zu Ihrem verletzten inneren Kind nicht den mächtigen Schutz zu versagen, der dem Gebet entspringt.

Zärtlichkeiten für das Kind in sich

Wir wissen, daß Kinder sterben können, wenn sie keine liebevollen körperlichen Berührungen erfahren und nie gestreichelt werden. Säuglinge müssen körperlich stimuliert und berührt werden, um sich entwickeln und überleben zu können. Wenn man ihnen das vorenthält, bekommen sie eine Krankheit, die sich Marasmus nennt (wörtlich: Schwindsucht) und ähnlich abläuft, als würden sie verhungern. Ein Kind, das unter Marasmus leidet, regrediert bis ins

Fötalstadium. Die Entwicklung wird buchstäblich umgekehrt. Wenn ein Säugling nicht gestreichelt wird, schwindet er dahin. Wenn das Kind dann größer wird, müssen verbale Verstärkungen das Streicheln ergänzen. Auch das ist eine Form des Beschützens. Da Kinder nicht ohne Streicheleinheiten auskommen können, versuchen sie, um jeden Preis welche zu bekommen. Wenn sie keine guten Streicheleinheiten bekommen können, suchen sie sich schlechte. Auch Sie würden schmutziges Wasser trinken, wenn es kein anderes gäbe.

Das verletzte Kind in Ihnen hat sich wahrscheinlich oft mit schmutzigem Wasser zufriedengeben müssen. Deshalb haben die Zusicherungen für jede einzelne Entwicklungsstufe auch eine so große Bedeutung. Sie müssen sie immer wieder verwenden, denn sie stellen seelische Streicheleinheiten dar, die das Kind in Ihnen braucht, um sich weiterentwickeln zu können. Blättern Sie zurück, und schauen Sie sich die Zusicherungen für die einzelnen Entwicklungsstufen noch einmal an. Versuchen Sie, sich daran zu erinnern, welche Zusicherungen den größten Eindruck auf Sie gemacht haben. Setzen Sie die als besondere Streicheleinheiten ein. Wenn Sie der Beschützer des Kindes in Ihnen werden wollen, müssen Sie ihm diese Zusicherungen jeden Tag geben. Bei mir sieht das folgendermaßen aus:

Säuglingsalter

Willkommen auf der Welt ... Ich bin froh, daß du ein Junge bist ... Nimm dir soviel Zeit, wie du brauchst, um deine Bedürfnisse zu befriedigen.

Kleinkindalter

Es ist völlig in Ordnung, wenn du nein sagst ... Es ist völlig in Ordnung, wenn du wütend bist ... Du kannst ruhig wütend sein, ich bleibe trotzdem bei dir ... Es ist völlig in Ordnung, wenn du neugierig bist, wenn du alles anschauen, anfassen und schmecken willst ... Ich passe auf, daß dir dabei nichts passiert.

Vorschulalter

Es ist völlig in Ordnung, wenn du sexuelle Gefühle hast ... Es ist völlig in Ordnung, wenn du an dich selbst denkst ... Es ist völlig in Ordnung, wenn du anders bist ... Wenn du etwas haben willst, darfst du ruhig danach fragen ... Du darfst ruhig Fragen stellen, wenn dich etwas verwirrt.

Es ist völlig in Ordnung, wenn du Fehler machst ... Du kannst manches ruhig mittelmäßig machen ... Du mußt nicht perfekt sein und immer nur Einsen bekommen ... Ich liebe dich so, wie du bist.

Diese Zusicherungen sind auf mich und meine Bedürfnisse zugeschnitten. Sie können das gleiche mit Ihren Zusicherungen machen. Ich empfehle Ihnen darüber hinaus, die Zusicherungen aufzuschreiben. Bearbeiten Sie jeweils nur eine Zusicherung, und schreiben Sie sie täglich fünfzehn bis zwanzigmal auf. Tragen Sie den Zettel immer bei sich, werfen Sie öfter einen Blick darauf, und lesen Sie die Zusicherungen laut vor.
Schreiben Sie alle Zusicherungen auf verschiedene Postkarten, und verteilen Sie sie an auffälligen Stellen im Haus oder in Ihrer Wohnung. Bitten Sie Ihre Freunde, Ihnen die Karten vorzulesen. Nehmen Sie die Zusicherungen auf Band auf, und spielen Sie sie sich vor.

Übung zum Einbau tröstender Streicheleinheiten in alte traumatische Erinnerungen

Wenn Ihre Eltern ganz besonders wütend waren (wenn Sie herumgetobt, Sie bedroht, beschimpft und verurteilt haben), hat das verletzte Kind in Ihnen die Worte in ganz besonders dramatischer Weise verinnerlicht. Sie haben sich Ihnen so eingeprägt, daß Sie sich immer daran erinnern können.
Sie müssen sich an diese Szenen erinnern und den beschützenden Erwachsenen Ihrem verletzten inneren Kind ein paar neue, liebevolle Worte sagen lassen, die beruhigend wirken. Ohne solche neuen akustischen Prägungen gebraucht das Kind in Ihnen weiterhin Worte, die Scham auslösen, wenn es mit sich selbst redet. Die folgende Übung wird Ihnen dabei helfen, die alte Schamsituation neu zu strukturieren und eine neue innere Stimme einzurichten. Es ist ratsam, zu diesem Zweck eine traumatische Erinnerung zu verwenden, die man schon vorher bearbeitet hat, d. h. bei der man schon eine gewisse Verarbeitung des Urschmerzes geleistet hat. Wenn Sie sich eine Szene aussuchen, die Sie noch nicht bearbeitet haben, *müssen Sie sehr vorsichtig sein, denn es kann leicht passieren, daß Sie von dem Erlebnis überwältigt werden. Befolgen Sie die Anweisungen ganz genau.* Sie sollten die Übung entweder auf Band

aufnehmen oder sich von einem Therapeuten, einem guten Freund oder einer Hilfsperson bei den einzelnen Stufen begleiten lassen.

Erste Stufe

Stellen Sie sich vor, daß Sie als Erwachsener in einem Kino sitzen und vor sich die leere Leinwand sehen. Schauen Sie sich um, und betrachten Sie die Wände des Kinos. Was sehen Sie? Schauen Sie zur Decke empor. Dort können Sie wunderschöne Intarsien erkennen. Richten Sie Ihren Blick jetzt wieder auf die Leinwand, und sehen Sie dort den Titel eines Films. Sie lesen die Worte: »Alte traumatische Szene.« Stellen Sie sich jetzt vor, Sie würden Ihren Körper verlassen und sich zehn Reihen hinter sich selbst setzen. Sie können jetzt Ihren eigenen Hinterkopf erkennen und sich selbst sehen, wie Sie auf die Leinwand blicken. Machen Sie mit dem linken Daumen und einem Finger der linken Hand einen Anker.

Zweite Stufe

Halten Sie den Anker fest, und sehen Sie sich selbst, wie Sie sich einen alten Schwarzweißfilm anschauen, der die alte traumatische Szene darstellt. Sie können sich selbst dabei beobachten, wie Sie sich den Film von Anfang bis Ende ansehen. Wenn er zu Ende ist, sehen Sie sich, wie Sie das letzte Bild des Films betrachten, das jetzt als Standfoto auf der Leinwand zu sehen ist. Es zeigt das verletzte Kind in Ihnen exakt so, wie Sie es in der traumatischen Szene gesehen haben. Es sitzt dort ganz allein.

Dritte Stufe

Lassen Sie den Anker los, und kehren Sie wieder in Ihr Selbst zurück, das sich den Film angeschaut hat. Sie befinden sich jetzt wieder in Ihrem Körper. Stellen Sie sich vor, Sie würden in die Leinwand hineingehen. Sie sind jetzt bei Ihrem verletzten inneren Kind. Fragen Sie es, ob Sie es auf den Arm nehmen dürfen. Wenn es ja sagt, nehmen Sie es auf und streicheln es ganz sanft, während Sie ihm gleichzeitig gut zureden und ihm das sagen, was es in der traumatischen Situation gern gehört hätte. Wenn es nicht auf den Arm genommen werden will, reden Sie ihm einfach nur gut zu.

Ich selbst habe zum Beispiel eine traumatische Erinnerung daran, daß ich mich vor meiner Großmutter schämte, als ich verzweifelt geweint habe, weil mein Vater aus dem Haus gelaufen war und geschworen hatte, »sich vollaufen zu lassen«. Er und meine Mutter hatten gerade eine lautstarke Auseinandersetzung gehabt. Ich kann mich genau daran erinnern, daß ich panische Angst hatte. Wenn ich an dieser Szene arbeite, nehme ich mein zehnjähriges verletztes inneres Kind in die Arme und sage ihm: »Ist ja wieder gut, John. Ich kann verstehen, daß du Angst hast, wenn dein Vater sich wieder betrinkt. Das ist völlig normal, denn du hast Angst, daß er zurückkommt und deiner Mutter weh tut. Weine ruhig so lange du willst. Ich bin jetzt bei dir, um dich zu beschützen.«

Vierte Stufe

Wenn Sie das Kind in sich getröstet haben, stellen Sie sich vor, die traumatische Szene würde rückwärts und in Farbe abgespielt. Stellen Sie sich vor, Sie und das verletzte Kind in Ihnen befänden sich in dem Film, so als würde die Zeit rückwärts laufen.

Warten Sie ungefähr zehn Minuten, und denken Sie dann über die alte traumatische Situation nach. Achten Sie darauf, ob Sie irgendeinen Unterschied feststellen können und ob Sie diesmal Ihre beschützende Stimme hören können. Wenn nicht, müssen Sie noch etwas länger an der Situation arbeiten. Man kann diese Arbeit ohne weiteres mehrmals wiederholen.

Die Bitte um Liebkosungen

Sie müssen lernen, *um Liebkosungen zu bitten, wenn Sie sie nötighaben.* Den meisten von uns hat man beigebracht, daß wir uns schämen müssen, wenn wir unser Bedürfnis nach Liebkosungen ausdrücken. Wir haben nie gelernt, gut zu uns selbst zu sein. Jetzt müssen wir dem Kind in uns die Erlaubnis dazu geben. Wenn irgend jemand Sie soweit gebracht hat, daß Sie sich schämen mußten, ist es eine sehr gesunde Reaktion, einen Freund darum zu bitten, Ihnen etwas Liebes zu sagen. Sie können ihn anrufen und ihm sagen: »Sag mir bitte, daß ich ein wertvoller Mensch bin.« oder: »Sag mir, daß du mich gern hast und mich gut findest.« oder: »Sag mir doch einmal, was dir an mir besonders gefällt.« Denken Sie

einmal daran, was Sie tun würden, wenn Sie schrecklichen Hunger hätten. Sie würden sich entweder selbst etwas zu essen besorgen oder einen Freund darum bitten. Dem Kind in Ihnen ist nicht klar, daß es genau das gleiche machen kann, wenn es seelisch hungrig ist. *Es ist völlig normal, wenn Sie um die speziellen Liebkosungen bitten, die Sie brauchen.* Einige von ihnen kennen Sie bereits genau. Schöne Frauen bekommen häufig ein Übermaß an Streicheleinheiten, die sich alle auf ihr Äußeres beziehen. Wenn Sie eine attraktive Frau sind, müssen Sie um andere Streicheleinheiten bitten. Wenn Ihnen zum Beispiel ein Mann erklärt, wie schön oder wie sexy Sie seien, sagen Sie ihm: »Das *weiß* ich; was gefällt Ihnen noch an mir?« Ich bekomme immer wieder Streicheleinheiten, die sich auf meinen Verstand beziehen. Man sagt mir: »Sie sind ein Genie. Ich weiß nicht, wie Sie das alles machen.« Was ich wirklich will, sind Streicheleinheiten, die sich auf meinen *Körper* beziehen. Deshalb habe ich dem Kind in mir beigebracht zu sagen: »Daß ich intelligent bin, weiß ich selbst; aber wie gefällt dir mein Körper?« Das ist nicht leicht. Da die meisten von uns Eltern hatten, die selbst unter einem Mangel an Streicheleinheiten gelitten haben, waren sie in dieser Beziehung ziemlich geizig.
Abgesehen davon, daß Sie das Kind in sich oft und in der Weise streicheln sollten, die es braucht, müssen Sie ihm folgendes beibringen:

- Gib anderen Menschen soviel Streicheleinheiten wie möglich.
- Es ist völlig in Ordnung, wenn du lieb zu dir selbst bist.
- Es ist völlig in Ordnung, wenn du um Streicheleinheiten bittest.
- Es ist völlig in Ordnung, wenn du um die Streicheleinheiten bittest, die du brauchst.

Das Kind in Ihnen braucht diese ständigen Anregungen und den Schutz.
Als Beschützer Ihres inneren Kindes können Sie es in den Genuß der drei Kriterien einer guten Therapie kommen lassen, die Eric Berne beschrieben hat: Stärke, Duldsamkeit und Schutz. Diese drei Kriterien sind auch die Elemente einer gesunden Kindererziehung. Ich möchte ein viertes hinzufügen: Wenn man sich des Kindes annimmt, ist ein fortlaufender Prozeß, zu dem auch korrektives Lernen gehört, ein Prozeß, der Engagement und *Übung* verlangt. Schauen wir uns dieses vierte Kriterium einmal näher an.

12. Kapitel
Wie man korrigierende Übungen in die Praxis umsetzt

Wenn wir nichts tun, riskieren wir genausoviel, wie wenn wir etwas tun.

Henry David Thoreau

Es wird klappen, wenn Sie sich bemühen.

Therapiespruch

Da das Kind durch Vernachlässigung verletzt worden ist und unter Lerndefiziten leidet, können wir heute als Erwachsene *lernen*, die Bedürfnisse des Kindes zu befriedigen, und das ist sicher eine gute Nachricht. Wir können auf allen Gebieten menschlicher Interaktionen Fähigkeiten entwickeln. Es geht nicht darum, etwas zu verlernen, sondern darum, etwas Neues zu lernen.

Kip Flock

Sie haben bereits getrauert, weil Ihre entwicklungsbedingten Abhängigkeitsbedürfnisse nicht befriedigt worden sind. Jetzt können Sie verschiedene Übungen lernen, durch die Sie korrektive Erfahrungen machen werden. Diese Arbeit stellt einen der hoffnungsvollsten Aspekte der Arbeit mit dem inneren Kind dar. Unsere Verletzungen sind zum Teil auf unsere Lerndefizite zurückzuführen, und diese Defizite können wir korrigieren, indem wir etwas Neues lernen. Manches lernen wir beiläufig, indem wir auf die gesellschaftlichen Anforderungen reagieren, die das Erwachsenwerden mit sich bringt. Aber bei den meisten von uns, deren inneres Kind verletzt worden ist, gibt es noch weite Bereiche, in denen der Mangel an diesen entwicklungsspezifischen Fähigkeiten Unbehagen und unter Umständen auch große Schmerzen verursacht. Viele erwachsene Kinder wissen nicht, daß ihr falsches Verhalten auf Lerndefizite zurückzuführen ist. Sie schämen sich ständig und quälen sich mit Selbstvorwürfen, weil sie Mißerfolge haben und

unter Persönlichkeitsdefekten leiden. Die korrektiven Übungen helfen dem verletzten Kind, diese scheinbaren *Defekte* als *Defizite* zu erkennen. Die Verhaltensstörungen, unter denen es leidet, hatten ursprünglich den Sinn, ihm das Überleben zu ermöglichen. Der Psychiater Timmen Cermak vergleicht solche Verhaltensweisen, die dem Überleben dienen, mit den Merkmalen posttraumatischer Streßsymptome. Soldaten, die in Kampfhandlungen verwickelt waren, oder Menschen, die andere traumatische Erlebnisse hatten, müssen ihre ganzen Kräfte einsetzen, um überleben zu können. Sie haben keine Zeit, ihre Gefühle auszudrücken, obwohl das eigentlich nötig wäre, um das Trauma zu verarbeiten. Später manifestiert sich dann der unverarbeitete Schmerz in Angstanfällen, übersteuertem Verhalten, Erinnerungslücken, Depressionen, Altersregressionen und übertriebener Wachsamkeit. All das sind posttraumatische Streßsymptome. Wenn ich Ihnen eine vollständige Liste dieser Streßsymptome geben würde, könnten Sie erkennen, wie sehr sie den Störungen ähneln, unter denen das verletzte innere Kind leidet, die ich im ersten Kapitel beschrieben habe.
Die folgenden Übungen gleichen Ihre Lerndefizite aus der Vergangenheit aus und werden vor allem die Fähigkeiten des Kindes in Ihnen steigern, einfach nur *sein* zu können. Damit geben Sie ihm gleichzeitig Gelegenheit, liebevoller zu sein und ein größeres Maß an Intimität zu erreichen.
Verschiedene andere Autoren haben eine Vielfalt an korrektiven Hilfsquellen für jede einzelne Entwicklungsstufe angeboten. Pam Levins Buch *Cycles of Power* habe ich bereits erwähnt. Ich möchte Sie aber außerdem noch auf *Recovery from Co-Dependency* von Laurie und Jonathan Weiss, *Windows to Our Children* von Violet Oaklander, *Adult Children of Abusive Parents* von Steven Farmer, *Breaking of the Co-Dependency Trap* von Barry und Janae Weinhold und *Therapeutic Metaphors for Children and the Children Within* von Joyce Mills und Richard Crowley hinweisen. Bei den folgenden Ausführungen habe ich mich überwiegend auf diese Veröffentlichungen gestützt.
Die Übungen funktionieren am besten, wenn Sie sie auf Gebiete anwenden, auf denen Sie am meisten vernachlässigt worden sind. Inzwischen sollten Sie ziemlich genau wissen, in welchen Entwicklungsstadien das Kind in Ihnen steckengeblieben ist. Ich empfehle Ihnen, vor allem diese Phasen zu bearbeiten.

Übungen, um die Bedürfnisse Ihrer Säuglingszeit zu befriedigen

Als Säuglinge brauchten wir Sicherheit und Geborgenheit, um einfach nur *sein* zu können. Den meisten unserer verletzten Kinder hat man beigebracht, daß man nicht einfach nur *sein* darf – daß wir nur dann eine Bedeutung und einen Wert haben, wenn wir etwas *tun*. Das führte zum Verlust unserer Ichhaftigkeit. Jetzt müssen wir also lernen, nichts zu tun, sondern einfach nur zu *sein*.

Die folgenden Übungen werden Ihnen helfen, in jedem gegebenen Augenblick einfach nur derjenige zu sein, der Sie sind. Suchen Sie sich die Übungen aus, die Ihnen am meisten zusagen.

- Setzen Sie sich in die heiße Badewanne, und konzentrieren Sie sich auf Ihre Körpergefühle. Lassen Sie sich Zeit.
- Lassen Sie sich regelmäßig massieren.
- Lassen Sie sich maniküren, und gehen Sie zum Friseur.
- Lassen Sie sich von einem Freund bewirten – lassen Sie sich entweder von ihm bekochen oder in ein Restaurant einladen.
- Wickeln Sie sich eine Decke um, und setzen Sie sich einfach still irgendwo hin. Im Winter können Sie sich an den Kamin setzen und Kastanien rösten.
- Nehmen Sie sich Zeit, um Ihren Liebespartner in sinnlicher Weise zu berühren.
- Lassen Sie sich von Ihrem Liebespartner zärtlich baden.
- Gönnen Sie sich ein Schaumbad, oder machen Sie es sich in einer Wanne mit warmem Wasser und Badeöl bequem.
- Nehmen Sie sich Zeit, in der Sie nichts tun, keine Pläne schmieden und keine Verpflichtungen haben.
- Lassen Sie sich an einem warmen Sommertag dreißig Minuten lang im Schwimmbecken treiben.
- Legen Sie sich längere Zeit in eine Hängematte.
- Hören Sie sich leise Schlaflieder an. (Versuchen Sie es mit Steven Halperns *Lullaby Suite* oder *Lullabies and Sweet Dreams.*)
- Sorgen Sie dafür, daß Sie bei der Arbeit immer irgendwelche Flüssigkeiten greifbar haben, an denen Sie nippen können.
- Lutschen Sie Pfefferminzbonbons oder andere Süßigkeiten, wenn Sie eine neue Arbeit beginnen oder sonst etwas zum erstenmal tun.
- Ändern Sie Ihre Eßgewohnheiten. Anstelle der drei Hauptmahl-

zeiten sollten Sie viele kleine, nahrhafte Mahlzeiten zu sich nehmen, die sich über den ganzen Tag verteilen.

- Sorgen Sie dafür, daß verschiedene Hilfspersonen bei Ihnen sind (am besten beiderlei Geschlechts), die Sie in vorher abgesprochenen Intervallen in den Arm nehmen und drücken.
- Legen Sie sich an Tagen, an denen Sie Zeit haben, so oft wie möglich hin.
- Ruhen Sie sich vor jeder neuen Aufgabe richtig aus.
- Üben Sie mit einem Freund »Vertrauensspaziergänge«. Lassen Sie sich von ihm die Augen verbinden und eine vorher abgesprochene Zeit von ihm herumführen.
- Seien Sie mutig, und haben Sie Vertrauen zu einem Freund, bei dem Sie ein gutes Gefühl haben. Lassen Sie ihn planen, was Sie beide gemeinsam tun.
- Holen Sie sich einen Partner, und blicken Sie sich beide neun Minuten lang unverwandt an. Sie können dabei lachen, kichern oder sonst etwas tun. Bleiben Sie nur dabei, reden Sie nicht. Schauen Sie einander nur in die Augen.
- Meditieren Sie über das Nichts. Wenn wir über das Nichts meditieren, meditieren wir über das Sein. Als wir Säuglinge waren, war die Kraft des Seins unsere Basis. Es gibt viele Methoden, wie man über das reine Sein oder das Nichts meditieren kann. Solche Übungen haben das Ziel, uns in einen Zustand der Unbewußtheit zu versetzen, der gelegentlich auch »Stille« genannt wird. Wenn wir als Erwachsene lernen, diesen Zustand der Unbewußtheit zu erreichen, nehmen wir in elementarer Weise Kontakt mit dem Kind in uns auf.

Meditationsübung, um Kontakt mit der Kraft des Seins aufzunehmen

Es folgt jetzt eine sehr einfache Form der Meditation, die das Erreichen des Zustands der Unbewußtheit zum Ziel hat. Große Meister der Spiritualität haben Jahre gebraucht, um das zu lernen. Ich empfehle Ihnen, die Meditation auf Band aufzunehmen. Lassen Sie dazu im Hintergrund Ihre Lieblingsmeditationsmusik laufen.

Konzentrieren Sie sich zunächst auf Ihre Atmung ... Nehmen Sie Ihre Atmung einfach nur bewußt wahr ... Achten Sie darauf, was mit Ihrem Körper geschieht, wenn Sie ein- und ausatmen ... Achten Sie darauf, wie die Luft beim Ein- und Ausatmen durch Ihre Nasenlöcher strömt ... Wie ist der Unterschied beim Ein- und Ausatmen? ... Lassen Sie die Luft beim Einatmen in Ihre Stirn strömen, und atmen Sie alle Spannungen aus, die Sie dort spüren ... Lassen Sie die Luft dann in die Augengegend strömen ... Und atmen Sie auch hier alle Spannungen aus, die Sie spüren ... Dann in die Mundgegend ... Dann in die Nackengegend und in die Schultern ... Lassen Sie die Luft dann durch Ihre Arme und Hände nach unten strömen ... Lassen Sie die Atemluft in den oberen Brustkorb strömen, und atmen Sie die Spannungen aus. Leiten Sie die Atemluft in Ihren Unterleib ... in Ihr Gesäß, und atmen Sie alle Spannungen aus, die Sie dort spüren ... Lassen Sie den Atem in Ihre Waden strömen, und atmen Sie alle Spannungen aus, die Sie dort spüren ... Entspannen Sie jetzt Ihren ganzen Körper ... Stellen Sie sich vor, Sie wären innen ganz hohl.

... Stellen Sie sich vor, goldenes Sonnenlicht würde Sie durchfluten ... Stellen Sie sich vor, Sie wären ganz schwer oder ganz leicht ... Entscheiden Sie selbst, was Sie spüren ... Ihre Augenlider sind ganz schwer ... Ihre Arme sind ganz schwer ... Ihre Beine und Füße sind ganz schwer ... Oder *Sie fühlen sich ganz leicht ... So als ob Ihr ganzer Körper schwebte ... Stellen Sie sich vor, daß der Horizont Ihres Geistes immer dunkler wird, bis Sie nur noch in absolute Dunkelheit blicken ... Im Zentrum dieser Dunkelheit können Sie jetzt einen winzigen Lichtpunkt entdecken ... Langsam wird der Punkt immer größer ... bis der ganze Horizont strahlend hell ist ... Blicken Sie jetzt in das Licht ... Das reine Licht ... Machen Sie sich das Nichts bewußt, das Sie jetzt erleben ... Es ist absolut nichts dort ... Nur das reine Sein ... Jetzt sehen Sie, wie im Zentrum des Horizonts langsam die Zahl Drei sichtbar wird ... Achten Sie wieder auf Ihre Atmung ... Tasten Sie mit Ihrem Bewußtsein Ihren ganzen Körper ab; fangen Sie dabei an den Zehen an, und gehen Sie weiter nach oben über die Beine, die Hüften, den Bauch, die Brust, Arme, Hände, Nacken, die Schultern, das Gesicht und das Gehirn ... Werden Sie sich Ihrer Ichhaftigkeit bewußt ... Sie stehen jetzt in engem Kontakt mit sich selbst ... Mit Ihrer Ichhaftigkeit ... Jetzt sehen Sie die Zahl Zwei ... Und Sie bewegen die Zehen*

... die Hände ... Sie spüren den Druck, dort, wo Ihr Körper den Stuhl und Ihre Füße den Boden berühren ... Achten Sie auf alle Geräusche, die Sie hören können ... Jetzt sehen Sie die Zahl Eins und öffnen die Augen ...

Wenn Sie fertig sind, bleiben Sie einen Augenblick lang sitzen, um nachzudenken... Sie brauchen nichts zu tun, Sie sollen einfach nur sein.
Alle diese Übungen sind sehr hilfreich, wenn Sie sich um die Bedürfnisse kümmern wollen, die Sie als Säugling hatten. Sie wirken besonders dann sehr gut, wenn:

- Sie am Anfang einer neuen Entwicklungsphase stehen;
- Sie etwas Neues beginnen wollen;
- Sie einen Verlust erlitten haben;
- Sie selbst einen Säugling haben.

Sie müssen diese Übungen langsam durchführen und hinterher in aller Ruhe über das Erlebte nachdenken. *Seins*erlebnisse sind wie gesundes Essen – man muß sie gut kauen und darf sie nicht hinunterschlingen. Wenn Sie Ihr Essen hinunterschlingen, bekommen Sie Verdauungsstörungen. Und in unverdautem Zustand können Sie die Energien, die in der Nahrung enthalten sind, nicht ausnützen. Das gleiche gilt für die »Seinserlebnisse«.

Übungen, um die Bedürfnisse Ihres Kleinkindes zu befriedigen

Das Krabbelalter und die sinnlichen Erkundungen

Fritz Perls hat oft gesagt, daß wir »erst unseren Verstand verlieren müssen, bevor wir zur Vernunft kommen können«. Die Sinne des Kindes in uns sind schon in frühen Jahren blockiert worden. Wir müssen also den Kontakt mit der Sinneswelt, die uns umgibt, wieder aufnehmen. Ich habe ein paar Übungen zusammengestellt, die Sie machen können, um den Forschungsdrang des Kleinkindes wiederzubeleben.

- Gehen Sie auf einen Flohmarkt oder in ein großes Kaufhaus. Schauen Sie sich alles genau an, und fassen Sie alles an, was Ihnen gefällt.

- Gehen Sie in eine Cafeteria oder in ein Selbstbedienungsrestaurant. Suchen Sie sich viele verschiedene Speisen aus. Probieren Sie Gerichte, die Sie noch nie gegessen haben.
- Gehen Sie in ein Lebensmittelgeschäft, und kaufen Sie sich Speisen, die Sie normalerweise nicht essen würden. Nehmen Sie sie mit nach Hause, und essen Sie sie mit den Fingern. Kleckern Sie, soviel Sie wollen.
- Kauen Sie eine Zeitlang auf etwas Knusprigem.
- Halten Sie sich eine Zeitlang in der Obst- und Gemüseabteilung eines Kaufhauses auf, nehmen Sie die verschiedenen Gerüche wahr.
- Gehen Sie irgendwohin, *wo Sie noch nie waren*. Nehmen Sie in der neuen Umgebung so viele Einzelheiten wie möglich wahr.
- Gehen Sie zu einem Spielplatz, und mischen Sie sich unter die Kinder. Spielen Sie auf der Schaukel, auf der Rutschbahn, auf dem Kletterbaum.
- Gehen Sie zum Strand, und spielen Sie ein paar Stunden im Sand und im Wasser. Bauen Sie eine Sandburg.
- Besorgen Sie sich Knetgummi, und spielen Sie damit. Probieren Sie verschiedene Formen aus.
- Besorgen Sie sich Fingerfarben, und beschäftigen Sie sich einen Nachmittag damit. Benützen Sie dabei möglichst viele Farben.
- Gehen Sie in das Klassenzimmer einer Montessori-Schule, und lassen Sie sich von der Umgebung beeindrucken. Tun Sie, was Ihnen gerade in den Sinn kommt.
- Ziehen Sie sich die buntesten Kleider an, die Sie finden können, und gehen Sie so aus.
- Machen Sie Geräusche mit Dingen, die Sie im Haus finden, und achten Sie darauf, wie sie klingen. Vergessen Sie dabei nicht die Töpfe und Pfannen und das Silber.
- Gehen Sie in einen Vergnügungspark, schauen Sie sich dort ein wenig um und fahren Sie auf verschiedenen Karussells.
- Gehen Sie durch einen schönen Park oder einen Garten, und nehmen Sie möglichst viele verschiedene Düfte wahr. Gehen Sie dabei von einem Duft zum anderen.
- Gehen Sie in ein Kunstmuseum, und schauen Sie sich die leuchtenden Farben der verschiedenen Bilder an.
- Machen Sie einen langen Spaziergang mit einem Freund oder mit Ihrem Partner. Nehmen Sie sich bei der Hand, und lassen Sie sich von Ihren Sinnen die Richtung weisen, in die Sie laufen wollen.

- Gehen Sie mit einem Freund in einen Park, und üben Sie dort das Zen-Sehen. Schließen Sie abwechselnd die Augen, und halten Sie die Hand des Freundes fest. Führen Sie Ihren Freund zu einem Blatt, zu einem Baumstamm, zu einer Wildblume. Wenn Sie seine Hand drücken, soll er die Augen öffnen, so als wären Sie der Auslöser einer Kamera. Machen Sie dasselbe, wenn Ihr Freund Ihre Hand drückt, und sehen Sie auf diese Weise das, was man für Sie vorbereitet hat.
- Gehen Sie barfuß über ein Feld oder um das Haus herum. Spüren Sie die verschiedenen Oberflächen der Dinge: Gras, Erde, Pappe, Zeitungspapier, Teppiche, Kissen, Handtücher, Holz, Metall, Fliesen und so weiter.
- Führen Sie mit Ihrem Partner ein Gespräch, ohne zu reden – nur mit Gesten und Berührungen.
- Machen Sie eine Liste von Wörtern, die Sinnesqualitäten ausdrücken, und achten Sie dann einmal darauf, was Ihnen einfällt, wenn Sie jedes einzelne laut vorlesen. Zum Beispiel Wörter wie: *holprig, stachlig, fedrig, glitschig, hart, weich, dünn, dick, dunkel, hell* usw.
- »Nehmen Sie Ihre Augen wieder in Besitz«, indem Sie Gegenstände und Personen intensiv anschauen. Gehen Sie zum Beispiel an einer Omnibushaltestelle vorbei, und betrachten Sie die Leute so, als wären Sie eine Kamera, die ein Foto macht. Anschließend setzen Sie sich hin und schreiben alles genau auf, was Sie gesehen haben.
- Setzen Sie sich in einem meditativen Zustand vor eine Blume, vor einen Baum oder vor einen Apfel. Verschmelzen Sie mit dem Objekt. *Sehen* Sie das Objekt in seiner ganzen Pracht. Lassen Sie Ihre Hand dem folgen, was Ihre Augen sehen, und zeichnen Sie das, was Sie sehen.
- Führen Sie mit einem Freund ein Gespräch in einer unverständlichen Sprache. Versuchen Sie herauszubekommen, was der andere sagt.
- Spielen Sie ein Spiel mit Ihrem Freund, bei dem Sie sich umdrehen und sich die Augen zuhalten, während Ihr Freund irgendein Geräusch macht, das Sie erraten müssen. Er kann Wasser plätschern lassen, auf eine Trommel schlagen, mit einem Bleistift klopfen, sich am Kopf kratzen usw. Wechseln Sie sich dabei ab.
- Holen Sie ein paar Leute zusammen, mit denen Sie Lieder singen können. Suchen Sie sich Lieder aus, die kein Ende haben, wie

zum Beispiel »Mein Hut der hat vier Ecken«, und erfinden Sie neue Strophen. Spielen Sie der ganzen Gruppe Kinderlieder oder Volkslieder vor.

Die Kontaktaufnahme zu seinen eigenen Wünschen

Diese Übung ist vermutlich die wichtigste in diesem Abschnitt, denn sie sorgt dafür, daß das Kind in Ihnen wieder Kontakt zu seinen Wünschen bekommt. Der Wille ist der Teil unseres verletzten Kindes, der am härtesten betroffen ist; der Wille ist der zur Aktion gesteigerte Wunsch, und Wünsche werden uns durch die Verbindung mit unseren Bedürfnissen bewußt. Da das Kind in uns in einer gestörten Familie großgeworden ist, hatte es keine Möglichkeit, seine inneren Signale wahrzunehmen, weil es sich ständig mit den Problemen der Familie beschäftigen mußte. Es verlor schon ganz früh den Kontakt zu seinen eigenen Bedürfnissen und Wünschen. Ich wußte früher als sie selbst, was meine Mutter oder mein Vater wollten. Aber dadurch, daß ich ein Experte auf dem Gebiet *ihrer* Wünsche wurde, verlor ich den Kontakt zu meinen eigenen Wünschen. Ich habe buchstäblich gelernt, meine eigenen Wünsche nicht wahrzunehmen, und nach einer gewissen Zeit hörte ich dann auf, überhaupt noch etwas zu wollen.

Ihr erwachsenes Selbst muß dem Kind in Ihnen helfen, seine eigenen Wünsche wahrzunehmen, und es beschützen, damit es sich traut, sich das zu verschaffen, was es haben will.

Eine der einfachsten Methoden, wie Sie Ihre eigenen Wünsche identifizieren können, besteht darin, daß Sie sich eine Liste machen, auf der Ihre Ersatzhandlungen aufgeführt sind. Anschließend müssen Sie sich dann fragen: Was will ich eigentlich wirklich, wenn ich mich in dieser Weise verhalte? Hier ist eine Aufstellung der gebräuchlichsten Ersatzhandlungen:

- Lügen erzählen,
- essen, obwohl man keinen Hunger hat,
- nach einer Zigarette greifen,
- schmollen,
- jemanden beleidigen, den man liebt.

Wenn ich eine dieser Verhaltensweisen an mir feststelle, setze ich mich hin, schließe die Augen und richte meine ganze Aufmerksamkeit auf die Signale, die aus meinem Inneren kommen. Oft höre ich, wie das Kind in mir mich um etwas bittet. Hier einige Beispiele der Wünsche, die sich hinter den oben genannten Ersatzhandlungen verbergen.

- Eigentlich möchte ich wütend werden.
- Ich habe Angst und/oder fühle mich einsam und möchte mit jemandem zusammensein.
- Ich rauche eigentlich nicht mehr, aber als ich noch geraucht habe, litt ich gewöhnlich unter meinen chronischen Depressionen.
- Ich möchte einem anderen Menschen klarmachen, daß ich auch etwas wert bin.
- Ich möchte, daß du dich um mich kümmerst.
- Ich brauche körperliche Streicheleinheiten.

Es gibt zahlreiche Ersatzhandlungen, zu denen Menschen greifen, wenn ihnen nicht bewußt ist, was sie eigentlich wollen. Einige haben einen ziemlich allgemeinen Charakter, andere sind eher idiosynkratisch. Wir alle müssen dem Kind in uns helfen, indem wir auf seine Ersatzhandlungen achten.
Jon und Laurie Weiss lassen ihre Klienten eine »Ich will«- oder »Ich möchte«-Liste zusammenstellen und legen ihnen nahe, immer ein Stück Papier und einen Bleistift bei sich zu haben. Sobald sie feststellen, daß sie etwas wollen, sollen sie es aufschreiben. Jeder Klient erklärt sich bereit, einige Punkte auf seiner Wunschliste zu sammeln und seinem Therapeuten zu berichten, was er gemacht hat (es kann auch eine andere Hilfsperson oder ein Betreuer sein). Das ist eine ausgezeichnete Übung, die ich Ihnen sehr empfehlen möchte.

Übungen für die Ablösungsphase des Kleinkindes

Wenn Kinder lernen, *auf eigenen Beinen zu stehen*, beginnen sie sich abzulösen. Es gibt verschiedene Übungen, die Sie machen können, wenn Sie festgestellt haben, daß die Ablösungsbedürfnisse des verletzten Kleinkinds in Ihnen nicht befriedigt worden sind.
Üben Sie »nein« zu sagen und »ich will nicht«. Das erzeugt gewöhnlich ziemliche Angst, wenn man Sie früher bestraft und/oder verlas-

sen hat, wenn Sie nein gesagt haben. Jon und Laurie Weiss bieten hierzu eine Methode an, die aus drei Schritten besteht. Nachfolgend die Zusammenfassung:

1. Der erste Schritt besteht darin, daß man im privaten Bereich nein sagt. Sie müssen es oft sagen (zwanzigmal pro Tag) und laut aussprechen. Sagen Sie zu allem nein, was Sie nicht tun wollen. Das wird Ihnen dabei helfen, die natürliche Aufsässigkeit eines Zweijährigen nachzuempfinden.
2. Der nächste Schritt besteht darin, daß Sie in einem halböffentlichen Kontext nein sagen. Jon und Laurie Weiss haben in einer ihrer Therapiegruppen einen Klienten, der an diesem Problem arbeitet. Er sagt immer wieder ganz laut *nein* oder *ich will nicht*, ohne daß sich das unbedingt auf irgend etwas beziehen muß, was in der Gruppe vorgeht. Ein solches Verhalten würde natürlich in jedem anderen Zusammenhang als unhöflich betrachtet werden. Ich empfehle Ihnen, daß Sie sich mit einem Partner oder mit Ihrer Gruppe absprechen. Sie können auch einen guten Freund bitten, sich Ihnen als eine Art Sparringspartner zur Verfügung zu stellen, damit Sie zu allem, um das er Sie bittet, nein sagen können. Legen Sie für diese Übung eine bestimmte Zeit fest. Sagen Sie immer zuerst nein, und prüfen Sie dann erst, ob Sie es womöglich doch tun wollen. Jon und Laurie Weiss ermuntern ihre Klienten dazu, nein zu sagen, und dann darüber zu diskutieren, ob sie es nun wirklich nicht tun wollen oder vielleicht doch.
3. Und jetzt kommt der Ernstfall! Sie sollen nein zu jemandem sagen und es auch ernst meinen. Dabei sollten Sie die Gefühle des anderen zwar respektieren, aber *Sie müssen nicht die Verantwortung für die Gefühle des anderen Menschen übernehmen.* Ich teile dem anderen meine ehrlichen Gefühle oder meine Meinung über das mit, um das er mich gebeten hat, selbst wenn ich ihm eine Absage erteilen muß. Als mich zum Beispiel vor kurzem mein Freund Mike einlud, mit ihm zum Bowling zu gehen, sagte ich zu ihm: »Bowling macht Spaß, und nein, ich habe heute zuviel zu tun. Vielleicht ein andermal.« Wenn mir ein Vorschlag wirklich gefällt, mache ich keinen Hehl daraus. Außerdem benütze ich, wenn möglich, lieber *und* als *aber*. Gelegentlich sage ich: »Vielen Dank für die Einladung. Und nein, ich habe bereits eine andere Verpflichtung.«

Nicht alle »Neins« sind gleich schwerwiegend. Es ist schwer, nein zu sagen, wenn man etwas eigentlich gern tun würde oder wenn dadurch ein wunder Punkt berührt wird, der mit den eigenen unbefriedigten Bedürfnissen zusammenhängt. Einem Menschen, der ausgehungert ist und sich danach sehnt, in den Arm genommen zu werden, fällt es unter Umständen sehr schwer, ein sexuelles Angebot abzulehnen.

Je mehr Sie dem Kind in sich helfen, seine Bedürfnisse zu erkennen, und ihm beibringen, wie es sie befriedigen kann, um so leichter wird es Ihnen fallen, nein zu sagen.

Eine andere Art, wie Sie die Unabhängigkeit des Kleinkinds in sich stärken können, besteht darin, daß Sie an einem Selbstsicherheitstraining teilnehmen. Solche Kurse bieten dem Kind in Ihnen die Geborgenheit einer Gruppe und außerdem sorgfältig geplante und strukturierte Übungen, bei denen man lernen kann, nein zu sagen. Es gibt auch mehrere gute Bücher über das Selbstsicherheitstraining. Am besten gefallen mir *Your Perfect Right* von Robert Alberti und Michael Emmons, und *Sage nein ohne Skrupel* von Manuel Smith.

Wenn Sie ein Rebell sind, sagen Sie wahrscheinlich *zu oft* nein. Es kann vorkommen, daß Sie nein sagen, obwohl Sie ja meinen. Reden Sie mit Ihrem inneren Kleinkind. Sagen Sie ihm, daß Sie seine Rechte schützen werden. Sagen Sie ihm, daß es nicht seine ganzen Kräfte verbrauchen muß, um seine Rechte zu wahren. Erklären Sie ihm, daß es nicht immer versuchen soll, herauszubekommen, was die anderen wollen, um ihnen dann Widerstand entgegenzusetzen, sondern daß es jetzt entscheiden kann, was *es selbst* will und braucht, und direkt darum bitten kann.

Die eigene Privatsphäre

Diskutieren Sie mit den Leuten, mit denen Sie zusammenleben, darüber, wie wichtig es ist, daß jeder etwas haben muß, was nur ihm gehört, und daß er auch bis zu einem gewissen Grad über seine Zeit und über einen bestimmten Raum verfügen können muß. Einigen Sie sich darüber, daß jeder Mensch das Recht hat, bestimmte Regeln aufzustellen, die sich auf seine Privatsphäre beziehen. Diese Regeln können folgendermaßen aussehen:

- Ein Teil der Zeit gehört mir. Ich kann sie mit dir teilen, ich muß aber nicht.
- Keiner darf ohne meine Einwilligung irgend etwas benützen, was mir gehört.
- Wenn ich dir erlaube, meine Sachen zu benützen, erwarte ich von dir, daß du sie wieder an den Platz legst, an dem du sie gefunden hast.
- Mein Zimmer (oder der Raum, der mir zur Verfügung steht) ist mein Allerheiligstes. Wenn du meine Tür verschlossen findest, klopfe an und bitte um Erlaubnis, eintreten zu dürfen. Manchmal schließe ich meine Tür ab, um allein sein zu können.
- Für einen bestimmten Zeitraum lege ich Wert auf meinen eigenen Arbeitsplatz, meinen eigenen Platz am Eßzimmertisch und auf meinen eigenen Stuhl. Ich bin allerdings bereit, zu einem festgelegten zukünftigen Zeitpunkt über diese Dinge neu zu verhandeln.

Eine weitere hilfreiche Übung, durch die man eine co-abhängige Beziehung verändern kann, besteht darin, daß man eine *Liste der Dinge zusammenstellt, die einem persönlich gehören*. Besorgen Sie sich ein paar weiße Aufklebeetiketten, und schreiben Sie Ihren Namen darauf. Gehen Sie durch Ihr Haus, und kleben Sie sie auf alles, was Ihnen gehört. Sie können auch einen *Zeitplan* machen und ihn außen an Ihre Tür hängen. Markieren Sie die Zeiten, in denen Sie allein sein und in denen Sie Gesellschaft haben wollen.

Lernen Sie, Ihrem Zorn Luft zu machen

Unser Zorn ist Teil unserer persönlichen Kraft. Er stellt die Energie dar, mit der wir unsere Grundbedürfnisse verteidigen. Ohne Zorn werden wir zu Fußabtretern oder zu Leuten, die immer allen Menschen gefallen wollen. In der Kindheit hat man Sie wahrscheinlich bestraft und Ihnen Schuldgefühle vermittelt, wenn Sie wütend geworden sind. Das Kind in Ihnen hat gelernt, seinen Zorn zu unterdrücken. Im Laufe der Jahre ist es so gefühllos geworden, daß es gar nicht mehr merken konnte, wann es zornig war.
Möglicherweise hat das Kind in Ihnen auch gelernt, seinen Zorn hinter bestimmten »Gefühlstricks« zu verbergen. Ein Gefühlstrick ist ein Gefühl, das eingesetzt wird, um einen anderen Menschen zu manipulieren und das eigentliche Gefühl zu ersetzen. Wenn das

Kind in Ihnen bestraft worden ist, weil es wütend geworden war, hat es angefangen zu weinen und auf diese Weise gezeigt, daß es verletzt ist. Vater und Mutter haben sich ihm dann wahrscheinlich liebevoll zugewendet und es getröstet. Dadurch hat das Kind einen Gefühlstrick gelernt: Es weint und erweckt dadurch den Anschein, als sei es verletzt, obwohl es in Wirklichkeit wütend ist.
Ein »Schuldtrick« entsteht auf andere Weise. Wenn das Kind seinem Zorn Luft macht, wird ihm häufig das *Gefühl vermittelt*, böse zu sein. Man bringt ihm bei, daß es respektlos, ungehorsam, moralisch verwerflich und ein Verstoß gegen das vierte Gebot sei, wütend zu werden. Wenn ein Kind auf seine Eltern wütend ist, bekommt es sofort Schuldgefühle. Es hat etwas falsch gemacht. Hinter einem großen Teil der Schuldgefühle, die Menschen ihren Eltern gegenüber empfinden, verbirgt sich der Zorn auf sie. Die meisten von uns verwechseln gesunden Zorn mit den explosiven Wutausbrüchen, die das Ergebnis aufgestauten Ärgers sind, den wir dann nicht mehr länger unterdrücken können.
Zorn muß nicht so explosiv sein. Auf einer Skala von eins bis hundert stehen solche Wutausbrüche ganz oben. Die meisten von uns wissen nicht, daß der Zorn mit einem unwesentlichen Ärger oder einer kleinen Aufregung beginnt. Wenn dieses Gefühl sofort ausgedrückt wird, entlädt sich die Energie problemlos. Die meisten Menschen glauben, Zorn sei immer explosiv, weil man ihnen nie beigebracht hat, wie man seinen Ärger auf angemessene Weise abreagiert.
Weil das Kind in Ihnen glaubt, Zorn sei explosiv, hat es Angst davor. Die meisten erwachsenen Kinder werden durch Zorn manipuliert. Sie geben ihre eigene Realität auf, nur um den anderen nicht zornig zu machen.
Wenn Sie dem Kind in sich helfen, Kontakt mit seinem eigenen Zorn zu bekommen, und ihm beibringen, wie es ihn ausdrücken kann, verringern Sie gleichzeitig auch seine Angst davor. Es lernt jetzt, daß es seinen Zorn unter Kontrolle bringen kann. Es kann dann erkennen, daß der Zorn des anderen *dessen eigener* Zorn ist, für den es nicht verantwortlich gemacht werden kann.
Wenn es Ihnen aus praktischen Gründen nicht möglich ist, an einem Selbstbehauptungstraining teilzunehmen, empfehle ich Ihnen, folgende Übungen zu machen, bei denen Sie lernen können, Ihren Zorn abzureagieren.

1. Wenn Sie diese Übungen *zum erstenmal* machen, sollten Sie sich zurückziehen, wenn Sie merken, daß Sie zornig werden. Setzen Sie sich hin, und *denken* Sie darüber nach. Versuchen Sie sich klarzumachen, weshalb Sie wütend sind. Schreiben Sie es nötigenfalls auf. Machen Sie sich klar, was die andere Person tun oder nicht tun soll. Ich habe zum Beispiel vor kurzem eine Situation erlebt, in der ich mich geärgert habe, weil ich einen Angestellten gebeten hatte, mich anzurufen, und er mir das auch zugesagt hatte. Es wurde zwei Uhr mittags, aber er rief nicht an. Ich wartete noch eine halbe Stunde, weil ich noch ein paar andere Dinge zu erledigen hatte. Um halb drei war ich fuchsteufelswild. Ich ließ die Spannung etwas abklingen und arbeitete dann daran, wie ich diesen Zorn abreagieren könnte.

2. Üben Sie vorher das, was Sie sagen wollen. Sprechen Sie es laut vor sich hin. Wenn Sie die Möglichkeit haben, Ihren Zorn einem Freund gegenüber auszudrücken, der nichts mit der Sache zu tun hat, tun Sie das. Ich habe folgendes geprobt: »Ich bin vielleicht wütend auf dich. Ich hatte dich darum gebeten, mich am Dienstag um zwei Uhr anzurufen. Du hast gesagt: ›Alles klar‹. Trotzdem hast du nicht angerufen.«

3. Sobald Sie bereit sind, nehmen Sie Kontakt mit demjenigen auf, über den Sie sich geärgert haben. Sagen Sie ihm, daß Sie sich aufgeregt haben und mit ihm reden wollen. Machen Sie eine bestimmte Zeit aus.

4. Zeigen Sie der Person, daß Sie sich über sie geärgert haben. Wenn ich meinen Zorn abreagiere, leite ich das meistens mit den Worten ein: »Mein Zorn enthält mit großer Wahrscheinlichkeit Elemente meiner eigenen Lebensgeschichte, und mir ist das womöglich im Augenblick nicht ganz bewußt, aber ich bin wütend auf dich...«

Manchmal werden mir dabei meine eigenen Probleme bewußt. Wenn das der Fall ist, sage ich es dem anderen. Ich sage dann zum Beispiel: »Mein Vater hat mir immer versprochen, er würde mich anrufen, und hat es dann nie getan. Ich bin wütend auf dich. Ich hatte dich gebeten, mich um zwei Uhr anzurufen...«
Es kann sein, daß Sie von der Person, auf die Sie wütend sind, nicht

die gewünschte Reaktion bekommen, aber das Wichtigste ist, daß Sie Ihren Zorn abreagieren.
Wenn Sie erst einmal gelernt haben, Ihren Zorn auf eine gesunde Weise auszudrücken, sollten Sie das immer sofort tun, vorausgesetzt, es ist möglich. Der einzige Grund, warum Sie anfangs noch ein bißchen abwarten sollten, hängt damit zusammen, daß Sie dabei zunächst wahrscheinlich noch große Angst haben werden. Weil Zorn früher durch panische Angst gehemmt worden ist, staut er sich auf und schafft sich in Form eines Wutanfalls explosionsartig Luft.

Übungen zur Abreaktion des Zorns aus der Vergangenheit

Wenn das Kind in Ihnen erst einmal weiß, daß Sie da sind, um es zu beschützen, bahnt sich in der Regel sehr bald der Zorn aus der Vergangenheit einen Weg an die Oberfläche. Das Kind in Ihnen ist möglicherweise immer noch wütend über bestimmte Dinge, die in seiner Kindheit passiert sind. Da Sie es jetzt unter Ihre Obhut nehmen wollen, wollen Sie mit der Vergangenheit abschließen. Es hat gewöhnlich wenig Sinn, sich *direkt* an die Leute zu wenden, die Sie früher verletzt haben. Alter Zorn kann symbolisch verarbeitet werden. Schließen Sie die Augen, und stellen Sie sich das Kind in Ihnen vor. Fragen Sie es, wie alt es ist. Stellen Sie sich dann vor, Sie würden in seinen Körper gleiten. Jetzt sind Sie das Kind. Betrachten Sie Ihr erwachsenes Selbst, und *nehmen Sie den Erwachsenen bei der Hand. Machen Sie mit Ihrer rechten Hand einen Anker.* Lassen Sie jetzt die Person erscheinen, auf die Sie wütend sind. Halten Sie die ganze Zeit über den Anker. Wenn Sie alles gesagt haben, was Sie sagen wollten, atmen Sie einmal tief durch und öffnen die Hand wieder (d. h. Sie lassen den Anker los). Sie sind jetzt wieder der Erwachsene. Nehmen Sie Ihr inneres Kind auf den Arm, und tragen Sie es aus dem Zimmer, in dem Sie sich befinden. Öffnen Sie langsam die Augen.
Versichern Sie Ihrem inneren Kind, daß es völlig in Ordnung ist, wenn es wütend ist und seinem Zorn Luft macht. Sagen Sie ihm, daß Sie immer dasein werden, um es zu beschützen, und daß es ruhig auch auf Sie wütend sein darf, daß Sie trotzdem immer bei ihm bleiben werden.
Es gibt andere Möglichkeiten, seinen Ärger oder seine Ressenti-

ments zu verarbeiten. Einige von ihnen werden am besten in einer therapeutischen Situation behandelt. Wenn Sie Zweifel haben, sollten Sie einen qualifizierten Therapeuten konsultieren.

Gefahr: Eine Anmerkung zur Wut

Das Problem von Wutausbrüchen sollte man nur mit Hilfe eines Experten angehen. Wut ist Zorn, der durch Scham gebunden worden ist, und im Lauf der Jahre eine immer größere Intensität bekommt. Er ähnelt schließlich einem ausgehungerten Wolf, den man in den Keller gesperrt hat. Im Lauf der Zeit staut sich die Energie auf, und der Wolf möchte ausbrechen. Wenn wir diese Wut herauslassen, erscheint sie in einer primitiven und ungerichteten Form. Wir schreien und toben dann herum, schlagen um uns und werden womöglich gewalttätig.

Wut enthält Elemente des Terrors. Deshalb schreien wir auch häufig, wenn wir wütend sind. Meistens entsteht die Wut dadurch, daß wir von einem bestimmten Gefühl überrascht werden und die Beherrschung verlieren. Unsere Lippen zittern, unsere Stimme bricht, und wir sagen Dinge, die nichts mehr mit dem Sachverhalt zu tun haben und übertrieben sind. Wir wollen den anderen Menschen verletzen. Wut hat den Charakter der Ausschließlichkeit. Wenn man sich ständig ärgert und auf Kleinigkeiten in übertriebener Weise reagiert, kann das ein Zeichen dafür sein, daß sich in der Tiefe der Seele eine Wut aufgestaut hat, die verarbeitet werden muß. Es ist durchaus vernünftig, wenn man sich vor der eigenen Wut und vor der Wut anderer Leute fürchtet. Jeder, auch Sie selbst, muß geschützt werden, wenn Sie an Ihrer Wut arbeiten. Lassen Sie sich von einem Therapeuten bei dieser Arbeit beraten.

Üben Sie die Konfrontation

Wenn jemand Ihre Grenzen verletzt, müssen Sie Ihrem inneren Kind helfen, sich zu schützen. Ich benütze am liebsten ein »Bewußtseins-Modell«, um solche Auseinandersetzungen zu üben. Es konzentriert sich auf die vier Kräfte, über die jeder von uns verfügt, um sich mit der Welt auseinanderzusetzen, auf unsere Sinne, unseren Verstand, unsere Gefühle und unseren Willen (unsere Wünsche). Ich benütze Botschaften, die in der Ichform abgefaßt sind, um mir selbst klarzumachen, daß mein Bewußtsein mir die Wahrheit vermittelt. Botschaften in der Ichform sind Aussagen, für die man die Verantwortung übernimmt. Das Modell sieht folgendermaßen aus:

Ich sehe, höre usw. .... (Sinne)
Ich deute .... (Verstand, Denken)
Ich fühle .... (Gefühle)
Ich will .... (Wünsche)

Beispiel: Joe und Susie waren bei ihrer Square-dance-Gruppe. Susies inneres Kind regt sich auf, weil Joe sich eine sehr hübsche Frau als Partnerin für eine der Figuren ausgesucht hat, die Susie noch nicht kann. Sie sagt an diesem Abend zu Joe: »Ich habe genau *gesehen*, wie du dir Sarah Low als Partnerin ausgesucht hast. Ich habe *gehört*, wie ihr beiden gelacht habt, für mich *bedeutet* das, daß du sie attraktiv findest. Ich hatte Angst und *fühlte* mich im Stich gelassen. Und ich *möchte*, daß du mit mir darüber redest.«
Joe erklärt ihr, daß er Sarah auch hübsch findet und daß ihm die Art gefällt, wie sie tanzt. Er macht Susie außerdem klar, daß er *sie* (Susie) liebt und lieber mit ihr zusammen ist. Er würde Susie gern die neuen Schritte beibringen, damit sie dann mehr zusammen tanzen können.
Susies innerem Kind gefiel es nicht, daß Joe Sarah hübsch fand. Aber sie fühlte sich bedeutend sicherer. Susies inneres Kind muß lernen, daß es im normalen Leben *sowohl/als auch* gibt. Joe kann sie lieben *und* Sarah hübsch finden.
Joe ist ein ausgeglichener Mensch und reagiert liebevoll auf Susies Beschwerde. Das ist aber nicht in allen Beziehungen der Fall. Wenn jemand in dieser Weise konfrontiert wird, können die Reaktionen von einer abwehrenden Haltung bis zu Wut reichen. Wenn es sich bei dem anderen nicht um einen gewalttätigen Kriminellen handelt, sondern wenn die Person, über die man sich aufgeregt hat, einem viel bedeutet, sollte man in jedem Fall immer sofort die Konfrontation suchen. Derartige Auseinandersetzungen zeugen von Ehrlichkeit und schaffen Vertrauen, es ist etwas, was man aus Liebe tut. Wenn ich mich mit einem anderen Menschen auseinandersetze, beweise ich damit, daß ich meinen eigenen Wert kenne und Grenzen ziehe. Ich vertraue und schätze außerdem den anderen genug, um ihm zu sagen, was mit mir los ist.

Üben Sie Denken in Polaritäten

Denken in Polaritäten ist eine erlernte Denkfähigkeit und stellt das Gegenteil zum Denken in Extremen dar. Sie müssen dem Kind in sich dabei helfen, damit es lernt, in Alternativen zu denken. Keine Person oder Situation ist ausschließlich gut oder schlecht. Das Denken in Polaritäten erlaubt Ihnen, das Leben unter differenzierten Aspekten zu sehen. In der neuen Regel Nr. 5 haben Sie gelernt, sich mit den extremen Ansichten des Kindes in Ihnen auseinanderzusetzen. Ein solches Denken in Extremen hat verheerende Folgen für jede Beziehung zwischen erwachsenen Menschen. Es ist das gute Recht eines jeden Kindes, von seinen Eltern vorbehaltlose Liebe zu erwarten, aber kein erwachsener Mensch kann seinen Partner vorbehaltlos lieben. *Selbst die gesündeste Liebe unter Erwachsenen ist an Bedingungen geknüpft.* Als Erwachsener müssen wir bestimmte Bedingungen erfüllen, wenn wir uns gegenseitig lieben wollen. Kein Partner kann vollkommen sein, kein Partner ist immer lieb zu uns und wird immer für uns dasein. Jeder von uns wird sich hin und wieder einmal woanders umschauen. Man muß lernen, daß die Wirklichkeit aus *»sowohl/als auch«* besteht, das ist der Anfang aller Weisheit. Üben Sie, bei anderen Leuten *sowohl* das Positive *als auch* das Negative zu sehen. Es gibt kein Licht ohne Schatten, kein Geräusch ohne Stille, keine Freude ohne Schmerz, kein Festhalten ohne Loslassen.
Das Kind in uns macht gern Menschen zu Göttern. Es tut das, weil es sich dann beschützt fühlt. Wir müssen dem Kind in uns klarmachen, daß es keine gute Fee gibt. Immer wenn wir einen anderen zum Guru erklären, setzen wir uns selbst herab. Sagen Sie dem Kind in sich, daß Sie sein Guru sein wollen, so wie ich der weise, freundliche Zauberer für meinen kleinen John bin.

Üben Sie Regeln für eine fairen Streit

Mir gefallen die folgenden am besten:

1. Bleiben Sie in der Gegenwart. Streiten Sie sich über das, was gerade passiert ist, nicht über etwas, was schon fünfundzwanzig Jahre zurückliegt.

2. Rechnen Sie nicht auf. Das Kind in uns ist nachtragend und konfrontiert die Leute plötzlich mit weit zurückliegenden Vorfällen.

3. Halten Sie sich an konkrete, spezifische Einzelheiten, die das Verhalten betreffen. Das Kind in Ihnen kennt sich besser mit den Dingen aus, die es sehen, hören und anfassen kann. Wenn Sie jemandem sagen: »Du machst mich krank«, führt das zu nichts.

4. Seien Sie absolut ehrlich. Legen Sie mehr Wert auf Genauigkeit als auf Argumente.

5. Vermeiden Sie kritische, verurteilende Äußerungen, denn das sind nur Tarnungen Ihrer eigenen Scham. Bleiben Sie in der Ichform und benützen Sie das Bewußtseins-Modell.

6. Halten Sie sich an die Regel für gutes Zuhören, die besagt, daß Sie das wiederholen sollen, was der andere gesagt hat (wobei *er* mit Ihrer Wiederholung zufrieden sein muß). Erst dann sollten Sie antworten. Dem verletzten Kind in Ihnen hat selten jemand zugehört. Es ist schamgeprägt und befindet sich ständig in Abwehrstellung. Die Regel für das gute Zuhören wirkt wahre Wunder, vorausgesetzt, die Kontrahenten verpflichten sich, sie zu befolgen.

7. Streiten Sie sich nicht um Kleinigkeiten: »Du kommst fünfzehn Minuten zu spät.« »Nein, ich bin nur neun Minuten zu spät.« Das Kind in Ihnen streitet sich gern wegen Kleinigkeiten.

8. Verteidigen Sie Ihre Position, es sei denn, das Kind in Ihnen wird schlecht behandelt. Wenn das der Fall ist, sollten Sie sich *in jedem Fall* zurückziehen oder Hilfe suchen.

9. Ich bringe dem Kind in mir bei, dem Partner in einem Streit folgende Grenzen zu setzen: »Ich bin nicht dazu da, um mich an deinen Vorstellungen, Überzeugungen oder Erwartungen messen zu lassen. Ich lehne das kategorisch ab. Wenn wir uns streiten, stelle ich mich und streite auf eine faire Weise. Ich bitte dich, dasselbe zu tun. Wenn du in *irgendeiner Form* kränkend wirst, gehe ich.«

Üben Sie körperliches Abgrenzen

Ich bringe meinem Kind folgenden Satz bei, der sich auf die körperlichen Grenzen bezieht: »Ich habe das Recht zu bestimmen, von wem ich mich anfassen lassen will. Ich lasse die anderen Menschen wissen, wann und wie sie mich anfassen können. Ich kann mich jederzeit dem Körperkontakt entziehen, wenn ich mich dabei nicht mehr wohl fühle, ohne eine Erklärung abgeben zu müssen. Ich werde es nicht zulassen, daß einer meinen Körper verletzt, es sei denn, ich befände mich in Lebensgefahr.«

Üben Sie Widerspenstigkeit und Sturheit

Tun Sie das, vor allem dann, wenn Sie etwas ganz dringend haben wollen.

Üben Sie das Ändern Ihrer Meinung

Machen Sie das sechsmal am Tag, während Sie gleichzeitig die Übungen durchführen, die sich auf die Bedürfnisse des Kleinkinds in sich beziehen.

Übungen, die sich auf das Vorschulalter beziehen

Das Vorschulkind in Ihnen mußte verschiedene Aufgaben erfüllen. Es mußte zu einer Einschätzung seiner Kräfte kommen, um sich selbst definieren zu können. Als sich dann der Verstand und die Phantasie des Vorschulkindes entwickelten, fing es an, über seine Erlebnisse nachzudenken, stellte viele Fragen und zog einige Schlüsse, die sich auf seine Geschlechtsidentität bezogen. Es setzte seine Phantasie ein, um sich eine Vorstellung vom Leben der Erwachsenen zu machen. Es stellte sich vor, wie es wohl wäre, wenn man Vater oder Mutter wäre, wenn man arbeiten müßte oder sich sexuell betätigen würde.
Das Kind mußte sich zwangsläufig an den gleichgeschlechtlichen Elternteil binden, um sich selbst als Mann oder Frau lieben zu können.
Sowohl die männlichen als auch die weiblichen Vorschulkinder denken über vieles nach und fangen an, eine Art von Gewissen zu

entwickeln. Das führt dazu, daß sie erkennen können, daß manches richtig, anderes nicht richtig ist, und daraus entwickeln sich die ersten Schuldgefühle. Schuldgefühle sind die Wächter unseres Gewissens.

Üben Sie, Fragen zu stellen

Das verletzte Kind in uns operiert aus der Familiensituation heraus. Es akzeptiert das, was die Leute sagen, ohne weitere Erklärung. Es rätselt herum, stellt Vermutungen an, macht Analysen und wandert mit seinen Phantasievorstellungen durch das Leben. Manchmal tut das Kind so, als wüßte es alles, weil ihm früher beim kleinsten Fehler Vorwürfe gemacht worden sind. Sie müssen sich darüber klarwerden, daß das Kind in Ihnen völlig verwirrt ist. Hier ein paar Beispiele für Signale, mit denen das innere Kind seine Verwirrung ausdrückt: Ich bin über manche Dinge gleichzeitig glücklich und traurig; ich kann an zwei gegensätzliche Verhaltensweisen denken, und beide haben große Vorteile; ich weiß nicht genau, was jemand von mir will; ich weiß nicht genau, was ein anderer Mensch empfindet; wenn man mich fragt, was ich will, kann ich es nicht sagen.

Wenn das Kind in Ihnen verwirrt ist, schreiben Sie auf, was Sie so verwirrt. Ich bin zum Beispiel glücklich, weil eine Beziehung zu Ende ist. Ich bin aber auch traurig, daß sie zu Ende ist. Also frage ich mich: »Warum bin ich glücklich?« Die Antwort lautet, weil ich jetzt frei bin, eine neue Beziehung zu beginnen. Es ist gut, aus Routine auszubrechen. Ich bin traurig, weil ich mich an die schöne Zeit erinnere, die ich mit dieser Person verbracht habe. Ich kann mich aber auch an schlimme Zeiten mit ihr erinnern. Es ist also völlig in Ordnung, wenn man sich gleichzeitig glücklich und traurig fühlt; wir haben oft ein und derselben Person gegenüber unterschiedliche Gefühle. Indem ich Fragen aufschreibe, kann ich mir Klarheit verschaffen.

Wenn Sie verwirrt sind, weil Sie nicht genau wissen, was ein anderer Mensch will oder was er braucht, fragen Sie ihn so lange, bis Sie nicht mehr so verwirrt sind. Es kann sein, daß dieser andere Mensch selbst verwirrt ist und nicht genau weiß, was in ihm vorgeht.

Lernen Sie, viele Fragen zu stellen. Machen Sie dem Kind in sich klar, daß es nicht leicht ist, andere Menschen zu verstehen. Kein anderer Mensch versteht denselben Satz in derselben Weise. Es ist außerordentlich wichtig, daß Sie dem Kind in sich die Möglichkeit geben, Fragen zu stellen.

Üben Sie, klärende Gespräche zu führen

Einigen Sie sich mit Ihrem Partner darüber, daß Sie beide eine gewisse Zeit darauf verwenden wollen, Ihre Kommunikation zu verbessern. Üben Sie zwei Arten des Zuhörens: passives Zuhören wie ein Bandgerät und aktives Zuhören. Passives Zuhören bedeutet, daß man genau das wiederholt, was der andere gesagt hat. Ich benütze dabei die einfache Formulierung: »Du hast gerade blah, blah, blah gesagt, nicht wahr?«
Aktives Zuhören bedeutet, »mit den Augen zuzuhören«. Sie hören die Worte, aber Sie achten auch auf die Affekte (Zeichen für Gefühle) des Sprechers. Solche Affekte lassen sich an den Augenbewegungen, an den Lippen, am Atemrhythmus und an der Körperhaltung ablesen.
Beim *aktiven* Zuhören nehmen Sie nicht nur den *Inhalt*, sondern auch den *Prozeß* der Kommunikation in sich auf. Das Kind in Ihnen ist übrigens ziemlich geschickt, wenn es darum geht, bei anderen Menschen solche Prozesse wahrzunehmen, obwohl das bei ihm selbst ganz unbewußt abläuft.
Wenn Sie aktives Zuhören üben, werden Ihnen die Prozesse anderer Menschen *bewußter*. Wenn wir gut zuhören, fällt es uns auch leichter, zu erkennen, was der andere sagen will. Nur wenige von uns haben eine solche sorgfältige Art der Kommunikation in ihrer Ursprungsfamilie lernen können. Ich habe oft mit Leuten zu tun gehabt, die sich auf Vermutungen und ungeprüfte Annahmen verließen. Wenn derartige Phantasievorstellungen als Tatsachen angesehen werden, können daraus erhebliche Beziehungsprobleme entstehen.

Üben Sie, sich Ihre Gefühle bewußt zu machen

Denken Sie daran, daß Gefühle unsere primären biologischen Triebkräfte sind. Das, was Sie in einem bestimmten Augenblick fühlen, ist in diesem Augenblick der Kern Ihrer wahren Realität. Die Gefühle des Kindes in Ihnen waren so sehr durch krankhafte Scham gebunden, daß es kaum ein anderes Gefühl kannte. Hier sind ein paar Vorschläge, wie Sie das Kind in sich dazu ermuntern können, *Gefühle zu empfinden und sie auszudrücken, ohne Angst haben zu müssen.*

Konzentrieren Sie sich einundzwanzig Tage lang täglich dreißig Minuten lang nur auf das, was Sie empfinden. Um dem kleinen John dabei zu helfen, an seine Gefühle heranzukommen, habe ich eine Methode der Gestalttherapie verwendet: die Übertreibung. Wenn ich merke, daß ich traurig bin, mache ich ein ganz trauriges Gesicht und tue so, als ob ich weinen müßte. Wenn ich merke, daß ich wütend werde, drücke ich die Wut in übertriebener Weise mit meinem Körper aus: Ich balle die Fäuste, knirsche mit den Zähnen und gebe knurrende Laute von mir. Manchmal schlage ich auch mit der Faust auf ein Kissen.

Ich lasse meine Gefühle auch sprechen. Ich frage das Gefühl, was es sagen möchte. Dann sage ich es laut. Ich gebe dem kleinen John Gelegenheit, seine Gefühle so intensiv wie möglich auszudrücken.

Vergessen Sie nicht, diese Übungen auch auf Glücksgefühle und auf das Gefühl der Freude auszudehnen. Wenn Sie glücklich sind und lächeln, sollte Ihr Lächeln noch intensiver werden. Jauchzen Sie, wenn Sie sich freuen. Springen Sie in die Luft, tanzen Sie. Wenden Sie diese Methode immer dann an, wenn Ihnen ein Gefühl bewußt wird und wenn Sie sich in einer Umgebung befinden, in der das möglich ist.

Wenn Sie Musik hören oder einen Film im Fernsehen oder im Kino sehen, können dadurch starke Gefühle ausgelöst werden. Es kann sein, daß Sie davon überrascht werden, weil diese Gefühle in keinem Zusammenhang zu dem Auslöser zu stehen scheinen oder unverhältnismäßig stark sind. Unterdrücken Sie diese Gefühle nicht, sondern atmen Sie tief durch, und geben Sie sich ihnen voll hin. Übertreiben Sie es körperlich, so gut Sie können. Drücken Sie es auch sprachlich möglichst intensiv aus. Danach sollten Sie darüber nachdenken. Es ist sehr wichtig, daß Ihnen bewußt wird, daß Sie über Ihre Gefühle nachdenken, denn das Kind in Ihnen verwechselt häufig Gedanken mit Gefühlen. Geben Sie dem Gefühl einen Namen, damit das Kind in Ihnen Bescheid weiß. Bestätigen Sie das Gefühl und unterstützen Sie es, versichern Sie dem Kind in sich, daß es völlig in Ordnung ist, ein solches Gefühl zu haben.

Üben Sie, emotionale Grenzen zu ziehen

Ich bringe dem Kind in mir gern bei, daß es das Recht hat, selbst seine emotionalen Grenzen zu bestimmen. Ich drücke das so aus: »Gefühle sind nicht richtig oder falsch. Sie sind einfach da. Die Gefühle, die du mir entgegenbringst, haben etwas mit deiner seelischen Geschichte zu tun, die Gefühle, die ich dir entgegenbringe, mit meiner. Ich respektiere und schätze deine Gefühle und bitte dich, das gleiche zu tun. Ich lasse mich weder durch deinen Zorn noch durch deine Traurigkeit, deine Angst oder deine Freude manipulieren.«

Üben Sie, sexuelle Grenzen zu ziehen

Vorschulkinder sind in hohem Maß an der Frage ihrer Geschlechtsidentität interessiert, obwohl sie ansonsten in sexuellen Dingen noch nicht sehr bewußt sind. Lebensenergie ist sexuelle Energie. Sie bringt das Vorschulkind dazu, die Grenzen seiner Kraft zu entdekken, indem es sich selbst definiert und eine Identität findet. Die Geschlechtsidentität ist der Kern der wahren Identität. Sex ist nicht etwas, was wir haben, sondern etwas, was wir sind. Die Vorstellung von Sexualität, die das Kind in Ihnen hat, ist durch folgende Faktoren geprägt: Durch das Ausmaß der Intimität in der Ehe der Eltern, durch die Bindung an den gleichgeschlechtlichen Elternteil und durch die Ansichten der Eltern über Sexualität. Wenn Sie Ihre eigene Sexualität noch nicht wirklich analysiert haben, sollten Sie das jetzt tun. Das Kind in Ihnen ist vollgestopft mit elterlichen Geboten und Verboten, die sich auf die Sexualität beziehen. Es braucht Sie, damit Sie Ihre eigenen sexuellen Grenzen ziehen und sie nicht aus den Augen verlieren. Ich bin der Meinung, daß es sich lohnt, sie aufzuschreiben, denn beim Schreiben werden einem viele Dinge klarer. Um eine solche schriftliche Aufstellung machen zu können, sollten Sie zuerst eine Liste mit Ihren Ansichten über Sexualität zusammenstellen. Dazu gehören Punkte wie Häufigkeit des Verkehrs, günstige Zeiten, die Spielbreite erlaubten sexuellen Verhaltens, Gespräche über Sex, perverses Sexualverhalten, Vorspiel, männliches Sexualverhalten, weibliches Sexualverhalten. Schreiben Sie dann auf, woher Sie diese Ansichten haben. Wenn Sie zum Beispiel in der Spalte »perverses Sexualverhalten« oralen Sex aufgeführt haben, müssen Sie sich die Frage stellen, wer Ihnen gesagt hat, daß oraler Sex pervers ist. Wenn eine Antwort weder etwas mit Ihren eigenen Erfahrungen noch mit Ihren Präferenzen zu tun hat, kann es sein, daß Sie ein solches Verhalten gern einmal ausprobieren möchten. Wir helfen dem Kind in uns, wenn wir unsere Überzeugungen im Hinblick auf die Sexualität festigen und dafür sorgen, daß wir über ein gutinformiertes Gewissen verfügen. Dazu müssen wir sowohl die Erfahrungen als auch die Vernunft des Erwachsenen mit einbringen und darüber hinaus den kulturellen und spirituellen Traditionen, die uns überliefert worden sind, in vernünftiger Weise Rechnung tragen. Es erscheint mir offensichtlich, daß ein Mindestmaß an Normen vorhanden sein muß, damit die Ausbeutung und/oder Verletzung eines anderen Menschen ausgeschlossen ist. Das läßt eine große Spielbreite sexuellen Verhaltens zu, das zwischen erwachsenen Menschen ohne weiteres akzeptiert werden sollte. Jeder muß selbst entscheiden, wo seine sexuellen Grenzen liegen.

Ein Beispiel für eine schriftliche Festlegung der sexuellen Grenzen ist: »Ich will selbst entscheiden können, mit wem ich mich sexuell betätigen will. Ich habe das Recht, selbst zu bestimmen, wie, wann und wo ich mich mit einem anderen Menschen sexuell betätigen möchte. Ich lasse mich dabei einzig und allein von meinem Respekt vor der Würde meines Partners und vor meiner eigenen leiten. Deshalb würde ich auch nie etwas tun, das mich oder meinen Partner ausbeuten oder verletzen würde.«

Üben Sie, Ihre Phantasie zu befreien

Das Kind in uns ist oft ganz verzweifelt. Diese Verzweiflung ist darauf zurückzuführen, daß man seine Phantasie bereits in der frühen Kindheit erstickt hat. Möglicherweise hat man das Kind in Ihnen einen Träumer genannt, oder man hat ihm Schamgefühle beigebracht, wenn es seiner Phantasie freien Lauf ließ. Gönnen Sie sich regelmäßig die Zeit, um sich dreißig Minuten lang ruhig hinzusetzen und sich die neuen Möglichkeiten vorzustellen, die das Leben Ihnen jetzt bietet. Machen Sie eine »Phantastische Reise«. Stellen Sie sich vor, was Sie alles sein könnten. Leiten Sie diese Phantasien mit den Worten: »Was wäre, wenn…« ein. Schreiben Sie später Ihre Phantasien auf. Nach einer gewissen Zeit stellen Sie vielleicht fest, daß eine bestimmte Phantasievorstellung häufig wiederkehrt. Nehmen Sie sie ernst! Eine geschriebene Erklärung, in der Sie die Grenzen Ihrer Phantasie festlegen, könnte etwa so aussehen: »Ich kann und will mir meine Zukunft vorstellen, gleichgültig, wie eigenartig meine Vorstellungen dir vorkommen mögen.«

Akzeptieren Sie Ihre magischen Erwartungen

Magie ist etwas anderes als Phantasie. Phantasie ist ein Akt der Vorstellungskraft. Magie ist der Glaube, daß bestimmte Verhaltensweisen, Gedanken oder Gefühle tatsächlich etwas in der Welt bewirken können, obwohl in Wirklichkeit kein Zusammenhang zwischen Ursache und Wirkung besteht. »Sprich das Zauberwort«, ist eine weitverbreitete Redensart vieler Eltern, und das verletzte Kind in uns ist oft voller Magie. Sie glaubt, wenn sie nur eine perfekte Köchin und eine perfekte Sexualpartnerin wäre, würde ihr Mann aufhören, wie ein Besessener zu arbeiten, zu trinken oder zu spielen. Er glaubt, wenn er wie ein Besessener arbeitet und viel Geld verdient, würde sie automatisch glücklich sein.

»Versuchen« ist ein weiteres magisches Verhalten. Die verletzten Kinder in vielen von uns haben gelernt: *»Wenn du es nur versuchst und dich bemühst, brauchst du es nicht wirklich zu tun.«* In der Therapie heißt es: »Trying is dying« (Versuchen heißt sterben). Ich habe das oft erlebt, wenn ich einem Patienten in der Therapiesitzung eine Hausaufgabe aufgegeben habe. Ich hörte dann die zaghafte Stimme des Kindes in ihm sagen: »Ich werd's versuchen.« Ich weiß genau, daß das nichts anderes bedeutet, als daß er es nicht tun wird. Manchmal mache ich das anschaulich, indem ich dem Patienten sage: »Versuchen Sie einmal, von Ihrem Stuhl aufzustehen.« Wenn er dann aufsteht, sage ich: »Nein, setzen Sie sich hin und *versuchen* Sie, aufzustehen.« Nach ein paar Wiederholungen verstehen es die meisten. Man steht entweder auf oder nicht. Man versucht es nicht.

Das Heiraten ist für das Kind in uns oft ein magisches Ereignis. Es denkt: »Wenn ich erst einmal verheiratet bin, werden alle meine Probleme gelöst. Ich muß nur heiraten, dann werde ich glücklich.« Einen akademischen Grad erringen, ein Haus besitzen, ein Kind haben, einen Swimmingpool besitzen, sich verlieben und ein sechsstelliges Einkommen haben, all das sind weitere Formen magischer Vorstellungen.

Wenn Sie das Kind in sich beschützen wollen, müssen Sie jede einzelne dieser magischen Vorstellungen aus der Kindheit in Frage stellen. Das Leben ist schwierig; es gibt keinen Weihnachtsmann; niemand sagt »heile, heile Segen...«; *und es ist sehr häufig überhaupt nicht fair.*

Lernen Sie, sich selbst als Mann zu lieben

Für einen Mann ist es wichtig, sich auch als Mann zu fühlen, unabhängig davon, wie er sich sexuell orientiert hat. Ich glaube, daß das davon abhängt, ob der kleine Junge in uns von einem Mann geliebt worden ist. Viele von uns haben ihren Vater verloren, sind von ihm entweder tatsächlich oder seelisch verlassen worden. Der verletzte kleine Junge in uns hatte keinen Vater, an den er sich *binden konnte*, und hat sich deshalb auch nie von der Mutter lösen können. Ohne Vaterbindung hatte der kleine Junge in Ihnen nie die Möglichkeit, zu erleben, was es bedeutet, von einem Mann geliebt zu werden. Wie soll er sich da selbst als Mann lieben können? Folglich läuft er sofort zu mütterlichen Frauen, um sich trösten zu lassen, wenn ihm etwas weh tut; oder er versucht, bedürftige Frauen zu trösten, oder ein bißchen von beidem. Der Verlust des Vaters ist die Wunde des Mannes. Sie kann nicht von einer Frau geheilt werden.

Sie können diesen Verlust verarbeiten, indem Sie sich andere Männer suchen, die ein ähnliches Schicksal erlitten haben. Diese Art der Verbrüderung ist aber etwas anderes als die übliche männliche Kameradschaft, die viele von uns kennen, die im wesentlichen aus Rivalität und aus Angeberei besteht und die sich in den meisten Fällen auf Fraueneroberungen beschränkt. Die neue Art der Gemeinsamkeit erfordert einen Bruch mit den alten kulturellen Strukturen männlichen Verhaltens. Wir müssen uns unsere Verletzlichkeit eingestehen – und den anderen unsere Ängste und Enttäuschungen mitteilen. Wenn wir uns alle zu unserer Verletzlichkeit bekennen, fühlen wir uns in echter Liebe und Intimität einander verbunden. Und in einer solchen Gemeinschaft kann man sich geborgen fühlen, weil man das Bewußtsein hat, von einem Mann liebevoll akzeptiert zu werden. Erst wenn man diese Liebe und Wertschätzung verinnerlicht hat, fängt man an, sich selbst als Mann zu lieben.

In meinem Leben gibt es ein paar Männer, die mich wirklich lieben. Ich fühle mich ihnen eng verbunden. Bei ihnen kann ich verletzlich sein. Ich erzähle ihnen von meinen Ängsten; bei ihnen kann ich weinen; ich freue mich gemeinsam mit ihnen über meinen Erfolg. Sie sagen mir, daß sie mich lieben. Sie nehmen mich in den Arm. Ihre Liebe und die Gemeinsamkeit mit ihnen haben auf den kleinen John eine große Wirkung gehabt. Er fühlt sich inzwischen mehr als ein richtiger kleiner Mann. Ich selbst fühle mich als Mann.

Lernen Sie, sich als Frau zu lieben

Um sich als Frau lieben zu können, muß das kleine Mädchen in Ihnen von einer Frau geliebt worden sein. Das hat nichts mit Ihrer sexuellen Orientierung zu tun, sondern mit Ihrer Seinsqualität. Über die schweren Störungen der Mutterbeziehung, die zahlreiche Menschen erlebt haben, ist schon viel geschrieben worden. Solche Störungen wirken sich besonders auf die Töchter aus. Das Scheitern der Mutter ist hauptsächlich auf ein Scheitern der Ehe im Hinblick auf die Intimität zurückzuführen. Die Mutter ist aus diesem Grund frustriert und einsam. Es kann sein, daß sie sich dem Sohn zuwendet, ihn zu ihrem »kleinen Mann« macht und die Tochter ablehnt. Oder sie wendet sich der Tochter zu und benützt sie, um ihre innere Leere auszufüllen. In einer solchen Verstrickung wird die Tochter niemals um ihrer selbst willen geliebt werden. Sie findet keinen Widerhall und kann daher auch kein Gefühl für ihr Selbst entwikkeln. Sie übernimmt das einsame, schamgeprägte Selbst der Mutter, die sich vergeblich nach der Liebe ihres Mannes sehnt.

Wenn einem kleinen Mädchen die gesunde mütterliche Liebe fehlt, weist die Entwicklung seiner sexuellen Identität entscheidende Mängel auf. Deshalb sind auch so viele Frauen von dem magischen Glauben besessen, sie wären nur dann richtige Frauen, *wenn sie von einem Mann geliebt werden*. Wenn die Beziehung zu einem Mann zu Ende ist, geraten sie in Panik und stürzen sich sofort in die nächste Männerbeziehung, um sich wieder als Frau fühlen zu können. Wenn Ihnen das vertraut vorkommt, sollten Sie dem Kind in sich Gelegenheit geben, die Liebe einer Frau zu erfahren. Suchen Sie sich zwei oder drei Frauen, die bereit sind, gemeinsam mit Ihnen verletzlich zu sein. Versuchen Sie aber nicht, sich gegenseitig zu therapieren. Helfen Sie einander nur bei dem Versuch, sich selbst zu verwirklichen. Es gibt schon viele solcher Verbindungen von Frauen, deren Gemeinsamkeit die Verletzlichkeit ist. Aber allzuoft fühlen sich diese Frauen einander nur deshalb verbunden, weil sie alle Opfer sind. Die kleine Frau in Ihnen muß wissen, daß Sie sie unter Ihre Obhut nehmen, damit sie unabhängig werden kann, und daß sie es mit Ihrer Hilfe und der Unterstützung Ihrer Frauengruppe schaffen kann, daß sie nicht *unbedingt* einen Mann braucht, um glücklich werden zu können. Es kann sein, daß sie einen Mann in ihrem Leben haben *möchte*, um ihren natürlichen Trieb nach sexueller Liebe und der Bindung an einen Mann zu befriedigen. Aber sie kann das am besten erreichen, wenn sie selbständig und unabhängig ist. Ihre Frauengruppe wird Ihnen bei der Verfolgung dieses Ziels zur Seite stehen.

Akzeptieren Sie Ihre krankhafte Scham

Wir brauchen, wie schon gesagt, unsere gesunden Schuldgefühle, um unser Gewissen auszubilden und die Grenzen unseres Verhaltens bestimmen zu können. Ohne sie wären wir Soziopathen. Das verletzte Kind in uns leidet aber unter einer großen Menge krankhafter Schuldgefühle, die ihm das Recht absprechen, ein einmaliges, individuelles Wesen zu sein. Dadurch wird die seelische Verletzung noch verschlimmert.

Krankhafte Schuldgefühle kommen in zwei Variationen vor. Die eine ist auf das Leben in einem gestörten Familienverband zurückzuführen. In einer solchen Familie ist jeder einzelne in einer starren Rolle gefangen, die der Stabilisierung des Systems dient. Wenn jemand versucht, seine Rolle aufzugeben, fällt die ganze Familie über ihn her und vermittelt ihm Schuldgefühle. Wenn ein Mitglied versucht, die Familie zu *verlassen* und sich auf die eigenen Füße zu stellen, wird es ebenfalls mit Vorwürfen überhäuft. Am besten setzt man sich damit auseinander, indem man dem verletzten Kind in sich hilft, die starren Rollen des Familienverbands aufzugeben. Wenden Sie die Methoden an, die ich im zehnten Kapitel (Seite 259ff.) beschrieben habe.

Die zweite Form der Schuldgefühle entsteht durch den Zorn, der sich gegen die eigene Person richtet. Das verletzte Kind in Ihnen war oft wütend auf die Eltern, konnte diese Wut aber nie zum Ausdruck bringen. Stellen Sie sich folgende Situation vor:

Man hat dem dreijährigen Farquhar gesagt, es sei Zeit, ins Bett zu gehen. Er ist in ein Spiel vertieft, das ihm ungeheuren Spaß macht. Er sagt zu seiner Mutter: »Nein, ich will noch nicht.« Die Mutter nimmt ihn und bringt ihn ins Bett. Er brüllt, bekommt einen

Wutanfall und schreit: »Ich hasse dich!« Als sein Vater das hört, springt er auf und greift sich den kleinen Farquhar. Mit strenger Miene macht er ihm klar, daß er sich gerade gegen das vierte Gebot versündigt hat: »Du sollst Vater und Mutter ehren.« Daraufhin geht es dem kleinen Farquhar sehr schlecht. Er hat sich gegen Gott versündigt. Jetzt ist er wütend und hat gleichzeitig Schuldgefühle. Im Lauf der Jahre wird er zur Linderung der Schmerzen, die ihm seine Schuldgefühle bereiten, immer das tun, was seiner Meinung nach von ihm erwartet wird – aber er wird immer ein Gefühl des Grolls dabei haben.

Wenn man solche Schuldgefühle verarbeiten will, muß man den Zorn, der sich hinter ihnen verbirgt, direkt zum Ausdruck bringen. Benützen Sie die Technik der Phantasievorstellungen, die ich auf Seite 303f. beschrieben habe, um Ihren alten Zorn abzureagieren. Sie können sich auch von dem Elternteil, der Ihnen die Schuldgefühle vermittelt hat, lossagen, indem Sie Ihren Urschmerz verarbeiten und Trauerarbeit leisten; auch dann werden Sie eine Besserung spüren.

Wenn Sie sich bewußt machen, wie die krankhaften Schuldgefühle in Ihnen entstanden sind und welche besonderen Vorfälle dafür verantwortlich waren, können Sie die Arbeit daran noch weiter intensivieren. Machen Sie sich eine Liste der Ereignisse, die in Ihrer Kindheit stattgefunden haben und bei denen Sie Schuldgefühle empfanden. Vergleichen Sie Ihr Verhalten mit dem Verhalten anderer Kinder der Altersstufen, die ich im zweiten Teil dieses Buches beschrieben habe. In den meisten Fällen werden Sie feststellen, daß Sie sich *altersgemäß* verhalten haben – Ihr *normales* Verhalten wurde verdammt und als böse bezeichnet. Bearbeiten Sie diese Ereignisse in Ihrer Phantasie, und behaupten Sie sich. Der kleine Farquhar könnte zum Beispiel sagen: »Hört mal zu, ich bin ein ganz normales dreijähriges Kind, das gerne spielt. Ich versuche, meine Grenzen selbst zu bestimmen. Ich bin wütend auf euch, weil ihr mir den Spaß verderbt.«

Schließlich möchten Sie wahrscheinlich Ihr Augenmerk auf die Schuldgefühle richten, die dadurch entstanden sind, daß man Sie verletzt und mißbraucht hat. Das egozentrische Kind in Ihnen hat in den meisten Fällen die Verletzungen, die ihm zugefügt wurden, auf sich bezogen. Das trifft in dramatischer Weise auf diejenigen zu, die als Kind Opfer eines Inzests geworden sind oder die man geschlagen hat:

Denken Sie außerdem einmal darüber nach, welche Schuldgefühle man Ihnen vermittelt hat, die etwas mit den Bedürfnissen des Familienverbandes zu tun hatten. Einer meiner Klienten war dadurch, daß der Vater die Mutter verlassen hatte, zwangsläufig zum Versorger seiner Mutter geworden. Das Kind in ihm fühlt sich jedesmal schuldig, wenn der Mutter etwas fehlt. Er berichtete mir, daß er sich jedesmal, wenn er in einer besonders schwierigen Situation ist, fragt, was die Mutter wohl machen würde, wenn sie in diese Situation geraten würde. Das Kind in ihm fühlte sich nur dann wohl, wenn es wußte, daß es seiner Mutter gutging. Da das selten der Fall ist, leidet er die meiste Zeit unter Schuldgefühlen.

Eine andere Klientin mußte die Ehe der Eltern zusammenhalten. Sie hatte schwere Eßstörungen, die zum erstenmal auftraten, als ihre Mutter ein Verhältnis mit einem anderen Mann begann und der Vater mit Scheidung drohte. Als ihre Magersucht sich verschlimmerte, rückten Vater und Mutter in der Sorge über ihren kritischen Zustand wieder enger zusammen. Als ich mit ihr sprach, stellte sich heraus, daß sie sich für alles, was in ihrem Leben passiert war, schuldig fühlte. Vor allem aber hatte sie Schuldgefühle, weil die Eltern sich scheiden lassen wollten. Sie glaubte, für die Ehe der Eltern verantwortlich zu sein.

In beiden Fällen ist es außerordentlich wichtig, den Urschmerz zu verarbeiten, wie es im zweiten Teil dieses Buches beschrieben wird. Sie müssen dem Kind in sich ständig klarmachen, daß es für die Störungen der Eltern nicht verantwortlich ist.

Übungen für das Schulkind in Ihnen

Als das Kind in Ihnen zur Schule ging, verließ es die Enge des Elternhauses und begab sich auf den Weg in eine größere Familie, in die Gesellschaft. Um diese gesunde Anpassung leisten zu können, mußte es zwei wichtige Aufgaben erfüllen. Die erste bezog sich auf die Entwicklung sozialer Fähigkeiten: auf die Interaktion und Kooperation mit der Gruppe der Gleichaltrigen und auf den gesunden Ehrgeiz, der es in die Lage versetzt, sich über einen Sieg zu freuen und eine Niederlage verkraften zu können.

Die zweite Aufgabe bezieht sich auf das notwendige Erlernen der soziokulturellen Fähigkeiten, die für den späteren Beruf und das ökonomische Überleben unerläßlich sind.

Außerdem mußte das Kind in Ihnen lernen, daß die Menschen außerhalb der eigenen Familie oft ganz anders sind. Sie gehören anderen ethnischen, religiösen, politischen oder sozioökonomischen Gruppierungen an. Es mußte seine eigene, individuelle Identität angesichts der großen Unterschiede, die es bei seinen Interaktionen mit der Gesellschaft erlebte, finden.
Wenn Sie das Gefühl haben, daß das Schulkind in Ihnen verletzt worden ist, sollten Sie die folgenden Übungen machen.

Stellen Sie eine Liste Ihrer allgemeinen Fähigkeiten zusammen

Schreiben Sie die Fähigkeiten auf, über die Sie bereits verfügen. Machen Sie dann eine Liste mit den Fähigkeiten, über die Sie noch nicht verfügen – Fähigkeiten, die Ihnen das Leben leichtermachen würden. In meinem Fall wünschte ich, ich hätte mich mehr mit der Grammatik meiner Muttersprache beschäftigt. In der Schule bin ich nur deshalb zurechtgekommen, weil ich ein sehr gutes Gedächtnis habe. Wenn Sie mein erstes Buch gelesen haben, wissen Sie, welche Schwierigkeiten ich mit der Grammatik habe. Dazu kommt, daß ich technisch völlig unbegabt bin. (Ich kann eine Glühbirne einschrauben, das ist aber auch alles.)
Suchen Sie sich ein Gebiet aus, das Ihnen den größten Nutzen bringt, und belegen Sie entweder einen entsprechenden Kurs oder lassen Sie sich diese bestimmte Fertigkeit von einem anderen Menschen beibringen.
Es ist außerordentlich wichtig, daß Sie Ihrem verletzten inneren Kind immer wieder klarmachen, wieviel im Leben von solchen Fertigkeiten abhängt. Das Kind glaubt nämlich oft, andere Leute wären so erfolgreich, weil sie irgendwelche »magischen Kräfte« besäßen. Wir müssen dem verletzten Kind in uns klarmachen, daß uns andere Menschen oft überlegen sind, weil sie bessere Vorbilder und als junge Menschen mehr Übungsmöglichkeiten hatten. Sagen Sie ihm immer wieder, daß ihm manche Fertigkeiten nur deshalb fehlen, weil niemand sie ihm beigebracht hat. Jetzt, wo es Sie als Beschützer hat, kann es so etwas lernen. Ich kenne eine Frau, deren inneres Kind befreit worden ist, als die Erwachsene sich mit der Scham vermittelnden, inneren Stimme auseinandergesetzt hat, die immer sagte: »Ich glaube, ich bin für Männer einfach nicht attraktiv.« Sie hat darauf geantwortet: »Du hast bloß nie gelernt, zu

flirten und einem Mann zu zeigen, daß du dich für ihn interessierst.« Diese neue Methode gab ihrem inneren Kind das Selbstvertrauen, eine erfahrene Frau um Rat zu bitten. Sie hatte einen außerordentlich vergnüglichen Abend und bekam eine Menge Tips, die sich lohnten.

Stellen Sie eine Liste Ihrer sozialen Fähigkeiten zusammen

Stellen Sie eine Liste der sozialen Fähigkeiten zusammen, die Sie lernen müssen. Solche Fähigkeiten machen es Ihnen leichter, auf gesellschaftliche Veranstaltungen zu gehen, im Büro besser zurechtzukommen, Leute kennenzulernen, sich in der Politik besser auszukennen, ein besserer Gesprächspartner zu sein und so weiter. Nehmen Sie sich eine Fähigkeit nach der anderen vor, und suchen Sie sich einen Menschen, der Ihnen im Hinblick auf diese Fähigkeit als Vorbild dienen kann. Beobachten Sie ihn, machen Sie sich Notizen.

Achten Sie auf jede Einzelheit. Wenn Sie eine Reihe von Daten über das gesammelt haben, was dieser Mensch tut, sollten Sie sich fünfzehn bis dreißig Minuten hinsetzen und sich vorstellen, er würde genau das tun, was Sie gern tun würden. Konzentrieren Sie sich dabei auf möglichst kleine Verhaltenseinheiten. Beobachten Sie, wie er das macht, und bilden Sie dann einen Anker. Während Sie den Anker festhalten, sehen Sie sich selbst, wie Sie das gleiche tun. Nehmen Sie die nächste Verhaltenseinheit, und wiederholen Sie die ganze Prozedur. Machen Sie das ungefähr eine Woche lang. Stellen Sie sich dann vor, Sie würden die gesamte Verhaltenssequenz ablaufen lassen. Üben Sie das ein paar Tage lang, und probieren Sie es dann aus. Sie können diese Methode immer dann anwenden, wenn Sie neue soziale Verhaltensweisen lernen wollen. Sie ist eine Variation der Übung der N. L. P., die Sie schon einmal gemacht haben.

Gewinnen Sie Klarheit über Ihre Wertvorstellungen

Ihre Wertvorstellungen sind Ihre intellektuellen Grenzen. Das Kind in Ihnen weiß häufig nicht, was es glauben soll, denn es hat sowohl in der weltlichen als auch in der kirchlichen Schule eine Gehirnwäsche erlebt.

Das Buch *Values Clarification* von Sidney Simon, Leland Howe und Howard Kirschenbaum ist ein Klassiker auf diesem Gebiet. Die Autoren sagen, daß ein Wert erst dann ein Wert ist, wenn er folgende sieben Elemente enthält:

1. Er muß frei gewählt worden sein.
2. Es muß Alternativen zu ihm geben.
3. Sie müssen sich über die Konsequenzen Ihrer Entscheidung im klaren sein.
4. Wenn Sie sich einmal zu diesem Wert bekannt haben, müssen Sie ihn schätzen und in Ehren halten.
5. Sie müssen bereit sein, sich öffentlich zu ihm zu bekennen.
6. Er ist die Maxime Ihres Handelns.
7. Er ist dauerhaft und muß immer wieder die Maxime Ihres Handelns sein.

Machen Sie sich eine Liste der Werte, die Sie selbst am meisten schätzen – sozusagen Ihre persönlichen zehn Gebote. Überprüfen Sie anschließend Ihre Werte, und stellen Sie fest, wie viele von ihnen den oben aufgeführten Kriterien genügen.
Als ich diese Übung zum erstenmal machte, war ich schockiert und etwas deprimiert. Sehr wenig von dem, zu dem ich mich bekannte, stellte tatsächlich einen Wert dar.
Wenn Sie diese Kriterien anwenden, arbeiten Sie an Ihrer eigenen Wertbildung. Sie können das behalten, was Sie haben, und damit beginnen, das zu verändern, was Sie nicht haben wollen. Für Sie und das Kind in Ihnen kann das eine außerordentlich interessante Aufgabe sein.

Üben Sie, Ihre intellektuellen Grenzen zu ziehen

Es ist wichtig, dem Kind in Ihnen beizubringen, folgendes zu sagen:

> Ich habe ein Recht darauf, an das zu glauben, an das ich glaube. Ich muß nur die Verantwortung für die Konsequenzen meines Glaubens tragen. Alle Überzeugungen betreffen immer nur einen Ausschnitt des Lebens. Jeder von uns sieht die Dinge aus seiner individuellen, beschränkten Sicht.

Es ist wichtig, zu gewinnen; genauso wichtig ist es aber auch, mit Anstand verlieren zu können. Ich kann mich an einen Abend erinnern, an dem ich mit meiner Familie Karten gespielt habe. Wir spielten um Geld, und als die Einsätze höher wurden, begann meine Schwiegermutter zu regredieren. Als sie einen der höchsten Einsätze des Abends verloren hatte (ungefähr zwei Dollar), warf sie die Karten hin und stieg aus. Und das als Siebenundsiebzigjährige! Offensichtlich hatte das Spiel bei ihr eine spontane Altersregression ausgelöst. In einer Welt, in der dem Gewinnen eine derart übertriebene Bedeutung beigemessen wird, trifft es uns empfindlich, wenn wir einmal verlieren. Ich kann mich erinnern, daß ich selbst aus einem Spiel mit meinen Kindern aussteigen wollte. Jedesmal, wenn ich wieder einmal verloren hatte, wurde ich noch wütender – und das, obwohl ich schließlich auch schon zweiundvierzig Jahre alt war!

Es ist gut, wenn man mit einer Gruppe ein Spiel spielt, bei dem alle gewinnen können (zum Beispiel, wenn man gemeinsam ein Kreuzworträtsel löst). So etwas ist auch sehr nützlich, wenn man Leute im Geschäftsleben zur Teamarbeit erziehen will.

In der Berufswelt ist der Konkurrenzkampf sehr oft gnadenlos, was dazu führen kann, daß das Kind in uns in Versuchung gerät, das Handtuch zu werfen. Sie müssen aufpassen, daß es keine Depressionen bekommt, wenn es in Ihrem Büro beispielsweise mit Vetternwirtschaft konfrontiert wird. Sie müssen von Anfang an damit rechnen, daß es auch in der Berufswelt so etwas wie eine Geschwisterrivalität gibt und daß Situationen entstehen können, die an die Schule erinnern, wo sich einer beim Lehrer beliebt gemacht hat. Sie müssen dann der starke Beschützer Ihres inneren Kindes sein. Dabei kann es hilfreich sein, wenn Sie die Ziele Ihrer Arbeit möglichst genau definieren. Werden Sie sich klar darüber, was Sie erreichen und was Sie dafür tun wollen, und machen Sie sich dann an die Arbeit. Vergessen Sie dabei aber nicht, daß Sie das Kind in sich bei jedem Schritt, den Sie tun, beschützen müssen.

Situationen, in denen man gewinnt, sind die einzigen, die bei allen Menschen funktionieren. Versuchen Sie, Ihr Leben so einzurichten, daß Sie häufig in den Genuß solcher Gewinnsituationen kommen. Dem Kind in Ihnen wird das sehr gefallen.

Üben Sie Verhandlungen und Diskussionen

Das verletzte Kind in Ihnen möchte das, was es will, immer direkt haben. Es geht davon aus, daß es immer recht hat. Der Erwachsene in Ihnen muß ihm beibringen, daß Kompromisse und Kooperationsbereitschaft die Voraussetzungen für das Zusammenleben und für eine glückliche Beziehung sind. Kinder sind bereit zu kooperieren, wenn sie erleben, welche *Ergebnisse ein Kompromiß* bringt. Die meisten verletzten Kinder haben nie erlebt, wie ein Konflikt auf eine gesunde Weise gelöst wird. Die Regel der *Unvollkommenheit* dominiert in allen gestörten, schamgeprägten Familien. Und diese Unvollkommenheit bedeutet, daß der gleiche Streit sich über Jahre hinziehen kann. Sie können lernen, Meinungsverschiedenheiten als Motor für neue, expansive Ideen zu benützen. Diskussionen und Streitigkeiten sind Werkzeuge, die uns helfen können, herauszufinden, welchen Weg ein Mensch einschlagen sollte. Es ist gut, wenn man sich bei einer Diskussion an gewisse Regeln hält, und man sollte unbedingt einen Schiedsrichter haben. Bilden Sie eine Dreiergruppe, und üben Sie das Diskutieren von Themen, bei denen Sie sich nicht einig sind. Halten Sie sich an die Regeln für gutes Zuhören, und formulieren Sie Ihre Aussagen immer in der verantwortungsbewußten Ichform. Streben Sie einen Kompromiß an. Sorgen Sie dafür, daß Ihre Einigung immer die Möglichkeit enthält, das Thema noch einmal zu behandeln. Das heißt, daß beide Parteien die Diskussion nach Ablauf einer gewissen Zeit wieder aufnehmen können, wenn sich herausstellen sollte, daß eine Partei mit dem Ergebnis des Gesprächs doch nicht so ganz einverstanden ist. Versuchen Sie trotzdem, sich durchzusetzen.

Erfolgreiche Verhandlungen vermitteln dem Kind in Ihnen das positive Gefühl, mit Konflikten umgehen zu können. Es erlebt, daß ein Konflikt kein schreckliches, traumatisches Ereignis, sondern für die Gesundheit einer jeden Intimbeziehung von entscheidender Bedeutung ist. In jedem von uns steckt ein wunderbares, einzigartiges und kostbares Kind, es ist daher unvermeidlich, daß zwei so einzigartige Wesen in Streit miteinander geraten. Damit muß man rechnen. Dadurch, daß wir unsere Konflikte lösen, machen wir aus unserem Leben ein aufregendes Abenteuer.

In diesem Abschnitt haben wir die Heimkehr im Hinblick auf die vier dynamischen Elemente einer jeden guten Therapie betrachtet. Wir nehmen das göttliche Kind in uns unter unsere Fittiche und lassen es in den Genuß unserer *Macht* als Erwachsene kommen, eine Macht, die es dem Kind gestattet, sich von den alten, neurotischen Regeln zu befreien, und die neuen, besseren zu erleben. Diese neuen Regeln stellen das Wesen einer fürsorglichen, liebevollen Disziplin dar, die nötig ist, um die egozentrische Einstellung des Kindes in die Schranken zu weisen und an seine spirituelle Kindlichkeit appellieren zu können. Diese Kindlichkeit muß *beschützt* werden, damit wir unserer gesamten kreativen Energie durch das *Üben* dieser korrektiven Erlebnisse zum Durchbruch verhelfen können. Unsere kreative Energie liegt in dem wunderbaren Kind in uns verborgen, dem wir uns jetzt widmen wollen.

Übung, um sich aus der Verstrickung mit Ihrem Elternhaus befreien zu können

Ich verwende diese Übung im Zusammenhang mit den Rollen, die Menschen in gestörten Familiensystemen spielen und die ich bereits beschrieben habe. Zu ihnen zählen Bindungen, die die Generationen überschreiten und oft von seelisch-sexuellem Mißbrauch begleitet sind.
Ich habe die Übung von Connairae und Steve Andreas übernommen, so wie sie in ihrem Buch *Heart of the Mind* dargestellt ist. Sie sollten die Übung entweder auf Band aufnehmen, oder einen Therapeuten, einen guten Freund oder ein Mitglied Ihrer Therapiegruppe bitten, Ihnen bei den einzelnen Schritten zu helfen. Nehmen Sie sich für die gesamte Übung etwa dreißig Minuten Zeit. Ziehen Sie sich an einen ruhigen Ort zurück, an dem Sie nicht gestört werden, und führen Sie die gesamte Übung *im Stehen* durch. Machen Sie an den Stellen, die durch Punkte gekennzeichnet sind, jeweils eine Pause von dreißig Sekunden.

Erster Schritt: Verstrickung mit einem Elternteil

Schließen Sie die Augen, und konzentrieren Sie sich auf Erinnerungen, die Sie an den Elternteil haben, bei dem das Gefühl der Verstrickung am stärksten ist. In Ihrer Vorstellung müssen Sie die Person wirklich sehen, fühlen oder hören können. Stellen Sie sich vor, daß sich diese Person in ganz besonders attraktiver Weise verhält. *Ihr Unbewußtes weiß ganz genau, wie dieses Verhalten aussieht…*

Vertrauen Sie Ihrem Instinkt, und akzeptieren Sie das, was Ihnen zuerst einfällt. Wenn Sie sich den Elternteil nicht vorstellen können, tun Sie einfach so, als wäre er oder sie anwesend.

Zweiter Schritt: Empfinden der Verstrickung

Sie sehen jetzt Ihr verletztes Schulkind neben diesem Elternteil stehen... Achten Sie genau darauf, was das Kind trägt... Sie hören, wie es mit dem Elternteil spricht... Lassen Sie sich jetzt in den Körper des Kindes gleiten, und betrachten Sie den Elternteil mit den Augen des Kindes... Betrachten Sie ihn aus verschiedenen Blickwinkeln... Achten Sie darauf, wie die Stimme Ihres Vaters oder Ihrer Mutter klingt... wie die Person riecht... Gehen Sie jetzt zu Ihrem Vater oder Ihrer Mutter, und umarmen Sie sie... Was haben Sie dabei für ein Gefühl?... Haben Sie irgendwie das Gefühl, daß der Kontakt zu diesem Elternteil zu eng ist?... Wie erleben Sie den Kontakt?... In welcher Weise fühlt sich Ihrer Meinung nach Ihr Vater oder Ihre Mutter Ihnen verbunden?... Ist es eine körperliche Verbundenheit? Bezieht sie sich auf einen bestimmten Teil Ihres Körpers? (Viele erleben diese Verbindung im Unterleib, im Magen oder in der Brust.) Gibt es zwischen Ihnen ein Band oder irgend etwas anderes, was sie verbindet? Werden Sie beide von einem Gummiband zusammengehalten? Erleben Sie das Wesen dieser Verbindung möglichst genau.

Dritter Schritt: Vorübergehender Ausbruch aus der Verstrickung

Betrachten Sie die Verbindung einen Augenblick... Nehmen Sie sich Zeit, um sie genau zu erkennen. Wenn Sie mit einem Band verbunden sind, stellen Sie sich vor, Sie würden dieses Band mit einer Schere zerschneiden... Wenn Sie mit dem Körper Ihres Vaters oder Ihrer Mutter verbunden sind, stellen Sie sich vor, Sie würden Ihre beiden Körper mit einem Laserstrahl aus goldenem Licht voneinander trennen, der die Wunde gleichzeitig sofort wieder heilt... Sie werden bei dieser Trennung ein unangenehmes Gefühl haben... Das ist ein Zeichen dafür, daß diese Verbindung in Ihrem Leben einen wichtigen Zweck erfüllt hat. Denken Sie daran, daß Sie sie nicht wirklich lösen. Sie erleben nur, was es für ein Gefühl ist, sich vorübergehend zu trennen.

Vierter Schritt: Die Entdeckung der positiven Bedeutung der Verstrickung

Fragen Sie sich jetzt: Was bekomme ich wirklich von diesem Elternteil, um meine elementaren Bedürfnisse zu befriedigen?... Was erwarte ich eigentlich wirklich von diesem Elternteil?... Warten Sie so lange, bis Sie eine Antwort erhalten, die Sie in der Tiefe Ihrer Seele berührt – zum Beispiel Sicherheit, Geborgenheit, Schutz, das Gefühl, daß Sie ein wertvoller, liebenswerter Mensch sind... Stellen Sie die Verbindung zu Ihrem Elternteil wieder her.

Fünfter Schritt: Einsetzen Ihrer Macht als Erwachsener

Wenden Sie sich jetzt nach links oder nach rechts, und sehen Sie sich als weisen, freundlichen Zauberer (oder als starkes Ich auf dem Höhepunkt der Selbstverwirklichung). Werden Sie sich der Tatsache bewußt, daß dieses ältere Ich in der Lage ist, Ihnen das zu geben, was Sie brauchen und was Sie Ihrer Meinung nach nur von dem Elternteil bekommen konnten, mit dem Sie in der Verstrickung gelebt haben. Schauen Sie sich Ihr erwachsenes Selbst einmal genau an... Achten Sie darauf, wie dieser Teil Ihres Selbst aussieht, sich bewegt und wie seine Stimme klingt. Gehen Sie zu ihm hin, und umarmen Sie Ihr erwachsenes Selbst... Spüren Sie seine Kraft... Machen Sie sich klar, daß das Schlimmste, vor dem Sie immer Angst gehabt haben, bereits geschehen ist... Sie sind verletzt und alleingelassen worden... aber der erwachsene Teil Ihres Selbst hat es trotzdem geschafft... er hat überlebt und ist lebensfähig.

Sechster Schritt: Veränderung der Bindung an einen Elternteil in eine Bindung an sich selbst

Wenden Sie sich jetzt wieder dem Elternteil zu, mit dem Sie in einer Verstrickung leben... Sehen und fühlen Sie die Bindung... Trennen Sie die Verbindung, und verbinden Sie sie auf die gleiche Weise sofort wieder mit Ihrem erwachsenen Selbst, so wie Sie vorher mit Ihrem Vater oder Ihrer Mutter verbunden waren... Genießen Sie die Verbindung mit jemandem, auf den Sie sich hundertprozentig verlassen können: auf sich selbst. Danken Sie Ihrem erwachsenen Selbst, daß es für Sie da ist. Freuen Sie sich darüber, daß Sie jetzt von Ihrem erwachsenen Selbst das bekommen, was Sie vorher von Ihrem Elternteil erwartet haben. Ihr erwachsenes Selbst ist die Person, die Sie nie verlieren können.

Siebter Schritt: Respektieren der Eltern

Betrachten Sie jetzt den Elternteil, mit dem Sie in der Verstrickung gelebt haben, und machen Sie sich bewußt, daß auch er eine Wahl hat. Er kann das durchschnittene Band mit seinem eigenen erwachsenen Selbst verbinden. Denken Sie daran, daß Ihr Vater oder Ihre Mutter die gleichen Möglichkeiten haben, ihr inneres Kind und ihre Ganzheit wiederzugewinnen wie Sie. Sie werden sogar feststellen, daß Ihr Vater oder Ihre Mutter, die mit Ihnen in dieser Verstrickung gelebt haben, ohne eine Lösung der Bindung an Sie keine Chance gehabt haben, zu ihrer wahren Ganzheit zu finden... Wenn Sie Ihrem Vater oder Ihrer Mutter die Gelegenheit bieten, ihre Ganzheit zu finden, beweisen Sie Ihnen, daß Sie sie lieben. Machen Sie sich außerdem klar, daß Sie jetzt zum erstenmal die Gelegenheit haben, eine echte Beziehung zu diesem Elternteil aufzunehmen.

Achter Schritt: Die Beziehung zum eigenen Selbst

Lassen Sie sich jetzt wieder in Ihren eigenen Körper zurückgleiten... Spüren Sie die Verbindung zu dem verletzten Schulkind in Ihrem Inneren. Machen Sie sich bewußt, daß Sie dieses Kind jetzt lieben und beschützen und ihm das geben können, was es von seinem Vater oder seiner Mutter nicht bekommen hat.

Beenden Sie Ihren Mythos oder Ihr Märchen

Als letzte Übung sollten Sie jetzt das Märchen zu Ende bringen, das Sie geschrieben haben, als Sie Ihr Schulkind zurückgewonnen haben (Seite 206ff.). Beginnen Sie mit den Worten *Und dann...* Meine Geschichte endete folgendermaßen:

Und dann hörte Farquhar Jonis Stimme. Er war so davon berührt, daß er sich schwor, jeden Tag eine Zeit der Stille einzurichten, um Joni zuhören zu können. Als erstes sagte Joni ihm, er solle sich eine Gruppe von Leuten suchen, die auch verletzt worden waren und jetzt das Geheimnis der Elfen praktizierten. Sie hatten sich dem Prinzip der Liebe verschrieben. Und das bedeutete, daß sie die Befriedigung ihrer Bedürfnisse aufschoben, verantwortungsvoll handelten, immer die Wahrheit sagten, koste es, was es wolle, und ein ausgeglichenes Leben führten.

Farquhar wurde mit offenen Armen empfangen. Sehr bald konnte auch er sein Elfen-Ich in den liebevollen Augen der anderen Gruppenmitglieder erkennen. Er lebte im Hier und Jetzt und verschrieb sich der Disziplin der Liebe. Er gewann das verletzte Kind in seinem Inneren zurück und nahm es unter seine Obhut. Bald darauf begann er, anderen das Geheimnis der Elfen beizubringen, und wurde im Lauf der Jahre ein berühmter Lehrer und Veränderer der Seelen der Snamuh. Er liebte das Leben, freute sich auf den Tag, an dem er in sein wahres Heim zurückkehren würde und sonnte sich in der ewigen Vision des großen ICH BIN.

4. Teil
Erneuerung

Es ist für uns wichtig, zu verstehen, daß das Bedürfnis, das Kind zu finden, Teil einer uralten Sehnsucht des Menschen ist. Hinter unserer individuellen Vergangenheit liegt unsere kulturelle, die aus Mythen besteht. Und in den Mythen erkennen wir, daß das Kind oft der Vereinigung des Menschlichen mit dem Göttlichen entspringt. Wir suchen sowohl das mythische Kind... als auch das Kind unserer persönlichen Lebensgeschichte.

Rachel V.

Und am Ende all unserer Forschungen
Werden wir da ankommen, wo wir angefangen haben
Und werden den Ort zum erstenmal erkennen.

T. S. Eliot
(Four Quartets)

Dort, wo nur eine schreckliche Leere gewesen ist... entfaltet sich jetzt eine große Lebendigkeit. Es ist keine Heimkehr, denn dieses Zuhause hat zuvor nie existiert. Es ist die Entdeckung eines Zuhauses.

Alice Miller

Einleitung

Wenn Sie es dem Kind in sich gestatten, zum integrativen Bestandteil Ihres Lebens zu werden – wenn Sie mit ihm in einen Dialog treten, ihm Grenzen setzen, es wissen lassen, daß Sie es nie verlassen werden –, wird eine neue Kraft und eine neue Kreativität entstehen. Sie werden einen völlig neuen Blick für das Kind in sich bekommen, einen Blick, der durch die jahrelangen Erfahrungen des Erwachsenen vertieft und bereichert worden ist.

Das Kind, das jetzt zum Vorschein kommt, ist Ihr göttliches Kind. Wenn Sie weiterhin sein Beschützer sind, wird es auf natürliche Weise wachsen und gedeihen, sich weiterentwickeln und sich selbst verwirklichen. Für das göttliche Kind ist Kreativität etwas Natürliches, und der Kontakt zu Ihrer eigenen Kreativität ist mehr als eine Heimkehr: Sie entdecken Ihr wahres Wesen, Ihr tiefstes, einzigartiges Selbst.

Die Entdeckung des *verletzten* Kindes in unserem Inneren stellt einen *Aufdeckungsprozeß* dar. Sie entwickeln dabei nicht nur Ihre persönliche Kraft, sondern retten durch das Beschützen des verletzten Kindes in Ihrem Inneren auch seine spirituelle Kraft. Mit Hilfe dieser neugewonnenen spirituellen Kraft können Sie Ihre *Selbst-Schöpfung* beginnen. Das ist Ihre wahre Heimkehr. Das, was bisher verborgen war, kann sich jetzt entfalten. Das Drängen und die Signale aus der Tiefe Ihres Selbst sind jetzt hörbar geworden, so daß Sie darauf reagieren können.

In diesem letzten Abschnitt möchte ich mich auf das universelle menschliche Bedürfnis konzentrieren, dieses göttliche Kind zu finden. Ich werde auf zwei Möglichkeiten hinweisen, wie die Mythen unserer Welt Zeugnis von der Erneuerung und der Verwandlungskraft des göttlichen Kindes abgelegt haben. Der erste Mythos handelt vom *puer aeternus*, dem ewigen Kind, das das Goldene Zeitalter ankündigt. Der zweite Mythos beschreibt das gottgleiche Heldenkind, das verbannt wurde und zurückkommt, um sein angestammtes göttliches Geburtsrecht zu entdecken. Beide Mythen sind Symbole für den lebendigen, menschlichen Drang, sich ständig selbst zu verwirklichen und zu transzendieren.

Ich lade Sie ein, sich von Ihrem göttlichen Kind zu Ihrem echten Selbst und zu einem neuen Gefühl für den Sinn Ihres Lebens führen zu lassen.

Und zum Schluß werde ich zeigen, daß Ihr göttliches Kind den Wesenskern Ihrer Spiritualität und die wichtigste Verbindung zur Quelle und zum Urgrund Ihres Seins darstellt. Sie werden sehen, daß Ihr göttliches Kind tatsächlich Ihr *Imago Dei* ist – der Teil Ihres Selbst, der Ihrem Schöpfer ähnelt.

13. Kapitel
Das Kind als universelles Symbol der Erneuerung und Verwandlung

> Es ist das Verlassene und Ausgelieferte und zugleich das Göttlich-Mächtige, der unansehnliche, zweifelhafte Anfang und das triumphierende Ende. Das »ewige Kind« im Menschen ist eine unbeschreibliche Erfahrung, eine Unangepaßtheit, ein Nachteil und eine göttliche Prärogative, ein Imponderabile, das den letzten Wert und Unwert darstellt.
>
> C. G. Jung
> (GW 9/I, S. 193)

Der große Psychologe C. G. Jung hat die paradoxe Qualität des inneren Kindes ganz klar gesehen. Für Jung war das Kind der Ursprung des Göttlichen, der Erneuerung und eines jeden Neuanfangs, gleichzeitig aber auch mögliche Ursache der Kontamination und Zerstörung. Jung betrachtete das *verletzte Kind* eindeutig als Teil des archetypischen Kindes. Darin bestand seine Genialität, denn erst in den letzten fünfzig Jahren hat sich das Bewußtsein der Menschen auf das verletzte Kind gerichtet. Ich glaube sogar, daß das verletzte Kind ein *moderner Archetyp* geworden ist.

Ein Archetyp ist eine Repräsentation der kollektiven Erfahrungen, die die Menschheit im Lauf der Jahrtausende angesammelt hat, das universelle Potential, das in jedem Menschen steckt. Jung glaubte, daß bestimmte menschliche Erfahrungen zum kollektiven seelischen Erbgut wurden, sobald sich diese Struktur eindeutig etabliert hatte. Er war davon überzeugt, daß die Archetypen in der gleichen Weise genetisch weitergegeben werden wie die DNS.

Archetypen sind wie Organe der Seele, man kann sie mit den Skelettstrukturen des Körpers vergleichen. Sie stellen angeborene seelische Dispositionen dar, die sich aus vererbten Strukturen zusammensetzen, die in vergangenen Generationen entstanden sind. Diese Strukturen treten in Erscheinung, wenn menschliche Erfahrungen eine bestimmte Schwelle, einen Anfang erreichen.

Archetypen verkörpern sowohl positive als auch negative Aspekte der Strukturen, die sie repräsentieren. Beim Archetyp der Mutter ist der positive Aspekt die liebevolle, fürsorgliche, lebensspendende Mutter; der negative Aspekt ist die erdrückende, alles verschlingende und ihre Kinder zerstörende Mutter.

Beim Archetyp des Vaters bestehen die positiven Aspekte darin, daß er seine Kinder beschützt, ihnen Grenzen setzt und die Gesetze und Traditionen der Kultur an sie weitergibt. Der negative Vater ist ein Tyrann, der seine Kinder aus Angst vor dem Verlust seiner Macht an sich bindet und sich weigert, die Traditionen an sie weiterzugeben.

Beim Archetyp des Kindes ist das positive Kind verletzlich, kindlich, spontan und schöpferisch. Das negative Kind ist egoistisch und kindisch und setzt jeder seelischen und intellektuellen Entwicklung Widerstand entgegen.

Der negative Aspekt des Kindes ist das verletzte Kind. Erst in unserem Jahrhundert hat dieses verletzte Kind unsere Beachtung gefunden. In früheren Zeiten waren Mißbrauch und Unterdrükkung der Kinder weitverbreitet und wurden oft als selbstverständlich betrachtet. Im Jahre 1890 gab es zwar schon ein Tierschutzgesetz, aber noch keinen Kinderschutz.

Es ist ein großes Verdienst unserer Generation, daß sie die Kindesmißhandlungen aufgedeckt hat. Wir haben erkannt, daß die Regeln, nach denen wir unsere Kinder erziehen, sie in ihrer Einzigartigkeit und Würde verletzen und demütigen. Solche Regeln sind auf unsere seelische Blindheit zurückzuführen. Alice Miller hat in aller Deutlichkeit gezeigt, daß unsere gegenwärtigen Erziehungsmethoden nur das eine Ziel haben, das Kind an das projizierte Bild der Eltern anzupassen. Diese Methoden haben darüber hinaus dazu geführt, daß die Eltern von dem verletzten Kind zwangsläufig idealisiert wurden. Eine solche Idealisierung führt zu einer »Bindungspermanenz«, durch die sich das verletzte Kind der Liebe der Eltern versichert. Gleichzeitig sind diese Methoden seit Generationen für den Mißbrauch der Kinder verantwortlich.

George Bernhard Shaw hat das Kind wunderschön beschrieben:

> Was ist ein Kind? Ein Experiment. Ein neuer Versuch, den gerechten Menschen zu produzieren... der die Menschheit göttlich werden läßt.

Shaw war sich darüber im klaren, daß man mit einem solchen Experiment nicht leichtfertig umgehen oder es manipulieren dürfte:

> Und wenn man versuchen sollte, dieses neue Wesen nach den *eigenen Vorstellungen* zu formen, die man davon hat, wie ein göttlicher Mann oder eine göttliche Frau sein sollen, wird man seine heiligsten Erwartungen zerstören und vielleicht sogar ein Ungeheuer schaffen.

Diese Gedanken können wir inzwischen verstehen. Wir setzen uns mit den überlieferten, immer gegenwärtigen Traditionen des Kindesmißbrauchs auseinander und geben den Dämonen Inzest, Prügel und seelische Verletzung neue Namen. Wir können den *Seelenmord*, diese spirituelle Wunde, die zu einer Verletzung der Ichhaftigkeit des Kindes führt, ganz klar erkennen.
Die gebündelte Energie der erwachsenen Kinder in der Welt zeugt von diesem neuen Verständnis des Archetyps des verletzten Kindes. Unsere Zeit ist eine Zeit der Katastrophen und der Zerstörung. Es hat in der Geschichte der Menschheit nichts gegeben, was damit zu vergleichen wäre. Millionen sind beim Kampf für Freiheit und Demokratie gestorben. Ich bin davon überzeugt, daß die Katastrophe des Nationalsozialismus eine ihrer Wurzeln in der Struktur der deutschen Familie hatte, die ihre Kinder mit Scham und auf autoritäre Weise erzogen hat. Aber auch wenn diese Erziehungsmethoden in Deutschland eine extreme Ausprägung hatten, sind sie nicht spezifisch deutsch, sondern überall auf der Welt anzutreffen, wo Kinder seit Generationen durch diese Art der Erziehung verletzt worden sind und noch immer verletzt werden. Weil man diese Methoden für normal hielt, erkannte niemand, wie zerstörerisch ihre Wirkung war. Als man in der französischen und in der amerikanischen Revolution die Menschenrechte erklärt hatte – gleichgültig, wie problematisch diese Revolutionen gewesen sind –, entwickelte sich ganz langsam ein neues Goldenes Zeitalter. So wie der Phoenix der Mythologie, hat dieses neue Zeitalter sich aus der Asche erhoben. Unser Bewußtsein für den Archetyp des verletzten Kindes hat uns so weit gebracht, daß wir dieses Kind heilen und zurückgewinnen können – und dadurch kann das göttliche Kind wieder zum Vorschein kommen.

In allen großen Mythen wiederholt sich der Schöpfungsvorgang in zyklischer Weise. Immer wieder gerät die Welt ins Chaos. Die Berge zerfallen, Feuer regnet vom Himmel und verwüstet die Ebenen, die Erde bebt, die Toten kehren zurück. Diese Ereignisse sind die apokalyptischen Vorboten des Goldenen Zeitalters. Zuerst muß alles im Chaos untergehen, bevor die neue Schöpfung beginnen kann.

In vielen Mythen sprießt ein neuer Baum aus den Ruinen, die das Chaos geschaffen hat. Seine Spitze reicht bis in den Himmel. Dann erscheint auf wunderbare Weise ein *Kind* und klettert an dem Baumstamm empor. Das Erscheinen dieses göttlichen Kindes, dieses *puer aeternus*, kennzeichnet den Beginn des Goldenen Zeitalters. In einigen Versionen verändert das Kind die Struktur des Kosmos. In anderen Mythen bringt es die Ganzheit, die ein Kennzeichen des Goldenen Zeitalters ist. Mit dem Erscheinen des Kindes werden alle Gegensätze vereint. Die Alten werden jung, die Kranken gesund, Wurzeln und Knollen wachsen auf Bäumen, Nüsse und Früchte in der Erde. Es herrscht ein Überfluß an Nahrungsmitteln und anderen Dingen, niemand muß arbeiten oder Steuern zahlen. Und in all diesen Mythen ist das Kind das Symbol der Erneuerung und der Ganzheit.

Jung beschreibt, was das für uns persönlich bedeutet:

> Es (das Kind) antizipiert im Individuationsprozeß jene Gestalt, die aus der Synthese der bewußten und der unbewußten Persönlichkeitselemente hervorgeht. Es ist daher ein die Gegensätze vereinigendes Symbol, ein Mediator, ein *Heilbringer*, das heißt Ganzmacher.
>
> C. G. Jung
> (GW 9/I, S. 178)

Ich möchte mich jetzt diesem schöpferischen und erneuernden Aspekt des Kindes zuwenden.

Das göttliche Kind als wahres Selbst

In Gail Godwins Roman *The Finishing School* sagt eine der Personen: »Es gibt zwei Arten von Menschen... Die einen kann man daran erkennen, bis zu welchem Grad sie zu ihrem endgültigen Selbst geronnen sind... man weiß genau, daß man von ihnen keine Überraschungen mehr erwarten kann... die anderen sind ständig in Bewegung und verändern sich... sie treffen immer wieder neue Abmachungen mit dem Leben, und die Bewegung, die damit verbunden ist, hält sie jung.« Der zweite Typ steht in enger Verbindung mit seinem göttlichen Kind, das Ihr wahrstes Selbst ist. Ich kann mich noch daran erinnern, als wäre es erst gestern passiert. Ich war zwölf Jahre alt und wartete auf den Bus, als ich auf einmal ein ungeheuer starkes Erlebnis meiner Ichhaftigkeit hatte. Irgendwie wurde mir in diesem Augenblick klar, daß ich ich war und daß es niemanden gab, der so war wie ich. Ich kann mich erinnern, daß ich Angst bekam, weil ich plötzlich begriff, wie allein ich war. Ich kann mich erinnern, daß ich dachte, meine Augen seien Fenster, aus denen nur *Ich* blicken konnte. Mir wurde außerdem bewußt, daß niemand die Welt mit meinen Augen sehen konnte – aus den Fenstern, die meine Augen waren. Und ich wußte plötzlich, daß kein anderer Mensch wirklich in mir sein konnte, daß ich getrennt von allen anderen war. Ich war ich, und niemand konnte etwas daran ändern, gleichgültig, was man mit mir anstellen würde oder wozu man mich zwingen wollte. Ich einzigartig.

In diesem Augenblick an der Bushaltestelle in der Fairview Street hatte ich intuitiv mein eigenes Wesen erfaßt. Diese Intuition, die aus dem Staunen erwachsen ist, sollte sich in den kommenden Jahren noch oft vergeblich bei mir melden. Aber sie brachte mich dazu, Philosophie zu studieren und zu lehren, und sie sollte mich auch auf meine persönliche Reise zu meiner Ganzheit führen. Ich bin auch heute noch absolut von der Philosophie fasziniert. Das Gefühl des *Seins*, das Jacques Maritain als den »siegreichen Stoß, durch den wir über das Nichts triumphieren« beschreibt, erfüllt mich mit Ehrfurcht. Das göttliche Kind steht immer noch ehrfürchtig vor der Frage, die Spinoza gestellt hat: »Warum ist etwas, statt nicht zu sein?« Dieselbe Frage hat tausend Jahre davor bereits Thales von Milet, den Vater der antiken Philosophie, bewegt. Aristoteles schrieb später: »Weil Menschen staunen können, beschäftigen sie sich mit Philosophie.«

Die erste Erfahrung mit meinem eigenen Sein war das Werk meines göttlichen Kindes. Und dreiundvierzig Jahre später spricht dieses göttliche Kind durch mich, während ich dieses Buch schreibe. Im Kern meines Bewußtseins hat sich nichts geändert. Obwohl mich das verletzte Kind in mir viele Jahre lang daran gehindert hat, die Heiligkeit des gegenwärtigen Augenblicks zu erleben, gewinne ich das ursprüngliche Gefühl der Ehrfurcht und des Staunens langsam wieder zurück. Mir laufen Schauer über den Rücken, wenn ich das Sein des Ozeans, eines Sonnenuntergangs oder einer sternenklaren Nacht empfinde.

Sie können Ihr Bewußtsein und Ihren Horizont ständig erweitern, der Kern Ihres wahren Selbst verändert sich trotzdem nie. Franz von Assisi schrieb: »Wir halten Ausschau nach demjenigen, der Ausschau hält.« Die transpersonalen Psychologen nennen das Ihr »beobachtendes Selbst« – das Ich, das mich anblickt.

In Ihrem göttlichen Kind werden Sie Ihre wahren Gefühle, Bedürfnisse und Wünsche wiederfinden. Die meisten erwachsenen Kinder haben dieses Kind schon vor langer Zeit verloren. Wenn Sie das verletzte Kind in sich unter Ihre Fittiche nehmen, wird es Ihnen, Ihrer Fürsorge und Ihrem Schutz vertrauen; es weiß genau, daß Sie es nie verlassen werden. Dieses tiefgreifende Gefühl der Sicherheit und des Urvertrauens ermöglicht es dem göttlichen Kind, sich zu zeigen. Sie brauchen sich nicht mehr anzustrengen, um Sie selbst sein zu können, Sie brauchen überhaupt nichts zu tun. Sam Keen hat das so ausgedrückt:

> Es kann sein, daß die Heimkehr das säkularisierte Äquivalent für das ist, was die Christen gewöhnlich als Rechtfertigung durch den Glauben bezeichnen... Dadurch, daß sie das Heil von der Leistung getrennt haben, haben sie dem *Sein* den Vorrang über das *Tun* eingeräumt.

Das verletzte, schamgeprägte Kind in mir wurde zu einem »menschlichen Tun«, um für andere Menschen eine Bedeutung zu haben. Nachdem ich vierzig Jahre lang ein Star, ein Streber und ein Mensch, der sich um alles kümmerte, gewesen war, mußte ich die Erfahrung machen, daß *ich mich durch mein Tun nicht heilen konnte. Es kommt nur darauf an, der zu sein, der ich bin.*

Ihr göttliches Kind ist *Ihr essentielles Selbst*. Transpersonale Psychologen unterscheiden zwischen einem essentiellen und einem adaptierten Selbst. Sie benützen zur Beschreibung des essentiellen Selbst oft auch das Wort *Seele*, während sie das adaptierte Selbst *Ego* nennen.

Nach ihrer Vorstellung ist das Ego eine begrenzte Sphäre des Bewußtseins, mit der Sie sich an die Forderungen Ihrer Familie und der soziokulturellen Umgebung anpassen. Das Ego wird durch die Notwendigkeit zu überleben eingeschränkt. Es stellt Ihr zeitgebundenes Selbst dar und hat seine Wurzeln sowohl in Ihrer Ursprungsfamilie als auch in der Kultur, in die Sie hineingeboren wurden. Alle Kulturen und Familiensysteme sind relativ und stellen nur eine von vielen Möglichkeiten dar, wie die Wirklichkeit verstanden und gelebt werden kann. Selbst wenn die Anpassung Ihres Egos in Beziehung zu Ihrer Familie und zu der Kultur, in der Sie leben, *absolut funktional* war, war sie trotzdem beschränkt und bruchstückhaft im Vergleich zu Ihrem wahren Selbst. Der Theorie der transpersonalen Psychologie zufolge ist *Ihr Ego im Vergleich zu Ihrer Seele immer unecht.* Deshalb identifiziere ich die Seele immer mit dem göttlichen Kind und das Ego mit dem verletzten Kind.

Trotzdem muß Ihr Ego integriert und funktionstüchtig sein, damit Sie überleben und mit den Schwierigkeiten des Alltags fertigwerden können.

Ein gut integriertes Ego verleiht Ihnen Selbstvertrauen und Kontrolle. Die Zurückforderung und das Beschützen des verletzten Kindes in Ihnen gibt Ihnen die Möglichkeit, Ihr Ego zu heilen und zu integrieren. Wenn das geschehen ist, wird es zu einer Quelle der Kraft, die Sie in die Lage versetzt, Ihr göttliches Kind, also Ihr essentielles Selbst, zu erforschen. Auch wenn es widersprüchlich klingt: Ihr Ego muß stark genug sein, um seine begrenzte, defensive Haltung und Kontrolle aufgeben zu können. Sie brauchen ein starkes Ego, um das Ego transzendieren zu können. Um Ihnen ein einfaches Beispiel zu geben: Das Ego ist wie eine Rakete, die Sie in eine Kreisbahn bringt. Dann übernimmt Ihre Seele, die sich in den unbegrenzten Weiten des Weltraums befindet.

Die Beziehung zwischen Ihrem göttlichen Kind (der Seele) und dem verletzten Kind in Ihnen (dem Ego) *muß* geheilt werden, bevor Sie mit Ihrem essentiellen Selbst in Verbindung treten können. Erst wenn Sie Ihre »Ego-Arbeit« getan haben (die Verarbeitung des Urschmerzes), sind Sie bereit, sich selbst zu verwirklichen.

Ihr göttliches Kind motiviert Sie dazu, diese »Ego-Arbeit« zu leisten. Das verletzte Kind kann die Heilung nicht betreiben, denn es ist zu sehr damit beschäftigt, sich zu verteidigen und sein Überleben zu sichern. Da Ihr göttliches Kind Ihr wahres Selbst ist, hat es schon immer versucht, Sie dazu zu bringen, Ihre Selbstverwirklichung zu betreiben, auch wenn Ihr Ego völlig verschlossen war und nichts davon merkte, weil es mit den Problemen des Überlebens beschäftigt war. C. G. Jung formuliert das sehr treffend:

> Es (das Kind) personifiziert Lebensmächte jenseits des beschränkten Bewußtseinsumfanges... Es stellt den stärksten und unvermeidlichsten Drang des Wesens dar, nämlich den, sich selber zu verwirklichen.
>
> C. G. Jung
> (GW 9/I, S. 184)

Wenn Sie erst einmal die Verbindung zu Ihrem göttlichen Kind hergestellt haben, können Sie Ihr ganzes Leben von einer höheren Warte aus betrachten. Ihr göttliches Kind muß sich dann nicht mehr hinter den Abwehrmechanismen des Ichs verbergen, um überleben zu können. Es kann die Dinge von einer anderen Bewußtseinsebene aus betrachten. Das göttliche Kind ist kein besseres Selbst, sondern ein anderes Selbst mit einer bedeutend erweiterten Perspektive.

Meditation für die Neuordnung Ihres Lebens mit Ihrem göttlichen Kind

Die Zen-Buddhisten haben ein traditionelles Koan oder Rätsel: »Welches ist dein ursprüngliches Gesicht – das, was du hattest, bevor deine Eltern dich geboren haben?«

Denken Sie einmal darüber nach, wenn Sie die folgende Meditation durchführen. Ich bitte Sie außerdem, sich zumindest vorübergehend einige Überzeugungen zu eigen zu machen, die Ihnen vielleicht ungewöhnlich vorkommen werden. Verlieren Sie sich nicht in Diskussionen darüber, ob Sie wirklich an so etwas glauben. Denken und fühlen Sie sich ganz einfach so, als hätte Ihr göttliches Kind schon vor Ihrer Geburt ein Gefühl für Ihr Schicksal gehabt. Akzeptieren Sie den Glauben vieler Religionen, daß Sie die Inkarnation eines Geistes sind. Spielen Sie mit dem Gedanken, daß Sie mehr sind als nur eine zeitgebundene, soziokulturelle Persönlichkeit, daß Sie ein ewiges, göttliches Erbe in sich tragen. Folgen Sie dem Gedanken Thomas von Aquins und der großen Sufi-Meister, daß

Sie ein einzigartiger Ausdruck Gottes sind – des großen ICH BIN. Glauben Sie daran, daß das Universum arm wäre, wenn Sie nicht auf die Welt gekommen wären; daß *es etwas Göttliches gibt, das nur durch Sie ausgedrückt werden kann, und das von anderen Menschen nur durch Sie erlebt werden kann.* Glauben Sie daran, daß Ihr göttliches Kind all das schon immer gewußt hat. In der folgenden Meditation werden Sie mit Ihrem göttlichen Kind Kontakt aufnehmen und Ihr göttliches Erbe erleben – den Zweck Ihrer Inkarnation. Wenn Sie das einmal erlebt haben, stehen Sie im Kontakt mit Ihrem wahren Selbst und werden Ihr ganzes Leben anders sehen. Sie sollten den Meditationstext entweder auf Band aufnehmen oder ihn sich von einem Freund vorlesen lassen. Vergessen Sie nicht, zwischen den einzelnen Sätzen eine Pause von zwanzig Sekunden zu machen.

> *Konzentrieren Sie sich zunächst auf Ihre Atmung. Beobachten Sie den Atemvorgang... machen Sie sich Ihre Atmung bewußt... Spüren Sie, wie die Luft in Sie hinein- und wieder aus Ihnen herausströmt... Jetzt sehen Sie beim Ausatmen die Zahl Fünf... Sie sehen entweder eine schwarze Fünf auf einem weißen Vorhang oder eine weiße Fünf auf einem schwarzen Vorhang... Wenn Ihnen das schwerfällt, stellen Sie sich vor, Sie würden die Fünf mit Fingerfarben malen, oder* hören, *wie jemand das Wort »fünf« ausspricht. Nehmen Sie möglichst alle drei Möglichkeiten wahr. Sehen Sie die Zahl, hören Sie sie und malen Sie sie mit Fingerfarben... Dann die Zahl Vier; sehen Sie sie, hören Sie sie, malen Sie sie mit Fingerfarben, oder machen Sie alles gleichzeitig... Machen Sie das gleiche mit den Zahlen Drei, Zwei und Eins.* (Lange Pause)... *Wenn Sie die Eins sehen, stellen Sie sich vor, es wäre eine Tür. Bevor Sie durch diese Tür gehen, stellen Sie sich vor, daß Sie allen Kummer und alle Sorgen in eine Kristallkugel legen. Vergraben Sie die Kugel... Wenn Sie mit der Meditation fertig sind, können Sie sich Ihre Sorgen wieder holen... Gehen Sie jetzt durch die Tür, und sehen Sie eine Treppe mit drei Stufen, die zu einer anderen Tür führt. Stellen Sie sich vor, daß Sie auch Ihre Zweifel und Ihre Skepsis in eine Kristallkugel legen. Vergraben Sie auch diese Kugel. Betrachten Sie jetzt Ihre neuen Überzeugungen. Hier ist Ihr »Als ob«-Mythos:*

Sie sind eine einzigartige und unwiederholbare Manifestation des Göttlichen.
Sie haben eine Bestimmung, der nur *Sie durch Ihr Sein Ausdruck verleihen können.*
Das ist weder dramatisch noch melodramatisch.
Es geht einfach nur um den Unterschied, den Ihr Sein *für diese Welt bedeutet.*
Ihr göttliches Kind hat immer schon gewußt, was das ist.
Ihr göttliches Kind kann Ihnen helfen, den Sinn Ihres Lebens zu erkennen.

Gehen Sie jetzt die Treppe hinauf, und öffnen Sie die Tür... Sie werden eine Veranda erkennen, von der eine Treppe bis in den Himmel führt. [Vielleicht sollten Sie dazu Steven Halperns Ancient Echos *oder die* Starborn Suite *spielen.] Dann erkennen Sie allmählich, wie eine Figur, die von einem bläulich weißen Licht umrahmt ist, die Treppe herunterkommt... Sie kommt näher, und Sie spüren, daß es ein warmherziges, freundliches Wesen ist. Es ist gleichgültig, welche Form dieses Wesen annimmt, solange Sie es nur als warmherzig und freundlich erleben.* Wenn die Figur Ihnen Angst macht, sagen Sie ihr, sie solle verschwinden, und warten Sie dann, bis eine andere Figur kommt. *Dieses Wesen ist Ihr innerer Führer. Fragen Sie ihn nach seinem Namen. Sagen Sie ihm, daß Sie mit Ihrem göttlichen Kind sprechen wollen... Lassen Sie sich von ihm bei der Hand nehmen, und gehen Sie die Treppe hinauf... Sie werden an einen großen Tempel kommen, und Ihr Begleiter wird Sie zu einer Tür führen... Gehen Sie hinein. Sie sehen Gegenstände von außerordentlicher Schönheit. Gehen Sie zu einem hohen Altar, auf dem Sie die Statue eines wunderschönen, kostbaren Kindes erkennen können – das ist Ihr göttliches Kind... Sie können sehen, wie die Figur lebendig wird. Nehmen Sie sich einen Augenblick Zeit, und umarmen Sie Ihr göttliches Kind. Fragen Sie ihn oder sie nach dem Sinn Ihres Lebens: Warum bin ich hier?* (Lange Pause) *...Akzeptieren Sie die Antwort, gleichgültig, in welcher Form sie Ihnen gegeben wird. Als Symbol, in tatsächlichen Worten, als starkes Gefühl. Reden Sie mit Ihrem göttlichen Kind darüber.* (Lange Pause)... *Selbst wenn Sie es nicht verstehen, sollten Sie das mitnehmen, was man Ihnen gegeben hat.*

Danken Sie Ihrem göttlichen Kind, und gehen Sie zur Tür zurück. Ihr Begleiter wartet dort auf Sie. Lassen Sie sich von ihm die Treppe hinunterbringen... Wenn Sie auf der Veranda angekommen sind, machen Sie eine Pause. Betrachten Sie jetzt Ihr ganzes Leben von der Geburt bis in die Gegenwart im Licht dieser neuen Erkenntnisse. Selbst wenn Ihnen die Botschaft des göttlichen Kindes nicht ganz klargeworden ist, sollten Sie Ihr Leben im Lichte der Erkenntnisse seines Sinns betrachten, die Sie gewonnen haben... Gehen Sie jetzt zum Augenblick Ihrer Geburt zurück. Tun Sie so, als könnten Sie bei Ihrer eigenen Geburt zusehen. Betrachten Sie dann alle wichtigen Ereignisse, an die Sie sich erinnern können, im Licht der neuen Erkenntnisse. Schauen Sie sich die Leute an, die anwesend waren. Sehen Sie sie jetzt in einem anderen Licht? (Lange Pause)... *Es kann sein, daß Sie jemanden, den Sie für unbedeutend gehalten haben, plötzlich als wichtige Person betrachten.* (Lange Pause)... *bestimmte Ereignisse bekommen möglicherweise eine neue Bedeutung. Können Sie den traumatischen Ereignissen, unter denen Sie leiden mußten, einen neuen Sinn geben?* (Lange Pause)... *Kehren Sie in die Gegenwart zurück. Erkennen Sie, daß Ihr ganzes Leben aus der Sicht Ihrer Seele vollkommen ist. Nachdem Sie inzwischen Ihren Urschmerz verarbeitet und Ihre »Ego-Arbeit« geleistet haben, können Sie alles von einer höheren Warte aus betrachten. Erkennen Sie, daß die Vergangenheit vollkommen war. Bekennen Sie sich zum Zweck Ihres Lebens... Erklären Sie allen Menschen, die Sie kennen, daß Sie sie lieben... Machen Sie sich bewußt, daß wir alle Kinder sind, die versuchen, Klarheit zu gewinnen. Erkennen Sie, daß auch Ihre Eltern verletzte Kinder waren. Sehen Sie, wie alle in das warme Licht der Sonne getaucht sind. Stellen Sie sich vor, Sie würden alle Menschen, die zu Ihrem Leben gehören, berühren und umarmen.* (Lange Pause)... *Stellen Sie sich vor, daß jeder von ihnen ein bedürftiges Kind ist, das Freundschaft und Liebe braucht. Gehen Sie jetzt zu der Veranda zurück, von der aus die Treppe zu dem Tempel führt. Öffnen Sie die Tür und gehen Sie die drei Stufen hinunter. Nehmen Sie soviel von Ihren Überzeugungen, Ihrer Skepsis und Ihren Vorurteilen mit, wie Sie wollen... Gehen Sie durch die nächste Tür, und nehmen Sie die Sorgen oder Ängste mit, die Sie haben wollen... Atmen Sie dreimal tief durch. Wenn Sie die Zahl Eins sehen, spüren Sie, wie das Leben wieder in Ihre Füße und Zehen zurückkehrt... Dann spüren Sie den Sessel, in dem Sie sitzen; dann sehen Sie die Zwei und spüren die Kleidungsstücke auf Ihrem Körper... Sie spüren, wie die Kraft in Ihre Hände zurückkehrt. Lassen Sie sie durch die Arme bis in den Nacken und in die Schultern strömen... Jetzt sehen Sie die Zahl Drei. Sie spüren, daß Ihr ganzes Gehirn hellwach ist. Atmen Sie tief durch. Sagen Sie sich, daß Sie dieses Erlebnis nicht vergessen werden. Nehmen Sie sich vor, diese bildhaften Vorstellungen festzuhalten, auch wenn Sie sie nicht ganz verstehen können. Sehen Sie jetzt die Zahl Vier. Wenn Sie die Zahl Fünf sehen, werden Sie wieder hellwach sein.*

Es ist gut, wenn man sich dieser Meditation eine Zeitlang widmet. Manchmal erkennt man die Bedeutung der Bilder erst nach einer gewissen Zeit, denn eine solche Meditation markiert den Beginn eines neuen Bewußtseins für die eigene Person und das eigene Leben. Einem Mann aus meiner Gruppe gab das göttliche Kind einen Schlüssel, auf dem das Wort *antik* stand. Als Kind war er immer sehr gern im Haus seiner Großmutter gewesen, die eine umfangreiche Sammlung alter Uhren besaß. Er hörte der Großmutter immer fasziniert zu, wenn sie ihm die Geschichten erzählte, die sich mit den einzelnen Uhren verbanden. Sie war eine ausgezeichnete Erzählerin und regte seine Phantasie an. Später begann er selbst, antike Uhren zu sammeln. Aber er kam kaum dazu, sich um seine Sammlung zu kümmern, weil ihn die Arbeit in seiner Versicherungsagentur zu sehr beanspruchte. Ich sah ihn anderthalb Jahre, nachdem er diese Meditation gemacht hatte, auf einer Antiquitätenmesse. Er hatte seine Versicherungsagentur verkauft, war Antiquitätenhändler geworden, hatte sich auf alte Uhren und antike Schlüssel spezialisiert und fand sein neues Leben faszinierend. Bei anderen Leuten hat die Meditation zu ähnlich dramatischen Ergebnissen geführt. Der innere Begleiter und das göttliche Kind repräsentieren die Weisheit Ihrer Seele, deren Welt die Symbole sind und die sich, so wie in den Träumen, in Bildern ausdrückt. Die Sprache der Träume ist für das Ego nur schwer zu verstehen. Man muß mit den Bildern leben und ein Gefühl für sie entwickeln, bevor man ihre Bedeutung ganz begreifen kann. Akzeptieren Sie einfach, daß das, was Sie bekommen, für Sie das Richtige ist.

Teilen Sie sich einem Menschen mit, der Ihr Freund ist und Ihnen nie Schamgefühle vermitteln würde.
Mir selbst hat diese Übung ein wunderbares Erlebnis der Erneuerung beschert, und vielen anderen Menschen ist es ähnlich ergangen. Aber auch wenn Sie kein starkes Erlebnis hatten, ist das in Ordnung.

Die Nichtidealisierung des göttlichen Kindes

Ich muß an dieser Stelle betonen, daß ich nicht glaube, daß das göttliche Kind das *einzige Modell* für ein authentisches Leben ist. Ich bin mit Sam Keen der Meinung, daß das destruktiv für die Würde einer reifen menschlichen Existenz wäre. Wenn man nur ein göttliches Kind wäre, wäre das gleichbedeutend damit, daß man in der Gegenwart im Exil leben müßte. Und ich weiß, wie schrecklich das ist. Mein Großvater verlor in den letzten Jahren seines Lebens völlig sein Erinnerungsvermögen. Wenn ich ihn besuchte, stellte er mir sehr oft immer wieder die gleichen Fragen. Er war ein wunderbarer Mann, der sich sein Leben mit seiner Hände Arbeit und mit Treue und Liebe aufgebaut hatte. Es tat mir sehr weh, mitansehen zu müssen, wie dieser Mann ohne Vergangenheit und ohne Zukunft leben mußte. Wir müssen *im* Jetzt leben, aber nicht *für* das Jetzt. Wir müssen »die unversöhnliche Minute mit dem Wert eines Laufs von sechzig Sekunden ausfüllen«, wie Kipling das ausgedrückt hat. Aber die ganz neue Vision des göttlichen Kindes erfordert die Weisheit und Erfahrung des Erwachsenen, der Sie geworden sind. Ihr göttliches Kind wird sich in der Tat nur dann zeigen, wenn Sie als Erwachsener da sind, um es zu unterstützen und zu schützen. Ein Kind kann nie Vorbild für ein wahres erwachsenes Leben sein, gleichgültig, wie wunderbar es ist. Genausowenig kann ein Erwachsener ein adäquates Vorbild für das sein, was ein Kind sein sollte. Sam Keen schreibt:

> Wir werden nur Menschen, wenn wir den Garten Eden verlassen, und nur dann reif, wenn wir uns klarmachen, daß die Kindheit vorüber ist. Zu unserer vollen Menschlichkeit gelangen wir nur dadurch, daß wir uns sowohl zu der Verantwortung für das gegenwärtige Bewußtsein als auch zu dem

ganzen Schatz unserer Erinnerungen und Träume bekennen. Eine menschenwürdige Existenz schließt in sich die Vergangenheit, die Gegenwart und die Zukunft ein.

Als mein Leben mit der Hilfe meines göttlichen Kindes einen neuen Sinn bekam, wurde mir auch klar, daß alles, was in meiner Kindheit passiert ist, mich auf das vorbereitet hat, was ich später tat. Der *Sinn* meines Lebens, das entdeckte ich bei meiner Meditation, war, einfach hier zu sein und zu verkünden, daß ich ein freier Mensch bin, und anderen dabei zu helfen, dasselbe zu tun.
Um diese Aufgabe erfüllen zu können, brauche ich die Erfahrung vieler Jahre, in denen ich gesund geworden bin und als Therapeut gearbeitet habe, und all die Weisheit, die ich aus meinen Schmerzen und aus meinen Fehlern gewonnen habe. Mit der Hilfe meines göttlichen Kindes kann ich jetzt erkennen, daß mein ganzes Leben vollkommen ist. Meine gestörte Familie, mein alkoholkranker Vater, meine co-abhängige Mutter, meine Armut – alles war vollkommen. *Alles mußte genauso sein, damit ich die Erfahrungen machen konnte, die ich brauchte, um das zu tun, was ich jetzt tue.* Wenn ich nicht eine solche Kindheit gehabt hätte, hätte ich nie eine Fernsehserie über gestörte Familien machen oder Bücher über die Scham oder schamgeprägte Familien schreiben können. Und ich hätte ganz sicher nicht dieses Buch schreiben können, in dem ich Sie und mich dazu auffordere, unsere Ansprüche auf das verletzte Kind in uns wieder geltend zu machen und es in unsere Obhut zu nehmen.
Das göttliche Kind drängt uns dazu, uns ständig weiterzuentwikkeln. Es sagt, daß alles Leben durch Wachsen gekennzeichnet ist, und daß Menschsein bedeutet, daß man das Leben meistert. Man muß sich dazu bekennen, daß das Leben ständige Entwicklung bedeutet, und Lebensbewältigung die Bereitschaft einschließt, das Risiko auf sich zu nehmen, Leid und Schmerzen zu ertragen.
Der Philosoph Karlfried Graf von Durkheim schreibt:

> Nur in dem Maße, in dem der Mensch sich immer wieder seiner Vernichtung aussetzt, kann das, was unzerstörbar ist, in ihm zum Vorschein kommen. Darin liegt die Würde des Wagnisses.

Wenn wir uns dem Prozeß des Wachsens verschreiben, werden wir erkennen, daß wir das verletzte Kind in uns gebraucht haben, um zu erfahren, daß wir ein göttliches Kind in uns hatten. Unser Wunderkind hat überlebt und wird auch weiterhin überleben. Es ist der unzerstörbare Teil in uns. Unser göttliches Kind ist unser *Imago Dei*. Wir wollen es jetzt einmal näher betrachten.

14. Kapitel
Das göttliche Kind als *Imago Dei*

Gott stirbt nicht an dem Tag, an dem wir aufhören, an einen persönlichen Gott zu glauben, aber wir sterben an dem Tag, an dem unser Leben nicht mehr jeden Tag aufs neue von dem sich täglich erneuernden, stetigen Glanz eines *Wunders* erleuchtet wird, dessen Ursprung jenseits aller Vernunft liegt.

Dag Hammarskjöld

Das Gefühl des Staunens, unser sechster Sinn, ist das natürliche religiöse Gefühl...

D. H. Lawrence

Wenn ihr nicht umkehrt und wie die Kinder werdet, könnt ihr nicht in das Himmelreich kommen.

Matthäus 18, 3

Unabhängig davon, wie Ihr persönlicher religiöser Glaube ist, können Sie mit Ihrem Wunderkind nur dann Kontakt aufnehmen, wenn Sie ein Gefühl für etwas haben, was größer ist als Sie. Immanuel Kant, der sicherlich einer der größten Philosophen aller Zeiten war, legte ein Zeugnis für die Existenz Gottes ab, indem er in einer sternklaren Nacht zum Himmel emporblickte.

Wir sehen, wie die Nacht dem Tag folgt, und die Jahreszeiten in einem regelmäßigen und voraussagbaren Rhythmus wiederkehren. Und im Kosmos erkennen wir ebenfalls eine offensichtliche Ordnung. Die Erde ist nur ein unendlich kleiner Teil der Unendlichkeit des Weltraums. Das göttliche Kind ist von Natur aus religiös. Es ist kindlich und hat den unerschütterlichen Glauben, daß es etwas gibt, was größer ist als es selbst. Die poetische Seele des göttlichen Kindes rührt an das Herz des Seins.

Ihr göttliches Kind ist der Teil von Ihnen, der auf eine menschliche Art die Kraft besitzt, die dem Göttlichsten am nächsten kommt: Die Kraft zur schöpferischen Erneuerung.

Das göttliche Kind als schöpferische Erneuerung

Das göttliche Kind verfügt über alle natürlichen Eigenschaften, die zur Kreativität gehören. Carl Rogers und eine Gruppe von Psychologen und Künstlern haben die Dynamik der Kreativität untersucht. Sie suchten nach psychologischen Bedingungen, die vorhanden sein müssen, damit ein Mensch kreativ sein kann. Sie kamen zu dem Ergebnis, daß folgende Elemente notwendig waren: spielerisches Verhalten, Spontaneität, die Fähigkeit, im Jetzt zu leben, Staunen, Konzentration und die Fähigkeit sich selbst zum Bewertungsmaßstab machen zu können. Das letztere bedeutet, daß man das Gefühl hat, mit sich selbst zufrieden zu sein, daß man sich über seine eigenen Leistungen freut. Das führt schließlich zu einem Gefühl der Ichhaftigkeit, und alle diese Eigenschaften kennzeichnen das göttliche Kind. Es sind *kindliche* Eigenschaften. Zum *Kindlichen* gehören Spontaneität, die Fähigkeit, im Hier und Jetzt zu leben, Konzentration, Phantasie, Kreativität, Spiel, Freude, Staunen, Vertrauen, Kummer, Liebe, Überraschung und Hoffnung.

Das göttliche Kind ist von Natur aus ein Poet, so wie Morley es in dem Gedicht beschreibt, das ich im ersten Teil zitierte. Wenn wir mit diesem Teil in uns Verbindung haben, steht uns unsere ganze schöpferische Kraft zur Verfügung. Die meisten Menschen sind sich dieser Kraft gar nicht bewußt, weil sie in dem erstarrten Kummer ihres verletzten Kindes gefangen sind. »Der größte Teil der Menschen lebt in stiller Verzweiflung«, sagte Thoreau. Wenn wir es erst einmal geschafft haben, das Kind in uns zurückzugewinnen und zu beschützen, dann meldet sich das göttliche Kind zu Wort und strebt nach schöpferischer Erneuerung.

Eine Möglichkeit, wie Sie mit der schöpferischen Kraft Ihres göttlichen Kindes Kontakt aufnehmen können, besteht darin, daß Sie die Bedeutung des Mythos vom »Ausgesetzten Kind« personalisieren. *Wenn Sie entdecken, daß dieser Mythos für Sie eine ganz persönliche Bedeutung hat, wird Ihnen bewußt, daß die Ereignisse, die dieser Mythos beschreibt, auch in Ihrem Leben stattgefunden haben.* Gewöhnlich ist das Kind in der Mythologie von göttlicher Herkunft oder ein Held, der Veränderung und Erneuerung bewirkt. In manchen Fällen ist das Kind der Retter, in anderen der Begründer einer neuen Ordnung. Für den westlichen Menschen ist Jesus

Christus das bekannteste Beispiel. Wenn man die Frage nach der geschichtlichen Genauigkeit dieser Überlieferung einmal beiseite läßt, dann enthält die Geschichte der Geburt Jesu die wesentlichen Merkmale der Geschichte vom ausgesetzten Kind. Verschiedene Kombinationen derselben Elemente finden sich unter anderem in den Geschichten von Romulus und Remus, Sargon, Moses, Abraham, Ödipus, Paris, Krishna, Perseus, Siegfried, Buddha, Herakles, Cyrus und Gilgamesch. Es gibt zahlreiche Mythen, die das Thema des ausgesetzten Kindes behandeln.
In all diesen Mythen finden sich verschiedene elementare Strukturen. Otto Rank, einer der frühen Pioniere der Psychoanalyse, und Edith Süllwold, eine Kinderpsychologin aus der Schule C. G. Jungs, haben diese Strukturen herausgearbeitet. Ich bringe im folgenden eine Zusammenfassung ihrer Arbeiten:

- Das Kind, das ins Exil getrieben wird, hat Eltern, die ein hohes Ansehen genießen. Es ist Sohn eines Königs oder von jemandem, den das Recht dazu bestimmt hat, die Thronfolge anzutreten. Manchmal ist das Kind auch von göttlicher Abstammung.
- Seine Geburt ist von außergewöhnlichen Umständen begleitet (Unfruchtbarkeit, Enthaltsamkeit), eine ungewöhnliche Schwangerschaft (jungfräuliche Geburt, Geburt aus der Körperseite der Mutter usw.).
- Oft wird während oder vor der Schwangerschaft eine Prophezeiung in Form eines Traums oder eines Orakels ausgesprochen. Sie enthält in der Regel Warnungen vor der Geburt und deutet an, daß sie in irgendeiner Form eine Bedrohung darstellt (häufig für den Vater oder seinen Stellvertreter, oft für die herrschende Macht). Man verkündet, daß sich etwas Ungewöhnliches ereignen wird.
- Das Kind wird unter ungewöhnlichen Umständen geboren und sofort nach der Geburt den Elementen ausgeliefert (in eine Schachtel gesteckt und aufs Wasser gesetzt, auf einem Berg zurückgelassen, in einer Höhle oder in einer Krippe geboren). Manchmal wird das Kind auch von den Elementen selbst geboren (zum Beispiel vom Meer).
- Oft wird das Kind dann von armen Leuten (Schäfer) oder von einer einfachen Frau gerettet oder von einem Tier gesäugt. Das Grundthema dieser Mythen ist immer, daß das Kind auf Gedeih und Verderb den Elementen ausgeliefert ist.

- Die alte Herrschaftsstruktur versucht, das Kind zu töten (das Erschlagen der Unschuldigen). Aber das ausgesetzte Kind ist stark und überlebt. Es ist ein ungewöhnliches Kind. Deshalb stellt es eine Bedrohung dar.
- Mit der Zeit entdeckt das Kind selbst, daß es außergewöhnlich ist. Wenn es groß und stark genug ist, ist seine Zeit gekommen. Und diese Stärke beruht auf der allmählichen Erkenntnis des Kindes, wer es wirklich ist.
- Diese neue Selbsterkenntnis ermöglicht es dem göttlichen Kind (dem Helden), zu erkennen, daß es der alten Ordnung etwas beibringen muß. Es versteht, daß es die alte Ordnung in genau diesem Augenblick der Zeitgeschichte hören kann und daß sie erneuert werden kann. Jetzt ist nicht nur ein neues Kind, sondern eine neue Weltordnung geboren worden. Unter Umständen findet das Kind dann auch seine hochgestellten Eltern wieder. Möglicherweise rächt es sich, manchmal tötet es sie (Ödipus, Elektra).
- Letzten Endes erreicht das Kind die Anerkennung und den Rang, der ihm zusteht. Es akzeptiert seine göttliche Abstammung, die Königswürden oder seine Führerrolle.

Mythen repräsentieren die kollektiven Geschichten der Menschheit. Die Elemente der Mythen haben einen archetypischen Charakter, das heißt, sie beschreiben *etwas, was jeder von uns in seinem Leben immer wieder erlebt.*

Welche Bedeutung hat dann das archetypische, ausgesetzte Kind für uns? Abgesehen von den schmerzlichen Erinnerungen an unsere Kindheit, *kann es sein, daß wir uns an eine besondere Kreativität erinnern, die eine einzigartige und unwiederholbare persönliche Begabung ist, über die wir verfügen.* Jeder von uns ist ein göttliches Kind, ein Held oder eine Heldin, ein Führer oder ein Heiler im Exil. Unsere seelischen Verletzungen haben uns so in Anspruch genommen, daß wir alle Hinweise und Anstöße, die uns unser göttliches Kind schon die ganze Zeit gegeben hat, übersehen haben. Viele von uns haben ihre Kindheit als außerordentlich befremdlich erlebt. Wir fühlten uns all den Mächten, die uns umgaben, ausgeliefert. Nur unsere elementaren Instinkte haben es uns ermöglicht, zu überleben. Wir mußten ein falsches Selbst entwickeln, um Beachtung zu finden. Wir hatten die Orientierung verloren; wir wußten nicht mehr, wer wir waren.

Wenn Sie das göttliche Kind zurückgefordert und in Ihre Obhut genommen haben, können Sie Ihr göttliches Licht erstrahlen lassen. Jung zufolge bringt das Kind das Licht in die Finsternis und trägt es vor sich her.

Wir erzählen unsere Geschichte

Es gibt viele Möglichkeiten, wie wir den Kontakt mit dem archetypischen, göttlichen Kind in uns erneut aufnehmen können. Wenn wir uns gegenseitig unsere *Geschichte* erzählen, so ist das eine der Möglichkeiten, die enorme Kraft des göttlichen Kindes zu entdekken. Wenn ich anderen Leuten zuhöre, die in meinen Workshops ihre Geschichte erzählen, berührt mich das zutiefst. Das passiert immer wieder. Manchmal fühle ich mich von der inneren Kraft und der Kreativität, die diese Leute eingesetzt haben, um die fürchterliche erste Phase ihres Lebens zu überleben, völlig überwältigt. Es sind immer wieder ähnliche Strukturen. Ich habe buchstäblich Hunderten von Leuten zugehört, die mir die Geschichte ihrer Kindheit erzählt haben, und bin dadurch aus der Isolation meiner eigenen Kindheit befreit worden. Meine eigene Geschichte erscheint mir inzwischen nicht mehr so ungewöhnlich. Edith Süllwold hat gesagt: »Wenn wir unsere Geschichte erzählen, berühren wir tief in uns das, was wir auf einer archetypischen Ebene sind.« Das Schlimmste in unserer Kindheit war das schreckliche Gefühl der Einsamkeit, das uns glauben machte, wir seien die einzigen, die solche Schmerzen erleiden müßten. Die meisten von uns sind in Familien großgeworden, in denen das ungeschriebene Gesetz galt, daß man »über solche Dinge nicht spricht«. Folglich hatten wir niemanden, dem wir unsere Geschichte erzählen konnten. In meinen Workshops sitzen die Leute in Gruppen von sechs oder acht Personen beisammen und erzählen sich die Geschichten ihrer Kindheit, *und die Universalität unseres Lebens als Kind hat für alle eine heilende Kraft. In gewisser Weise sind wir alle Kinder, die man ausgesetzt hat.*

Es ist außerordentlich wichtig, daß wir uns das klarmachen. Erwachsene Kinder glauben oft, daß sie die einzigen waren, die als Kind gelitten haben. Der Schmerz, das Gefühl, verletzt worden zu sein, und der Mangel an liebevoller Fürsorge bringt uns dazu, die Dinge zu konkretisieren. Wir konkretisieren oft das verletzte Kind in uns und verlieren dabei das göttliche Kind aus den Augen. Wir beißen uns an den Details fest und verlieren das Symbolische und damit gleichzeitig das Spirituelle aus den Augen. So entsteht das, was Marion Woodman die »Materialisation des Bewußtseins« nennt. Wir können die Welt hinter der konkreten Welt des verletzten Kindes in uns nicht mehr erkennen. Wenn man auf diese Weise im Sumpf seiner eigenen konkreten Lebens- und Leidensgeschichte steckenbleibt, kommt man nie soweit, um *über diese Verletzungen hinausblicken zu können*. Und das bedeutet, daß wir die Verletzung des Kindes für alles verantwortlich machen, was in unserem Leben schiefgeht. Wenn wir uns die Geschichten anderer Menschen anhören, erkennen wir etwas Übergreifendes, wir bekommen einen Zugang zu den Archetypen, die sich tief in unserer Seele verbergen. Der Archetyp des göttlichen Kindes fordert uns zur spirituellen Erneuerung auf. Er repräsentiert das Bedürfnis unserer Seele nach Transformation. Das göttliche Kind in uns öffnet uns die Augen, so daß wir das göttliche Kind der Mythologie erkennen können, wie es sich im Mythos des ausgesetzten Kindes ausdrückt. Es gibt uns die Möglichkeit, eine Bewußtseinsebene zu erreichen, die weit über der des konkreten Kindes liegt, das wir einmal waren. Alle unsere Geschichten handeln von einem Helden oder einer Heldin, von einem göttlichen Kind, das ausgesetzt worden ist und sich auf der Reise zu seinem wahren Selbst befindet.

Der plötzliche Energieschub

Jung zufolge sind die Archetypen Teil des kollektiven Unbewußten und können deshalb nicht unmittelbar erkannt werden. Wir müssen daher lernen, die Hinweise zu erkennen, die ein Auftauchen des Archetyps des Kindes anzeigen. Wenn wir uns gegenseitig die Geschichte unserer Kindheit erzählen, dringen wir in archetypische Tiefen vor. Eine andere Möglichkeit, wie sich das archetypische Kind in Ihnen zu Wort melden kann, kann ein plötzlicher *Energieschub* sein.

Ein derartiger plötzlicher Energieschub kann in Form eines ungewöhnlich intensiven, überwältigenden Gefühls auftreten. Er kann sich dadurch ausdrücken, daß man sich stark von einem Menschen oder einer Sache angezogen fühlt oder daß man ein intensives Körpergefühl hat, hinter dem sich ein verdrängtes Gefühl verbirgt. Ich möchte Ihnen das an einigen Beispielen erklären.

Ich habe einmal einen Rechtsanwalt behandelt, den ich hier Norman nennen will. Er war ein detailbesessener Mensch, verfügte über erstaunliche juristische Kenntnisse und war Seniorpartner in einer Sozietät, die sein Vater gegründet hatte. Die anderen Anwälte holten sich häufig Rat bei ihm. Er verbrachte viele Stunden damit, den Kollegen bei ihren Prozessen zu helfen, die sie dann auch gewannen. Norman bekam selten Anerkennung für seine Hilfe. Als ich ihn danach fragte, zuckte er die Achseln und tat das Ganze ab, indem er sagte, schließlich habe ja die Firma den Nutzen davon.

Eines Tages berichtete Norman von einem Traum, aus dem er mit einem intensiven Gefühl der Traurigkeit aufgewacht war, und diese Traurigkeit hatte ihn an den sechs darauffolgenden Tagen nicht verlassen. Manchmal war es so schlimm, daß er stundenlang weinen mußte. Diese Gefühlsenergie war für den ansonsten stoischen Norman sehr ungewöhnlich.

Als ich ihn nach dem Inhalt des Traums fragte, erzählte er mir eine Geschichte, die vorwiegend von dem Verlust einer Anzahl von Tieren, hauptsächlich Hunden und Katzen, handelte. Dadurch war bei ihm eine längst vergessene Erinnerung an ein Spiel aus seinen Kindertagen geweckt worden, bei dem Norman einen Tierarzt spielte, der seine Katzen- und Hundepatienten versorgte. Er konnte sich erinnern, daß er als Kind Tierarzt werden wollte, daß sein Vater aber nichts davon gehalten hatte. Es stellte sich heraus, daß Normans enormes Gedächtnis für juristische Details nur den Zweck hatte, seine Traurigkeit darüber zuzudecken, daß er seiner wahren Berufung nicht hatte nachkommen können. Die Traurigkeit über diesen Verlust saß so tief in seiner Seele, daß Norman sich überhaupt kein Gefühl der Traurigkeit leisten konnte. Der Traum befreite die elementare, archetypische Energie, die Norman veranlaßte, den Kontakt mit dem Kind in sich aufzunehmen, das ihn dazu drängte, sich zu verändern.

Norman war ein ziemlich wohlhabender Mann. Ich half ihm dabei,

dem Drängen seines göttlichen Kindes nachzugeben, eine Veterinärsausbildung zu absolvieren und seine eigene Tierklinik aufzumachen. Er war sechsunddreißig, als er diesen Traum träumte. Inzwischen sind zehn Jahre vergangen, und Norman ist mit seinen Tieren glücklich. Sein Traum hatte seine ungeheure Traurigkeit befreit, und der damit verbundene *Energieschub* machte es ihm möglich, die Stimme seines göttlichen Kindes zu hören. Er mußte allerdings seinen ganzen Mut zusammennehmen, um diese Veränderung durchzuführen. Sein Vater war entsetzt, die Kollegen hielten ihn für verrückt. Die *alte Ordnung* erhob sich gegen ihn und gegen den Energieschub seines göttlichen Kindes. Sein Vater nannte ihn einen Scharlatan und bestand darauf, daß Norman sich in Behandlung begeben müsse, weil er depressiv sei. Alle archetypischen Verhaltensmuster waren zu erkennen: Das Kind, das im Sinne der natürlichen Weltordnung ein Heiler werden wollte, sein wahres Selbst, das es aufforderte, dieses Lebenswerk zu beginnen, der ständige Widerstand der alten Ordnung, die Jahre voller Leid, in denen er sich in der Höhle seiner Schmerzen verbergen mußte, die Jahre des Kampfes und der Suche nach dem wahren Selbst. Schließlich befreite sich das Kind, und Norman ließ sich durch seine Kraft zu einer schöpferischen Veränderung bewegen.
Ich habe solche Energieschübe, bei denen ich mich plötzlich intensiv von einem anderen Menschen oder einer Sache angezogen gefühlt habe, in meinem Leben oft erlebt. Bestimmte Philosophen bekamen plötzlich für mich eine große Anziehungskraft. Ich werde das im einzelnen beschreiben, wenn ich über meine Erlebnisse im Priesterseminar berichte. Einige dieser Denker waren ziemlich ungewöhnlich hinsichtlich des Studienprogramms, das ich in dieser Zeit absolvieren mußte.
Bei verschiedenen Gelegenheiten habe ich mich in ungewöhnlich intensiver Weise zu bestimmten unbekannten Büchern hingezogen gefühlt. Wenn ich in einer Buchhandlung herumstöbere, fällt mein Auge plötzlich auf ein bestimmtes Buch. Es kann sein, daß der Titel oder der Einband in irgendeiner Weise meine Aufmerksamkeit erregt. Es ist mir jedenfalls meistens nicht *bewußt*, warum mich das Buch interessiert, aber irgendein drängendes Gefühl veranlaßt mich, es zu kaufen, was ich dann auch in den meisten Fällen tue. Wenn ich nach Hause komme, sehe ich mir das Buch an, lege es dann beiseite, ohne wirklich zu verstehen, warum ich es unbedingt haben wollte.

Einige Zeit später, meist dann, wenn ich voller Energie an einem neuen Projekt arbeite, kommt mir das Buch plötzlich wieder ins Bewußtsein. Es ist schon mehrfach so gewesen, daß das fragliche Buch ein Katalysator für eine schöpferische Phase gewesen ist. Die beiden bemerkenswertesten Beispiele beziehen sich auf meine PBS-Fernsehserie *Bradshaw On: The Family* und mein Buch *Healing the Shame That Binds You*.

Ein paar Jahre nach meiner ersten PBS-Fernsehserie wurde ich gebeten, eine weitere Serie über ein anderes Thema zu machen, aber ich konnte nichts finden, was mich wirklich interessierte. Als ich dann eines Tages in meiner Bibliothek stöberte, fiel mein Blick auf ein Buch mit dem Titel *The Family Crucible* (Schmelztiegel Familie) von Carl Whitaker und Augustus Napier. Es hatte schon seit Jahren in meinem Bücherregal gestanden und behandelt die Theorie der Familiensysteme. Es las sich wie ein Roman und beschreibt eine Methode der Familientherapie, der das Modell des Familiensystems zugrunde liegt. Früher hatte ich die Literatur über Familiensysteme immer klinisch und trocken gefunden, daß man sie mit Sicherheit keinem Fernsehpublikum hätte zumuten können. Aber dieses Buch machte großen Eindruck auf mich und inspirierte mich dazu, das Konzept für eine Serie zu entwickeln, das von einer Darstellung der Familie als allgemeinem System ausging. Als die Serie fertig war, begriff ich, daß die Theorie der Familiensysteme mich in der Tiefe meiner Seele berührt hatte. Ich hatte sehr unter dem Zusammenbruch meiner Ursprungsfamilie gelitten, und mir wurde klar, daß meine populärwissenschaftliche Bearbeitung dieses wichtigen Themas einen entscheidenden Teil meines Lebenswerks darstellte: Es war eine Arbeit, die mich dazu brachte, das verletzte Kind in mir zurückzugewinnen und in meine Obhut zu nehmen.

Als ich anfing *Healing the Shame That Binds You* zu schreiben, hatte ich das Gefühl, nicht voranzukommen. Die Art, in der der Begriff der Scham in der Literatur behandelt wurde, gefiel mir nicht. Niemand machte einen klaren Unterschied zwischen gesunder und krankhafter Scham. Als ich eines Tages in meinem Büro herumkramte, entdeckte ich ein dünnes Buch mit dem Titel *Shame*. Es war im Hazelden-Verlag erschienen, und der Autor war anonym. Ich hatte das Buch schon vor Jahren gekauft und wieder vergessen. Ich begann darin zu lesen und stellte fest, daß der Autor mich tief berührte. Er betrachtete gesunde Scham als Beschützer unserer Menschlichkeit. Scham ist ein Gefühl, so schreibt er, das uns Menschen auf unsere Grenzen hinweist. Krankhafte Scham entsteht, wenn wir versuchen, *mehr zu sein als ein Mensch oder weniger*. Diese Einsicht hatte mir gefehlt.

Das waren zwei Bücher, die intensive Gefühle bei mir ausgelöst haben und die ich ohne einen vernünftigen Grund gekauft hatte. Sie hatten jahrelang in meinem Bücherregal gestanden, und ich hatte sie erst bemerkt, als ich sie auch wirklich brauchte. Familiensysteme und schamgeprägte Familien öffneten mir die Tür zu dem göttlichen, ausgesetzten Kind in mir. Die Bearbeitung dieser beiden Themen ist Teil meiner persönlichen spirituellen Reise und meines Lebenswerks.

Auch durch *Körpererinnerungen* können uns Gefühle zu wichtigen Entdeckungen führen, die sich auf das göttliche Kind beziehen, das ausgesetzt worden ist. Wenn ich Vorträge über körperlichen oder sexuellen Mißbrauch halte, kommt es häufig vor, daß jemand unter den Zuhörern intensive körperliche Reaktionen erlebt – Übelkeit, Magenschmerzen, Kopfschmerzen, Nackenschmerzen, das Gefühl, erdrückt zu werden, oder ein Gefühl, als läge ein Ring um seinen Kopf. Solche Reaktionen sind energetische Signale, die dem Betroffenen etwas bewußt machen wollen, was ihn zu einem neuen Leben führen kann. Opfer körperlicher oder sexueller Gewalt verdrängen den Schmerz, den ihr Trauma ihnen bereitet, um überleben zu können. Sie verlassen buchstäblich ihren Körper. Die Verletzung bleibt aber in ihrem Körper und kann in Form von körperlichen Reaktionen wieder zum Leben erweckt werden, wenn, wie in meinen Vorträgen, solche Mißhandlungen beschrieben werden. Der Wert eines solchen plötzlichen Energieschubs liegt darin, daß er das Opfer wieder an das schmerzhafte Trauma erinnert. Denn solange dieser Urschmerz nicht angenommen und verarbeitet worden ist, kann sich der Betroffene nicht von den Folgen der Mißhandlung erholen. Ohne Trauerarbeit kann man das göttliche Kind nicht zurückgewinnen und beschützen.

Traumatische Ereignisse und seelischer Schmerz

Der plötzliche Energieschub kann auch als Reaktion auf ein traumatisches Ereignis in Ihrem Leben entstehen. Sie lassen sich scheiden, verlieren einen Freund, werden entlassen, und die Verände-

rungsenergie fordert Sie zur Erneuerung und zu einem neuen Leben auf. Ich habe das oft bei Klienten erlebt, die sich endlich zu der Entscheidung durchgerungen hatten, eine sehr schlechte Ehe zu beenden. Oft erlebten Frauen, die mißhandelt worden waren und den Mut gefunden hatten, sich von ihrem Peiniger zu trennen, daß sich ihr Leben nach nur wenigen Jahren in einer Weise verändert hatte, von der sie vorher nie zu träumen gewagt hatten.
Ich kenne keine Formel, mit der man voraussagen könnte, ob ein Mensch an einem traumatischen Ereignis zerbricht oder ob er dadurch Kraft schöpft und sich verändert. Ich kann nur ganz einfach sagen, daß wir uns alle bewußt machen müssen, daß jedes Trauma zwei Möglichkeiten enthält: Es kann als Katalysator einer schöpferischen Veränderung dienen oder zur Selbstzerstörung führen. Es hängt immer davon ab, ob Sie mutig genug sind, den unverarbeiteten Schmerz anzunehmen, den Sie zu der Zeit, als sich das Trauma ereignet hat, verdrängt haben, und sich zu der Bedeutung bekennen, die das traumatischen Ereignis für Sie hat.
Es ist wichtig, daß Sie auf Ihr Leben zurückblicken, um die Kräfte erkennen zu können, die aus diesem traumatischen Ereignis entstanden sind. Viele meiner Klienten haben bei der Meditation, die ich auf Seite 375f. beschreibe, enorme Kräfte entdeckt, die auf die traumatischen Ereignisse der Vergangenheit zurückzuführen sind. Sie wissen, was Leon Bloy meint, wenn er schreibt:

> Es gibt Orte im Herzen, die noch nicht existieren; es bedarf der Schmerzen, damit es sie gibt.

Ich weiß wirklich nicht, warum guten Menschen schlimme Dinge zustoßen, oder warum die einen in schrecklicher Weise mißbraucht werden und die anderen nicht. Keine der gängigen Antworten, die die Religion darauf gibt, hat mich überzeugen können.

Die Transformation des Traumas: Eine persönliche Geschichte

Das Schlimmste, was mir in meinem Leben passiert ist, hat sich letzten Endes als das Beste herausgestellt. Ich beendete meine siebzehnjährige »Laufbahn« als Alkoholiker auf einer Bahre, auf der man mich in das State Hospital trug. Damals war ich dreißig Jahre alt. Der Alkohol hatte mir mein gesamtes schöpferisches Potential genommen, und der Alkoholismus selbst war ein Beweis dafür, daß ich mich nach Geist sehnte. Marion Woodman hat die Sucht eine »Perversion des Geistes« genannt, bei der sich »unser spirituelles Wesen buchstäblich gegen sich selbst richtet«. Alkohol war die Medizin, die ich nahm, um das verletzte Kind in mir zu heilen, aber diese Medizin brachte mich beinahe um. Die Sucht war eine Metapher für meine tiefe spirituelle Not.

Nachdem mein Vater mich und meine Familie verlassen hatte, sind wir häufig umgezogen und wohnten meistens bei Verwandten. Ich paßte mich an und war ein sehr gehorsames Kind. Um meine Scham zu verdecken und meiner Alkoholikerfamilie eine gewisse Würde zu geben, wurde ich ein Streber, hatte in der Schule nur Einsen und war während meiner Grundschulzeit von der ersten Klasse an immer Klassensprecher. Ich versuchte, mehr zu sein als ein Mensch – ich identifizierte mich in einer übertriebenen Weise mit der Rolle des anständigen Kerls, der ein »Überflieger« und bei allen Leuten beliebt war. Die wilde, instinktive Energie des natürlichen Kindes war in den Keller gesperrt worden und versuchte mit aller Kraft, sich zu befreien. Als ich dreizehn war, hatte dieser wilde Teil meines Selbst ein paar andere Typen gefunden, die auch keinen Vater und kein intaktes Elternhaus mehr hatten. Ich trieb mich mit ihnen herum und lebte meine Wildheit mit ihnen aus. Aber sehr bald identifizierte ich mich auch intensiv mit dieser Rolle und verbarg meinen Schmerz, indem ich wie ein Wüstling lebte. Ich begann, meine Schmerzen und meinen Kummer im Alkohol zu ertränken. Während meiner ganzen High-School-Zeit trank ich, ging ins Bordell und trieb mich herum. Ich war weniger als ein Mensch geworden. Als ich einundzwanzig war, hatte ich das Gefühl, in einer Falle zu sitzen, und war sehr einsam. Eines Tages entdeckte ich einen Ausweg. Ich würde alle meine Probleme lösen, wenn ich ins Priesterseminar ginge und katholischer Priester würde. Hatten mir nicht verschiedene Nonnen und Priester gesagt, ich sei ihrer Meinung nach dazu berufen, ein religiöses Leben zu führen, Gottes Werk zu tun? Ich trat in den Orden des heiligen Basilius ein. Meine Entscheidung, das Priesterseminar zu besuchen, war offensichtlich ein Versuch, meine seelische Verletzung zu heilen. Hier war der Ort, an dem meine Seele gesunden konnte. Aber ich hatte meine »Ego-Arbeit« noch nicht geleistet. Meine Seele sehnte sich nach Gott, aber meine verdrängte seelische Energie machte mich immer wieder auf sich aufmerksam. Im Priesterse-

minar entwickelte ich seelische Zwänge, ich lag oft stundenlang auf den Knien und betete und fastete bis zur völligen Erschöpfung.
Nietzsche spricht von drei Transformationen in unserer persönlichen Entwicklung: »Wie der Geist ein Kamel wird, das Kamel ein Löwe und der Löwe schließlich ein Kind.« Wie ein Kamel belud ich mich mit Wissen. Ich studierte die großen spirituellen Meister. Ich meditierte und betete.
Wie so viele junge Menschen befand auch ich mich auf einer spirituellen Pilgerfahrt, aber ich war nicht frei genug, um die richtigen Fragen stellen zu können. Ich war nicht in der Lage, die Signale zu hören, die mir mein archetypisches, göttliches Kind sandte. Ich konnte keinen inneren Frieden finden, weil ich mich selbst nicht finden konnte. Ich trug eine schwarze Soutane und einen weißen Priesterkragen, die Leute sagten »Father« zu mir, aber ich hatte keine Ahnung, wer ich wirklich war.
Mein archetypisches Kind brachte mich dazu, mich mit existentialistischer Philosophie zu beschäftigen. Zuerst wurde Jacques Maritain, der große katholische thomistische Philosoph, einer meiner Väter. Dann fühlte ich mich von den Werken Dostojewskis, Kierkegaards, Nietzsches und Kafkas angezogen. Alle diese Männer waren verletzte Kinder gewesen, deren archetypische Energie sich gegen ihren Willen befreit hatte. Sie sind großartige Beispiele dafür, zu welchen Leistungen das archetypische, göttliche Kind fähig ist. Ihr Leben war voller Leid und voller Qualen. Sie forderten nie das verletzte Kind in sich zurück, um es zu beschützen, aber ihre enorme archetypische Energie ließ sie zu außergewöhnlich schöpferischen Menschen werden. Ihr Leben war von Tragik bestimmt, sie konnten nie ihren inneren Frieden finden, sondern mußten bis zum bitteren Ende leiden. Trotzdem war es ihr göttliches Kind, das es ihnen ermöglicht hat, große Kunstwerke zu schaffen. Das Leben der berühmtesten Künstler scheint diesem archetypischen Muster zu folgen. Vielen war es nicht vergönnt, die Freude zu erleben, die ein Mensch erlebt, wenn er das verletzte Kind in sich zurückgewonnen und in seine Obhut genommen hat. Das Ganze ist von einem Geheimnis umgeben – etwas, was ich nicht ganz verstehe, etwas, was die Künstler und die Heiligen von den anderen Menschen unterscheidet. Ich glaube aber, daß es etwas mit dem göttlichen Kind zu tun hat.
Ich fühlte mich auf jeden Fall zu diesen Menschen hingezogen, vor allem zu Friedrich Nietzsche. Welche Ironie des Schicksals! Ich saß

in einem katholischen Priesterseminar, in dem sich alle mit Thomas von Aquin beschäftigten, und ich studierte die Schriften Nietzsches, eines Philosophen, der verkündet hatte, Gott sei tot. Ich kann mich erinnern, wie es mich berührt hat, als ich zum erstenmal die folgenden Zeilen aus einem Brief Nietzsches las:

> Wenn diese Christen von mir verlangen, ich solle an ihren Gott glauben, dann müssen sie sich etwas Besseres einfallen lassen; dann müssen sie mehr wie Leute aussehen, die gerettet worden sind; in ihren Gesichtern müßte man die Freude der Seligen erkennen können. Ich glaube nur an einen Gott, der tanzt.

Ein Gott, der tanzt! Ein Gott, der voller Freude ist und das Leben genießt! Wie weit das von den schwarzen Soutanen, von der ehrfürchtigen Stille und dem Verbot jeglicher Freundschaften unter den Novizen entfernt war. Freudenfeste und Tanzen waren das letzte, womit meine religiöse Ausbildung etwas zu tun hatte. Man hatte mir beigebracht, daß man die Fleischeslust abtöten und die Augen niederschlagen mußte und keine besonderen Freundschaften zu anderen Novizen haben durfte. Wir mußten unsere Augen niederschlagen, damit wir nichts sehen konnten, was unsere Fleischeslust hätte erregen können. Ich war tatsächlich ein Gefangener der alten Ordnung. Dostojewski beschreibt das sehr schön im »Großinquisitor«. Wenn Jesus wieder auf die Erde gekommen wäre, hätten sie ihn eingesperrt. Er war gekommen, um uns zu befreien. Aber damit konnte die alte Ordnung nicht fertigwerden. Jesus ruft uns zu schöpferischem Tun auf und möchte uns zu unserer einzigartigen Ichhaftigkeit führen. Er war unser Vorbild, als er sagte. »Vor Abraham *bin ich*.« Dafür hat man ihn gekreuzigt. Die alte Ordnung kreuzigt uns alle, wenn wir unsere Ichhaftigkeit ausdrücken und schöpferisch sind.

Im Priesterseminar mußten wir uns der Autorität unterordnen. Ich hatte zwar eine neue Mutter (die Kirche) und einen neuen Vater (den Abt), aber meine seelische Wunde wurde dadurch nicht geheilt.

Ich war allerdings noch nicht völlig verloren. Das göttliche Kind in mir rührte sich. Es veranlaßte mich dazu, meine Magisterarbeit über Nietzsche zu schreiben. Ich gab ihr den Titel »Philosophie als dionysisches Erkennen«. Nietzsche war von dem guten Dionysos fasziniert gewesen – von diesem Gott der Ekstase, des Weins und der urwüchsigen Kreativität, dem Widersacher Apollos, der der Gott der Form und der Disziplin war. Nietzsche wußte, daß beide für die Kunst und für das Leben unverzichtbar waren, aber in seinem eigenen Leben hatte er Schwierigkeiten, sie im Gleichgewicht zu halten. Während ich meine Arbeit schrieb, wurde mir klar, wie wichtig das dionysische Element für die Philosophie war. Für Nietzsche war Philosophie beinahe gleichbedeutend mit Poesie. Das war eine Reaktion auf die erstarrte Einstellung des Rationalismus seiner Tage. Ich konnte die dionysische Kraft in Nietzsches Werk förmlich spüren. Mir wurde bewußt, wie wichtig es war, einen Ausgleich zwischen dem Apollinischen und dem Dionysischen zu finden. (Letzteres ist die ungezügelte schöpferische Kraft des göttlichen Kindes, während das Apollinische Form und Struktur der poetischen Kraft verkörpert.) Ich habe das intellektuell erkannt, aber ich wußte nicht, wie ich die beiden Gegensätze in meinem eigenen Leben vereinen sollte. Ich entschied mich für Dionysos.

Jetzt verwandelte sich mein Kamel in einen brüllenden Löwen. Ich lehnte mich gegen die lebensfeindlichen Kräfte der alten Ordnung auf. Zuerst war es eine intellektuelle Rebellion. Aber mein Alkoholismus half mir dabei, sie auch auszuleben. Die alte Ordnung setzte mich auf die Anklagebank. Ich wurde wegen meines Ungehorsams getadelt. Meine Rebellion ging weiter, und in einer Nacht der dionysischen Ekstase lief ich um drei Uhr morgens betrunken durch die Korridore des Klosters und verfluchte die Autoritäten und Wächter der alten Ordnung. Mein göttliches Kind ließ einen Sturm losbrechen. Ich wurde ein Jahr lang vom Studium ausgeschlossen. Meine Ordination wurde aufgeschoben. Meine Klassenkameraden wurden einen Tag, nachdem man mich ins Exil geschickt hatte, ordiniert. *Puh!* Das war knapp gewesen! Die alte Ordnung hätte beinahe gesiegt.

Im Zug von Toronto nach Texas betrank ich mich. Das Bier linderte die Schmerzen meiner gequälten Seele. Ich hatte keine Ahnung, was mit mir geschah. Das verletzte Kind in mir litt unter der Scham. In den nächsten Monaten lernte ich allmählich, auf mein göttliches Kind zu hören. Es näherte sich mir mit Nietzsches Worten: »Du hast die schwerste aller Bürden gesucht und dich gefunden.« Es war niemand da, der mir bestätigen konnte, daß es mich gab. Ich hatte meinen ganzen Mut gebraucht, um den Orden zu verlassen, und man hat es mir nicht leicht gemacht. Man gab mir vierhundert Dollar, damit ich mir selbst helfen konnte. Ich war dreißig Jahre alt, besaß kein Auto, hatte nichts anzuziehen und keine Bleibe. Als ich wegging, sprach keiner mit mir, niemand machte mir Mut oder half mir. Menschen, mit denen ich fast zehn Jahre zusammengelebt hatte und von denen viele meine Freunde gewesen waren, befolgten das ungeschriebene Gesetz, daß man mit einem Bruder, der weggeht, weder sprechen noch irgendwelchen Kontakt haben darf. Ein Onkel, der Parties veranstaltet hatte, als ich wegging, um Priester zu werden, sagte mir, er hätte immer schon gewußt, daß ich nicht das Zeug dazu gehabt hätte, es zu schaffen. Ich fühle noch heute, wo ich die Worte schreibe, die alte Wut in mir aufsteigen und spüre den Schmerz.

Wie das ausgesetzte Kind in der Mythologie war ich mutterseelenallein den Elementen der Welt ausgeliefert. Berufserfahrungen hatte ich nur als Bürokraft und als Kontrolleur in einem Lebensmittelgeschäft. Ich wußte nicht, wo ich hingehen und was ich tun sollte. In der Tiefe meiner Seele gab mir das göttliche Kind einen Stoß. Wenn ich heute an diese Zeit zurückdenke, weiß ich nicht mehr, wie ich es damals geschafft habe. Mein Alkoholismus hatte den Höhepunkt erreicht. Ich fühlte mich mutterseelenallein und von Gott und der Welt verlassen. Ich besaß nicht nur kein Auto, ich konnte nicht einmal Auto fahren. Ich hatte panische Angst. Schließlich endete diese Reise im Austin State Hospital.

Als ich aus dem Krankenhaus entlassen wurde, nahm ich an einem 12-Schritte-Programm teil, um vom Alkohol loszukommen. Hilfreiche Hände streckten sich mir entgegen. In meinem desolaten Zustand konnte ich mich in den Augen der anderen verletzten Menschen erkennen. Wir alle waren »Kinder, die in der Nacht weinten«, und jeder von uns brauchte die Unterstützung der anderen. Der innere Anstoß, der es mir möglich gemacht hatte, der alten Ordnung zu entfliehen, wurde mir von meinen Leidensgenossen bestätigt. Während ich den anderen – ausnahmslos ehemalige Alkoholiker – zuhörte, wie sie von ihren Erlebnissen, ihrer Kraft und ihren Hoffnungen berichteten, begann ich, mich *selbst* wirklich zu erkennen. Ich fing mich und fand den Ort, der es meinem göttlichen Kind im Lauf der letzten fünfundzwanzig Jahre möglich gemacht hat, allmählich aufzutauchen.

Heute bin ich zutiefst davon überzeugt, daß *ich ich bin – und daß ich eine wunderbare Person bin!* Ich bin jähzornig, mimosenhaft und egoistisch; aber ich bin auch liebevoll, interessant, wirklich kreativ und staune manchmal sogar über mich selbst. Das Wichtigste, was ich in meinem Leben gelernt habe, ist, daß Kreativität stärker ist als Gewalt und daß sie das angemessene Mittel gegen Gewalt ist. Erst viel später ist mir klargeworden, daß mich mein göttliches Kind die ganze Zeit geführt hat. Die Kraft, die ich auf Nietzsche, Kafka, Kierkegaard und Dostojewski verwendet habe, stammte von meinem göttlichen Kind. Jetzt weiß ich, warum ich mich so intensiv mit diesen Menschen identifiziert habe. Ich schulde ihnen Dank. Sie alle sind im wahrsten Sinne des Wortes meine Väter. Sie haben mir geholfen, mich selbst zu finden.

Träume

Ich habe vorhin Normans Traum erwähnt. Es war nicht der Traum an sich, der ihn dazu gebracht hat, die zur Veränderung drängende Kraft seines göttlichen Kindes zu entdecken. Norman mußte eine lange Periode ungewöhnlich intensiver Traurigkeit durchmachen. Aber sein Traum hat den Prozeß ins Rollen gebracht.

Manchmal kann der Traum selbst die Kraft des archetypischen, göttlichen Kindes in sich tragen. In seiner autobiographischen Schrift *Erinnerungen, Träume, Gedanken* nennt C. G. Jung solche Träume, die das Leben verändern, »große Träume«. Er selbst hatte einen »großen« Traum, als er knapp vier Jahre alt war, und dieser Traum beschäftigte ihn sein Leben lang. Jung war erstaunt, daß bereits ein kleines Kind einen Traum haben konnte, der Probleme in Symbolen ausdrückte, die »seinen Horizont weit überstiegen«. Jung fragte sich:

> Wer stellte das Oben und das Unten zusammen und legte damit den Grund zu all dem, was die ganze zweite Hälfte meines Lebens mit Stürmen leidenschaftlicher Natur erfüllte?
>
> C. G. Jung (Erinnerungen, Träume, Gedanken, S. 21)

In meinem Buch *Bradshaw On: Healing the Shame That Binds You* habe ich eine Analyse eines meiner »großen« Träume aufgeschrieben. Der Traum, den ich zwanzig Jahre nach meinem Weggang aus dem Priesterseminar hatte, konfrontierte mich mit den Elementen dieses Lebensabschnitts und brachte mich dazu, ernsthaft zu meditieren. Ich war zu der Zeit Mitglied des Vorstands einer Ölgesellschaft und hatte die Aufgabe, sie psychologisch zu beraten. Die Arbeit erstickte förmlich meine Kreativität. Ich hatte darüber hinaus eine ziemlich destruktive Beziehung zu einer Frau und war immer mehr von dem Gedanken besessen, möglichst viel Geld zu verdienen. Als Vorstandsmitglied bekam ich zusätzlich Tantiemen in Form von Aktien. Damals hatte die Ölindustrie ihre große Zeit. Alles, was wir anfaßten, wurde zu Gold. Dann kam die Krise. Leute wurden arbeitslos. Ich verlor alle meine Optionen und mein sechsstelliges Gehalt als Berater. Ich fühlte mich wie am Boden zerstört. Ich bin in Armut aufgewachsen und war mein ganzes Leben lang von dem Gedanken besessen gewesen, möglichst viel Geld zu verdienen. Meine Angst vor der Armut drückte sich so aus, daß ich ständig das Gefühl einer drohenden Katastrophe hatte. Es war nie genug Geld da. Eines Tages würde das Ganze wie ein Kartenhaus zusammenstürzen, und genau das war jetzt passiert.

Kurz darauf hatte ich an drei verschiedenen Tagen drei Träume, die ganz offensichtlich in einem Zusammenhang standen. Im ersten Traum versuchte ich, nach Toronto zu fliegen, konnte aber nicht vom Boden loskommen. Im zweiten Traum gelang es mir, abzuheben, um dann in der Nähe der Niagara-Fälle in Buffalo im Staat New York zu landen. Am Flughafen sah ich den Abt eines Trappistenklosters, den ich vor fünfundzwanzig Jahren kennengelernt hatte. Er hatte mich damals tief beeindruckt, aber aus irgendeinem Grund hatte ich in den folgenden Jahren nie mehr an ihn gedacht. Sein Bild verfolgte mich tagelang. In meinem dritten Traum mietete ich mir in Buffalo ein Auto und fuhr nach Toronto. Als ich dort ankam, war ich allein. Ich ging zur St. Joseph Street 95, wo ich Theologie studiert hatte. Ich spazierte dort umher und kam schließlich zu der großen Kapelle. Ich saß stundenlang da – jedenfalls kam mir das so vor – und sprach mit verschiedenen Männern, die ich damals für sehr fromm gehalten hatte und die einmal in meinem Traum erschienen waren. Jeder von ihnen beschwor mich, mein inneres Sanktum zu finden.

In Toronto hatte ich studiert, um Priester zu werden, und die Träume führten mich zu meinem spirituellen Zentrum zurück. Sie *veranlaßten* mich dazu, jeden Tag zu meditieren. Ich hatte schon seit Jahren mit verschiedenen Meditationstechniken herumgespielt, das Ganze aber nie wirklich ernstgenommen. Die Träume brachten mir außerdem einen verhältnismäßig dauerhaften Frieden im Hinblick auf meine finanziellen Probleme. Irgendwie war mir klar, daß ich finanziell gesichert sein würde. Ich beschloß, meine Kraft spirituellen Dingen zu widmen. Für mich ist Kreativität gleichbedeutend mit Spiritualität. Ich machte mir Gedanken über eine neue Fernsehserie, die schließlich den Anfang meines gegenwärtigen Lebens markieren sollte. Als ich begriffen hatte, daß ich meine Kreativität in einer großen Firma und in der Welt der Finanzen nicht einsetzen konnte, kam alles Schlag auf Schlag. Mein göttliches Kind hatte meinem Leben durch den großen Traum eine neue Richtung gegeben.

Kindheitserinnerungen

Eine weitere Art, dem archetypischen Unbewußten auf »die Schliche« zu kommen, besteht darin, daß man bedeutsame Kindheitserinnerungen wiederbelebt. Manchmal sind solche Erinnerungen ganz eindeutig der Ursprung unserer späteren Kreativität.
Georgia O'Keeffe, die berühmte Malerin, berichtet in ihrer Autobiographie, daß sie sich daran erinnern kann, wie sie im Alter von fünf Monaten auf einem großen Teppich liegt und von dem Muster und den Farben einer Steppdecke im Hause ihrer Tante fasziniert ist. Das Muster dieser Steppdecke taucht später als Grundmotiv in vielen ihrer Bilder wieder auf. Sie schreibt, daß sie ihrer Mutter von dieser Erinnerung erzählt hat, worauf die ihr gesagt habe, daß es unmöglich sei, sich so weit zurückzuerinnern. Daraufhin beschrieb Georgia das Kleid ihrer Tante in allen Einzelheiten. *Die Kindheit scheint eine Zeit zu sein, in der die Weichen für viele schöpferische Menschen gestellt werden.*
Der große Paläontologe Teilhard de Chardin berichtet über Erinnerungen an seine Kindheit, als er sechs oder sieben Jahre alt war. Schon damals fühlte er sich zur Materie hingezogen. Er beschreibt, wie fasziniert er von Steinen und Eisen war. Einstein war fünf Jahre alt gewesen, als er einen magnetischen Kompaß geschenkt bekam. Er war so fasziniert von den Geheimnissen der Natur, daß er später versuchte, dem Universum seine Geheimnisse zu entlocken. Das Gefühl für das Geheimnisvolle blieb ihm sein ganzes Leben lang treu. Die Gemälde von Picasso und Chagall werden von kindlichen Bildern beherrscht. Auch bei ihnen liegt der Ursprung ihrer schöpferischen Kraft in der Kindheit.

Frances Wickes, eine namhafte Kinderpsychologin der Jungschen Schule, drückt das treffend aus:

> Schon das ganz kleine Kind kann mit zeitlosen Realitäten konfrontiert werden… Wenn es dann älter wird, bedrücken es… Probleme. Sein Ego muß wachsen, um den Anforderungen eines erweiterten Bewußtseins gerecht werden zu können, und es kann sein, daß das Ego ein numinoses Erleben zu vergessen scheint, das Selbst sich aber erinnert…

In *Erinnerungen, Träume, Gedanken* erinnert sich Jung an eine unerwartete Begegnung mit seinem göttlichen Kind. Das Ereignis fand statt, als Jungs Leben zu stagnieren schien. Er war so verwirrt und desorientiert, daß er befürchtete, unter einer »seelischen Störung« zu leiden. Bei dem Versuch, die Ursache dieses Problems zu finden, begann er, seine Kindheitserinnerungen zu durchforsten. Er schreibt:

> Als erstes tauchte eine Erinnerung aus der Kindheit auf, vielleicht aus dem zehnten oder elften Jahr. Damals hatte ich leidenschaftlich mit Bausteinen gespielt… Zu meinem Erstaunen tauchte diese Erinnerung auf, begleitet von einer gewissen Emotion. »Aha«, sagte ich mir, »hier ist Leben. Der kleine Junge ist noch da und besitzt ein schöpferisches Leben, das mir fehlt.«
>
> C. G. Jung

Jung kam zu dem Schluß, daß er den Kontakt mit der Kraft dieses Kindes wieder herstellen müsse, indem er das »Leben des Kindes mit seinen kindlichen Spielen« fortsetzte. Also kaufte er sich einen Baukasten. Er erlebte erheblichen Widerstand seiner kritischen inneren Stimme (die alte Ordnung), aber er ließ sich nicht beirren, sondern baute ein komplettes Dorf mit Burg und Kirche. Er arbeitete jeden Tag nach dem Mittagessen und auch abends daran. Seine Familie stellte ihm kritische Fragen. Er schreibt: »Ich orientierte mich einzig und allein an meiner inneren Gewißheit, daß ich dabei war, meinen eigenen Mythos zu entdecken.«
Dieses Erlebnis spielte eine entscheidende Rolle in seinem Leben und setzte die außergewöhnlich schöpferischen Energien dieses Mannes frei, die letzten Endes ihren Ausdruck in der Entwicklung

der Theorie der Archetypen und des kollektiven Unbewußten fanden.

Als ich vor Jahren diesen Abschnitt aus Jungs Autobiographie las, wurde ich an ein ähnliches Erlebnis in meinem Leben erinnert. Als ich ungefähr zehn Jahre alt war, begann ich mich für Modellflugzeuge zu interessieren. Ich kann mich erinnern, daß ich wochenlang an einem Modell gearbeitet habe. Zum erstenmal hatte ich ein Flugzeug aus all seinen Einzelteilen zusammengebaut. Es bestand aus kleinen Balsaholzteilen, die sehr zerbrechlich und kompliziert geschnitten waren. Ich brauchte jetzt nur noch das äußere Papier aufzukleben und das fertige Flugzeug anzumalen. Eines Tages kam ich nach Hause und mußte feststellen, daß mein Flugzeug zerdrückt war. Mein kleiner Bruder hatte versucht, es fliegen zu lassen, und dabei war es kaputtgegangen. Ich war traurig und völlig außer mir. Eine Zeitlang spielte ich mit dem Gedanken, noch einmal von vorn anzufangen, aber ich tat es dann doch nicht. Dreißig Jahre später besaß ich immer noch die Energie, um ein Modellflugzeug zusammenzubauen. Auf eine seltsame Weise hatte das eine außerordentliche Bedeutung für mich. Mit vierzig Jahren kaufte ich mir einen Bausatz und baute das Flugzeug mühevoll zusammen. Manchmal arbeitete ich die halbe Nacht daran. Als ich es endlich fertig hatte, bemalte ich es und führte diesmal mein Projekt tatsächlich bis zum Ende durch. Ich war sehr stolz auf meine Leistung, wußte aber nicht, was mich dazu getrieben hatte, ausgerechnet ein Modellflugzeug zu bauen.

Wenn ich heute an die Zeit nach meinem vierzigsten Lebensjahr zurückdenke, muß ich sagen, daß es die schöpferischste Periode meines Lebens war. In mir steckte unverbrauchte Energie, die noch aus der Zeit stammte, als ich das Modellflugzeug nicht zu Ende bauen konnte. Ich mußte diese Arbeit erst zu Ende bringen, um mich anderen kreativen Aufgaben widmen zu können.

Eine gute Neuigkeit

Viele von uns, die aus gestörten Familien stammen, verbringen einen großen Teil des Lebens damit, die Störungen des verletzten Kindes in sich am Leben zu halten. Wir befinden uns ständig in der Defensive und sind so sehr in unseren wahnhaften Lebensmythos verstrickt, daß wir nicht einmal ahnen, daß es in unserem Innersten eine gute Neuigkeit gibt: die gute Nachricht nämlich, daß jeder von uns in hohem Maße schöpferisch ist. Das zeigt sich sogar bei unseren neurotischen Anpassungsmechanismen. Jeder von uns kann ein göttliches Kind mit einem kreativen Potential sein eigen nennen, und das gilt nicht nur für die berühmten Maler oder Musiker. Unser Leben kann unser Kunstwerk werden. Eine Mutter kann einmalig und enorm kreativ sein, wenn sie ihrer Mutterrolle in einer Weise gerecht wird, wie es nie zuvor geschehen ist. Das gleiche gilt für jeden anderen Beruf oder für jede Rolle, die jemand im Leben spielt. Jeder einzelne von uns ist dazu aufgerufen, sich zu seiner Einzigartigkeit und Unwiederholbarkeit zu bekennen. Wenn Sie sich um Ihre Kreativität kümmern, werden Sie Spuren finden, die bis in die Kindheit zurückreichen.

Erwachsene Kinder müssen sich darüber klarwerden, daß jedes einzelne Element ihres Lebens eine Bedeutung für die einmalige Geschichte hat, die sie selbst sind. Störungen, die auf eine Co-Abhängigkeit zurückzuführen sind, entfernen uns von unserer einzigartigen Ichhaftigkeit, weil wir dann den Glauben an unsere Einzigartigkeit verlieren. Ich will damit sagen, daß jedes einzelne Element Ihres Lebens etwas Besonderes und Einmaliges ist. Es hat nie zuvor jemanden wie Sie gegeben. Selbst wenn wir eine Million Jahre zurückgehen würden, würden wir keinen Menschen finden, der so ist wie Sie. Vertrauen Sie darauf, daß Sie etwas Besonderes und Einzigartiges sind. Glauben Sie daran, daß Ihre Erinnerungen bedeutsam sind.

Die folgende Meditation soll Ihnen helfen, einen Zugang zu Ihren Kindheitserinnerungen oder zu anderen Erinnerungen zu finden, die noch immer eine gewisse schöpferische Energie enthalten. Vielleicht sollten Sie einmal *Der kleine Prinz* von Antoine de Saint-Exupéry lesen, oder falls Sie es schon gelesen haben, noch einmal lesen, bevor Sie mit dieser Meditation beginnen. Sollten Sie keine Zeit dazu haben, möchte ich Sie nur daran erinnern, daß der Autor beschreibt, wie seine Karriere als Maler bereits im Ansatz durch die Erwachsenen zerstört wurde. Er hatte das Bild einer Boa Constrictor gemalt, die einen Elefanten verschlingt. Die Erwachsenen, die das Bild betrachteten, konnten darauf keine Boa Constrictor erkenne, für sie war es ein Hut. Der Autor schreibt:

> Die großen Leute haben mir geraten, mit den Zeichnungen von offenen oder geschlossenen Riesenschlangen aufzuhören

und mich mehr für Geographie, Geschichte, Rechnen und Grammatik zu interessieren. So kam es, daß ich eine großartige Laufbahn, die eines Malers nämlich, bereits im Alter von sechs Jahren aufgab. Erwachsene können niemals etwas aus sich selbst verstehen, und es ist für Kinder sehr ermüdend, ihnen immer wieder alles erklären zu müssen.

Saint-Exupéry
(Der kleine Prinz)

Wenn Ihre Kreativität durch die Erwachsenen erstickt worden ist, sollten Sie die folgende Meditation durchführen. Sie kann Ihnen dabei helfen, eine Erinnerung wieder aufleben zu lassen, die sich immer noch wie die Glut in der Asche in Ihrer Seele verbirgt.

Meditation über schöpferische Kindheitserinnerungen

Nehmen Sie den folgenden Text auf Band auf. Eine wunderschöne Musik dazu ist auf der Kassette von Daniel Kobialka, sie hat den Titel *When You Wish Upon a Star.*

Konzentrieren Sie sich auf Ihre Atmung... Machen Sie sich bewußt, was in Ihrem Körper passiert, wenn Sie einatmen... Und ausatmen... Atmen Sie jetzt ganz langsam einen weißen Dampf aus, der die Zahl Fünf auf einem schwarzen Vorhang bildet... Wenn Sie die Fünf nicht sehen können, malen Sie sie mit Fingerfarben... Atmen Sie dann die Zahl Vier aus, oder malen Sie sie mit Fingerfarben... Spüren Sie, wie Sie sich ein ganz kleines bißchen entspannen... Spüren Sie gleichzeitig aber auch, wie Sie sich immer noch soweit unter Kontrolle haben, wie es nötig ist... Atmen Sie jetzt die Zahl Drei aus, oder malen Sie sie mit Fingerfarben... Jetzt können Sie noch ein bißchen mehr loslassen... Denken Sie daran, wie Sie als Kind gelernt haben, festzuhalten und loszulassen... Sie haben gelernt festzuhalten, als Sie laufen gelernt haben... als Sie zu essen gelernt haben... Sie haben das Loslassen gelernt, als Sie auf einer Schaukel gesessen haben und Ihr Haar im Wind wehte... Sie haben losgelassen, als Sie Ihre ersten Tagträume hatten, oder wenn Sie abends einschliefen... Sie wissen also ganz genau, in welchem Maß Sie festhalten und loslassen müssen... Und Sie sind sich Ihrer Stimme, der Musik und dem Gefühl der Kleidung an Ihrem Körper voll bewußt... Sie spüren Ihren Rücken an der Stuhllehne, die Luft an Ihrem

Gesicht... Und gleichzeitig fallen Sie in eine leichte, erholsame Trance... Sie spüren, wie die ganze Oberfläche Ihres Körpers taub wird... Es kann sein, daß sich Ihr Körper ganz schwer anfühlt... oder federleicht... Gleichgültig, ob sich Ihr Körper leicht oder schwer anfühlt, Sie können sich jetzt von diesem Gefühl in einen Traum tragen lassen... Es wird ein Traum sein, in dem Sie eine Entdeckung machen... Sie werden eine ganz außergewöhnliche, längst vergessene Kindheitserinnerung wiederentdecken... Sie kann entweder ganz deutlich oder auch nur ganz vage sein... Aber es wird mit Sicherheit eine Traumerinnerung an einen schöpferischen Augenblick sein... Es kann sein, daß Sie diese Kreativität bereits ausleben. Es kann aber auch sein, daß es sich um eine keimende Erinnerung handelt, die Sie gerade jetzt brauchen... Sie werden das selbst wissen... Und das, was Sie wissen, wird auch das Richtige für Sie sein... Nehmen Sie sich jetzt zwei Minuten Zeit; für das Unbewußte ist das eine unendlich lange Zeit... Sie werden in dieser Zeit eine andere Zeit finden... Jetzt können Sie damit anfangen... (zwei Minuten Pause). *Alles, was Sie jetzt erleben, ist richtig für Sie... Sie sind* genau *dort, wo Sie* hingehören... *Sie können über das Erlebte nachdenken... Möglicherweise wissen Sie schon Bescheid... Es kann sein, daß Sie das mitnehmen müssen, was Sie bekommen haben, und ein paar Tage damit leben müssen... Vielleicht auch ein paar Wochen... Das können nur Sie entscheiden... Es kann sein, daß Sie überrascht sind... Es kann Ihnen plötzlich etwas bewußt werden... Wenn Sie etwas anschauen, wenn Sie ein Buch lesen, während Sie spazierengehen... Es wird zu Ihnen* kommen... *Allmählich erkennen Sie jetzt die Zahl Drei und können Ihre Hände spüren und die Zehen bewegen... Jetzt erkennen Sie die Zahl Fünf und spüren, daß Ihr ganzer Körper hellwach ist... Lassen Sie Ihren Geist jetzt wieder präsent sein, Ihr Bewußtsein befindet sich wieder im normalen Wachzustand... Öffnen Sie jetzt die Augen.*

Vielleicht haben Sie einen Zugang zu einer kreativen Erinnerung gefunden, vielleicht auch nicht. Es kann sein, daß Sie eine energiegeladene Erinnerung berührt haben, aber nicht wissen, was sie für eine Bedeutung hat. Vertrauen Sie einfach darauf, daß Sie schon erfahren werden, was Sie wissen müssen.

Wenn keines der Erlebnisse, die ich in diesem Kapitel beschrieben habe, einen Zugang zur Energie Ihres göttlichen Kindes schaffen konnte, möchte ich Ihnen folgende Tips geben, wie Sie Hinweise auf die Anwesenheit Ihres inneren Kindes finden können:

1. Achten Sie auf alles, von dem Sie offenbar in außergewöhnlicher Weise fasziniert sind. Möglicherweise sammeln Sie irgend etwas, ohne zu wissen, warum; vielleicht sind Sie fasziniert von einem fremden Land und seinen Bräuchen; oder Sie fühlen sich von einer bestimmten Farbe oder einem bestimmten Klang ungewöhnlich stark angezogen.
2. Achten Sie auf Ihre Intuition und Ihre Ahnungen. Einstein hat oft auf die wichtige Rolle hingewiesen, die die Intuition bei seiner Arbeit gespielt hat. Er sagt, daß er seine berühmten Gleichungen schon lange, bevor er sie aufgestellt hatte, auf einer anderen, nichtsprachlichen Ebene mit absoluter Sicherheit kannte. Auch wenn nicht jeder von uns ein Einstein sein kann, besitzen wir doch alle die Gabe der Intuition, die als »gefühlter Gedanke« definiert worden ist. Und es ist tatsächlich beinahe so, als wäre es ein Fühlen und nicht ein Wissen. Intuition ist, wenn man etwas weiß, ohne zu wissen, warum. Viele glauben, daß Intuition der nichtdominanten Hirnhälfte entspringt. Die dominante Hälfte ist für die Logik zuständig und der Sitz des schlußfolgernden Denkens. Die nichtdominante Hälfte erkennt alles intuitiv und ist der Sitz des »holistischen«, ganzheitlichen Denkens. Die meisten schamgeprägten erwachsenen Kinder, deren inneres Kind verletzt worden ist, vertrauen ihrer Intuition nicht. Wir sind in unserem Leben so vorsichtig, daß wir ständig auf der Hut vor den Gefahren sind, die uns von außen drohen. Wir sind nie entspannt genug, um auf die Stimme unserer Intuition hören zu können. Erst wenn wir das göttliche Kind in uns zurückgewonnen und in unsere Obhut genommen haben, haben wir die Möglichkeit, diesen Teil unseres Selbst zu erleben.
   Ich habe einmal eine Frau behandelt, die sich unbedingt scheiden lassen wollte, obwohl ihre Ehe intakt zu sein schien. Ihr Mann war ziemlich wohlhabend, liebte sie und wollte, daß sie beide an ihren Problemen arbeiteten. Sie hatten sechs Kinder im Alter zwischen dreizehn und neunzehn Jahren. Wenn meine Klientin sprach, hatte man das Gefühl, daß sie unter innerem Druck stand. Sie sagte zum Beispiel: »Wenn ich mich nicht scheiden

lasse, wird aus mir nie das werden, wozu der liebe Gott mich geschaffen hat. Es geht um mein Leben. Ich kann Ihnen nicht sagen, warum, aber ich *spüre* es und ich *weiß*, daß ich recht habe.« Sie beantragte die Scheidung. Die alte Ordnung flippte aus. Ihr Baptistenpfarrer war entsetzt. Die Bibelgruppe setzte für sie wöchentliche Gebete auf die Tagesordnung. Und ihr Mann gab *mir* die Schuld!

Fünf Jahre später schrieb sie mir, daß sie eine eigene Immobilienfirma gegründet habe, von der sie bereits als kleines Mädchen geträumt habe. Sie verdiente inzwischen fast eine halbe Million Dollar im Jahr. Den Kindern ging es gut. Sie hatte eine wunderbare freundschaftliche Beziehung zu einem Mann und war vollkommen glücklich. Sie war ihrer Intuition gegen alle Wahrscheinlichkeit gefolgt, und ihr göttliches Kind hatte gesiegt.

Es ist nicht immer leicht, zu entscheiden, ob es sich bei der inneren Stimme um echte Intuition handelt. Manchmal kann man sie mit Wunschdenken verwechseln. Ich kenne keine absoluten Kriterien, die einem dabei helfen könnten, zu entscheiden, ob es sich um einen Teil unserer höheren Intelligenz handelt oder um unseren egoistischen Wunsch. Geben Sie sich selbst die Chance, hören Sie zu, und probieren Sie die Phantasien Ihrer inneren Stimme aus. Gewöhnlich wissen wir, was wir wollen oder schon immer gewollt haben. Intuition ist uns normalerweise nicht vertraut – sie ist etwas völlig Neues, Unverbrauchtes.

3. Achten Sie auf alle hartnäckigen Impulse. Wenn Sie zum Beispiel immer schon einmal nach Bali oder in den Fernen Osten fliegen wollten, wenn Sie schon immer mit einem Metalldetektor auf Schatzsuche gehen wollten oder schon immer ein Musikinstrument lernen wollten oder Bildhauer oder Maler werden wollten, sollten Sie zwar nicht sofort alles stehen- und liegenlassen, um diesem Impuls zu folgen, aber es lohnt sich, so etwas auszuprobieren. Sie können das tun, indem Sie sich beispielsweise in Ihrer Phantasie auf die Reise begeben, dann werden Sie nämlich erkennen und spüren können, wie wichtig die Sache für Sie ist. Oder Sie können sich der Methode der freien Assoziation bedienen. Nehmen wir einmal an, Sie hätten immer schon einmal nach Bali fliegen wollen, wüßten aber nicht, warum. Fragen Sie sich: Was hat Bali für eine Bedeutung für mich? Zeichnen Sie einen Kreis, und schreiben Sie das Wort Bali in die

Mitte. Geben Sie sich dann den Assoziationen hin, die Ihnen dabei einfallen.

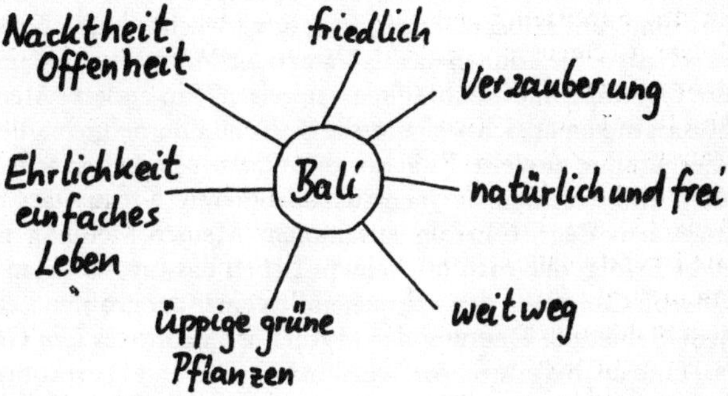

Schauen Sie sich alle diese Assoziationen an, und lassen Sie sich von der, bei der Sie den stärksten Gefühlsimpuls spüren, leiten. Wenn Sie eine Assoziation haben, sollten Sie sie eine Zeitlang auf sich wirken lassen. Seien Sie offen für jede Bedeutung, die sie haben könnte. Wenn Sie ein starkes Gefühl für diese Bedeutung haben, sollten Sie einen Plan machen und in die Tat umsetzen.

4. Achten Sie auf neue Menschen, die in Ihr Leben treten, Menschen, die Ihrem Leben eine andere Richtung geben wollen. Stellen Sie sich vor, daß Sie möglicherweise durch die Art, in der dieser neue Mensch in Ihr vertrautes Leben eindringt, in die Lage versetzt werden, aus der alten Ordnung auszubrechen und in sich selbst das zu entdecken, was Sie ursprünglich waren. Es kann sein, daß diese Person Ihre Art zu denken und Ihre Überzeugungen in Frage stellt. Sie können von ihr fasziniert sein und von ihr an Stellen berührt werden, die seit Jahren brachgelegen haben und erstarrt sind. Sie sollten im Umgang mit einer solchen Person vorsichtig sein und nicht zu impulsiv vorgehen. Sie kann aber möglicherweise eine Metapher für Ihre Selbstfindung sein.

Schöpferische Erneuerung ist ein Merkmal alles Lebendigen. Wenn Sie alte Erinnerungen ausgraben, auf Ihre innere Stimme hören, Ihren Intuitionen vertrauen und den neuen Energien folgen, kann Sie das dazu motivieren, einen neuen Kreativitätsschub zu wagen.

Kreativität

Die Kreativität ist der Höhepunkt des Menschseins. Sie unterscheidet uns von den anderen Wesen der Schöpfung. Es ist uns Menschen vorbestimmt, uns selbst einen eigenen, unverwechselbaren Lebensstil zu schaffen. Sie können das als Vater oder Mutter tun, indem Sie die alte Ordnung in die Schranken verweisen. Ein anderer Mensch macht das, indem er sich weigert, die Rolle zu übernehmen, die die Gesellschaft ihm zuweist. Es gehört Mut dazu, sein Leben selbst zu gestalten und neue Seinsformen auszuprobieren. Kreativität hängt eng mit dem Begriff Erfolg zusammen. Meiner Meinung nach bedeutet Erfolg, daß man mit seinem Leben das tut, was man tun will. Joseph Campbell, der wahrscheinlich einer der größten Lehrer auf dem Gebiet der Deutung der Mythen ist, nannte es *sein Glück finden*. Und auch dazu gehört Mut – man muß Neues ausprobieren und wieder aufgeben und etwas Neues beginnen, wenn man feststellt, daß es so nicht funktioniert. Wir brauchen dazu die Spontaneität, die Flexibilität und die Neugier des göttlichen Kindes. Wenn wir den Mut haben, unsere Wünsche zu artikulieren, geben wir dem Universum etwas Neues. In seinem Gedicht »The Love Song of J. Alfred Prufrock« fragt T. S. Eliot: »Kann ich es wagen, das Universum zu stören?« Und es ist tatsächlich so, daß jeder einzigartige Lebensstil, den ein Mensch erreicht, das Universum neu erschafft. Kreativität ist nicht nur die Krone des Menschseins, sie ist unser wahres Abbild Gottes. Wenn man schöpferisch ist, ist man im wahrsten Sinne des Wortes unserem Schöpfer ähnlich. Kreativität gibt uns die Möglichkeit, unser Leben wie unser eigenes Kunstwerk zu gestalten. Wenn wir das tun, tragen wir dazu bei, daß neue Strukturen für alles zukünftige Leben geschaffen werden. James Joyce hat das so ausgedrückt:

> *Welcome, O life! I go to encounter for the millionth time the reality of experience and to forge in the smithy of my soul the uncreated conscience of my race.*

Es ist Ihr ureigenstes Recht, eine kreative Entscheidung zu treffen. Bitte nehmen Sie es wahr.

Epilog

»Nach Hause, Elliott, nach Hause!«

Der Film *E. T.* hat Millionen Zuschauer begeistert. Wenn etwas bei so vielen Menschen derart starke Gefühlsreaktionen auslöst, kann man davon ausgehen, daß in der Tiefe ihrer Seele archetypische Strukturen berührt werden. Besonders eine Szene hat unser kollektives Unbewußtes angezapft. Als der gestrandete E. T. flüstert »Nach Hause, Elliott, nach Hause«, haben überall auf der Welt Millionen von Menschen aller Altersgruppen Tränen vergossen.

Wir haben geweint, weil wir *immer noch Kinder sind, die man ausgesetzt hat.* Wie sehr wir uns auch anstrengen, um das Kind in uns zurückzugewinnen und zu beschützen, es bleibt trotzdem in jedem von uns eine gewisse Leere. Ich nenne das den »metaphysischen Blues«. Es ist natürlich ein freudiges Ereignis, wenn wir das verletzte Kind in uns zurückgewinnen und in unsere Obhut nehmen. Für viele von uns ist es ein Gefühl, als ob sie zum erstenmal wirklich nach Hause kämen. Aber auch wenn wir uns sicher fühlen und einander verbunden sind, haben wir alle doch noch *eine Reise durch die Finsternis* vor uns. Und so erschreckend das auch sein mag, es sehnt sich trotzdem jeder von uns tief in seinem Innersten danach. Denn gleichgültig, welche Ziele wir in unserem Leben auch erreichen mögen und welche Träume in Erfüllung gehen, immer erleben wir auch so etwas wie eine kleine Enttäuschung, wenn wir an einem dieser Ziele angelangt sind. Dann sagen wir mit Dante, Shakespeare und Mozart: War das alles?

Ich glaube, daß dieses Gefühl der Enttäuschung dadurch entsteht, daß wir alle noch ein anderes Zuhause haben, wo wir wirklich hingehören. Ich glaube daran, daß wir alle aus der Tiefe des Seins kommen und daß dieses Sein uns wieder zurückruft. Ich glaube, daß wir von Gott kommen und daß wir Gottes Geschöpfe sind. Gleichgültig, wie gut es uns geht, wir sind nie wirklich zu Hause. Augustinus, auch ein verletztes Kind, hat das schön ausgedrückt: »Du hast uns für Dich selbst erschaffen, O Herr, und unsere unruhigen Herzen finden erst Frieden, wenn sie in Dir ruhen.« Das wird dann endlich unsere wahre Heimkehr sein.

Literaturhinweise

Alberti, Robert E. and Emmons, Michael L., *Your Perfect Right*, Impact Publishers, Inc., San Luis Obispo, CA, 1986.

Andreas, Connairae and Andreas, Steve, *Heart of the Mind*, Real People Press, Moab, UT, n. d.

Armstrong, Thomas, *The Radiant Child*, Quest, Wheaton, IL., 1985.

Auden, W. H., *Gedichte, ungekürzte Ausgabe*, dtv Verlag, München, 1976.

Bandler, Richard und Grinder, John, *Neue Wege der Kurzzeit-Therapie*, Junfermann Verlag, Paderborn, 1981.

Berne, Eric, *Spiele der Erwachsenen*, Rowohlt Verlag, Reinbek, 1967.

–, *Was sagen Sie, nachdem Sie guten Tag gesagt haben?*, Kindler Verlag, München, 1975.

Bettelheim, Bruno, *Erziehung zum Überleben*, Deutsche Verlags-Anstalt, Stuttgart, 1980.

Black Elk (Hächaka, Ssapa), *Die heilige Pfeife*, Walter Verlag, Freiburg i. Br., 1956.

Bly, Robert, *Selected Poems*, Harper & Row, New York, 1986.

Booth, Leo, *Meditations for Compulsive People*, Health Communications, Inc., Deerfield Beach, FL, 1987.

Cameron-Bandler, Leslie and Lebeau, Michael, *The Emotional Hostage*, FuturePace, Inc., San Rafael, CA, 1986.

–, *Solutions*, FuturePace, Inc., San Rafael, CA, 1985.

Campbell, Joseph, *Der Heros in tausend Gestalten*, Fischer Verlag, Frankfurt a. M., 1953.

Capacchione, Lucia, *Die Kraft der anderen Hand*, Droemersche Verlagsanstalt, München, 1990.

Carnes, Patrick, *Wir verstehen uns.* Harmonie in der Familie, mvg – moderne verlagsgesellschaft mbH, Landsberg, 1980.

Cashdan, Sheldon, *Sie sind ein Teil von mir.* Objektbeziehung und Psychotherapie, Edition Humanistische Psychologie, 1990.

Cermak, Timmen L., *Diagnosing and Treating Co-Dependence*, Johnson Institute Books, Minneapolis, 1986.

Clarke, Jean Illsley, *Self-Esteem: A Family Affair*, Harper & Row, New York, 1980.

–, and Dawson, Connie. *Growing Up Again*, Harper & Row, New York, 1989.

Coudert, Jo, *Advice from a Failure*, Scarborough House, Chelsea, MI, 1965.

DeMause, Lloyd, *Foundations of Psychohistory*, Creative Roots, Inc., New York, 1982.

Dreikurs, Rudolf und Stolz, Vicki, *Kinder fordern uns heraus*, Klett Verlag, Stuttgart 1990.

Eliade, Mircea u. a., *Kosmos und Geschichte*, Rowohlt Verlag, Reinbek, 1966.

Eliot, T. S., *Gedichte (engl.-dt.)*, Suhrkamp Verlag, Frankfurt a. M., 1964.

Elkind, David, *Children and Adolescents*, Oxford University Press, New York, 1981.

–, ed. Piaget, Jean, *Six Psychological Studies*, Random House, New York, 1968.

Erikson, Erik H., *Kindheit und Gesellschaft*, Klett Verlag, Stuttgart, 1965.

Fairbairn, W. Ronald, *Psychoanalytic Studies of the Personality*, Routledge, Chapman & Hall, New York, 1966.

Farmer, Steven, *Adult Children of Abusive Parents*, Lowell House, Los Angeles, 1989.
Forward, Susan und Buck, Craig, *Vergiftete Kindheit*. Vom Mißbrauch elterlicher Macht und seine Folgen, Bertelsmann Verlag, München, 1990.
Fossum, Merle A. and Mason, Marilyn J., *Facing Shame*, W. W. Norton & Co., New York, 1986.
Fromm, Erich, *Die Seele des Menschen*, Diana-Verlag, Konstanz, 1979.
Fulghum, Robert, *Alles, was Du wirklich wissen mußt, hast Du schon als Kind gelernt*, Goldmann Verlag, München, 1989.
Gordon, David und Meyers-Anderson, Maribeth, *Phoenix*, Meta Publications, Inc., Cupertino, CA, 1981.
Goulding, Mary and Goulding, Robert, *Changing Lives Through Redecision Therapy*, Grove, New York, 1982.
Horney, Karen, *Neurose und menschliches Wachstum*, Kindler Verlag, München, 1975.
Isaacson, Robert L., *The Limbic System*, Plenum Press, New York, 1982.
Jackins, Harvey, *The Human Side of Human Beings*, Rational Island Publishers, Seattle, 1978.
Jung, C. G., *Archetypen*, dtv Verlag, München 1990.
–, *Erinnerungen, Träume, Gedanken*, Rascher Verlag, Zürich/Stuttgart, 1962.
Keen, Sam, *Apology for Wonder*, Harper & Row, New York, 1969.
–, *To a Dancing God*, Harper & Row, New York, 1970.
Kirsten, Grace and Robertiello, Richard C., *Big You, Little You*, Pocket Books, New York, 1978.
Kurtz, Ron, *Body-Centered Psychotherapy: The Haikomi Method*, LifeRhythm, Mendocino, 1990.
Levin, Pamela, *Becoming the Way We Are*, Health Communications, Inc., Deerfield Beach, FL, 1988.
–, *Cycles of Power*, Health Communications, Inc., Deerfield Beach, FL, 1988.
Lidz, Theodore, *Familie und psychosoziale Entwicklung*, Fischer Verlag, Frankfurt a. M., 1982.
–, *Das menschliche Leben*. Die Entwicklung der Persönlichkeit im Lebenszyklus, 2 Bd., Suhrkamp Verlag, Frankfurt a. M., 1974.
Melzack, Ronald and Wall, Patrick, *The Challenge of Pain*, Penguin, New York, 1989.
Miller, Alice, *Am Anfang war Erziehung*, Suhrkamp Verlag, Frankfurt a. M., 1981.
–, *Das Drama des begabten Kindes*, Suhrkamp Verlag, Frankfurt a. M., 1980.
Miller, Sherod, et al. *Alive and Aware*, Interpersonal Communications Programs, Inc., Minneapolis, 1975.
Mills, Joyce C. and Crowley, Richard J., *Therapeutic Metaphors for Children and the Child Within*, Brunner/Mazel, Inc., New York, 1986.
Missildine, W. Hugh, *Your Inner Child of the Past*, Pocket Books, New York, 1983.
Montagu, Ashley, *Zum Kind reifen*, Klett Verlag, Stuttgart, 1984.
Morpugo, C. V. and Spinelli, D. W., »Plasticity of Pain, Perception«, *Brain Theory Newsletter*, 2, 1976.
Napier, Augustus Y. and Whitaker, Carl, *The Family Crucible*, Harper & Row, New York, 1988.
Oaklander, Violet, *Windows to Our Children*, Gestalt Journal, Highland, NY, 1989.

Pearce, Joseph Chilton, *The Crack in the Cosmic Egg*, Crown, New York, 1988.
–, *Exploring the Crack in the Cosmic Egg*, Pocket Books, New York, 1982.
–, *Die magische Welt des Kindes*, Diederichs Verlag, Düsseldorf/Köln, 1978.
Peck, M. Scott, *The Road Less Traveled*, Touchstone/Simon & Schuster, New York, 1980.
Pelletier, Kenneth R., *Mind as Healer, Mind as Slayer*, Delta/Dell, New York, 1977.
Perls, Fritz, *Gestalttherapie in Aktion*, Klett Verlag, Stuttgart, 1974.
Piaget, Jean und Inhelder, Bärbel, *Die Entwicklung des Erkennens*, Klett Verlag, Stuttgart, 1972.
Pollard, John K., III. *Self-Parenting*, Generic Human Studies Publishing, Malibu, CA, 1987.
Rank, Otto, *Der Mythos von der Geburt des Helden*, Leipzig/Wien, 1922.
Robinson, Edard, *The Original Vision*, Harper & Row, New York, 1983.
Rogers, Carl R., *Entwicklung der Persönlichkeit*, Klett Verlag, Stuttgart, 1973.
Simon, Sidney B., *et al. Values Clarification*, Dodd, New York, 1985.
Small, Jacquelyn, *Transformers*, De Vorss & Co., Marina del Rey, CA, 1984.
Smith, Manuel J., *Sage Nein ohne Skrupel*, mvg – moderne verlagsgesellschaft mbH, Landsberg, 1990.
Stern, Karl, *Die Flucht vor dem Weib*, Otto Müller Verlag, Salzburg, 1968.
Stone, Hal and Winkelman, Sidra, *Embracing Our Selves*, De Vorss & Co., Marina del Rey, CA, 1985.
Tomkins, Silvan S., *Affect, Imagery, Consciousness*, I, II, Springer Publishing Co., New York, 1962, 63.
Weinhold, Barry K. and Weinhold, Janae B., *Breaking the Co-Dependency Trap*, Stillpoint, Walpole, NH, 1989.
Weiss, Laurie and Weiss, Jonathan B., *Recovery from Co-Dependency*, Health Communications, Inc., Deerfield Beach, FL, 1989.
Wickes, Frances, *The Inner World of Childhood*, Sigo Press, Boston, 1988.
Woodman, Marion, *Heilung und Erfüllung durch die Große Mutter*, Ansata Verlag, Interlaken, Schweiz, 1987.